自然科學與生活科技概論

周秋香◎著

謹以此書獻給我摯愛的家人和朋友

作者簡介

周秋香

學歷：國立清華大學物理系學士
　　　美國麻州大學應用物理碩士
　　　美國哥倫比亞大學科學教育博士

經歷：私立嘉南科技大學幼保系助理教授
　　　私立靜宜大學師資培育中心助理教授
　　　私立靜宜大學師資培育中心副教授

現職：私立興國管理學院文教事業管理系副教授

作者序

　　科學知識是人類理性思惟的產物與智慧的結晶。身處資訊密集、科技發展日新月異的時代，對科學知識的基本認知格外顯得重要。無奈長久以來，國內青少年學子在考試引導升學的風氣下，普遍缺乏科學素養。繼之以本土性優良的科普讀物有如鳳毛麟角，對科學教育的提升，無疑又是一大隱憂。有鑑於此，筆者不惴淺陋，憑藉多年來執教與探索自然科學領域所積累的經驗與智識，深感有責任出版此書。

　　了解科學，其實並非如一般人想像中的遙不可及，也不是理工科系學生的專利。本書盡量不使用數學符號、公式、數字與計算，而採用深入淺出的文字解說與精緻的插圖，力求循序漸進、概念明確、淺顯易懂。它是本具實用價值的書籍，不僅適合做為修習大專通識課程「自然科學概論」的教科書、師資培育課程「自然與生活科技領域」的參考書，亦可充當一般大眾尋求知識奧祕的最佳科學讀物。全書涵括古今科技文明與種種尖端科學新知，儼然是一部自然科學百科；循著歷史的軌跡，引領讀者一步步進入科學的殿堂，激發對科學探索的興趣，同時對這豐富奧妙的人類知識寶庫多一分鑑賞能力，並進而能應用於處理日常生活的問題。

　　由於本書使用大量的圖片，成書過程所面臨的問題，自是較一般書籍來得繁複與艱鉅。有幸得以順利出版，除了要感謝家人親友的支持與關愛，特別是外子兩個月來協助我日以繼夜地趕工繪圖，還要感謝心理出版社陳文玲小姐的全力配合與耐心校稿。今日新書出爐，筆者雖十分欣慰，然仍深憾於匆促成章，難免有未盡周詳之處，尚祈各方先進與讀者不吝惠予批評與指正。

周秋香

謹識

2005 年 3 月

第一章 緒論 1

一、論科學 2

二、科學的發現與發明 7

三、科學與社會 9

四、科學發展史 14

第二章 物質的世界 49

一、物質的組成與性質 50

二、物質的狀態與狀態變化 52

三、物質的分類 58

四、物質的變化 76

五、基本粒子 81

六、能量的形式與轉換 84

第三章 熱電科技 93

一、熱與溫度 94

二、熱的轉移 104

三、電的認識 110

四、電流 118

五、電和磁 127

六、電子世界 136

目錄

第四章 **聲光環境** 147

一、聲波 148

二、聲音的傳播 152

三、多變的聲音 157

四、光是什麼？ 161

五、光的傳播 170

六、光與生活 185

第五章 **生命的傳承** 195

一、生命的形成 196

二、生命的延續 200

三、生物的演化 209

四、遺傳與基因 212

五、探索生命的雙螺旋——DNA 221

六、DNA 與人生 231

第六章 **變動的地球** 241

一、地球的形成 242

二、地球的結構 246

三、地殼的變動 255

四、岩石、礦物與化石 263

五、地球的運動 276

六、地球的大氣 280

第七章 宇宙的奧祕 297

一、浩瀚的宇宙 298

二、星系 301

三、恆星物理 308

四、恆星的世界 314

五、太陽系 329

第八章 環境保育 343

一、生態圈 344

二、自然資源 357

三、環境污染 359

四、地球的環境問題 373

五、環境倫理與永續發展 387

第九章 科技新生活 395

一、資訊科技新時代 396

二、生物科技新希望 418

三、奈米科技新世界 441

參考文獻 463

圖片來源 465

索　引 473

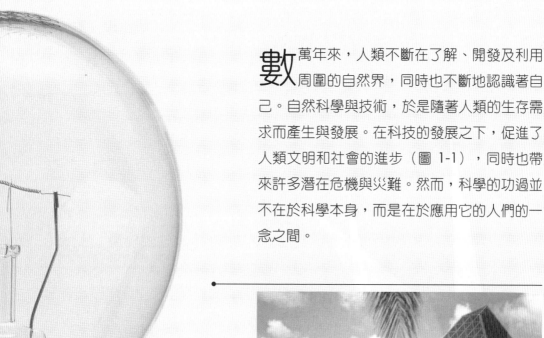

第一章

緒論

數萬年來，人類不斷在了解、開發及利用周圍的自然界，同時也不斷地認識著自己。自然科學與技術，於是隨著人類的生存需求而產生與發展。在科技的發展之下，促進了人類文明和社會的進步（圖 1-1），同時也帶來許多潛在危機與災難。然而，科學的功過並不在於科學本身，而是在於應用它的人們的一念之間。

圖 1-1　科學與技術的發展，帶給人類進步的生活

一、論科學

科學是文明的一環，是人類理解人生、接觸自然、探究生命的途徑之一；而科學不僅是知識，更是一種養成面對周遭環境的嚴謹、清明與宏觀的態度。在今日這個科技昌盛的時代，我們生活在一個深受科技思考操縱的世界，必然需對科學的本質與內涵有所認知，也就是具備了基本的科學素養。

1.1.1　科學的本質

「科學」（science）一詞，源自於中世紀拉丁文「scientia」，其意為「學問」、「知識」。《美國百科全書》將「科學」界定為「系統化的實證知識」，或是不同時代與不同地方所認定的「實證知識」。一般來說，科學是人類認識客觀世界的知識；此為在科學探究活動中，運用科學方法所獲致的系統化、規律性的知識體系。因此，所謂的「科學」，不僅包含科學知識本身，更涵蓋了獲取知識的過程與方法。

廣義的科學泛指一切有系統、有組織的知識或學問，包括自然科學、社會科學、人文科學（圖 1.1.1-1）。狹義的科學則專指自然科學，是以相當嚴謹的方法進行研究；而科學之所以為「科學」便在於具備了以下幾點特性（Feigl, 1953）：

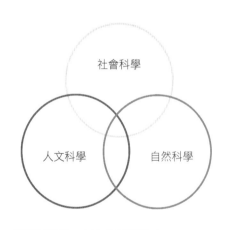

圖 1.1.1-1　廣義的科學範疇

（一）互為主觀的可驗證性（intersubjective testability）：是指科學能夠接受客觀事實的重複檢驗。

（二）可靠性（reliability）：是指科學具有相當的可信度，能夠被普遍地相信是真的。

（三）明確與精確性（definiteness and precision）：是指科學必須是清楚而明確的，不能模稜兩可或曖昧不清。

（四）一致性或系統性（coherent or systematic character）：是指科學的前後

邏輯一致，不能有互相矛盾或因果不相連屬的情形。

（五）理解性（comprehensiveness）：是指科學能提出高度合理的解釋、說明及預測。

科學追求真理，是長久以來科學家最重要的信念。然而，科學並非絕對的真理，科學家對於任何科學理論抱持著開放的態度。在科學發展的過程中，通常必須面對質疑，並經過不斷地修正、捨棄或重新建構，而愈臻精確真實。因此，科學也具有開放修正性。

此外，科學發展受人類認知能力的制約，亦受歷史社會的影響。同一時代，不同地區、不同文化的國家，其科學發展過程不同。例如，我國古代科技一度成就輝煌，指南針、造紙術、印刷術、火藥等四大發明曾經象徵著中華民族的高度智慧與科技發展，遙遙領先當時的西方國家；然而，受後來的封建社會影響，人民思想禁錮封閉，不利科學的發展，中國於是逐漸落後於西方國家。所以，科學可說是推動人類歷史進步的動力，同時也是歷史發展過程的產物。

1.1.2 科學的內涵

人類在探究科學的活動中，運用科學方法、秉持科學態度與科學精神，不斷地獲取和累積科學知識。

（一）科學知識

科學知識是人類理性思惟的產物與智慧的結晶。科學以一定對象為研究範圍，依據事實觀察與嚴密的邏輯論證，而建構出有組織、有規律的知識體系。科學知識具有客觀可靠性，能鑑往知來，不僅能對已觀察的現象提供解釋，而且還能預測未發生的事件。

（二）科學方法

科學方法是人們探索求知的途徑。科學之所以為科學，其最大的特點就在於所使用的方法，主要有歸納法和演繹法。

1. **歸納法**：英國哲學家法蘭西斯・培根（Francis Bacon, 1561~1626）（圖 1.1.2-1）提倡歸納法，奠立了「實驗科學」的基礎，對近代科學發展產生深遠的影響。歸納法的流程（圖 1.1.2-2）包括：(1)提出問題：從觀察中發現問題；(2)蒐

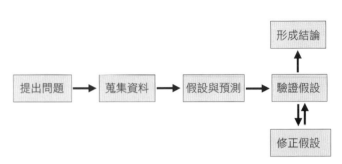

形成結論

提出問題 → 蒐集資料 → 假設與預測 → 驗證假設 → 形成結論

驗證假設 ⇄ 修正假設

圖 1.1.2-1　提倡歸納法的培根　　圖 1.1.2-2　歸納法的流程

集資料：針對問題進行重複觀測與記錄，並將觀測資料分析、比較和分類；(3)作出假設：以歸納推論的方式，引出問題可能的解釋；(4)驗證假設：以嚴謹的實驗設計來檢驗假設的合理性；(5)修正假設：若假設無法圓滿地解釋實驗結果，就必須不斷修正、再檢驗；(6)形成結論：當實驗的結果支持假設，就可做出結論。

2. **演繹法**：與歸納法相反，演繹法是從一些假設、已知的條件或顯然的原理開始，採取數學或邏輯的途徑推導出結論。演繹法起源甚早，古希臘亞里斯多德（Aristotle，西元前 384~322）闡述了三段論的演繹法，其形式為大前提、小前提、結論；由於當時自然現象的原理很少，而且若大前提有偏差，則無法得到正確的結論，因而，其影響所及主要在幾何學。十七世紀時，法國哲學家笛卡兒（Rene Descartes, 1596~1650）主張以數學演繹推理的方式，來探索自然界的規律，對近代科學起了極大的作用。

後來，伽利略（Galileo, 1564~1642）成功地將數學和實驗方法綜合起來，奠定了近代自然科學中，經驗與理性結合的傳統。不論是應用歸納法或是演繹法所得出的結論，都必須通過實驗的檢驗。科學家用於解釋已發現的事實，靠抽象的邏輯推理所提出的暫時性假設，稱為「假說」；而用來測試假說的方法之一就是建構「模型」（圖 1.1.2-3），即為一個與被研究之系統近似的代表或模擬。若由不同的科學家所做的許多實驗支持某一假說，那麼此假說就成為「理論」；

圖 1.1.2-3　這個雙螺旋是 DNA 的物理模型

它能統整地解釋一組不同事件之間的關聯性，並能預測系列相關現象。當理論能簡單地陳述自然界普遍發生的具體現象，就成了「定律」；定律常能以簡單的數學式來表示，是科學的基石。而「原理」則是發現定律所遵循的普遍性規則，往往是以一般化和統整性的陳述或數學表示。

（三）科學態度

好奇心是科學探索的原動力。此外，科學強調理性，而真正理性的態度是謙卑、審慎與客觀。真正的科學家總是抱持謙卑的心，他們並不認為科學的原理、定律是永恆不變的真理。當科學家對大自然的了解愈多，益加感到人類的渺小與無知；在他們進行觀察、實驗與推論時，盡可能不偏執己見，力求審慎與客觀，且當佐證不充足的情況下，不會妄做結論。

（四）科學精神

「不要大家都說對，你就堅信不疑」，科學精神就是運用已有的知識和經驗，來對待未知事物或問題所採取的理性批判與存疑的精神。在追求真理的過程中，科學家往往是「大膽假設，小心求證」，堅持求真、求實的精神，也就是「實事求是」的精神，追根究柢、鍥而不捨，直到真相水落石出。

1.1.3 科學與技術

自從人類在實驗科學與數學的形式中發現了認識自然的新方法後，陸續發現許多自然的規律與原則，從而開啟自然科學研究的大門。自然科學（簡稱「科學」）探討的對象是客觀的物質自然世界，涵蓋的領域相當廣泛，依研究對象的不同，主要分為物理、化學、地球科學和生物等四大學門；此處的科學，又稱為基礎科學、理論科學或純科學。四大學門依其探討對象層次的不同，進一步分化形成眾多分支學科，如原子物理、天文學、有機化學、地質學、生命科學等。

「技術」是指人類因應自身需要而發明處理事務的工具或方式，許多的技術是遠在科學理論成形之前就已存在。早期的技術與科學之間，各走各的，並沒有太大關聯；直到文藝復興時期的科學革命時，二者的關係有了變化。科學革命時期，當時的許多技術如望遠鏡、顯微鏡、抽氣機、氣壓計等科學儀器，對科學的進展產生很大幫助。此後，人們發現「科學」與「技術」兩者可以相輔相成。科

學的突破，有時仰賴技術的進步；而技術的改良，往往也是由於運用了科學原理。科學與技術在二十世紀後的關係益形密切，常常被並稱；所以今日我們將建立在「科學的知識基礎上」所推展的技術，稱為「科技」（scientific technology）。

科學與技術的夥伴關係，衍生出「應用科學」（圖 1.1.3-1），如電機、電子、資訊、材料、生醫等工程的學科。科技應用科學的理論，設計與發展出社會所需的產品與服務，改善人們生活的品質，成為推動社會進步的動力。若將科學類比為一棵樹，純科學就好像是樹木的根莖，而應用科學則宛如樹木的枝葉；前者專研於探究知識理論，後者則應用知識理論轉化為實用的技術或生產力。

科學

應用科學

技術

圖 1.1.3-1　科學與技術的關係

1.1.4　科學的極限

十七世紀初，法蘭西斯・培根倡言「知識就是力量」，以科學呼聲喚醒了西方世界，讓世人相信藉由理性可以了解整個自然界，並進而主宰自然，自然科學於焉產生。建立在實證基礎的近代科學，締造了今日科技的進步與文明昌盛；然而，科學並非萬能，它存在極限性。科學探索自然的規律，窮究物質世界的真相，以觀察、實驗、分析、邏輯推理的方法得出一切認知的結果。因此，科學所認識的對象必須是能夠被觀測及重複檢驗，對於經驗之外無法被感知的對象，並不在科學的研究範圍內；而且，經由科學方法所得的理論，亦非一成不變的真理。

固然科學的進展一日千里，在在證明人類主宰自然的能力，然而，我們必須承認：比起廣闊的未知世界，人類對時空物質與生命現象的了解，不過是滄海一粟，並無法窺其全貌。因此，對於科學無法解釋的事物或現象，不應就此宣稱為不可知、不可能或不合理，只能說是無法以科學的方式去理解罷了。科學有其極限，在此極限內，科學是重要而且正確的；它可以說明宇宙和宇宙的定律，也能夠利用自然的定律去推測許多宇宙的過去和未來。但在極限之外，它無法解釋宇宙與其定律存在的原因，更不能說明人存在的意義和善與惡的本質。

二、科學的發現與發明

科學的進步與成就，有賴於科學家的發現與發明。科學家擁有科學頭腦與特殊的人格特質，使其勇於突破與創新。他們從不斷的發現中建立科學知識、發展科學理論，並在科學理論的基礎上，持續地推陳出新，創造發明各式各樣實用性的產品，進而提升人類生活品質、帶動社會的文明。

1.2.1　科學頭腦

除了豐富的科學知識與正確的科學方法與態度外，從事科學探索的活動時，最重要的還需具備科學頭腦，才能靈活運用科學知識。科學頭腦大致可分為直覺型和條理型兩類，此兩種類型均為科學發展所不可或缺的。

（一）直覺型

他們通常會運用敏銳的想像和直覺先做出假設，再以演繹方式進行推理，然後藉由實驗和觀察，對自己的假設或判斷加以檢驗。此類型的頭腦適於探索性研究，理論科學家多屬之。

（二）條理型

他們往往循序漸進、謹慎地進行歸納式推理，在積累大量資料後，才得出解決方式。此類型者較適於參與研究小組，進行發展性研究，許多善於操作實驗的科學家常傾向於條理型。

1.2.2　科學家的特質

探測知識疆界的科學家，需要具有拓荒者的性格。他們擁有冒險精神、對現有知識和流行觀念不滿足，還要有強烈的事業心與進取心，以及隨時準備以自己的才智迎戰並克服困難的精神狀態。一個科學家通常具備以下幾點特質：

（一）對科學的熱愛與好奇心

好奇心使科學家受到未知世界的強烈吸引，產生對科學的熱愛，使他們從不

斷的探索和發現中得到樂趣與成就感。

（二）想像力豐富

豐富的想像力使科學家具有敏銳的觀察力，能發現身邊的新事物，在腦中產生多種且多樣的組合；並且能將模糊或抽象的想法具體化，在腦海中構成形象，有助於理論的建構。

（三）獨創性

成功的科學家通常興趣廣泛、且具有獨立思考的能力，廣博的知識常使他們擁有新穎的觀點，能將沒有關聯的概念聯繫起來。具有獨創性的科學家，不會受現階段思潮所左右，往往能發現突發現象的潛在意義。

（四）堅韌性

科學家由於對科學的熱愛，追根究柢的態度使他們具有堅忍的毅力與冒險的勇氣，積極專注、工作勤奮且充滿幹勁；在面對挫折的時候，能不屈不撓、百折不回。

1.2.3 發現與發明

在科學上，發現與發明的含義是不同的。「發現」是揭發自然界原本就已存在的事物、現象或規律，如巴斯德（Louis Pasateur, 1822~1895）發現酵母菌、牛頓（Isaac Newton, 1643~1727）發現萬有引力；「發明」則是利用對事物所知的概念或原理，加以組合、試驗，而創造新的產品或用途，如富蘭克林（Benjamin Franklin, 1706-1790）發明避雷針、佛萊明（Alexander Fleming, 1881-1955）發明抗生素。

（一）科學的發現

科學家在探索自然界的過程時，經常是透過審慎地觀察、分析、實驗、推理等，從不斷地累積經驗事實中，察覺到前人所未知的事物或現象。然而，還有許多科學的革命性發現是意外獲得的。意外的科學發現，有時來自於機遇，例如丹麥物理學家厄司特（Hans Christian Oersted, 1777~1851）在演講過程中示範實驗，

偶然地發覺了載流的導線會產生磁場的現象，進一步發現電與磁的關係，從而為電磁學的發展揭開序幕；對此，法國微生物學家巴斯德道出了他的名言：「在觀察的領域中，機遇只偏愛那種有備而來的頭腦。」意外的科學發現，有時也會來自於靈感所引致突如其來的頓悟，如阿基米得（Archimedes，西元前 287~212）在浴缸中頓悟出「浮力原理」、牛頓從墜落的蘋果領悟到「萬有引力」等；神祕的靈感有時是在夢境浮現，如德國化學家凱庫勒（von Stradonite Friedrich Kekule, 1829~1896）由於夢境的啟示而構想出苯分子的環狀結構（圖 1.2.3-1）。

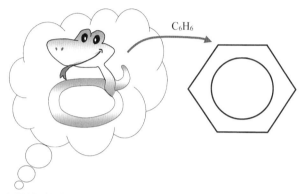

圖 1.2.3-1　凱庫勒由於夢境的啟示而構想出苯分子（C₆H₆）結構

（二）科學的發明

　　科學的發明從靈感和創意中產生，往往是基於需要；所以，我們常說：「需要為發明之母。」如愛迪生（Thomas Alva Edison, 1847~1931）發明電燈、瓦特（James Watt, 1736~1819）發明蒸汽機等。有時，發明則是由意外的發現轉化而來，如中國人在煉丹的過程中發明了火藥。

三、科學與社會

　　由於科學與技術的創新與突破，人類歷經了三次工業革命。工業文明帶來物質生活的富足與繁榮，科學的地位因此益形鞏固與擴張。然而，科技始終來自於人性，忽略了人性的最初出發點，一味往前衝的科技是危險的。當人們沉浸在高生產高消費的物質享受中，將逐漸喪失人的主體性，於是形成社會的潛在危機。

1.3.1　工業革命

　　科技的發展與創新，帶動了人類社會的繁榮與進步。近代科學誕生於文藝復興時期的歐洲，之後，大量的科學理論與實用技術迅速竄起，人類因而得以逐步

脫離勞動生產的束縛，生活於是有了革命性的改變，進而由農業社會進入工業化社會。至今，由於科技上的重大突破，人類已歷經了三次工業革命，每一次都象徵著人類改造自然能力的大幅提升。

（一）第一次工業革命

圖 1.3.1-1　蒸汽火車

十八世紀中葉，由於瓦特成功改良蒸汽機，蒸汽引擎的問世使機械化自動生產成為可能，因而取代人工和獸力，大大提高勞動效率與降低生產成本。大規模的機械生產，帶動紡織、煤礦、冶金、交通運輸業（圖 1.3.1-1）的繁榮，促進了現代工業的成形。此時期各式機器的製造如雨後春筍般的發展，所以也被稱為「機械時代」。

（二）第二次工業革命

十九世紀末期，由於電磁學和熱力學的發展成熟，帶動發電機和內燃機的發明，因而取代龐大的蒸汽引擎，創造出新的工業領域，工業革命的鐘聲於是再度響起。此次工業革命開啟了人類在電力上的使用，如發電機、馬達、電燈等；同時也開啟了通訊傳輸的運用，如電報、電話和電視；並且促進了交通運輸的大躍進，如汽車與飛機。同一時期，由於化學的發展，石化工業帶來新材料（如塑膠），其與電力的結合使用，各式各樣的家電產品於焉誕生。隨著發電機（電）和內燃機（氣）的廣泛應用，使得電力成為現代文明的主要能源，支配著整個社會經濟生活的脈動，石油、電力與汽車成為當時最大的產業，此時期因而被稱為「電氣時代」。

（三）第三次工業革命

二十世紀中期，由於量子理論的完善，促進電晶體、積體電路和電腦的發明，為新的工業革命揭開序幕。微電子技術的崛起，帶動了半導體、電子、資訊、光電、通訊等產業的發達（圖 1.3.1-2）。電腦與資訊網路迅速地蓬勃發展，資訊量因而呈現爆炸性成長；各產業快速升級，人們的溝通更加便捷，使文明達

到空前的進步。「資訊時代」的到來，徹底
瓦解時間與空間的限制，人類生活模式與思
考型態均隨之產生極大的變化，而國家經濟
也因此轉型為全球經濟。九〇年代起，由於
資訊知識發展與科技運用，創造一個嶄新的
經濟世界，正式將人類帶入「知識經濟」的
時代。

1.3.2　科學與人文

　　十七世紀前，科學是屬於人文的範疇，
稱為「哲學」。科學革命後，由於科學的發
展與創新對人類社會帶來巨大的利益與貢

**圖 1.3.1-2　微電子技術的崛起引發第三
次工業革命**

獻，自然科學出現分化的趨勢，從哲學中獨立出來，一躍而為人類社會的主流學
科，並進而在各領域中滲透。時至今日，這種功利性擴張的結果，使得科學的版
圖益形壯大，而人文的地位則日趨式微，甚至產生了互相隔閡的對立局面；其結
果是功利主義掛帥，人們變得更以自我為中心。事實上，在科學昌明的今日，人
文精神格外重要；在追求科學的客觀真實性之外，更不能忽略人文精神所產生的
內聚情感與擴張真理的均衡作用。

　　偉大的科學家們深知科學的有限，而提倡人文關懷重於一切。愛因斯坦（Al-
bert Einstein, 1879~1955）在一九三一年對加州理工學院學生的談話中提到：「你
們只懂得應用科學本身是不夠的。關心人的本身，應當始終成為一切技術上奮鬥
的主要目標。」愛因斯坦認為科學不必然導致高尚的人性，也並不一定會造福人
群。他曾於信中說及：「我們切莫忘記，僅憑知識和技巧並不能給人類的生活帶
來幸福和尊嚴。人類完全有理由把高尚的道德標準和價值觀的宣道士置於客觀真
理的發現者之上。在我看來，釋迦牟尼、摩西和耶穌對人類所做的貢獻遠遠超過
那些聰明才智之士所取得的一切成就。」

　　「如果文明不能使我們更相愛，科技就失去了意義。」這句令人動容的廣告
詞，道盡了科學的真正意義是建立在人文關懷的基礎上。在物慾橫流的高科技時
代，世人盲目地追求物質生活，造成人生價值觀的混淆和倫理道德的蕩然無存，
以及人與自己、人與自然、人與社會之間的疏離；失去了生活與生命間的平衡，

因而形成病態的社會，導致太多的社會悲劇此起彼落地發生。脆弱的人文性禁不起科技的挑戰與誘惑，終究將淪為科技的奴隸，喪失了人之所以為人的本質與意義。因此，為了確保人類不致淹沒於物慾之洋，在科技發展的同時，人文之關愛與智慧的發揮必然是不可或缺的要件。

1.3.3　科學與信仰

　　人類以充分的理性為基礎，力求從紛雜的自然現象掌握事物本質或普遍性規律，於是促成了科學的發展。科學造就了今日的社會文明，增進人們認識自然和改造自然的能力，為人們解決了物質生活的諸多問題。然而，對於感官認知以外的經驗，科學是無能為力的。人生除了物質以外，還有廣大的精神認識領域，有賴信仰引領人對超自然的探索，以滿足心靈的需求。唯有科學與信仰相互輝映，才能達成正確的宇宙觀與人生觀。天才物理學家愛因斯坦曾經說過：「缺乏信仰的科學是沒有說服力的，而沒有科學的信仰將缺乏判斷力。」

　　從古至今，許多偉大的科學家們不斷地探尋自然界中的真理。在真理面前，我們必須學會謙卑，承認人的有限。偉大的物理學家牛頓在他的曠世巨作《原理》中，寫著：「讓人知道我是帶著對造物主的信仰，來完成此浩大的工作，茲為我出版此書最大的喜悅。」量子理論創始人普朗克（Max Karl Ernst Ludwig Planck, 1858~1947）也曾提到：「任何以嚴肅態度從事科學工作的人必須知道，進入科學殿堂的門上寫著：你必須有信仰，這是科學家不可或缺的特質。」在他看來，人需要科學是為了認識，而人需要信仰則是為了行動。

　　近十幾年來，台灣宗教信仰所產生的亂象，引起不少社會問題。最主要是由於許多人對宗教本質缺乏正確的認識，以及喪失科學的理性判斷力所致。人們過分地追求奇蹟與靈驗的弱點，被異質宗教所利用，作為招攬信眾的手段。同時，對於人云亦云、似是而非的宗教言論，許多人又無法客觀地判斷其內在的矛盾性。於是在此情況下，造成假借宗教名義、行斂財之實的宗教事件層出不窮。

1.3.4　科學發展的省思

　　挾著二十世紀科技的巨大成就，現代科學在各領域中都彰顯出人類駕馭自然的能力——二次世界大戰中的原子彈和雷達等武器，展現出現代科學的儡人威力；加上戰後現代科技在電子產業所表現的強大經濟力量，對人類生活面貌的巨

幅改變；以及現代醫學在疾症控制與延長人類壽命的明顯效果等。科學深入造福社會各層面，促使世人形成「人定勝天」的科學自然觀。

　　科學的神速發展，為世人帶來便利的生活與巨大的物資財富，滿足了人們物質享受的慾望。然而，科學可以為善，也能為惡。兩次世界大戰的發生，多少人家園被毀、妻離子散，飽嚐戰爭的苦果；戰後西方國家發展核武、生化武器等，使人類陷入戰爭的威脅。工業文明促使人們過分注重物質的追求，急功近利、凡事只顧自我，因而造成環境污染（圖 1.3.4-1）、生態失衡、資源耗竭、人口爆炸、道德淪喪、人為災害等流弊，於是引發人類生存的危機。此外，隨著科技的發達，擴大了貧富的差距，形成國際局勢與社會不安的潛在危機。如今，世界變化的速率已遠超過人的應變速率，各種價值之間的衝突不斷升高，進而引起社會的動盪。明日生物科技的研究將使人類可以控制自身的進化，但是遺傳因子同時可能會被野心人士利用來毀滅人類（圖 1.3.4-2）。況且，科學真的造福全人類嗎？事實上，根據統計，科學的進步只為地球上

圖 1.3.4-1　工業文明帶來環境的污染

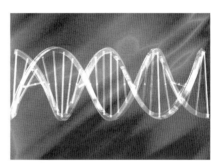

圖 1.3.4-2　遺傳因子可能會被野心人士利用來毀滅人類

百分之三十的人類帶來實質的好處，特別是那些已開發和具競爭優勢的國家，許多未開發國家的人民，至今仍受到疾病與飢餓的威脅。

　　科學既能增進人類的福祉，也可以毀滅人類。然而，科學是人類智慧的結晶，本身也是求知的工具，無所謂功過，關鍵係在於人類利用它的方式。過去由於人類缺乏合理利用科學的智慧，造成社會的失序與地球莫大的損害。今後，科學家及我們每一個人都有責任為人類社會尋找一個可以永續發展的新方式，尤其是人類與大自然的和諧關係。唯有具廣闊的人性視野與深刻的人文關懷，科學所開發的新知才能真正為人類創造美好的環境。未來，科技與人文應當攜手合作，重新結合，提倡具人文關懷的科學精神，為全人類的前途點燃新希望。

四、科學發展史

　　科學發展的歷史其實也就是人類探求真理的歷史，對人類存在於地球上的數百萬年歷史而言，這其實是相當短暫的。兩百萬年前人類製造石器，五十萬年前知道使用火，一萬年前進入農業時代，自五千多年前發明文字起，才開始記錄了人類對自然的探索過程。文明開創較早的國家，如古埃及、古印度和古中國，皆可看見科學思想的萌芽，唯當時的科學不成體系，亦無理論指導，主要是以神話和猜測的形式出現。直至西元前七世紀的古希臘時期，孕育了早期的科學思想，誕生了一種以理性思惟的方式；在近代科學的所有學科，幾乎皆可在此找到思想的源頭。

1.4.1　古希臘時期

　　古希臘人對科學文明的貢獻，是給後人提供了一種理性思惟的方式，以及作為之後近代科學思想泉源的科學理論和科學思想。「科學之父」泰利斯（Thales, 約西元前 624~546）出生於小亞細亞的名門望族，是有名的商人、政治家、哲學家、數學家、工程師，也是優秀的天文學家。他是一位熱愛知識之人，曾以其天文知識預知了西元前五八四年發生的日蝕；並用過琥珀進行實驗，從而發現了摩擦生電。他精通整個希臘的歷史，亦是希臘幾何學的先驅。泰利斯認為「萬物根源於水」，水是生命不可缺少的「元素」。他主張身為一位學者，追根究柢的思考很重要，宗教並無法回答有關自然的問題，答案就在於自然本身；並且要以科學家的方式思索萬物，對事物持懷疑態度，靠自己去尋找答案。泰利斯發現看待事物的新方法，也創造了新的工作，那就是「哲學」，哲學在希臘語的含義是「熱愛知識」。當時的哲學家研究各種領域，後來把研究自然真理者稱為自然哲學家。

　　畢達哥拉斯（Pythagoras, 西元前 580~500）認為數字是自然界的根源，自然的現象是依循著數學法則，約於西元前五三〇年，發現「畢氏定理」。

　　西方「醫學之父」希波克拉底（Hippokrates, 西元前 460~375）擺脫迷信治療，首創科學治療，是醫學的創始者。他提出「四體液說」的醫學理論，主張疾病是由體液失衡所引起。

原子論可以說是古希臘自然哲學的最大成就之一。約於西元前四四○年，哲學家德謨克里特斯（Demokritos, 約西元前 460~370）認為物質是由稱為「原子」的微小粒子組成。原子不能再分割，且肉眼無法見到，自然界的所有變化都是由運動中的原子互相撞擊所產生。

　　亞里斯多德是古希臘哲學家、形式邏輯的創始人，對於政治、藝術、倫理、自然等皆有涉獵，史學家稱其為古希臘最博學之人。在自然哲學方面，他的貢獻良多，是科學理性思惟的最早推動者，其著作幾乎涵蓋了所有科學知識，如天文、物理、生物、邏輯學和大氣科學等，對日後西方哲學與科學思想的演進影響甚深。一反其師柏拉圖的「理型」論，他將自然當作科學研究的客觀對象，初步提出了一系列自然科學的基本理論問題，如物質、時間、空間、運動等。對於自然科學的貢獻，最主要在科學研究的方法上；他首創演繹法，強調以嚴密的數學體系和邏輯推理建構科學理論。歐幾里德（Euclid, 約於西元前 300~275 年，奠定了幾何學基礎）的《幾何原本》即是在此影響下產生。這套方法促進後來的科學發展，引導學者對自然界基本法則的探究。然而他在自然科學理論上的某些誤差，也造成科學發展的負面影響。例如，他曾以歸納法將動植物分類，然認為長久以來物種是不變的；之後，從觀測月蝕和星座的變遷，發現地球是球體，並非一般人所以為的淺盤子形狀，卻主張地球是宇宙的中心；又提出物質是由四種基本元素（水、火、氣、土）（圖 1.4.1-1）所組成；還認為較重的物體掉落的時間較快。這些觀點其實是建立在經驗科學性質的哲學體系，將人的感覺經驗和邏輯理性連結起來，產生了許多無可避免的缺陷。後來，這些重大缺陷竟被宗教勢力利用，進一步神聖化以宣揚宇宙的和諧與神的意志，因而主宰了十六、十七世紀以前人類的思想，成為科學發展嚴重的障礙。

　　繼歐幾里德之後，阿基米得

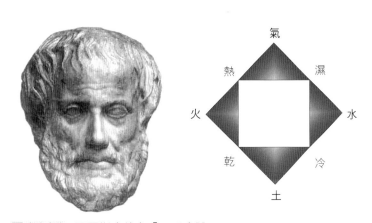

圖 1.4.1-1　亞里斯多德與「四元素說」

氣

熱　　濕

火　　水

乾　　冷

土

圖 1.4.1-2　阿基米得是最早結合科學理論、數學方法與實際生活應用的第一人

016

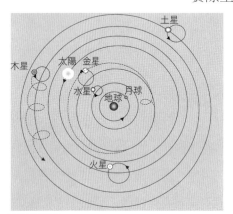

圖 1.4.1-3　托勒密的「地心天動說」宇宙模型

（圖 1.4.1-2）生於西西里島的敘拉古城，當時正處於古希臘輝煌文化式微，而羅馬帝國勢力擴張的年代。他對科學最主要的貢獻是數學和力學。阿基米得發明了各種複雜的幾何圖形之面積和體積的計算方式，以及著名的「阿基米得浮力原理」；他還發現了「槓桿原理」和「力矩」的概念，並進一步發明「阿基米得螺旋」。世人對其評價甚高，稱他為三大數學家之一、「力學之父」。他重視科學的嚴密性與準確性，是最早結合科學理論、數學方法與實際生活應用的第一人。西元前二一二年，阿基米得在羅馬攻打希臘的戰役中，被羅馬士兵砍死。此時，羅馬征服希臘，統一了義大利半島，古希臘輝煌的學術到羅馬時期日趨衰退。

約於西元一四〇年，古希臘天文學家托勒密（Ptolemy, 約西元 85~165）著《天文學大全》，為古代天文學教科書，完整說明了「地心天動說」（圖 1.4.1-3）的宇宙模型；此書並於西元八〇〇年時被翻譯為阿拉伯文《至大論》。他利用此模型解釋當時的天文觀測，提出所謂「本輪」、「均輪」宇宙體系。此模型為西方人信奉了長達一千多年，直至被哥白尼（Nickolaus Copernicus, 1473~1543）所推翻。

約於西元一六〇年，希臘名醫蓋倫（Galenos, 129~199）根據動物解剖，提出人體構造和功能的知識系統，並主張靈氣總司生命的「靈氣說」。

至此，可以看出古希臘時期創造了何等輝煌的科學成就，為科學發展找到了源頭。雖然整體而言，自然科學理論尚未成熟，但至少各學科已取得很有價值的成果，為近代科學的誕生做了初步的準備。

1.4.2　中國古代的科學

四大文明古國之一的中國，自然科學與技術有著悠久的歷史。中國的科學注

重實用經驗知識，成就極為突出，自成一套獨立科技體系，對人類社會與世界文明貢獻極大。

（一）農學

中國是世界上最大的農業起源中心，農業向來是中國古代社會的發展基礎，悠久的農業歷史累積了完整的農業技術知識。六世紀時，北魏的賈思勰（生卒年代不詳）所著的《齊民要術》，是一本百科全書式的農書，也是世界農學史上最早的名著之一，奠定了中國農業發展基礎。《農政全書》是集中國古代農業之大成的一部巨著，著者為明代的徐光啟（1562~1633），是著名的農學、數學和天文學家。其他如西漢氾勝之（生卒年代不詳）的《氾勝之書》、南宋陳敷的（1076~1156）的《農書》等，基本上是各時期農業生產經驗的總結，內容十分豐富。

（二）數學

中國的數學成就非凡，以計算見長，一度領先歐洲達千年。早在三千多年前，最先使用十進制位值記數，春秋時期已有分數概念和九九乘法，宋元之際發展了珠算。中國十大數學名著之一《九章算術》，涵蓋算術、代數與幾何，內容之完整與豐富，堪稱世界名著，亦代表著中國數學體系的建立。魏末晉初的劉徽（生卒年代不詳）為《九章算術》作注，是中國古代數學理論的奠基者。南北朝的祖冲之（429~500）以「圓周率」求法聞名，他算出球體體積公式、證實歲差，以及創制「大明曆」，是一位卓越數學家、天文學家和機械師，而且在文學和哲學方面也有很高的造詣。

（三）天文

作為一農業大國，曆法的制定極為重要，要制定曆法必須有精確的天文觀測和相應的觀測儀器（圖 1.4.2-1），因而中國的天文學成就相當豐碩。中國古代的曆法超過百種，堪稱世界之最。戰國時期的甘德（生卒年代不詳）和石申（生卒年代不詳）分別著有《天文》、《天文星占》，為載有數百顆恆星方位的星圖。在日月蝕、新星、超新星、太陽、彗星和行星等方面，也都存有世界上最早與最為豐富的天象紀錄。中國古代的宇宙結構理論有三，分別為「蓋天說」、「渾天

說」和「宣夜說」。東漢的張衡（78~139）（圖1.4.2-2）是一位優秀的科學家，在藝術、文學、哲學領域亦有傑出成就，可媲美西方的亞里斯多德和達文西（Leonardo da Vinci, 1452~1519）；他是「渾天說」的代表人物，設計製作「渾天儀」，是世界上第一台能精確觀測天象的儀器；還發明了「候風地動儀」（圖1.4.2-3），是世界地震儀的鼻祖；他的天文思想和理論呈現在其著作《靈憲》中，是世界天文史的不朽名著之一。唐代僧人一行（原名張遂，673~727），測定行星和一百五十幾顆恆星的位置，發明了「黃道遊儀」和「水運渾天儀」等天文觀測儀器，並因而發現了恆星的運動——這是在西方科學中，直到二十世紀初才被證實的；中國科學之卓越，由此可見一斑。郭守敬（1231~1316）（圖1.4.2-4）是元代的天文學家、數學家和水利工程師，他曾為修曆而發明了二十餘種天文儀器，例如「簡儀」（圖1.4.2-5），是世界上最早的赤

圖 1.4.2-1　中國古代的觀星工具——渾儀

圖 1.4.2-2　張衡

圖 1.4.2-3　候風地動儀

圖 1.4.2-4　郭守敬

道儀，精確測量了黃道面和赤道面夾角；他在天文學的成就始終受到國際天文學界的高度評價。

圖 1.4.2-5　簡儀

（四）醫學

中國的醫學自成體系，其整體與辨症的思想，在臨床與藥學中有其獨特效能。成書於西元前三世紀的《黃帝內經》，強調人體的整體性，以陰陽五行的思想建立臟腑經絡學說，成為中醫學的理論基礎。漢代成書的《神農本草經》（多人所著）是最早的藥學著作，記載了豐富的藥物知識，奠定藥物學發展的基礎。漢代「醫聖」張仲景（即張機，150~219）（圖 1.4.2-6）著有《傷寒雜病論》，確立「辨症施治」的醫療原則，開創了醫學理論與臨床實踐的結合。東漢末年華佗（約 141~?）（圖 1.4.2-7）首創以全身麻醉（麻沸散）進行腹腔外科手術。明代李時珍（1518~1593）的《本草綱目》，是中國古代藥學的經典巨著，內容博大精深，蒐集了大量藥物和藥方，對中國和世界的科學與醫學影響極為深遠。

圖 1.4.2-6　張仲景

圖 1.4.2-7　華佗

（五）自然科學

中國在自然科學的成就，主要有先秦時期哲學家墨翟（西元前 468~376）與其弟子所著的《墨經》，提出了類似原子論的思想，及記載了大量力學與光學等物理知識，如力的概念、慣性、槓桿與簡單機械、浮力與平衡原理等力學部分，以及光的直進、反射、平面鏡和凹凸面鏡

的成像等幾何光學的問題。東漢王充（27~約97）所著的《論衡》，幾乎涵蓋了所有物理學概念，如物體的運動、聲音的產生與傳遞、熱的平衡與傳導、光的傳遞與球面聚焦現象、摩擦生電和磁指南器等。宋代沈括（1031~1095）的《夢溪筆談》是聞名中外的科學巨著，亦是中國科學史上的里程碑，涵蓋了中國宋朝以前從自然科學到社會科學各領域的重大成就；此書在物理方面探討了聲音的共振、面鏡成像、人工磁化法設計指南針、磁偏角的發現、大氣中的光與電現象等。對於物質觀，中國主張「陰陽五行說」（圖 1.4.2-8）與「元氣論」。在《墨經》、《尚書》、《國語》中提出五行的屬性與其相生相剋的關係，五行是萬物的本源，萬物皆因陰陽交感而產生。戰國時期荀況（約西元前 313~238）在《天論》中提出「元氣說」，認為氣是萬物的共同基礎，且自然現象有其規律。東漢王充、唐代柳宗元（773~819）與劉禹錫（772~843）、宋代李觀（1009~1059）等人也都持此論點，並加以發展；而清代的王夫之（1619~1692）是元氣論的集大成者。

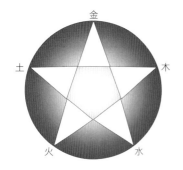

圖 1.4.2-8　陰陽五行相生相剋

指南針、造紙術、印刷術，和火藥為中國的四大發明，象徵著中國人的智慧和中國古代科技的高度發展。在透過阿拉伯人傳至歐洲後，對世界文化發展貢獻至鉅。

1.4.3　中古時代阿拉伯的科學

阿拉伯人信仰伊斯蘭教，鼓勵人們運用理智、多觀察與探索大自然；因而，在伊斯蘭文化裡，理性與信仰相輔相成，宗教與科技並行不悖。阿拉伯人從中國學會火藥與造紙術，從印度得知農業技術，在各文明區域架起一座橋樑，使東西方文化得以大交流。他們在盡其所能吸取其他民族科學文明的基礎上，創造出自己繁盛的科學文明，對人類文明的發展貢獻良深。

（一）醫學

阿拉伯的醫學成就非凡，他們廣泛吸取了希臘、印度和中國的醫學知識，形成自己獨特的醫學體系，出現了不少著名醫學家和著作。當中最著名的是醫學家

自然科學與生活科技概論

兼哲學家阿維森納（Avicenna, 980~1037），有「醫王」之稱，著有百科全書式的《醫典》，可媲美蓋倫。從十二世紀至十七世紀，這本書是西方各國醫師的醫學指南。

（二）數學

現代數學有很多方面是阿拉伯人的貢獻。阿拉伯數字是阿拉伯人根據印度數字而發明的，成為全世界通用的符號語言。著名數學家花拉子密（al-Khwarizmi 780~850）與歐幾里德齊名，他的《代數學》（*Algebra*）和《算術》（*Algorithm*）兩部著作，對後來數學的影響極大。除此，阿拉伯人還提出許多三角公式，為三角學的發展奠立了基礎。

（三）自然科學

阿拉伯人在天文研究方面成果豐碩，他們愛好探索宇宙，設有許多天文台，以進行觀測與記錄，天文人才輩出。十世紀左右所編的《托萊多天文表》和蘇非（al-Sufi, 930~986）所編的著名星圖——《恆星圖像》，對西方的影響極大。對於宇宙觀，早期學者比魯尼（al-Biruni, 973~1048）也曾提出類似「地心說」的想法。當時有許多人對托勒密的宇宙模型做了修正，如十一世紀時的宰爾嘎里（al-Zargali, 1029~1087）將水星的本輪改為橢圓形。在物理學的成就方面，阿爾哈曾（ibn al-Haytham 或稱 Alhazen, 965~1039）著有《光學全書》，研究光線與視覺、光的折射、反射、面鏡和像差，是古代物理學最重要著作之一。哈茲尼（al-khazini, ?~1155）研究質量與重量、比重、空氣的密度與浮力，對後來物理學的發展貢獻良深。

阿拉伯人從中國學到了煉金術，從中累積了許多化學知識。西元八○○年左右，製造出硫酸和硝酸。後來，煉金術傳到歐洲，對近代化學的產生有舉足輕重的影響。

1.4.4 黑暗時代

實用性重於一切的羅馬人，輕視自然科學理論，斷送了古希臘的科學業績。西元四七六年，西羅馬帝國滅亡，歐洲進入封建制度的中世紀，為歷時千年的「黑暗時代」。在此黑暗中的希望應屬英國修士羅傑・培根（Roger Bacon,

圖 1.4.4-1　羅傑‧培根

圖 1.4.5-1　達文西

1214~1294）（圖 1.4.4-1），他從方法論的角度上，指出「實驗科學」的重要性，是近代自然科學思想和方法的先驅。他曾研究中國人發明的火藥、光的折射實驗、製作透鏡和眼鏡，並對未來科技做了前瞻性的預言。他的研究多次受到教會的高壓限制與監禁，使得其一生充滿了悲劇。

　　「黑暗時代」的末期，預示自然科學的黎明即將到來。文藝復興宣示著古典文化的「再生」，而近代自然科學也以嶄新的面貌於焉誕生。

1.4.5　科學革命

　　文藝復興運動湧現了一批對自然科學有傑出貢獻的人物，如義大利曠世奇才達文西（圖1.4.5-1）就是其一。他不但是藝術大師、哲學家和詩人，也是科學巨匠。他發現了液壓概念，提出「連通管原理」。他研究動植物，了解鳥的生態，並進行解剖。同時，他從事人體解剖，發現血液的功能、血管的分布和心臟瓣膜的作用，被認為是近代生理解剖學的始祖。他還發明或設計了許多軍事用途的器械，如飛行機器、潛水艇、降落傘和機關槍等。

　　天文學家哥白尼出生於波蘭，他發現托勒密的周轉圓學說與實際觀察不符，且其地心體系過於繁雜，違反了自然的簡單和諧，遂另立宇宙觀。一五四三年，出版《天體運行論》，是科學史最重要的著作之一，奠定現代天文學基礎。他主張「日心地動說」（圖1.4.5-2），除月球是繞地球轉動的衛星外，其餘包括地球在內的六大行星均各自以圓形軌道繞太陽公轉；恆星則固定不動在遠離太陽的一個天球面上；而行星在接近地球時的「逆行運動」，是由於與地球相對運動的關係。哥白尼的宇宙觀，改變當時人類對宇宙的看法，並撼動了宗教哲學的理論基礎，因而飽受教會領袖的批評；許多宣揚其理論者，均被教會視為異端。

　　伽利略（圖1.4.5-3）生於義大利比薩，是偉大的物理和天文學家，也是科學

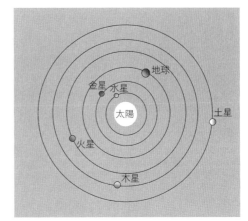

圖 1.4.5-2　哥白尼與他首創的「日心說」

革命的先驅。他開創了以系統的實驗觀察結合嚴密的數學邏輯之科學研究方法，推翻了以亞里斯多德為代表的純思辨傳統的自然觀，並改變了人們對物質運動和宇宙的認識，被譽為「近代科學之父」。十八歲時，他發現了「擺錘等時性」原理；之後，在義大利比薩斜塔的「自由落體實驗」，發現了自由落體原理，徹底暴露了亞里斯多德的謬誤。一六〇四年，從物體在斜面的運動實驗中，他首先建

圖 1.4.5-3　伽利略

立了「慣性原理」和「力與加速度」的概念；此後，提出了「相對性原理」，並說明慣性參考系的想法。一六〇九年，他改良了望遠鏡，開始觀察天體；他觀察到由為數眾多的恆星所構成的銀河、月球表面的坑洞和太陽黑子等，擊碎了亞里斯多德「天體是完美的」之臆測。一六一〇年，他進一步發現木星有四個衛星和金星的盈虧現象，顯然金星是繞太陽轉，因而證實了哥白尼論點的正確。為了真理與學術自由，伽利略勇於向當時的權威挑戰，他獻出了畢生精力，捍衛哥白尼的「日心地動說」，導致晚年遭受教會迫害，終生被監禁在家。

　　克卜勒（Johannes Kepler, 1571~1630）是德國天文學家，因一五九六年出版《宇宙的奧祕》一書，受到知名天文學家第谷（Tycho Brahe, 1546~1601）的賞識，成為其助手。第谷精於觀測，而克卜勒長於數學理論分析，他因視力不佳而拙於觀測。一六〇一年，第谷死後，克卜勒繼承了遺稿。他分析第谷遺留的觀測資料，發現了行星是在以太陽為焦點的橢圓軌道運行（圖 1.4.5-4）。其後，陸續

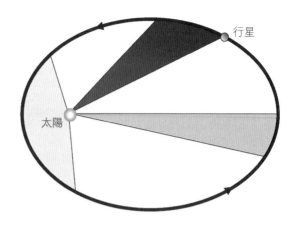

行星

太陽

圖 1.4.5-4　克卜勒與「行星運動第一、二定律」

發現行星第二、三定律，是為「克卜勒行星運動三定律」，對日後天文學發展貢獻卓著。除此，他還出版了《天文學中的光學》，說明大氣的折射、眼鏡和眼睛的原理。伽利略和克卜勒兩人的想法雖有些差異，卻聯手葬送了古老的宇宙觀。

　　古代自然哲學家認為人體與大宇宙存在著某種相似性，因而稱之為「小宇宙」。當哥白尼帶來大宇宙觀的革命，小宇宙也出現了類似的變革。比利時醫生維薩里（Andreas Vesalius, 1514~1564），是外科與解剖學教授，他一反只講授蓋倫理論的傳統，強調實際解剖的醫學實踐，是人體解剖學的奠基者。從實際的人體與各種動物的解剖中，他糾正蓋倫理論的錯誤，且於一五四三年出版《人體的構造》，展示大量的人體知識，成為醫學解剖學的經典；與同年哥白尼出版的《天體運行論》，並稱科學史劃時代巨著。西班牙醫師塞爾維特（Michael Servet-us, 1511~1553），發現了血液的小循環（肺循環），推翻了蓋倫的血液運動理論。在既有的基礎上，英國醫生哈維（Wulliam Harvey, 1578~1657）發現了血液的大循環，從而建立了完整的「人體血液循環學說」，並著有《論心臟與血液的運動》，後人譽為「近代生理學之父」。

　　這場科學革命還有兩位核心人物，其一是英國近代經驗論哲學家法蘭西斯‧培根，提倡科學精神和科學實驗，以及發展科學方法論，著有《新工具論》，主張定性的實驗歸納法。另一位是法國哲學家笛卡兒（圖 1.4.5-5），在對知識追根究柢的過程上，他強調「理性」重於一切，是西方近代哲學的開創者；他對自然科學的主要貢獻是數學，主張數學的邏輯演繹法，並且引入座標概念，以代數形

式來解決幾何問題，從而創立了解析幾何，打開了近代數學的大門，亦為日後物理學研究提供了一種極有效率的數學工具。

科學革命後，自然科學得以從宗教神學的禁錮中解放出來，首先發展成熟，形成獨立且完整體系的是牛頓的古典力學。牛頓曾說：「如果我比別人看得更遠，那是因為我站在巨人的肩上。」的確，如果沒有上述科學革命中的科學巨人和牛頓時代的海更斯（Christian Huygens, 1629~1695）、虎克（Robert Hooke, 1635~1703）等人開創性的研究，牛頓的古典力學是無法順利結果的。

圖 1.4.5-5　笛卡兒主張數學的邏輯演繹法

1.4.6　近代自然科學的發展

近代自然科學是指十六～十九世紀時期的自然科學。十七世紀後期，古典力學體系的建立，標誌著近代物理學的誕生，對整個自然科學產生了很大的推動力量。從此，自然科學各學科紛紛從自然哲學分化出來。

（一）古典物理學的發展

物理是研究自然界物質運動與能量變化的原因與規律。古典物理中，最先成熟的是力學，在十八世紀後，其他分支陸續有了巨大的進展。

1. **力學**：海更斯（圖 1.4.6-1）出生於海牙，是荷蘭天文、物理和數學家。他擅長結合科學實驗與理論研究，在力學、光學、天文學，和數學都有傑出成就。一六五一年起，他發表了有關圓、雙曲線和橢圓積分的論述。後來，他深入研究幾何光學和應用光學技術、研磨出各式透鏡、製作出當時最精良的望遠鏡，並發明測量星體視角的微量器。一六五五年，他發現土星的最大衛星——泰坦，並闡明土星環的性質。一六五六年，他根據伽利略的「擺錘等時性」原理，製作出最早的機械擺鐘。一六七三年，他從單擺

圖 1.4.6-1　海更斯提出光的「波動說」

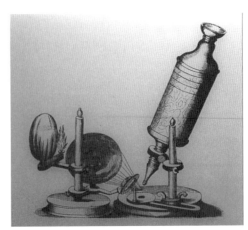

圖 1.4.6-2　虎克與其改良的顯微鏡

圖 1.4.6-3　偉大的英國物理學家——牛頓

的實驗和圓周運動，推算出向心加速度的概念和公式。一六九〇年，他提出光的「波動說」，並建立了「海更斯原理」。

虎克（圖 1.4.6-2）是著名的英國實驗物理學家，身為科學儀器的發明和設計者，當代科學家無人能出其右。他曾改良了顯微鏡、望遠鏡、擺鐘、毛髮濕度計、溫度計等。他以自製顯微鏡觀察軟木塞片，發現了細胞；於一六六五年，發表了《顯微圖集》，並附帶提出對光的看法。一六七八年，他提出「虎克定律」，說明了彈性體的受力與形變之比例關係。一六七四年，虎克發表〈試證地球周年運動〉，提出三個假設，已涵蓋了有關萬有引力的基本問題。隨後，他在一六七九年給牛頓的信中，又提出太陽和行星的引力與距離的平方反比關係。由於虎克缺乏數學素養，未能以數學式定量表述來解決，遂與「萬有引力定律」的發現失之交臂。

伽利略過世那年，牛頓（圖 1.4.6-3）於英國誕生。他在天文學、光學、力學和數學的驚人成就，開創了科學新紀元。牛頓研究事物規律的方法，是通過邏輯的演繹法，得到對事物現象的解釋，因而創立了完整的物理因果關係，成為古典物理學的基石。同時，他也證明了種種繁複的現象，可以簡單的數學公式表達，這種方式成為日後科學研究的典範。牛頓在劍橋大學時期，受到巴羅教授的影響，迅速發展他的數學和物理天分。一六六五年，因瘟疫盛行，牛頓回到鄉下。

這兩年中,他發明「微積分」、發現「光譜」、開始了「萬有引力」的構想。一六六八年回到劍橋後,他發明反射式望遠鏡;一六七二年,發表「光微粒說」和「光與顏色」理論。一六七五年,他提出薄膜繞射現象,並以「牛頓環」稱之。一六八七年,英國天文學家哈雷(Edmond Halley, 1656~1742)(圖1.4.6-4)促成了牛頓出版《自然哲學的數學原理》(簡稱《原理》),此為古典物理學的不朽巨著。書中他表述了時空的絕對概念、向心力、三大運動定律、質量與重量、聲音、流體、萬有引力定律等。他於一七○四年出版的《光學》,亦為物理學經典名著,論述了光的微粒組成、光的反射、折射與色散、繞射等問題。牛頓一生的最主要貢獻,是集十六、十七世紀科學先驅們的成果之大成,結合數學與物理,建立起一套完整的力學理論體系;他以一嚴密的統一理論,概括了天地間萬物的運動規律,這是人類認識自然的歷史中,第一次理論的完美大綜合。「牛頓力學」是古典物理學和天文學的基礎,也是現代工程力學以及與其有關之工程技術的理論基礎。這一偉大成就,使得以牛頓為首的機械論自然觀在整個自然科學領域中統治了長達兩百多年。

2. **光學**:幾何光學起源於歐幾里德的光線直進和折射原理,以及鏡片、望遠鏡和顯微鏡的發明,至十七世紀荷蘭科學家司乃耳(Willebor Snell, 1591~1626)和笛卡兒確立折射定律。對光的色散現象,除牛頓外,伽利略、笛卡兒、克卜勒和虎克,都對此有過研究。後來,牛頓研究光的本質,提出「光微粒說」,與海更斯和虎克的「光波動說」展開一場論戰。一八○一年,英國物理學家楊格(Thomas Young, 1773~1829)在「雙狹縫實驗」中,發現光的干涉和繞射等波動性質,並指出光如同聲波,是由「乙太」的振動所產生。一八六四年,英國物理學家馬克士威(James Clark Maxwell, 1831~1879)(圖1.4.6-5)在他的電磁理論中,主張光是一種電磁波。一八八八年,德國物理

圖 1.4.6-4 發現哈雷彗星的英國天文學家——哈雷

圖 1.4.6-5 馬克士威預言電磁波的存在

圖 1.4.6-6　瓦特改良蒸汽機，帶動了工業革命

圖 1.4.6-7　焦耳

圖 1.4.6-8　克勞修斯

學家赫茲（Heinrich Rudolf Hertz, 1857~1984）以實驗證實了電磁波的存在。於是，光的波動理論，一時定了下來。

3. **熱學**：一五九二年，伽利略利用熱脹冷縮的原理，自製溫度計，而人們開始探索熱的本質，則始於近代。十八世紀時，「熱質說」成為主流觀點；直至十九世紀，才證實熱是物質運動的表現。人類對熱現象的探討，促進了蒸汽機的發明。一七一二年，英國鐵匠紐康門（Thomas Newcomen, 1663~1729）首先發明往復式蒸汽機，在歐洲得到廣泛使用。一七六五年，英國機工瓦特（圖 1.4.6-6）改良蒸汽機，被譽為「蒸汽大王」，是帶動工業革命浪潮的推手。十九世紀初，蒸汽機已廣泛運用在工業上，但其效率始終無法提升，原因在於熱機的理論一直無法建立。一八二四年，法國工程師卡諾（Nicolas Leonard Sadi Carnot, 1796~1832）提出「卡諾循環」及熱機理論，確立了熱效率的極限，從而奠定了熱力學的理論基礎。熱力學第一定律，即能量守恆定律，是由德國醫生邁爾（Julius Robert Mayer, 1814~1878）和英國實驗物理學家焦耳（James Prescott Joule, 1818~1889）（圖 1.4.6-7）等人完成。第二定律首先由英國物理學家開爾文（William Kelvin, 1824~1907）表述，後由德國科學家克勞修斯（Rudolph Julius Emmanuel Clausius, 1822~1888）（圖 1.4.6-8）提出「熵」的概念後，始告完成。隨著熱學的演進，低溫現象遂引起科學家的興趣；進一步的研究中，發現了超導體和超流體，從而建立了熱力學第三定律，這都是二十世紀後的事。一八五七年起，克勞修斯陸

續發表氣體分子的熱運動理論，從此物理學產生另一新的分支——統計物理學。由馬克士威、德國物理學家波茲曼（Ludwig Eduard Boltzmann, 1844~1906）和美國理論科學家吉布斯（Josiah Willard Gibbs, 1839~1903）運用統計方法研究微觀的氣體運動，進一步發展出「統計力學」。

4. 電磁學：一六○○年，英國醫生吉伯特（William Gilbert, 1544~1603）確定地球本身是一塊大磁石，成為現代磁學研究的先驅。他曾做過一系列的摩擦生電研究，區分電和磁為不同性質。十八世紀時，對電的研究開始蓬勃發展。一七四五年，荷蘭教授馬森布洛克（Petrus van Musschenbrock, 1692~1761）發明儲存靜電的萊頓瓶，從此得以進行電的實驗。美國科學家富蘭克林（圖 1.4.6-9）利用萊頓瓶進行了一連串的研究，提出正負電和電荷守恆定律，為電學的發展奠定基礎。一七五二年，他在雷雨中進行雷的放電實驗，證明閃電與摩擦起電的原理相同，並研製避雷針。

十八世紀末期，科學家開始了電荷相互作用的定量研究。一七八五年，法國物理學家庫侖（Charles Coulomb, 1736~1806）首先由實驗證實了靜電力與距離平方成反比的「庫侖定律」。一七八○年，義大利生理學家伽伐尼（Luigi Galvani, 1737~1789）發現「動物電」，從而開創電生理學，並帶動電池的研究。一八○○年，義大利物理學家伏打（Alessandro Volta, 1745~1827）發明了第一個電池，稱為「伏打電池」，是從靜電邁向動電的轉捩點。一八二六年，德國物理學家歐姆（George Simon Ohm, 1787~1854）提出「歐姆定律」。一八四○年，焦耳發現電和熱量之間轉換的「焦耳定律」。

電學和磁學的進展，促使科學家不斷尋求電與磁的關係。一八二○年，丹麥物理學家厄司特發現「電流的磁效應」，揭開電磁學的序幕。同年，法國物理學家安培（Andre-Marie Ampere, 1755~1836）發現了電磁作用力的「安培定律」，從而發展出「電動力學」。一八三一年，英國物

圖 1.4.6-9　富蘭克林

圖 1.4.6-10　法拉第發現了「電磁感應」，奠定電力發展的基礎

圖 1.4.6-11　赫茲證實電磁波的存在，開啟無線電技術的大門

圖 1.4.6-12　「發明大王」──愛迪生

圖 1.4.6-13　發明家諾貝爾

理學家法拉第（Michael Faraday, 1791~1867）（圖 1.4.6-10）進一步發現「電磁感應」的現象，確立了電與磁的對應關係，奠定日後電力發展的基礎。他運用此原理設計製作最早的發電機，是人類進入電氣化時代的起點。法拉第還運用想像力，提出了「力線」和「場」的概念，對物理學發展產生深遠影響。一八三四年，他又發現電化學當量定律，也就是「電解定律」。後人對他評價甚高，稱其為十九世紀最偉大的實驗科學家。愛因斯坦論稱法拉第在電磁學中的地位，相當於伽利略在力學的地位。一八六四年，馬克士威總結法拉第等人的研究成果，運用場論的觀點，以微積分推導出「馬克士威方程組」，並預測光為電磁波。他建立了完整的電磁理論，是古典物理學的極致。愛因斯坦評論：「馬克士威之於電磁學，如牛頓之於力學」。一八八八年，德國物理學家赫茲（圖 1.4.6-11）以實驗證實電磁波的存在，於是開啟無線電技術大門。

　　十九世紀末，進入電氣時代，湧現了大批發明家，當中最有名的是美國「發明大王」──愛迪生（圖 1.4.6-12），他發明了電報機、電燈、留聲機等近兩千件物品；貝爾（Alexander Graham Bell, 1847~1922）發明電話；一八九五年，義大利工程師馬可尼（Guglielmo Marconi, 1874~1937）利用赫茲發現的電磁波，發明了無線通訊裝置，因而進入無線電通訊時代。一八九六年，瑞典發明家諾貝爾（Alfred Nobel, 1833~1896）去世，後人依照其遺願設立「諾貝爾獎」（圖 1.4.6-13）。

（二）近代化學的建立與發展

　　化學是研究物質的組成、結構、性質、變化及應用的科學。最早古人從煉金術中，累積許多化學經驗與知識。十三世紀，英國修士羅傑‧培根著《煉金術原理》，使得煉金術在歐洲傳開來。到了十五、十六世紀時，由煉金術獲得的許多化學知識和方法，開始應用在其他領域，尤以醫藥、冶金和採礦最為明顯。煉金術士普遍認為物質是由三要素——水銀、硫和鹽所構成。

　　1. 氣體的發現：近代化學的崛起，正式成為獨立的知識體系，起於英國化學家波以耳（Robert Boyle, 1627~1691）（圖 1.4.6-14）；他熱中實驗科學，為了研究化學，建立一個頗具規模的實驗室。他發現植物可當酸鹼指示劑，並發明石蕊試紙和製取黑墨水的方法，由此引進以有機試劑鑑定物質組成的化學定性分析，進而奠立「分析化學」的研究法。他抨擊當時煉金術士的「三要素說」和亞里斯多德的「四元素說」，主張物質是由一種似原子、無法感測的微粒子所組成。一六六二年，波以耳提出了氣體的可壓縮性和氣體體積與壓力反比關係的「波以耳定律」。一七五四年，英國化學家布萊克（Joseph Black, 1728~1799）（圖 1.4.6-15）將石灰岩加熱或加酸後，發現了二氧化碳。一七六六年，英國物理和化學家卡文迪西（Henry Cavendish, 1731~1810）在電流實驗中發現氫氣；並於一七八四年，發現氫氣燃燒產生水，水是氫氧化合物。卡文迪西還做過一些熱和電的實驗研究，並測定了重力常數 G 值，他同時是最早提出地球的質量和密度之人。一七七二年，布萊克的學生拉塞福（Daniel Rutherford, 1739~1819）發現了氮氣。一七七四年，英國化學家普利斯特力（Joseph Priestly, 1733~1804）加熱氧化汞，製得氧氣，並發現它可幫助呼吸和助燃的性質；但由於他相信「燃素說」，而把氧氣稱為「缺燃素氣體」。此外，他還發現了包含氧化亞氮等多種氣體。

圖 1.4.6-14　波以耳

圖 1.4.6-15　英國化學家布萊克發現二氧化碳

圖 1.4.6-16　人稱「近代化學之父」的拉瓦錫

圖 1.4.6-17　提出「原子論」的道耳吞

2. **燃燒學說**：人類早在五十萬年前就會使用火，然而對燃燒的本質，卻始終無法突破。十七世紀盛行的「燃素說」，統治化學百餘年，直至一七七七年，由法國化學家拉瓦錫（Antoine Laurent Lavoisier, 1743~1794）（圖 1.4.6-16）以氧化理論所推翻。拉瓦錫將普利斯特力的「缺燃素氣體」，命名為「氧氣」，用氧氣來解釋燃燒及其他化學變化，並編製三十三種物質的元素表。拉瓦錫的「氧化燃燒學說」，是化學史上第一個具有真正意義的理論，後人稱之為「近代化學之父」，卻不幸於法國大革命時命喪斷頭台。

3. **原子－分子論**：在拉瓦錫為化學奠立方向後，科學家對物質與其變化的研究，開始由定性階段邁向定量階段，逐步建立化學基本定律。當時，化學界發現了物質不滅定律、定組成定律、當量定律、氣體的查理定律，也建立起氧化、還原等概念，而完整的理論是由原子－分子論所建立。一八〇三年英國化學家道耳吞（John Dalton, 1766~1844）（圖 1.4.6-17）提出了「原子論」，並以氫為基準，測定元素之原子量；以此理論出發，他推出了定比定律和倍比定律。他在一八〇八年出版《化學哲學的新體系》一書，該書成為化學史的奠基之作。之後，法國科學家給呂薩克（Joseph Louis Gay-Lussac, 1778-1850）發現「氣體反應體積定律」，同時也產生了道耳吞的原子論無法解釋的「分子」問題。這個難題後由義大利化學家亞佛加厥（Amedeo Avogadro, 1776~1856）圓滿解決。他引入「分子」概念，提出「亞佛加厥定律」；在他死後，直到一八五八年，才獲世人肯定，使原子－分子論得到化學界的一致公認，近代化學從此進入一個新時代。一八六九年，當時的化學家熱中於發現新元素，俄國化學家門得列夫（Dmitri Ivanovich Mendeleyev, 1834~1907）（圖 1.4.6-18）在清楚掌握了 63 種已知元素之原子量及物理與化學性質後，發現元素的週期性規律，進而做出元素週期表。許多化學元

素在週期表公布後相繼被發現。

4. **有機化學**：原子－分子論建立的同時，有機化學也逐漸起步，成為化學的重要分支。一八二八年，德國化學家維勒（Friedric Wohler, 1800~1882）意外以無機物合成有機物——尿素，首次跨越了有機物與無機物的鴻溝，締造人工合成有機物的新紀元。之後，隨著有機合成迅速發展，有機化合物的數量急邃增加，科學家於是開始思考其分子結構。一八三二年，維勒和德國化學家李比希（Justus von Liedig, 1803~1873）提出「基團」理論。一八四三年，法國化學家熱拉爾（Charles-Frederic Gerhhardt, 1816~1856）將已知的有機化合物分成四種類型。一八五八年，德國化學家凱庫勒提出「原子價」學說，成為有機化學結構理論基礎，也促進原子量的測定和元素週期律的發現；一八六五年，他又提出苯環結構。至十九世紀下半葉，有機化學有了完整的結構理論，因而促進有機化工和高分子的快速發展。二十世紀後，石油成為化學工業中心。在有機

圖 1.4.6-18　門得列夫發現元素的週期性規律

圖 1.4.6-19　佛萊明（左）發明抗生素

化學合成產品中，藥物佔有重要地位。一九二八年，英國醫師佛萊明（圖 1.4.6-19）發現盤尼西林後，從此各類抗生素紛紛湧現。

（三）近代生物學的發展

對生物的分類，使人們得知物種之間的關係。一七三五年，瑞典科學家林奈（Carl von Linne, 1707~1778）創立以「二名法」（屬名和種名）為動植物命名的「動植物分類法」，奠定分類學的基礎。

1. **演化論**：林奈是物種不變論者，認為物種是由上帝所創。然而法國博物學家布豐（George-Louis Leclerc de Buffon, 1707~1788）卻主張物種是可變的，變異的原因在於環境，且變異是會遺傳的，於是成為進化思想的先驅。一八○九年，法國博物學家拉馬克（Jean-Baptiste de Monet, Chevalier de Lamarck, 1744~1829）（圖 1.4.6-20）提出「用進廢退說」，主張物種是由進化而來，外界環境是引起

圖 1.4.6-20 拉馬克提出「用進廢退說」

圖 1.4.6-21 達爾文主張「天擇進化論」

圖 1.4.6-22 巴斯德證明發酵和疾病皆由微生物引起

生物變異的直接原因；生物有適應外界環境的能力，經常使用的器官會愈發達，反之則漸退化，這種後天獲得的特性會遺傳給後代。進化論的確立，是在一八五八年；英國博物學家達爾文（Charles Robert Darwin, 1809~1882）（圖1.4.6-21）出版《物種起源》，闡釋「天擇進化論」的觀點，被譽為史上最偉大的生物學家。一八三一年，他參與「小獵犬號」繞行世界的航行，隨著考察的進展，物種變異的大量事實啟發和教育了他，使他逐漸懷疑「神創論」和「物種不變論」，最終產生了生物進化的思想。一八七一年，他又出版《人類的起源》，說明人類也是由物種進化而來，而人類的祖先是類似猿猴的動物。

2. 微生物學：自從一六六五年虎克用顯微鏡觀察軟木，發現細胞的那一刻起，許多生物學家開始熱中於顯微生物，其中，最有成就者是荷蘭博物學家雷文霍克（Antony van Leeuwenhoek, 1632~1723）。一六七四年，他首次觀察到細菌，因而開展微生物學新領域。一八五七年，法國微生物學家巴斯德（圖1.4.6-22）發現發酵是由微生物引起；後來，他又提出「細菌病因說」，並致力於疫苗的開發。一八八二年，德國醫師科赫（Robert Koch, 1843~1910）研究病原菌，因而發現結核病菌；隔年，又發現了霍亂桿菌。他發現了病原菌的染色法及培養法，還建立確定病原體的「科赫原則」。由於這一系列的巨大貢獻，科赫獲得一九○五年的諾貝爾生醫獎。

3. 胚胎學：一七五九年，德國生物學家沃爾夫（Caspar Friedrich Wolff, 1734~1794）從實驗觀察到：成體動物的肢體器官，是在胚胎發育過程

中從一簡單的組織發展而來。於是，他推翻了生物的「預成論」，而主張有機體的發展過程即形體上的分化過程。一八二七年，德國生物學家貝爾（Karl Ernst von Baer, 1792~1876）發現哺乳類的卵，得知有性生殖的動物是由卵發育而來，因而提出「生物發生律」。此時，生物學家才恍然大悟，原來有性生殖的動物是由精細胞和卵細胞的結合。之後，科學家在探索胚胎發育的機理上有了許多進展。

　　4. 細胞學說：在顯微鏡的技術更加進步後，一八三一年，英國植物學家布朗（Robert Brown, 1773~1858）在蘭科葉片表皮細胞中發現了細胞核，並確定植物皆有細胞核。一八三八年，德國植物學家許萊登（Jacob Mathias Schleiden, 1804~1881）發現細胞是一切植物結構的基本生命單位。一八三九年，德國動物學家許旺（Theodor Ambrose Hubert Schwann, 1810~1882）證明動植物有機體的結構原則上是相同的，其組織皆是由細胞發展而來，細胞是一切生物體的基本單位，因而創立「細胞學說」。一八五五年，德國生理學家菲可（Rudolf Virchow, 1821~1902）提出「所有細胞均來自已存在的細胞」，成為細胞學說的第二理論，從而建立了「細胞病理學」。

（四）近代天文學的發展

　　從哥白尼的「日心說」推翻了托勒密的「地心說」後，人類自此對太陽系的結構有了正確的概念。又因克卜勒建立的行星運動定律與牛頓的力學，為天體的運動提供了理論依據，天體力學於是發展起來。加上觀測儀器的進步，十八世紀的天文學家已經能觀測到雲霧狀天體——星雲，因而開啟了對於天體起源的探討。第一個具有真正價值的，是德國哲學家康德（Immanuel Kant, 1724~1804）（圖 1.4.6-23）於一七五五年所提太陽系起源的「星雲假說」；後於一七九六年由法國數學家拉普拉斯（Pierre Simon Laplace, 1749~1827）以嚴謹的數學計算支持其論點，史稱「康德－拉普拉斯星雲假說」。康德還首次明確指出，宇宙中存在著無數個銀河外星系。一八○一年，義大利天文學家皮亞齊（Giuseppe Piazzi, 1746~1826）在火星與木星間發現第一顆

圖 1.4.6-23　康德提出太陽系起源的「星雲假說」

小行星——穀神星。至十九世紀末，已知的小行星超過 400 個。一七八一年，英國天文學家赫歇爾（William Frederick Herschel, 1738~1822）（圖1.4.6-24）以自製望遠鏡發現了天王星，又陸續發現天王星和土星的衛星。他曾鑑別了數千個星團和星雲，確定銀河系的形狀和結構，還提出雙星繞其共同質心旋轉的理論，且首次證明太陽系外存在引力，並致力於宇宙演化的研究。他是十八世紀最偉大的天文學家之一，因其對恆星的觀察研究，被譽為「恆星之父」。天文學的發展至此進入恆星天文學時代，人類對宇宙的認識，於是從太陽系擴展至銀河系。

圖 1.4.6-24　「恆星之父」——赫歇爾

十九世紀上半葉，恆星測量學發展得相當完善，因而可以精確地測定恆星的方位和距離。一八三八年，德國天文學家貝塞爾（Friedric Wilhelm Bessel, 1784~1846）通過測量恆星的視運動，利用三角視差法，首次測量附近恆星的距離；一八四〇年，他發現天王星軌道運動受到外來干擾，研判是一顆未知行星所造成的。後由法國天文學家李佛瑞（Urbain Jean Joseph Leverrier, 1811~1877）和英國劍橋大學學生亞當斯（John Couch Adams, 1819~1892）以牛頓力學為依據，推算出此未知行星的位置。一八四六年，由柏林天文台台長伽勒（Johann Gottfried Galle, 1812~1910）找到了這顆行星，並命名為「海王星」。之後，人們致力於尋找新行星。一九三〇年，終於又找到了冥王星。

十九世紀中期，天文學家利用當時物理學和化學中的新理論和方法，結合光譜分析、光度測量和照相術，開創天體物理學，是現代天文學的起點。一八六八年，英國天文學家哈根斯（William Huggins, 1824~1910）使用光譜儀，利用紅位移測量出恆星相對於地球的速度，並從光譜線中確定了恆星的化學組成。

（五）地球科學的發展

十七世紀以後，人類開始以化石來探索地球的歷史。英國地質學家赫登（James Hutton, 1726~1797）反對當時流行的「災變說」，於一七八五年發表《地球論》，主張「均變說」，認為藉由觀測現在正在進行的地質作用，可推測地球過去或未來的演變，後人稱其為「地質學之父」。一八一六年，英國地質學家史密

斯（William Smith, 1769~1839）出版《以生物化石
鑑定地層》，奠定了地質學的基礎。十九世紀初，
法國古生物學家居維葉（Georges Leopold Chreeien
Frederic Pagobert Baron Cuvier, 1769~1832）（圖
1.4.6-25）根據化石的研究，提出「災變說」，認
為地球上出現過幾次大災變，每一次大災變，皆造
成生物的大滅絕。之後，英國地質學家賴爾
（Charles Lyell, 1797~1875）（圖 1.4.6-26）出版
了《地質學原理》，主張「均變說」。此舉旋即引
發了「災變說」與「均變說」之爭，一直持續至現
代。

**圖 1.4.6-25　法國古生物學家
居維葉提出「災變說」**

1.4.7　現代物理學的發展

　　十九世紀末，物理學的重要領域已臻完善與成
熟，唯一美中不足之處，乃是兩道物理學無法解釋
的問題，進而引發了另一場科學革命。

（一）物理學革命

　　長久以來，物理學家肯定了「乙太」的存在，
認為光和引力是由其所傳播，而且「乙太」充滿於
絕對空間。然而，一八八一年，在美國從事光速精
密測定的麥克生（Albert Abraham Michelson,

**圖 1.4.6-26　英國地質學家賴
爾主張「均變說」**

1852~1931）和科學家莫利（Edward Williams Morley, 1838~1923），使用「麥克
生干涉儀」測定地球相對「乙太」的運動時，竟發現「乙太」不存在。此外，一
八九六年，德國物理學家維恩（Wilhelm Carl Werner Ottoritz Franz Wien,
1864~1928）推導出「黑體輻射」的能量分布公式，卻發現僅在高頻部分符合結
果；之後，英國物理學家雷利（Lord Rayleigh, 1842~1919）和金斯（James Hop-
wood Jeans, 1877~1946）提出另一個與維恩結果相反的能量分布公式，然而只在
低頻部分符合。

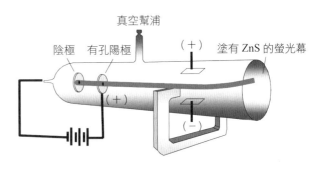

圖 1.4.7-2　陰極射線管

（二）三大發現

圖 1.4.7-1　侖琴發現 X 射線

圖 1.4.7-3　曾獲兩次諾貝爾獎
的居禮夫人

　　由於十九世紀末物理學的三大發現——X 射線、放射線與電子，從而開啟了原子研究的大門。一八九五年，德國物理學家侖琴（Wilhelm Rontgen, 1845~1923）（圖 1.4.7-1）在陰極射線管（圖 1.4.7-2）的實驗中，發現了神祕的未知光線，遂稱之為「X 射線」，並促成日後放射線的研究，侖琴因而於一九○一年獲得首屆諾貝爾物理獎。X 射線的穿透力比陰極射線強很多，如今 X 射線被廣泛應用在臨床醫學和冶金上，也為後來物理學的發展提供一項強而有力的工具。一八九六年，法國物理學家貝克勒（Antoine-Henri Becquerel, 1852~1908）原以為 X 射線與螢光有關，於是利用鈾鹽進行試驗，竟意外發現鈾的放射性。一八九八年，法國物理學家居禮夫人（Marie Curie, 1867~1934）（圖 1.4.7-3）自鈾分離出放射性更強的釙和鐳，從此開啟放射科學之門；她因在科學上的傑出成就，曾獲兩次諾貝爾獎，被視為科學史上最偉大的科學家之一。居禮夫人與夫婿皮耶・居禮（Pierre Curie, 1859~1906）以四年的時間，在極簡陋和艱苦的情況下，日以繼夜地工作，終於成功地從八噸瀝青鈾礦中提煉出 0.1 克的鐳，並測定其化學性質。貝克勒和居禮夫婦因放射線的研究，共同榮獲一九○三年的諾貝爾物理獎。居禮夫婦一生謙虛無私、淡泊名利，為全人類尋求福祉。愛因斯坦曾說：「在世界上所有著名人物中，瑪麗・居禮是

唯一不被盛名所腐蝕的人。」一八九七年，英國物理
學家湯木生（Joseph John Thomson, 1856~1940）在陰
極射線的研究中，發現原子中的電子，並測定其荷質
比，開啟日後原子的研究，他因此獲得一九〇六年的
諾貝爾物理獎。

圖 1.4.7-4　量子論的創始者
——普朗克

（三）量子理論

　　一九〇〇年，德國物理學家普朗克（圖 1.4.7-4）
提出黑體輻射能量分布公式，主張「能量」不是連續
的量，而是由稱為「量子」的能量單元所構成。此一
劃時代的「量子論」為現代物理學掀開序幕，在此之
前的物理學則統稱為「古典物理學」。

　　一九〇五年，美籍德裔的理論物理學家愛因斯坦
（圖 1.4.7-5）共計發表六篇革命性論文，其中一篇
是以量子理論解釋「光電效應」，為他在一九二一年
贏得諾貝爾物理獎；還有三篇是關於膠體溶液的「布
朗運動」，間接證明了分子的存在；另外兩篇是提出
「狹義相對論」和完成質能互換關係式 $E = mc^2$ 的論
文，大幅修正了古典物理學，後人認為這是對現代物
理學的最大貢獻。「狹義相對論」建立在兩項基本假
設：光速恆定和相對性原理，愛因斯坦由此展開驚人
的推論，徹底地推翻牛頓絕對的時空觀，改變人類對

圖 1.4.7-5　近代物理學的巨人
——愛因斯坦

宇宙的看法。當物體速度接近光速時，其質量會增加、時間膨脹、長度縮短，質
量守恆則修正為質能守恆。質能互換的關係是核子物理學和粒子物理學的理論基
礎，亦是日後製造原子彈與利用核能的理論依據。一九一六年，愛因斯坦發表了
〈廣義相對論基礎〉，宣告了「廣義相對論」的誕生，此論文被認為是二十世紀
理論物理研究的極致。「狹義相對論」是針對等速運動的物體，指出時間與空間
為一體，即四維時空。而在「廣義相對論」中，愛因斯坦假定：「重力不是一種
力，而是在時空連續體中一個扭曲的場，這種扭曲是由於質量存在所造成的。」
換言之，重力並非真正的力，是因為物質的存在，使四維時空發生彎曲的現象。

「廣義相對論」是針對加速運動的物體，以及關於時間、空間與重力關係的理論；時間和空間不能離開物質而獨立，空間的結構和性質取決於物質的分布。質點在萬有引力下運動，如自由落體、行星繞日運動等，是彎曲時空中的慣性運動。此理論並斷言「光會因重力而彎曲」，因此，太陽的引力場會使通過太陽附近的光彎曲。由於平常陽光太強無法觀測，最終在一九一九年的一次日全蝕中，證實愛因斯坦理論之正確。愛因斯坦因身具猶太人血統，在德國受到歧視，遂於一九三三年前往美國普林斯頓研究所。最令愛因斯坦終生深感後悔的事，是在一九三九年上書美國總統羅斯福，建議研製原子彈，因而促成了「曼哈頓計畫」的進行，使美國在第二次世界大戰中率先使用原子彈。因此，戰後他向世人呼籲禁止核子武器的開發和使用。愛因斯坦後半生主要致力於倡導世界和平與「統一場論」的研究。「統一場論」是企圖整合電磁理論和重力理論，但尚未成功之前，這位科學巨人即與世長辭，留下曠古絕今的科學成就。

　　一九一一年，英籍紐裔的物理學家拉塞福（Lord of Nelson Ernest Rutherford, 1871~1937）（圖1.4.7-6）在「α粒子散射實驗」中，發現了原子結構，提出「行星式原子模型」；由於此模型違背古典電磁理論，遭到許多科學家質疑。一九一三年，丹麥物理學家波耳（Niels Henrik David Bohr, 1885~1962）從氫原子光譜推導了一個創新的原子模型，稱為「波耳原子模型」，解決了拉塞福行星式原子模型的疑義，進而推動了量子力學的發展。他與普朗克及愛因斯坦併稱為「量子論三元老」，還於一九二二年獲得諾貝爾物理獎。一九二三年，法國物理學家德布羅意（Louis-Cesar-Vitor-Mauric de Broglie, 1892~1987）擴展了愛因斯坦之光的二象性，認為物質同時具有粒子和波動的雙重性質，導致了量子力學的產生。物質的波動性稱為「物質波」，在一九二七年獲得實驗的證實，德布羅意因此獲得一九二九年諾貝爾物理獎。一九二五年，德國物理學家海森堡（Werner Karl Heisenberg, 1901~1976）以原子所發出之光的頻率和強度為基礎，創立了一套描述電子運動規律的力學體系，提出量子力學的第一種有效形式，稱為「矩陣力學」，被公認為量子力學的創始人。隨即，德國

圖1.4.7-6　原子核之父——拉塞福

物理學家波恩（Max Born, 1882~1970）提出波函數的統計詮釋，統一了波和粒子的二象性。一九二七年，海森堡又提出「測不準原理」，認為不可能同時準確測量粒子之位置和動量，這是由於測量中儀器對測量對象所造成的干擾和粒子的波動性所致。海森堡的測不準原理和波恩的波函數機率，共同完成了「矩陣力學」的理論體系。同年，波耳以哲學角度解釋波恩和海森堡的觀點，對波和粒子的二象性，提出「互補原理」。因此，決定性的因果律在量子系統中並不成立，所能知道的僅是粒子出現的機率，而無法確定粒子在何時何地會出現。

一九二六年，奧地利物理學家薛丁格（Erwin Schrodinger, 1887~1961）提出量子力學的另一種形式——「薛丁格方程」，此為對應於波動光學的「波動力學」。「矩陣力學」和「波動力學」本質上相同，兩種理論在數學上是完全等價的，統稱「量子力學」。最後，在一九二八年，英國物理學家狄拉克（Paul Adrien Maurice Dirac, 1902~1984）將相對論引進量子力學，建立了相對論形式的薛丁格方程，也就是「狄拉克方程」，從此量子力學成為完整體系。

（四）核子物理

人稱「原子核之父」的拉塞福，於一九○三年提出「原子衰變學說」。一九一九年，他首次實現人工核反應，同時產生了質子。一九三二年，他的學生查兌克（James Chadwick, 1891~1974）發現了中子。於是，科學家開始探索原子核的結構與反應。後來，義大利物理學家費米（Enrico Fermi, 1901~1954）（圖 1.4.7-7）以中子撞擊原子核，得到許多放射性同位素，並發現「慢中子反應」；一九四二年，他在美國建造首座核子反應爐，製造出自動持續的原子核連鎖反應。之後，費米加入原子彈的研製，一九四五年成功試爆，並在日本投下兩顆原子彈，威力震驚全世界。戰後，科學家繼續研究組成物質的基本粒子，進而發現了夸克，並且致力於探索宇宙起源的奧祕。

圖 1.4.7-7　費米在美國建造首座原子核反應爐

圖 1.4.8-1 遺傳學之父——孟德爾

圖 1.4.8-2 莫甘

1.4.8　生命科學的發展

　　達爾文的《物種起源》進化論說明了影響物種變異的外在要素，但他卻沒有解釋遺傳如何發生。這個問題，指引人們走向探索生命起源的路程。一八六五年，奧地利修士孟德爾（Johann Gregor Mendel, 1822~1884）（圖 1.4.8-1）從豌豆雜交實驗中提出「遺傳因子」的想法，並歸納出「孟德爾遺傳法則」，為遺傳學揭開序幕，人稱「遺傳學之父」。孟德爾的發現在當時並沒有獲得肯定，直到一九〇〇年，孟德爾死後才被證實。

　　一八六九年，瑞士生化學家米歇爾（Johann Friedrich Miescher, 1844~1895）在實驗中發現細胞核主要是由一種含磷酸的物質組成，稱之為「核酸」。

　　一九〇二年，美國生物學家洒吞（Walter Stanborough Sutton, 1877~1916）提出「基因位於染色體」。一九一〇年，美國生物學家莫甘（Thomas Hunt Morgan, 1866~1945）（圖 1.4.8-2）從果蠅實驗的結果，發現「性聯遺傳」，並證實洒吞的說法——染色體是基因的載體，而基因是一種有機的化學實體。之後，他又提出基因以直線排列於染色體上和「基因連鎖」，開創了細胞遺傳學。由於莫甘對遺傳學的貢獻，使他獲得一九三三年的諾貝爾生醫獎。

　　一九二八年，英國微生物學家格里夫茲（Fredrick Griffith, 1877~1941）發現肺炎雙球菌內含某種「轉化因子」（遺傳物質），能使細胞正常體轉化為突變體。一九二九年，美籍俄裔的生化學家列文（Phoebus Aaron Theodor Levene, 1869~1940）發現核酸的成分為 DNA 和 RNA，均由四種不同核苷酸組成，每種核苷酸是由鹼基、磷酸和核糖構成；但他誤以為核酸中的四種鹼基含量相等，把複雜的核酸結構簡單化，導致人們轉而認為蛋白質是遺傳物質的基礎。直至一九四四年，美國細菌學家艾弗里（Oswald Theodore Avery, 1877~1955）等人研究證明格里夫茲的「轉化因子」就是 DNA。後由德裔生物學家德爾布呂克（Max Delbruk, 1906~1981）領導的「噬菌體小組」，以放射線標誌技術追蹤噬菌體內DNA和蛋白質的行蹤。一九五二年由美國生物學家赫希（Alfred Day Hershey, 1908~）和蔡斯（Martha Chase, 1927~）利用此法，進一步證實了遺傳物質就是 DNA，而非蛋白質，分子遺傳學於焉展開。接著，是一場揭開 DNA 分子結構的競賽。

一九四四年，著名的奧地利物理學家薛丁格出版《生命是什麼？》一書，以量子力學的觀點說明遺傳分子結構的穩定性和突變發生的可能性，且論及遺傳分子的結構為非週期性晶體，並含有大量的排列組合形式，其中蘊藏遺傳密碼，成為遺傳信息。同時，他指出生命物質的運動必然遵守已知的物理學定律。許多物理學家因之受到極大啟發，紛紛轉向生物學領域。

首先，一九五一年由英國物理學轉生物學家威爾金斯（Maurice Hugh Frederick Wilkins, 1916~）（圖 1.4.8-3）和英國女結晶學家富蘭克林（Rosalind Elsie Franklin, 1920~1958）（圖 1.4.8-4），拍攝到非常清晰的 DNA 結構之 X 射線繞射照片，確認 DNA 為螺旋結構。旋即，由諾貝爾化學獎的二度得主——美國生化學家鮑林（Linus Carl Pauling, 1901~1994），提出了 DNA 的三股螺旋結構（圖 1.4.8-5）。最後，一九五三年由在英國劍橋大學「卡文迪西實驗室」的美國生物學家華生（James Dewey Watson, 1928~）以及英國

圖 1.4.8-3　威爾金斯

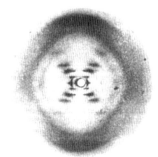

圖 1.4.8-4　女結晶學家富蘭克林（上）與其所拍攝的 X 射線繞射圖（下）

圖 1.4.8-5　鮑林

圖 1.4.8-6　華生（上）與克里克（下）

物理學家克里克（Francis Harry Compton Crick, 1916~）建構出正確的 DNA 雙螺旋模型，並圓滿解釋了 DNA 的遺傳機制，再經由威爾金斯的 X 射線繞射數據所證實。由於 DNA 分子結構的確立，得以通往揭開生物遺傳的奧祕，是二十世紀最大的發現之一；此為分子生物學中突破性的進展，具劃時代的貢獻，並奠定了「基因工程」的基礎。當時華生年僅二十五歲，克里克三十七歲（圖 1.4.8-6），他們彼此合作，發揮各自所長，以最新、最快的資訊在這場競賽中取勝。由於此重大發現，華生、克里克、威爾金斯共同獲得一九六二年的諾貝爾生醫獎。

一九五三年，美國化學家米勒（Stanley Lloyd Miller, 1930~）和他的老師尤里（Harold Clayton Urey, 1893~1981）模擬原始地球狀態，將水蒸氣、甲烷、氨氣和氫氣置於真空玻璃儀器中，以加熱和放電處理後，發現了生命基礎物質「胺基酸」。

一九五七年，克里克提出遺傳訊息的傳遞過程是 DNA→RNA→ 蛋白質，稱為「中心法則」。一九六一年，美國生化學家尼侖伯格（Marshall Warren Nirenberg, 1927~）發現了「三聯體」遺傳密碼，即三個核苷酸組成一個密碼子，決定蛋白質中的一個胺基酸。一九六七年，尼侖伯格等人解譯遺傳密碼成功，二十種胺基酸全數找出，是生物學的偉大里程碑，於是榮獲一九六八年諾貝爾生醫獎。一九六一年，法國科學家莫諾（Jacques Monod, 1910~1976）與賈可布（Francois Jacob, 1920~）提出「乳糖操縱子」模型，開創基因調控的研究。

從此，新的分子生物技術如排山倒海般出現，如基因重組、基因轉殖、試管嬰兒、器官移植、基因治療、複製生物等，使得「生物技術」躍升為二十一世紀的主流科技。

1.4.9 現代天文學的發展

二十世紀的天文學發展極為迅速，天體物理學逐漸成為天文學的主流。一九〇五至一九一四年，丹麥天文學家赫茨普龍（Ejnar Herzsprung, 1873~1967）和美國天文學家羅素（Henry Norris Russel, 1877~1957），揭示了恆星光度和溫度、顏色之間的關係，稱為「赫羅圖」。「赫羅圖」實際上說明了恆星演化的過程，成為恆星發展的理論基礎。

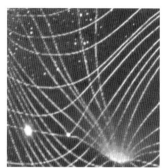

圖1.4.9-1　愛因斯坦的「廣義相對論」說明宇宙的一切，是處於扭曲的時空中

一九一六年，英國天文學家愛丁頓（Arthur Eddington, 1882~1944）提出恆星內部結構理論。同年，愛因斯坦發表了「廣義相對論」，改變了世人對宇宙時空的看法；我們在宇宙中看到的一切，都是處在由無數星星所「扭曲」的時空裡（圖1.4.9-1）。此理論，對天文學的影響極為重大。

赫歇爾的工作將人類的視野擴大至銀河系，而哈柏（Edwin Powell Hubble, 1889~1953）（圖1.4.9-2）的發現，進一步將人們從恆星世界帶往星系世界，人類對宇宙的認識因之又往前邁出了一

圖1.4.9-2　哈柏發現宇宙正在擴張中

大步。一九二四年，美國天文學家哈柏發現仙女座星雲是一河外星系，其後陸續發現數千個不同形狀的星系，於是展開探索宇宙奧祕的新篇章。一九二九年，哈柏發現星系的紅位移與其距離成正比，也就是所謂的「哈柏定律」；換言之，宇宙正在擴張中，且距離愈遠的星體，遠離的速率愈快。

一九二七年，荷蘭天文學家歐特（Jan Oort, 1900~1992）發現我們所處的銀河系是在旋轉的。他算出從銀河系中心到太陽的距離，以及太陽圍繞銀河系中心運轉的軌道週期。之後，他還通過計算，證明銀河系中有「黑暗物質」。一九五〇年，他又提出彗星是在太陽系周圍的彗星雲中產生。

一九三一年，美國電信工程師楊斯基（Karl Guthe Jansky, 1905~1950）發現來自宇宙的無線電波，從此開闢電波天文學新領域。天文學家借助電波望遠鏡，

圖 1.4.9-3　迦莫夫提出「大爆炸」的宇宙起源模型

圖 1.4.9-4　哈柏太空望遠鏡

圖 1.4.9-5　利用太空梭進行太空探險，拓展人類思想的新視野，是現代科學文明的重大成就

於六〇年代在天文現象上獲得四項重大發現：類星體、微波背景輻射、脈衝星和星際有機分子，成為二十世紀最具光彩的天文學成就。

一九六〇年，美國天文學家桑德奇（Allan Rex Sandage, 1926~）等人發現一未知天體，其性質不同於一般恆星，卻未能判定它。一九六三年，由荷蘭天文學家史密特（Maarten Schmidt, 1929~）確認其為具很大紅位移的天體，定名為「類星體」。

一九四八年，美國物理學家迦莫夫（George Gamow, 1904~1968）（圖 1.4.9-3）等人提出「大爆炸」的宇宙模型。一九六四年，由於兩位美國電波天文學家彭齊亞斯（Arno Penzias, 1933~）和威爾遜（Robert Woodrow Wilson, 1936~）發現宇宙微波背景輻射，使得「大爆炸」宇宙論獲得支持。因此發現，這兩位科學家獲得一九七八年諾貝爾物理獎。

一九六七年，英國天文學家休伊什（Antony Hewish, 1924~）和他的學生貝爾（Jocelyn Bell, 1943~）首次發現「脈衝星」，於是獲得一九七四年的諾貝爾物理獎。

大量星際分子在六〇年代以後，透過無線電波探測後被發現。這個發現有助於進一步探索天體演化，揭開宇宙起源的奧祕。

六〇年代，航太時代的到來，使天文學衝破了地球大氣的禁錮，人類開始到大氣外探測宇宙，天文學於是成為全波段的宇宙科學，開啟了太空天文學時代。現今科學家已將各波段「太空望遠鏡」（圖 1.4.9-4），如無線電波、紅外線、可見光、紫外線、X 射線和 γ 射線望遠鏡一一送上了太空，而且利用人造衛星、探測器、宇宙飛船和太空實驗室進行天文觀測研究、太空探險和外星生物的探索（圖 1.4.9-5）。

1.4.10 現代地球科學的發展

一九一二年，德國地質兼氣象學家韋格納（Alfred Lothar Wegener, 1880~1930）提出「大陸漂移說」。他從古生物學、地質學和古氣候學，蒐集大量證據，說明古生代時只有一塊大陸，稱為盤古大陸，為古海洋所包圍，後來逐漸漂移到今天的情況。由於當時並未找到漂移的機制，所以未被正式接受。在第二次世界大戰之後，因海洋探測技術的增進，人類有能力獲得許多有關海底地質的資料，顯示海底在中洋脊兩側的對稱關係。美國地質學家赫斯（Harry Hammond Hess, 1906~1969）於一九六二年首先據此論述「海底擴張說」，成為「大陸漂移說」的最佳科學論證。一九六八年，美國地質學家勒比雄（Xavier Lepichon, 1937~）、麥肯齊（Dan Peter McKenzie, 1942~）、摩根（William Jason Morgan, 1935~）等科學家綜合了當時的新研究資訊，並以「大陸漂移說」及「海底擴張說」為基礎，提出了更具革命性的「板塊構造說」，同時解決了漂移的動力機制問題，是二十世紀以來地球科學最偉大的成就。

第二章

物質的世界

宇宙間的萬物，從最小的微塵到最大的星體、有生命的與無生命的實體，無一不是由物質所組成（圖2-1）。而所謂「物質」，乃指佔有空間、具有質量、且各具特性的東西。宇宙的組成因素，除了物質外，還有各種形式的能量。能量係具有作功的能力，不具質量且不佔空間。由於物質與能量間的相互作用，產生千變萬化的反應，於是構成了形形色色的世界。

圖 2-1　所有有生命和無生命的實體，皆為物質所構成

一、物質的組成與性質

　　早在兩千多年前，希臘的自然哲學家就已開始熱中於尋求物質的本質。科學之父泰利斯認為「水為萬物根源」；德謨克里特斯則提出物質是由某種看不見，稱為「原子」的微小粒子構成；亞里斯多德更提出「四元素說」，主張所有物質皆由水、火、土、氣所組成。直到近代化學的興起，科學家才逐漸揭開物質的本質，也因而得以解釋自然界中許多物質的特性及現象。

2.1.1　物質的組成

　　十九世紀初，英國化學家道耳吞提出「原子說」，奠立了近代物質科學的基礎，其主要論點為：

　　（一）一切物質都是由稱為原子的微小粒子所組成，這種粒子無法再分割。

　　（二）相同元素由相同的原子所組成，而不同元素則有相異的原子。

　　（三）化合物是由不同種類的原子以固定的比例相結合而成的。

　　（四）化學反應只是原子間重新排列組合，原子不能被破壞也無法被創造。

　　道耳吞的原子理論成功地解釋了當時三個重要科學定律：質量守恆定律、定比定律和倍比定律。他所假定的原子，也已經由現代科學證實其存在。原子（Atom）這個字起源於希臘，就是「不可分割」的意思。然而，現今在經過多位科學家努力不懈地研究下，發現原子並非無法再分割，原子的奇特和複雜性因而逐漸被發掘。

　　十九世紀末期，英國物理學家湯木生發現原子中帶負電的電子，進而開啟日後原子研究的大門。一九一一年，英籍紐裔的物理學家拉塞福從「α 粒子散射實驗」中（圖 2.1.1-1），提出了原子是由帶正電的原子核和核外運轉的電子組成的「行星式原子模型」。之後，拉塞福和他的學生查兌克又相繼發現了質子和中子，原子結構於是得以確立。整個原子的質量集中於體積甚小的原子核（半徑~10^{-15} m），核外有質量極輕且高速運轉的電子環繞，原子（半徑~10^{-10} m）的絕大部分是真空；原子核則是由帶正電的質子和不帶電的中子所組成，核內質子的帶電量和數目與核外電子相同，所以原子呈電中性（圖 2.1.1-2）。

所有物質是由原子組成，而原子是由稱為次原子粒子的質子、中子和電子所構成。由兩個或以上的原子緊密結合而成的粒子，稱為分子。離子則是由帶電荷的原子或原子團所組成之粒子，有帶正電的陽離子及帶負電的陰離子兩種形式。

2.1.2　質量、重量和密度

所有的物體均具有質量，為本身所含的物質的量，係一種慣性的表現。物體的質量反映其重力場強度的性質，SI 制的基本單位是公斤（kg）。在一般的情況下，質量並不隨物體的運動、狀態、溫度和位置而改變，它是物體所具有的一種基本性質。

質量與重量常被交替使用，但所指的概念完全不同。重量是一種力，為物體所受的重力，即地心引力，與物體的質量有關，質量愈大，引力愈強。重量常用的單位為牛頓（N），此量會因物體的運動狀態和所處位置改變而有所不同。在海平面上，地球會對一個質量 1 公斤的物體施加 9.8 N 的重力；但同樣的物體到了月球，其質量仍為 1 公斤，重量卻只有 1.63 N（圖 2.1.2-1）。

物體的密度是指物體單位體積所含質量的多寡，為不隨物體大小而改變的重要物理性質。當外在條件（溫度、壓力）不變時，同一種物質具有相同的密度，而不同物質則密度不同，故常以密度來鑑別特定的物質。此外，比重與密度有關，係於相同的條件下，同體積的物質與水的質量比；此數值與

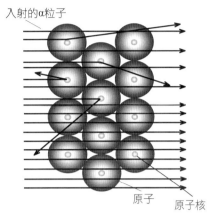

入射的α粒子

原子　　原子核

圖 2.1.1-1　拉塞福的「α粒子散射實驗」

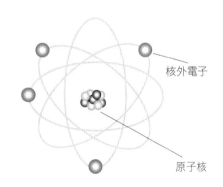

核外電子

原子核

圖 2.1.1-2　原子的結構

圖 2.1.2-1　質量 194 公斤的太空人，在月球上的重量只有 317 牛頓，為地球上的 1/6

密度相同，差異僅在於密度有單位，而比重則無（表 2.1.2-1）。

表 2.1.2-1　常見物質的密度（25℃，1 大氣壓下）

物質	密度（g/cm³）	物質	密度（g/cm³）
水	1.00	鋁	2.70
乙醇	0.79	鐵	7.86
甲醇	0.81	銅	8.96
海水	1.03	銀	10.5
水銀	13.6	金	19.3

2.1.3　物質的性質

所有物質皆由原子所組成，這些原子的排列和相互作用，使各種物質均具有其獨特的性質。因此，可藉由觀察或檢測這些特性，來識別物質的種類。物質的特性通常可以區分為物理性質和化學性質。

（一）物理性質

係指在不改變物質的本質之下，可以藉由感官觀察，或儀器測量和計算而得知的特性，如色澤、形態、氣味、熔點、沸點、密度、塑性、硬度、溶解度、延展性、比熱、導熱性、導電性、磁性及對光的折射與反射等性質。

（二）化學性質

係指物質與其他物質相互作用而改變其本質時，所呈現的特性，如可燃性、助燃性、自燃性、酸鹼性、腐蝕性、催化性等性質。

二、物質的狀態與狀態變化

一般來說，絕大部分的物質能以三種不同的狀態存在，即固態、液態與氣態；此三態之間可依熱量的吸收或放出而互相轉換。物質在三態中所具有的能量多寡不同，以氣態最多，其次是液態，固態最少。除此，在極高能量的狀態下，物質會由氣態變成電漿態，稱為物質的第四態。

2.2.1 物質的狀態

　　物質通常能以固態、液態或氣態存在，而以何種狀態存在，則取決於溫度與壓力。溫度愈高，組成物質的粒子（原子、分子或離子）運動得愈劇烈；壓力愈大，則粒子被限制於較小的空間。這三態的主要差異在於所含能量的多寡；物質在三態中仍維持分子狀態，然而若物質處於極高能態的情況下，則氣態分子會被離子化，成為電漿態（圖 2.2.1-1）。

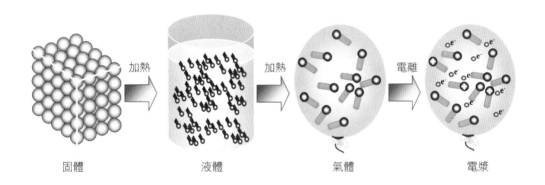

固體　　　　　　　液體　　　　　　　氣體　　　　　　　電漿

圖 2.2.1-1　物質狀態的微觀粒子示意圖

（一）固態

　　固體具有一定的形狀和體積，其組成粒子的動能低，且粒子間由於強引力作用，而緊密堆積、束縛於一堅固的結構中，粒子只能在固定位置上以微小幅度振動，因此通常具有良好的晶格排列次序。

　　固體的硬度是由粒子排列方式來決定的。以石墨和鑽石為例（圖 2.2.1-2），兩者均為碳元素所組成的同素異形體，但由於生成時的溫度和壓力等物理條件的差異，以致兩者具有不同的晶形和原子排列方式。石墨中的原子以平面層狀排列，很容易滑動，所以質地柔軟；鑽石中的原子則以堅固的立體網狀結構排列，而成為地球上硬度最大的物質。

（二）液態

　　液體具有一定的體積，但無固定形狀，其形狀隨容器而變。液體的分子動能

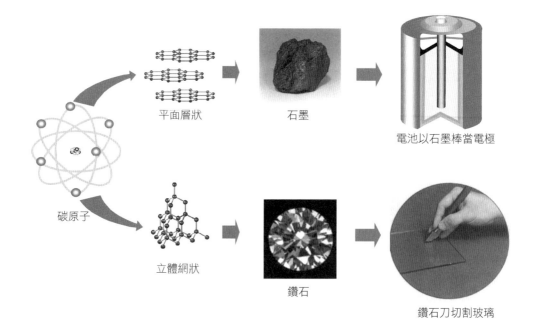

平面層狀

石墨

電池以石墨棒當電極

碳原子

立體網狀

鑽石

鑽石刀切割玻璃

圖 2.2.1-2　鑽石和石墨的組成均為碳原子，由於原子的排列方式不同而造成硬度的差異

表面水分子

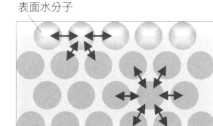

圖 2.2.1-3　表面張力的成因

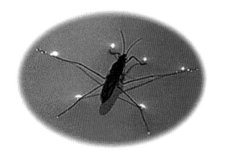

圖 2.2.1-4　水黽因表面張力而能在水面行走

比固態時為高，振動較劇烈，以至於晶格的結構被破壞。由於分子間的距離較遠，彼此引力弱，故能自由移動；另因分子間的引力尚存在，分子的間隔仍維持固定，所以體積固定，而難以壓縮。

1. **表面張力**：液體內部分子在每個方向受到相等的分子間吸引力，然而液體表面分子則受到向內淨拉力作用（圖2.2.1-3），使得這一表面層分子猶如「彈性皮膜」般，會往內收縮，以縮小其表面積。此種使液體表面收縮的力，即為表面張力（圖2.2.1-4）。液體分子間的引力愈大，則其表面張力往往也愈大。

2. **毛細作用**：液體分子之所以會產生毛細作用，與內聚力和附著力有關。內聚力為

液體內部分子間的引力，而附著力
則為液體分子與容器分子的引力。
當液體的附著力大於內聚力時，毛
細管內的液面成凹形，且液體會沿
管壁上升，直至液體的重量與之平
衡；因而管子愈細，液體分子爬升
愈高（圖 2.2.1-5）。

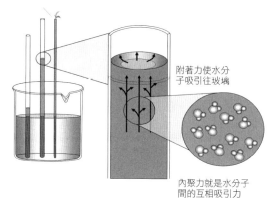

微細玻璃管中的水會溢出

附著力使水分
子吸引往玻璃

內聚力就是水分
子間的互相吸引力

3. 黏度：糖漿流動慢是因為
糖漿的黏度高使然。所謂黏度，是
指液體流動時所受的阻力。一般而
言，分子間引力愈大，則液體黏度

圖 2.2.1-5　毛細作用

愈高。水是個例外，其分子間作用力很大，卻反而黏度小。大分子或長鏈分子通
常也是黏度高的液體。

（三）氣態

　　氣體沒有固定的形狀和體積。由於液體和氣體均具流動性，無一定的形狀，
所以統稱為「流體」。氣體分子間的距離遠，且擁有較液態為高的動能，足以掙
脫彼此的引力，能自由地高速運動，故可任
意的壓縮或膨脹，因而無固定體積與形狀。
大多數的氣體是無色無味的，僅有少數的氣
體具有顏色或氣味，如氯氣為黃綠色，氨氣
和硫化氫有刺激性臭味等。所有氣體皆可均
勻地擴散充滿於任何形狀的容器中，且由於
氣體分子可以自由地運動，故不同的氣體分
子可以迅速均勻的混合（圖 2.2.1-6）。當氣
體分子在低溫高壓的情況下，分子動能減
小，分子間距離縮短，可使氣體濃縮為液
體，稱為氣體的「液化現象」。

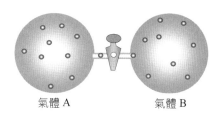

氣體 A　　　　氣體 B

圖 2.2.1-6　氣體的擴散

　　1. 波以耳定律：在溫度一定時，定量氣
體的體積與壓力成反比（圖 2.2.1-7）。氣體

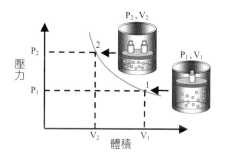

壓力

P_2

P_1

P_2, V_2

P_1, V_1

V_2　V_1

體積

圖 2.2.1-7　波以耳定律

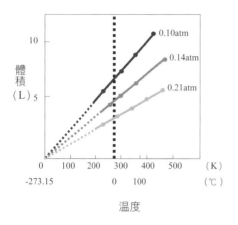

圖 2.2.1-8　查理定律

的體積增加，分子的運動空間加大，由於速率固定，分子碰撞器壁的頻率減少，因而產生的壓力較小；反之，氣體的體積減少，則壓力增大。

2. **查理定律**：在壓力恆定的情況下，定量氣體的體積與絕對溫度成正比（圖 2.2.1-8）。氣體的體積隨溫度升降而脹縮，即氣體的熱脹冷縮性質。當氣體受熱時，分子速率加大，因此需要更大的空間，氣體於是膨脹；反之，氣體冷卻，則體積收縮。

（四）電漿態

以高能量粒子或電磁波（如宇宙射線、γ 射線、X 射線）對氣體撞擊，或對氣體施予高溫或外加電場，此時的氣體分子受激發而處於極高的能量狀態，其原子外層的電子有部分會掙脫原子核的束縛，而成為自由電子，這個過程稱為「電離」。此電離化的氣體中，有中性氣體分子、正離子、電子、原子，稱為「電漿」或「等離子體」。電漿的能量愈高，氣體分子電離化程度愈趨於完全。諸如此種氣體被電離化後所產生的物質狀態與物質的三態顯然不同，故科學家稱之為物質的第四態。

在地球上，自然存在的電漿並不多，如閃電、極光、大氣層中的電離層和太陽風等（圖 2.2.1-9）。一般所接觸到的大多數是人為的電漿，如日光燈、霓虹

圖 2.2.1-9　極光、閃電、彗星的離子尾都是自然界的電漿

燈、電漿電視、高溫火焰，和核
融合爐等。據估計，宇宙間 99%
以上的已知物質是處於電漿態，
如彗星的離子尾、太陽與其他恆
星的內部及其周圍的大氣等。

圖 2.2.1-10　電漿球

　　整體而言，電漿是呈電中性
的狀態。組成電漿的帶電粒子
（電子和正離子），會由於一小部分受外加磁場或電場的作用，而使整群電漿粒
子都受到影響，此稱為「電漿的群體效應」（圖 2.2.1-10）。這些帶電粒子靠著
彼此運動所產生的電磁場來交換其動量和能量，進而達到彼此牽制的集體行為，
使得電漿因而具有良好的導電性和導熱性。電漿態的離子會因與電子碰撞而重新
結合為中性原子或分子，也會因碰撞而將原子或分子激發而電離，這些過程都會
產生電磁波。

2.2.2　物質的狀態變化

　　物質可因熱能的進出或壓力的改變而變換其狀態，此稱為「相變」（圖
2.2.2-1）。常壓之下，三態之間的轉換，除了固態與液態及液態與氣態之間的轉
換外，有些物質可進行固態與氣態之間的轉換，稱為「昇華」，例如樟腦、乾
冰、碘等。

（一）熔化與凝固

　　固體受熱時，在固定位置上的粒子振動逐漸加劇，溫度亦隨之上升；至一特
定溫度時，固體的晶格結構開始被破壞，而轉變為流動的液體，這種現象稱為

熔化
（在熔點時發生）

凝固
（凝固點時發生）

沸騰
（在沸點時發生）

凝結
（凝結點時發生）

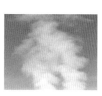

圖 2.2.2-1　水的三態變化

「熔化」；此時的溫度，即為熔點。這個過程是可逆的，也就是將此液體冷卻時，粒子振動速度會減慢，粒子間距離亦隨之縮小，而使粒子間引力增強。直到與熔點溫度相同時，液體於是開始轉變為固體，此種現象稱為「凝固」；凝固時的溫度，就是凝固點。

（二）沸騰與凝結

繼續加熱液體時，液體分子運動的速率加快，某些動能較大的分子甚至掙脫分子間引力，汽化後逃逸至空氣中，這就是「蒸發」現象。隨著溫度逐漸升高，更多的分子逃出液面，蒸氣壓亦隨之上升。當蒸氣壓等於大氣壓力時，液體內部所有分子均有足夠能量脫離彼此的束縛，而產生大量氣泡並劇烈翻騰、急速汽化的現象，即為「沸騰」；此時的溫度為「沸點」，汽化後的液體分子便形成了氣體。這個過程同樣是可逆的。將此氣體冷卻的過程中，當溫度與沸點相同時，氣體開始液化，此現象即為「凝結」；凝結時的溫度，稱為凝結點。

物質的凝固點與沸點會因壓力的改變而變動，如「復冰現象」即是由於水的凝固點因壓力的增加而下降所致。而壓力對沸點的影響更是明顯，例如以壓力鍋燉爛食物，便是利用水的沸點因壓力增大而上升的原理（圖 2.2.2-2）。

圖 2.2.2-2　壓力鍋係利用壓力使水的沸點上升，以煮熟食物

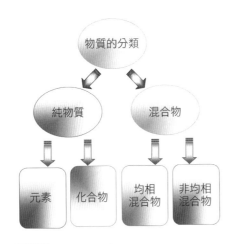

圖 2.3　物質的分類

三、物質的分類

所有的物質可區分歸納為純物質和混合物兩大類（圖 2.3）。純物質的成分均勻、組成固定，且具有一定的性質，包括「元素」和「化合物」。混合物則

是由兩種或兩種以上的純物質依任意比例混合而成，並無固定組成與特性，且各組成物質仍保有本身之性質，可以藉由物理方法，將其組成中的純物質分離出來。

2.3.1 元素

元素是僅由一種原子所組成的物質，為物質的基本型態，並無法以物理或化學方法再進一步分解。迄今為止，已被發現的元素有 112 種，其中天然存在的元素有 92 種，其他的則是以人工方法在核子反應爐或粒子加速器中製造產生的，這些人造元素皆具有放射性。在常溫常壓下，元素有以個別原子存在的，如金屬和惰性氣體；若以兩個以上的原子形式存在者，則稱為分子。如氫、氧、氮、氯為雙原子分子，磷分子通常有四個原子，硫分子有八個硫原子（圖 2.3.1-1），而臭氧分子則有三個氧原子。

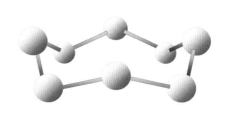

圖 2.3.1-1　硫分子S₈

（一）元素的命名與符號

除古代已知元素依原來的名稱外，其餘是以元素的性質為依據，或以發現者的人名或國名作為紀念來命名的。中文命名有一定的規則，元素名稱各以一個字表示；以部首區分常溫常壓下物質的狀態，如屬氣態元素者從「气」、液態元素從「氵」，固態元素中為金屬者從「金」、為非金屬者從「石」。元素符號的表示法，是採英文或拉丁文的第一個字母，以大寫表示；若有與其他元素相同的情況，則取前兩個字母，在大寫的第一字母後面另加一小寫字母來識別。

（二）元素週期表

一八六九年，俄國化學家門得列夫在清楚掌握了當時已知的 63 種元素的原子量和化學性質後，將元素依其原子量遞增順序排列，發現了化學性質相似的元素之週期性規律，因而作出了元素週期表。但當時尚未能明瞭元素之化學性質是取決於原子結構中的電子數目及其排列方式，也就是所謂原子的電子組態，此與原子序有關，而非原子量。後來，英國物理學家莫斯里（Henry Moseley, 1887~1915）

圖 2.3.1-2　元素週期表

說明：
- 元素名稱
- 原子序
- 元素符號
- 原子量

例：2　氦 He　4.003

圖例：氣體／液體／固體／人造元素／☢ 具放射性元素

1 IA	2 IIA	3 IIIB	4 IVB	5 VB	6 VIB	7 VIIB	8	9 VIIIB	10	11 IB	12 IIB	13 IIIA	14 IVA	15 VA	16 VIA	17 VIIA	18 VIIIA
1 氫 H 1.008																	2 氦 He 4.003
3 鋰 Li 6.941	4 鈹 Be 9.012											5 硼 B 10.81	6 碳 C 12.01	7 氮 N 14.01	8 氧 O 16.00	9 氟 F 19.00	10 氖 Ne 20.18
11 鈉 Na 22.99	12 鎂 Mg 24.31											13 鋁 Al 26.98	14 矽 Si 28.09	15 磷 P 30.97	16 硫 S 32.07	17 氯 Cl 35.45	18 氬 Ar 39.95
19 鉀 K 39.10	20 鈣 Ca 40.08	21 鈧 Sc 44.96	22 鈦 Ti 47.88	23 釩 V 50.94	24 鉻 Cr 52.00	25 錳 Mn 54.94	26 鐵 Fe 55.85	27 鈷 Co 58.93	28 鎳 Ni 58.69	29 銅 Cu 63.55	30 鋅 Zn 65.39	31 鎵 Ga 69.72	32 鍺 Ge 72.59	33 砷 As 74.92	34 硒 Se 78.96	35 溴 Br 79.90	36 氪 Kr 83.80
37 銣 Rb 85.47	38 鍶 Sr 87.62	39 釔 Y 88.91	40 鋯 Zr 91.22	41 鈮 Nb 92.91	42 鉬 Mo 95.94	43 鎝 Tc 98.91	44 釕 Ru 101.1	45 銠 Rh 102.9	46 鈀 Pd 106.4	47 銀 Ag 107.9	48 鎘 Cd 112.4	49 銦 In 114.8	50 錫 Sn 118.7	51 銻 Sb 121.8	52 碲 Te 127.6	53 碘 I 126.9	54 氙 Xe 131.3
55 銫 Cs 132.9	56 鋇 Ba 137.3	57-71 鑭系元素	72 鉿 Hf 178.5	73 鉭 Ta 180.9	74 鎢 W 183.9	75 錸 Re 186.2	76 鋨 Os 190.2	77 銥 Ir 192.2	78 鉑 Pt 195.1	79 金 Au 197.0	80 汞 Hg 200.6	81 鉈 Tl 204.4	82 鉛 Pb 207.2	83 鉍 Bi 209.0	84 釙 Po (210)	85 砹 At (210)	86 氡 Rn (222)
87 鍅 Fr (223)	88 鐳 Ra (226)	89-103 錒系元素	104 鑪 Rf (261)	105 𨧀 Db (262)	106 𨭎 Sg (263)	107 𨨏 Bh (262)	108 𨭆 Hs (265)	109 䥑 Mt (267)	110 Uun (269)	111 Uuu (272)	112 Uub (277)						

過渡元素（B 族）

鑭系元素（內過渡元素）

57 鑭 La 138.9	58 鈰 Ce 140.1	59 鐠 Pr 140.9	60 釹 Nd 144.2	61 鉕 Pm 144.9	62 釤 Sm 150.4	63 銪 Eu 152.0	64 釓 Gd 157.3	65 鋱 Tb 158.9	66 鏑 Dy 162.5	67 鈥 Ho 164.9	68 鉺 Er 167.3	69 銩 Tm 168.9	70 鐿 Yb 173.0	71 鎦 Lu 175.0
89 錒 Ac (227)	90 釷 Th 232.0	91 鏷 Pa (231)	92 鈾 U 238.0	93 錼 Np (237)	94 鈽 Pu 239.1	95 鋂 Am 243.1	96 鋦 Cm 247.1	97 鉳 Bk 247.1	98 鉲 Cf 252.1	99 鑀 Es 252.1	100 鐨 Fm 257.1	101 鍆 Md 256.1	102 鍩 No 259.1	103 鐒 Lr 260.1

錒系元素（內過渡元素）

於一九一三年建立了原子序的概念，科學家於是以原子序取代原子量而建立新的週期表（圖 2.3.1-2）。

　　週期表中，橫列稱為週期，縱行稱為族，共有七週期十八族，其中八個為 A 族，十個為 B 族。A 族為典型元素，而 B 族是過渡元素，且均為金屬。典型元素中，同週期的元素，其性質依序漸變，愈右邊的原子，半徑愈小且非金屬性愈強；同族的元素，則有相同的價電子和類似的性質，愈往下的原子，半徑愈大且金屬性愈強。

　　1. **原子序（Z）**：為原子核中的質子數，亦相等於原子核外的電子數。

　　2. **質量數（A）**：為原子核中的質子和中子之總數。例如銅的原子序 29，質量數 63，代表銅原子有 29 個質子、29 個電子及 34 個中子，以 $_{29}^{63}Cu$ 表示。

　　3. **同位素**：原子核中的質子數決定元素的種類，而質子數相同、中子數不同的原子，也就是原子序相同、但質量數不同的原子，稱為「同位素」，在週期表中位於同一序位。同位素由於具有相同的質子和電子，所以化學性質相同，但物理性質不同。自然界中的元素，大部分具有數種天然的同位素，如氫有三種同位

素 $^{1}_{1}H$、$^{2}_{1}H$、$^{3}_{1}H$（圖 2.3.1-3），而同位素亦可利用人工方式產生。

4. **原子量**：原子的質量集中於原子核，核外電子的質量極小，約為質子的 1/1837。原子量採用相對質量，「國際純粹及應用化學聯合會」（IUPAC）定 ^{12}C = 12.0000 為原子標準值，即 1 mole 的 ^{12}C = 12.0000g，而 1 個 ^{12}C = 12 amu。由於自然界的元素多以同位素存在，其含量的百分比不同，因而採用平均原子量作為該元素的原子量。例如，和 ^{12}C 相比，^{10}B 的質量為 10.013 amu，同位素 ^{11}B 的質量為 11.009 amu；而自然界中的硼有 19.9%的 ^{10}B，和 80.1%的 ^{11}B，因此可得出硼的原子量為 10.013 × 0.199 + 11.009 × 0.801 = 10.81。

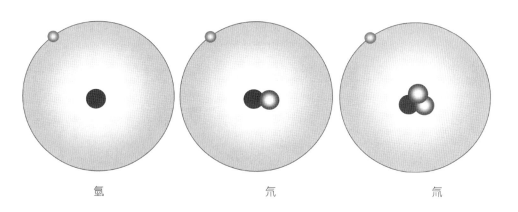

氕　　　　　　　　氘　　　　　　　　氚

圖 2.3.1-3　氫的同位素之原子結構示意圖

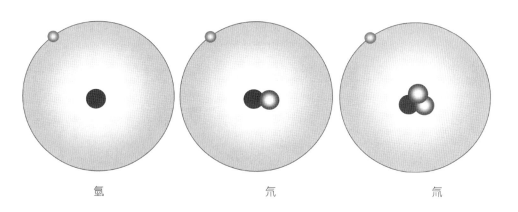

（三）金屬元素

　　化學元素週期表中，有四分之三以上是金屬，它們主要是位於週期表左方及中央部分。遠在數千年前，人們便已發現了金、銀、銅、鐵、鉛、汞和錫等金屬，並加以應用。

　　1. **金屬的通性**：金屬具有光澤，為熱與電的良導體，且富有良好的延展性而易於加工，因此廣泛應用於機械、電器、交通工具、建築材料、烹飪器具、裝飾品等。常溫常壓下，金屬是由金屬元素原子堆積而成的固體，而汞是唯一的液態金屬。金屬通常質地堅固，具有高熔點、高沸點，及高密度。金屬與其他元素形成化合物時，往往易失去電子，成為帶正電的陽離子。此外，金屬的氧化物或氫氧化物溶於水呈鹼性，且金屬有時會與其他金屬或非金屬混合，形成更為強韌且不易氧化和耐腐蝕的合金。

2. **鹼金族**：為週期表 IA 族中除了氫以外的元素，包括鋰（Li）、鈉（Na）、鉀（K）、銣（Rb）、銫（Cs）、鍅（Fr）六元素（圖 2.3.1-4）。這些元素與水反應，或其氧化物溶於水均呈強鹼性，故稱為「鹼金族」。鹼金族在自然界中，以鈉和鉀的含量最多，其餘則含量少；其中，鍅為放射性元素，僅微量存在。鹼金族多為銀白色金屬，最外層的電子數只有一個，因而化性極為活潑（圖 2.3.1-5），易與其他元素化合，形成帶一價正電荷的陽離子，故需貯存於煤油中。鹼金族在自然界中無元素態，而以安定的鹽類存在，其活性隨原子序的增加而增大。鹼金族的熔點、密度與硬度均較一般金屬低，如鈉的熔點為 98℃，且鋰、鈉、鉀的密度皆比水小；除此，鹼金族因質軟，可用刀切割（圖 2.3.1-6）。

圖 2.3.1-4　鹼金族元素

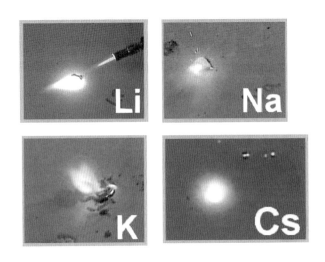

鈉在空氣中極易與氧反應，在數分鐘內切面即產生鏽斑

圖 2.3.1-5　鹼金族活性很大，在空氣中很容易受熱燃燒或與水接觸時產生劇烈反應

圖 2.3.1-6　鹼金族質軟可用刀切（圖為鈉）

圖 2.3.1-7　鹼土金族元素

　　3. **鹼土金族**：係週期表 IIA 族的元素，包括鈹（Be）、鎂（Mg）、鈣（Ca）、鍶（Sr）、鋇（Ba）、鐳（Ra）六元素（圖 2.3.1-7）。這些元素由於早期大部分自岩礦中取得，且與水反應呈鹼性，故稱為「鹼土金族」。鹼土金族在自然界中，以鈣和鎂的存量最豐，其餘含量少，而鐳為放射性稀有元素。鹼土金族呈銀白或銀灰色，最外層有兩個價電子，化性活潑但不比鹼金族

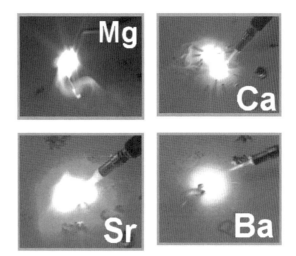

圖 2.3.1-8　鹼土金族在空氣中受熱燃燒的情況

（圖 2.3.1-8），易與其他元素化合，而形成正二價陽離子。鹼土金族在自然界中無元素態，均以化合物存在，其活性同樣也隨原子序增加而增大。鹼土金族的熔點較鹼金族為高，亦是硬度不高的輕金屬；然而其氧化物的熔點甚高，故常用於製造耐熱材料。

（四）非金屬元素

　　除氫以外，其餘非金屬元素均位於週期表右上方的三角形區域內，在常溫常壓下，存在固態、液態和氣態。

　　1. **非金屬的通性**：非金屬的性質通常與金屬相反。固態非金屬一般不具金屬光澤，且質硬而脆，除碳可導電外，其餘皆為電與熱的不良導體。此外，大多數

非金屬的熔點和沸點都很低，且其氧化物溶於水後多為酸性。除了惰性氣體很安定較不易形成化合物之外，其他大多能獲得電子而成為帶負電的陰離子，或形成共價化合物。

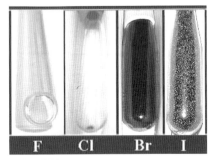

圖 2.3.1-9　鹵素

圖 2.3.1-10　氟的最常見天然礦物——螢石

圖 2.3.1-11　碘（I_2）晶體受熱時昇華，其蒸氣呈紫色

2. **鹵素**：為週期表中 VIIA 族的元素，包括氟（F）、氯（Cl）、溴（Br）、碘（I）、砈（At）五元素（圖 2.3.1-9），其中砈具有放射性。由於這些元素以典型的鹽類形式存在於自然界，被認為是鹽的製造來源，故稱之為「鹵素」。鹵素的化性極為活潑，自然界中不以元素態存在，而以化合物存在於礦石和海水（圖 2.3.1-10）。鹵素具有毒性及刺激性氣味，常溫下，均以雙原子分子形式存在。鹵素有其顏色，氟為淡黃色氣體，氯為黃綠色氣體，溴為暗紅色液體，碘為紫黑色結晶固體（圖 2.3.1-11）。鹵素最外層有七個電子，極易獲得一個電子，而形成帶一價的陰離子，其活性隨原子序增加而遞減。氟在所有元素中化性最活潑，為最強的氧化劑。

3. **惰性氣體**：又稱為鈍氣或稀有氣體，為週期表中 VIIIA 族的元素，包括氦（He）、氖（Ne）、氬（Ar）、氪（Kr）、氙（Xe）、氡（Rn）。由於惰性氣體的外層電子已達飽和，具穩定的電子組態，故化性極不活潑，因而稱之為「惰性氣體」。惰性氣體為無色、無味的氣體，自然界中以單原子分子元素狀態存在。惰性氣體大約佔空氣的百分之一，其中氬的含量最多，氡為放射性元素。由於惰性氣體的分子間引力十分微弱，故熔點和沸點低，且不易液化。天然氣的礦床中含 2% 的氦，為工業用氦的主要來源；液態氦由於熔點極低，可作為超低溫冷卻劑；氦是僅次於氫氣的最輕氣體，可用於充填

氣球和飛船（圖 2.3.1-12）；以氦稀釋的氧氣代替空氣供潛水用，可防止潛水夫病。氖在真空放電管中產生紅色光，常用於廣告霓虹燈（圖 2.3.1-13）。氬則多用於充填燈泡，以保護燈絲（圖 2.3.1-14）。氪和氙在真空放電管中，發出藍白光，可用於燈塔照明裝置或汽車頭燈（圖 2.3.1-15）。另外，在花崗岩地區所產生的背景輻射中，氡佔了很大比例。

圖 2.3.1-12　以氦氣作為飛船的填充氣體

圖 2.3.1-13　氖常用於廣告霓虹燈

圖 2.3.1-14　以氬氣充填燈泡，可保護燈絲

圖 2.3.1-15　使用氙氣頭燈的汽車

（五）類金屬元素

　　大多數化學元素有固定的屬性，不是金屬就是非金屬。然而在週期表中，金屬與非金屬元素的過渡地帶，存在有硼（B）、矽（Si）、鍺（Ge）、砷（As）、銻（Sb）、硒（Se）和碲（Te）等七元素，其性質介於金屬與非金屬之間。它們僅有部分金屬或非金屬的特性，故稱為「類金屬」或「半金屬」。類金屬具有金屬的外觀，但導電性差，為半導體；其導電度會隨溫度升高而增加，並因含有微量雜質而遽增，與金屬正好相反。類金屬最重要的用途是在半導體材料中，用來製造微晶片和其他電子元件（圖 2.3.1-16）。

圖 2.3.1-16　類金屬最常用來製造電子元件

（六）放射性元素

　　在週期表中，原子序大於 83 的原子核均不穩定，具有自發性輻射能力，稱之為「放射性元素」。這類元素在輻射過程中，能從一種元素衰變為另一種穩定的元素，此過程為不可逆反應。每種放射性元素會以一特有的速率衰變為另一種元素，「半衰期」就是指放射性元素中半數原子衰變所需時間。

　　一八九六年，法國物理學家貝克勒發現了鈾的放射性。之後，居禮夫人和她的先生陸續又發現了釷、釙和鐳的天然放射性；放射性（radioactive）一詞，即是由居禮夫人所提出。旋即，拉塞福說明了放射性元素的三種輻射形式。

　　由放射性元素所釋出的輻射是具有傷害性的游離輻射，最常見的三種輻射形式為 α 射線、β 射線，和 γ 射線（圖 2.3.1-17）。α 射線是由核衰變所放射出的高速氦核，包含兩個質子和兩個中子，所以帶有 +2 電荷，質量約為 4amu；在三者中，α 射線游離能力最強，但穿透力最弱，以一張紙片即可阻擋。β 射線是由核衰變所釋放出的高速電子，其游離能力居次，穿透力也居次，以 2mm 的鋁板可以

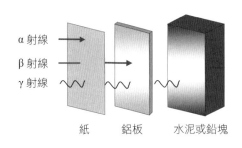

圖 2.3.1-17　三種輻射各有不同的穿透力

自然科學與生活科技概論

擋住。γ射線是一種極高能量的電磁輻射，其游離能力最弱，但穿透力最強，可穿透 1cm 的鉛塊，對人體的傷害極大。

（七）其他常見的元素

1. **氫（H）**：為最簡單的元素，是宇宙中第一個形成的元素，在宇宙間含量豐富。地球上，氫的分佈極廣，大多以化合物形式存在。室溫下，氫氣是無色無味的雙原子分子氣體。氫氣具有可燃性，與氧反應後產生水，可作為環保燃料（圖 2.3.1-18），亦可用於氫氧焰。

2. **碳（C）**：性質安定，在自然界中，碳以多種型態存在，其同素異形體有結晶形的鑽石、石墨和巴克球（C_{60}）（圖 2.3.1-19），及非結晶形的活性碳、碳黑等。碳是生命體的基本元素，由於其具有四個價電子，且碳-碳的鍵能大，因而可與氫、氧及其他元素形成數以萬計的碳化合物。

3. **氮（N）**：是空氣中的主要成分，為無色、無味的雙原子分子氣體。氮是生命體內蛋白質和核酸中的主要成分之一。氮的化性十分安定，不易與其他元素反應，可用於充填燈泡和食品保鮮。液態氮則可用於將食物急速冷藏。此外，氮可以合成氨，其他的化合物如硝酸鹽和銨鹽可做氮肥、硝酸可製造炸藥等。

圖 2.3.1-18　火箭以氫作為燃料

4. **氧（O）**：是空氣中除氮以外，含量最多的氣體，為無色、無味的雙原子分子所組成，是動植物生存的必要元素。氧的同素異形體臭氧（O_3），可吸收太陽光的紫外線。氧有助燃性，化性活潑，可與多種元素化合，稱為「氧化」，如燃燒、生鏽與呼吸等。

5. **磷（P）**：在地殼中含量約為 0.12%，主要以磷酸鹽形態存在。自然界中，磷的同素異形體有白磷、紅磷和黑磷（圖 2.3.1-20）。白磷的分子式為 P_4，性質活潑，其燃點約 35℃，在空

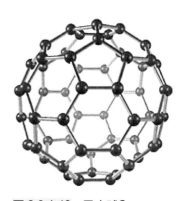

圖 2.3.1-19　巴克球C_{60}

靜置在空氣中的磷

白磷在空氣中因氧化而
生成氧化物煙霧

白磷在空氣中猛烈燃燒

圖 2.3.1-20　磷元素

斜方硫　　　　單斜硫

彈性硫

圖 2.3.1-21　硫的三種同素異形體

圖 2.3.1-22　鋁合金因質輕且強韌，所以可用來建造飛機

氣中會自燃。磷為生物體不可或缺的元素，在細胞、骨骼和牙齒中含有化合態的磷，而磷的用途則為製造磷肥和磷酸。

6. **硫（S）**：俗稱硫黃，在自然界中以元素硫或硫化物存在於地殼中。硫有三種同素異形體，即斜方硫、單斜硫，和彈性硫（圖 2.3.1-21）。常溫時，硫以安定的斜方硫形式存在，為 S_8 分子堆積的固體。硫的最大用途為製造硫酸，及在石化工業中製造橡膠、油漆、染料，和清潔劑等。

7. **鋁（Al）**：是地殼中含量最豐富的金屬元素，在自然界中以三價的化合態存在於礦石中。鋁的化性活潑，易生鏽，因表面的氧化鋁緻密不易脫落，故可保護內部金屬不再氧化。鋁是用途很廣的銀色輕金屬，因富延展性且為電與熱的良導體，可製成電線、電纜、鋁鍋和鋁箔等。由於質輕，鋁合金是汽車、飛機、建築的重要材料（圖 2.3.1-22）。

8. **鐵（Fe）**：在地殼中的含量僅次於鋁，純鐵為灰白色金屬，且易被磁化；由於在潮濕空氣中易生鏽，故常在鐵器表面塗漆或鍍鋅、錫、鎳等金屬。通常在

鼓風爐中以礦石冶煉鐵（圖
2.3.1-23），煉得的鐵為生鐵，
含碳及雜質，質硬而脆，可鑄
造鐵管和鐵器。從生鐵中除去
某些雜質後，可製成各種不同
用途的鋼。鋼中可熔入其他金
屬，能製成特殊用途的合金
鋼。由於氧化鐵具有磁性，故
大量使用於磁卡、磁片和磁帶
等。

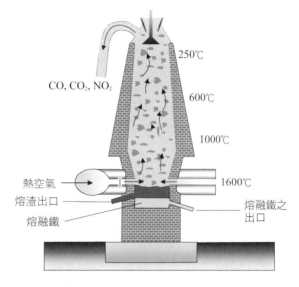

圖 2.3.1-23　鼓風爐煉鐵

9. 銅（Cu）：為富延展性
的紅棕色金屬，熱與電的傳導
性極佳。其導電性僅次於銀，
故常用於製作電線和電器用品。銅的活性
不大，但在潮濕空氣中，表面會氧化而生
成銅綠。銅為最早被人類使用的金屬，常
製成多方面用途的銅合金。

10. 銀（Ag）和金（Au）：屬於稀有
貴金屬（圖 2.3.1-24），活性均很小，且不
易被腐蝕，常用於製造錢幣和飾物。銀是
最好的熱與電的導體，金則延展性最佳、
導熱與導電性亦甚佳，是電子工業上重要
的導電材料之一。除此，銀與金常與其他金
屬製成合金，使得用途更廣（圖2.3.1-25）。

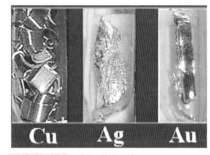

圖 2.3.1-24　銅、銀、金

2.3.2　化合物

自然界中以個別元素存在的物質不
多，大多數物質是由兩種或以上的元素，
藉由化學鍵結合的化合物。化合物中各元
素的原子，在化學反應中相鍵結；一旦反

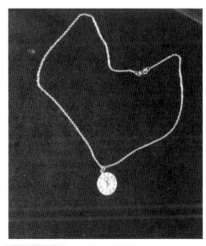

圖 2.3.1-25　14K 金項鍊

應發生，就無法以物理方式分開化合物中的各元素。此時的化合物與其組成元素的特性已完全不同。例如，常態下，氯化鈉為白色無毒之安定晶體，然其組成的元素鈉為銀白色的活潑金屬，氯則為黃綠色之毒性氣體，截然不同於化合物的特性。

（一）化合物的種類

　　化學鍵是靠原子最外層的電子結合而成。鍵結的過程中，原子可能獲得電子、失去電子或共用電子，故可形成兩種不同的化學鍵，因而產生兩類不同的化合物。

　　1. 共價化合物：不同的非金屬原子之間常共用一對或以上的電子，而形成鍵結，這種鍵稱為「共價鍵」，透過共價鍵所形成的化合物稱為「共價化合物」。共價化合物中以分子為單位者，即為分子化合物，例如水（H_2O）、氯化氫（HCl）、氨（NH_3）、甲烷（CH_4）、二氧化碳（CO_2）等（圖 2.3.2-1）。由於此類化合物中分子與分子之間僅藉微弱的凡得瓦力相連結，只要少許的能量即可破壞，所以分子化合物通常熔點與沸點均低，主要為氣體、液體或結構較軟的固體。分子化合物隨分子量增加，凡得瓦力愈強，故熔點與沸點增高，如塑膠的分子非常巨大，因而具有較高的熔點與沸點。分子化合物由於在三態中均無游離的離子，所以是熱和電的不良導體。但許多具極性的分子化合物在水溶液中可以導電，如鹽酸（HCl）、硝酸（HNO_3）、氨（NH_3）等為電解質。

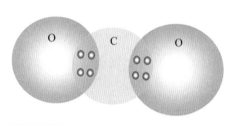

圖 2.3.2-1　CO_2是共價化合物

　　有些特殊的共價化合物，以類似分子的鍵結形成網狀結構，例如石英（SiO_2）。此類化合物中所有原子間均以共價鍵結合，可視為一個巨型分子，稱為「網狀化合物」（圖 2.3.2-2）。網狀化合物由於整個結構內都是強大的共價鍵，需要極大的能量始足以破壞，因而通常熔點、沸點和硬度都非常高；也因為無任何的離域電子和游離離子，故為電和熱的不良導體。

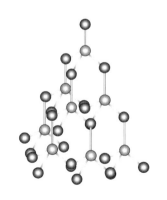

圖 2.3.2-2　網狀化合物的 SiO_2

　　2. 離子化合物：在金屬和非金屬原子之間，

金屬較易失去電子，成為陽離子，而非金屬則易獲得電子，成為陰離子；陰離子與陽離子帶有相反的電荷，彼此間被強大的靜電力所吸引結合，而形成「離子鍵」。藉由離子鍵所形成的化合物，稱為離子化合物，此為組成岩石和礦物的要素，如氯化鈉（NaCl）、螢石（CaF_2）、碳酸鈣（$CaCO_3$）等。離子化合物是利用相反電荷間的靜電引力形成很強的晶格結構，需要極大的能量才能破壞，故一般具有非常高的熔點與沸點、硬度大且易碎的特性。固態的離子化合物中，由於陰、陽離子無法移動，所以是絕緣體；然而離子化合物在熔融態或水溶液中，陰、陽離子可以移動而導電，為電解質（圖 2.3.2-3）。

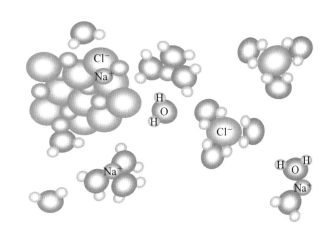

圖 2.3.2-3　離子化合物 NaCl 晶體溶於水

（二）有機化合物

　　有機化合物係含碳的化合物，早期化學家認為此類化合物來自具生命的有機體；反之，無機化合物則來自無生命的礦物或氣體。一八二八年，德國化學家維勒以無機化合物氰酸銨合成尿素，開創了人工合成有機化合物的新紀元。現在許多的藥物、塑膠、殺蟲劑、染料與纖維等，都是人工合成的有機化合物。有少數幾種含碳的化合物為無機化合物，如一氧化碳、二氧化碳、氰酸鹽和碳酸鹽等，它們均由礦物衍生而來。

　　1. **碳鍵結的特性**：由於碳-碳的鍵能很大，使得碳鏈可以連接得很長。此外，碳原子有 4 個價電子，還可以和其他非金屬元素，如氫、氧、氮、硫、磷、鹵素等形成共價鍵。再者，碳有單鍵、雙鍵和參鍵，可形成長鏈、支鏈和環狀結構。基於這些碳鍵的特性，因而能形成數以百萬計的有機化合物。然而，自然界中其他的九十餘種元素所組合的無機化合物，也僅不過約數十萬種。

　　2. **有機化合物的分類**：有機化合物中最簡單的是僅含碳與氫的碳氫化合物，

稱為「烴」類，分為脂肪族烴和芳香族烴，是石油中的主要成份。其中，脂肪族烴有烷類、烯類和炔類，芳香族烴則含有苯環結構。烴分子中的氫原子被其他原子或原子團取代的產物稱為烴的衍生物，如鹵化烴（RX）、醇（ROH）、酚（ArOH）、醚（ROR'）、酮（RCOR'）、醛（RCHO）、羧酸（RCOOH）、酯（ROOR'）、胺（RNH_2）、醯胺（$RCONH_2$）等。大部分有機反應僅牽涉到官能基的變化，其分子中的碳骨架未變。

3. **有機化合物的性質**：有機化合物的結構較複雜，常存有同分異構物。再者，有機化合物大都為分子化合物，因而熔點與沸點均較低。許多有機化合物會焦化，即產生熱分解，常在加熱時尚未達熔點就發生分解。而且，多數有機化合物不溶於水，但可溶於有機溶劑。此外，大部分有機化合物可以燃燒，產生二氧化碳、水與其他小分子，但有少部分燃燒後會產生毒性物質，如戴奧辛。

4. **聚合物**：又稱為「高分子」，是由很多小分子單體重複連結而成的巨大分子，通常分子量在 10,000 以上，依來源可分為天然聚合物和合成聚合物。天然聚合物為動植物的主要組成成分，有蛋白質、核酸、肝醣、澱粉（圖 2.3.2-4）、纖維素、橡膠等；合成聚合物則有合成纖維、合成橡膠、合成樹脂、塑膠等。聚合物的分子極大，分子間的凡得瓦力強，故具有不同的機械強度、硬度、彈性，及

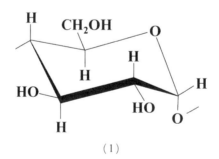

（1）

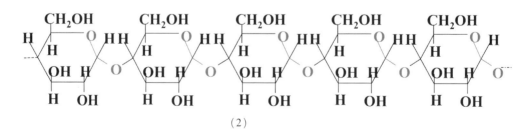

（2）

圖 2.3.2-4　（1）澱粉中的葡萄糖單體（2）澱粉的結構

延伸性等性質，因此可加工成纖維狀或皮膜狀等實用製品。

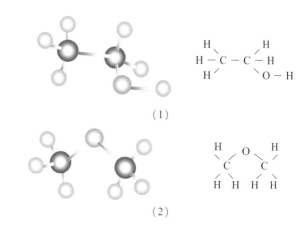

圖 2.3.2-5　同分異構物：（1）乙醇（2）甲醚

（三）化合物的化學式

化學式是以元素符號來表示化合物的組成和結構的式子，一般常用的化學式可分為以下四種：

1. **實驗式**：係表示化合物中原子組成的最簡單化學式，故亦稱「簡式」。實驗式能表明化合物中所含原子的種類與原子數比，所有離子化合物、網狀化合物和聚合物均以實驗式表示。

（1）CH_4O　　（2）$H-\overset{\displaystyle H}{\underset{\displaystyle H}{C}}-OH$　　（3）CH_3OH

圖 2.3.2-6　甲醇的（1）分子式（2）結構式（3）示性式

2. **分子式**：分子化合物的符號是以分子式表示，代表單位分子內原子的種類和數目，也就是表示化合物組成和分子量的化學式。例如，過氧化氫的分子式為 H_2O_2，表示過氧化氫一分子中含有兩個氫原子和兩個氧原子，其分子量為 $2 + 32 = 34$。

3. **結構式**：為表示分子中各原子排列與鍵結情形的化學式。例如，同分異構物的乙醇和甲醚，分子式同為 C_2H_6O，雖然分子式相同，結構卻不同，故化學性質各異；為了加以區別，則需進一步以結構式來列出其分子內部各原子的結合狀態（圖 2.3.2-5）。

4. **示性式**：是表示分子內含有某種根或官能基而簡示其特性的化學式，如乙酸的分子式 $C_2H_4O_2$，示性式則為 CH_3COOH。一般常以示性式來表示有機化合物（圖 2.3.2-6）。

2.3.3　混合物

混合物是不同的純物質依任意比例混合而成，故沒有特定的組成，且性質亦

不固定。由於各純物質之間並無發生化學變化，所以混合物仍保有各組成物質的特性，並能以物理方法加以分離。

圖 2.3.3-1　銅和錫的合金（青銅）是固態溶液

圖 2.3.3-2　牛奶為非均相混合物

濾紙
硫

硫酸銅溶液

圖 2.3.3-3　以過濾法分離硫和硫酸銅晶體

（一）混合物的分類

混合物可分為均相混合物和非均相混合物。

1. 均相混合物：係指混合物的各組成物質均勻混合為單一相，亦稱為「溶液」。溶液依形態可分為(1)氣態溶液：所有的氣體混合物都很均勻，為氣態溶液，如空氣、天然氣等。(2)液態溶液：是最常見的溶液，溶質可以是氣體、液體或固體，如氨水、酒、糖水等。(3)固態溶液：主要為合金（圖 2.3.3-1）。

2. 非均相混合物：混合物中的成分未能充分的分散於系統中，抑或是含有較大粒子的溶質，而為兩相或三相共存，如土壤、油與水、咖啡、牛奶等（圖 2.3.3-2）。

（二）混合物的分離

可利用混合物中各純物質不同的特性，以各種物理方式分離出純物質。例如，糖與鐵粉的混合物中，由於鐵粉具有磁性，而糖則無，因此可利用磁鐵將它們分離。常用的分離法有以下幾種：

1. 過濾法：利用溶解程度和顆粒大小的不同，而以濾紙來分離液體與其中不溶性固體的混合物（圖 2.3.3-3）。如食鹽水與細沙的混合物通過濾紙後，可

將食鹽和細沙分離，但並不能將食鹽和水分開。

2. **結晶法**：固體溶於液體中，利用沸點不同，以加熱方式使低沸點的物質先行蒸發，最後高沸點的物質變成晶體析出。例如，加熱食鹽水時，水蒸發後，食鹽晶體析出，即可加以分離。

3. **蒸發法**：非揮發性溶質溶於液體中，利用沸點不同，以加熱方式使低沸點的液體先行蒸發，而予以分離。

4. **蒸餾法**：兩種揮發性液體混合，利用沸點不同，經加熱至沸點使液體變成蒸氣逐出後加以收集冷凝，藉此分離不同液體（圖 2.3.3-4）。此法不適於沸點相近的液體。

5. **分餾法**：兩種或兩種以上沸點接近的液體混合，利用蒸餾法將收集的冷凝液，以重複蒸餾方式來分離不同液體。在製酒工業與石油工業中，常利用分餾法來提高酒的純度或將原油中有用的物質分離出來。

6. **色層分析法**：又稱層析法，係利用物質對特定物體附著力不同，而將混合物中的物質分離。例如，分離黑墨水中的色素即是藉由各種色素對濾紙附著力不同；附著力大的色素呈現在內環，附著力小的色素則呈現在外環（圖 2.3.3-5）。

7. **萃取法**：利用物質溶解度的差異，來達到分離的目的；通常以特定萃取液將混合物中某

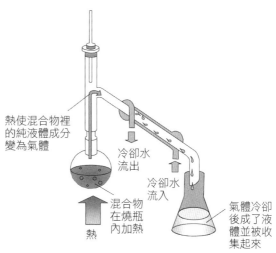

熱使混合物裡的純液體成分變為氣體

冷卻水流出

冷卻水流入

混合物在燒瓶內加熱

熱

氣體冷卻後成了液體並被收集起來

圖 2.3.3-4　蒸餾法

濾紙

各種色素以不同速率擴散

圖 2.3.3-5　利用色層分析法分離黑墨水中的色素

些溶解度大的物質分離出來。

8. **傾析法**：利用混合物中不互溶物質的密度差異，以傾倒的方式將其分離。

9. **離心法**：以高速旋轉的方法，使混合物中密度不同的物質分離，例如，將血液置於離心機中分離血球和血漿。

四、 物質的變化

物質伴隨能量的移轉而產生千變萬化。少許的能量移轉可造成組成物質的粒子之間位能或動能的改變，而產生物理變化；過多的能量移轉會引起原子外層電子結構的變動，而發生化學變化；龐大的能量移轉則會導致原子核結構的改變，而引發核變化。物質發生物理和化學變化時，只是改變分子間的距離（物理變化）和將原子重新排列組合（化學變化）而已，所以遵守質量守恆原理；而當物質發生核變化時，會產生新的原子，故遵守質能守恆原理。

2.4.1 物理變化

物質由於環境因子（如溫度、壓力）的轉變，使物質的分子之間位能或動能改變，因而外觀上發生形態變化，然其本質並未改變，稱之為「物理變化」。物質發生物理變化後，並不產生新的物質，且可藉由簡單的物理方式使之恢復原狀，如物質的三態變化、熱脹冷縮現象、糖溶於水等。

以水為例，冰熔化為水，水汽化為水蒸氣，只是形態改變，但組成仍然是水分子，所以是物理變化。此種變化是水分子之間由於溫度或壓力不同，使彼此間距離（位能）或本身速率（動能）改變，而產生形態上的變化。

2.4.2 化學變化

物質的變化若牽涉到化學鍵的形成或斷裂，也就是原子外層電子的結構發生變動，則表示物質的本質發生改變，生成了新的物質，此即為「化學變化」，例如燃燒、生鏽、光合作用、酒的變酸、食物的腐敗等（圖 2.4.2-1）。化學變化的過程，稱為「化學反應」。化學反應可以自然產生，也可以人為發生；可以經歷數年之久，也可能僅在一瞬間。由於打斷化學鍵需要吸收熱量，而新化學鍵的形成，則會釋出熱量；因之，化學反應會伴隨著熱量變化，此即為反應熱。化學反

應會產生熱量者，屬於放熱反應，如燃燒；若化學反應需吸收熱量，則為吸熱反應，如光合作用。

　　物質發生化學變化後，其組成的原子重新排列組合，無法再以物理方式使其恢復為原來的物質；但少部分化學變化是可逆的，能以化學方式使之恢復原狀。化學反應的基本類型有化合、分解、置換、複置換四種，前三者是屬於氧化還原反應。

圖 2.4.2-1　燦爛的煙火是屬於化學變化

（一）化合

　　兩種或以上的純物質化合為一種化合物的反應，稱為化合反應，一般可以通式 $A + C \rightarrow AC$ 來表示。若反應物之一為氧者，尤其重要，屬燃燒反應，例如金屬與氧的化合（$2Mg + O_2 \rightarrow 2MgO$）、非金屬與氧的化合（$C + O_2 \rightarrow CO_2$）。除此以外，尚有非金屬與金屬的化合（$Cl_2 + 2Na \rightarrow 2NaCl$）、非金屬間的化合（$P_4 + 6Cl_2 \rightarrow 4PCl_3$），以及化合物與化合物之間的化合（$SO_2 + H_2O \rightarrow H_2SO_3$）等。

（二）分解

　　分解反應為化合反應的相反過程，即一種化合物分解為兩種或以上的純物質之反應，通常可以通式 $BD \rightarrow B + D$ 來表示。許多化合物是加熱後才發生分解反應，例如碳酸和碳酸鹽受熱分解（$H_2CO_3 \xrightarrow{\Delta} CO_2 + H_2O$，$2NaHCO_3 \xrightarrow{\Delta} Na_2CO_3 + CO_2 + H_2O$）、銨鹽受熱分解（$NH_4Cl \xrightarrow{\Delta} NH_3 + HCl$）、含結晶水的鹽類受熱脫水（$CuSO_4 \cdot 5H_2O \xrightarrow{\Delta} CuSO_4 + 5H_2O$）等。另一個典型的分解反應則是電解，例如電解熔融的氯化鈉（$2NaCl \rightarrow 2Na + Cl_2$）。

（三）置換

　　一元素從化合物中將另一元素置換出來的反應，可以通式 $AB + C \rightarrow AC + B$ 來表示。此類反應常發生於水溶液中，活性大的金屬，釋出電子的傾向大，還

原力強，可將活性小的金屬還原，例如鋅-銅電池（$Zn + CuCl_2 \rightarrow ZnCl_2 + Cu$）；或者是以活性大的非金屬元素，來取代活性較小的非金屬元素，例如：$2NaBr + Cl_2 \rightarrow 2NaCl + Br_2$；抑或是活性不強的金屬，可在稀酸中取代氫，例如：$2Fe + 6HCl \rightarrow 2FeCl_3 + 3H_2$；而活性大的金屬與水作用，則可產生氫氣，如 $2Na + 2H_2O \rightarrow 2NaOH + H_2$，也屬於置換反應。

（四）複置換

兩化合物互相交換離子的反應，一般式為 $AB + CD \rightarrow AC + BD$。此類反應發生於水溶液中，欲使四種離子不共存，則必須是：

1. 生成物是不溶於水的鹽類。
2. 生成物是分子化合物，如水或氣體。

第一種情況中，兩種水溶性鹽類混合，形成不溶於水的沉澱物，稱為「沉澱反應」，如 $AgNO_3 + NaCl \rightarrow NaNO_3 + AgCl_{(s)}$。第二種情況最典型的反應是「酸鹼中和」，來自酸中的 H^+，與來自鹼中的 OH^-，中和反應後生成 H_2O；而另一產物則為酸的陰離子與鹼的陽離子，結合成鹽，如 $HCl + NaOH \rightarrow NaCl + H_2O$。

2.4.3　核變化

由於原子核內的質子和中子間存在著極強大的核力，因此原子含有龐大的核能。原子核除了自發性地發生放射性衰變外，核變化尚有核分裂與核融合兩種形式，兩者均會釋出巨大的能量。

（一）核分裂

一九三八年，德國科學家哈恩（Otto Hahn, 1879~1968）和史特拉斯曼（Fritz Strassmann, 1902~1980）以中子撞擊鈾-235，發現了核分裂現象。「核分裂」是以高速的中子撞擊不穩定的重原子核（如鈾、鈽），重原子核吸收中子後，分裂成數個較輕的原子核。在核分裂過程中，會損失些許的質量，此減少的質量轉變為巨大的能量（圖2.4.3-1）。質能守恆的原理，則是根據一九〇五年愛因斯坦所提出的 $E = mc^2$ 而來。其中，E 為能量，單位焦耳；m 是所損失的質量，單位為公斤；c 為光速（3×10^8 公尺／秒）。

質能轉換的能量相當巨大，每損失 1 公克的質量，所釋放出的能量為9×10^{13}

焦耳，相當於十幾萬公噸的黃色炸藥TNT的爆炸威力。鈾-235核分裂所產生的能量，是燃燒相同質量的煤炭所產生能量的三百多萬倍。核能電廠便是利用此種核分裂所釋放的核能來發電。

　　每一次核分裂過程，會釋出二至三個新的中子以及大量能量，這些中子會引發更多的核分裂，而形成所謂「連鎖反應」（圖 2.4.3-2），導致核分裂會一直持續下去，直到原子核達「臨界質量」為止。由於每一次核分裂都釋放巨大的能量，總量便很驚人，這就是原子彈爆炸之所以能產生強大威力的原因。

　　將核能用於和平用途，開始於一九四二年義大利物理學家費米在美國建造了首座核反應爐。在核能電廠的反應爐中，利用鎘和硼製成的「控制棒」來吸收過

$$^1_0n + ^{235}_{92}U \rightarrow ^{141}_{56}Ba + ^{92}_{36}Kr + 3^1_0n$$

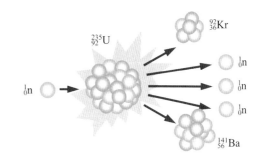

圖 2.4.3-1　鈾-235 的核分裂反應

圖 2.4.3-2　核連鎖反應

多的中子，以保持穩定且持續性的核分裂反應；系統中尚有冷卻劑與中子減速的緩合劑（重水、石墨）。反應爐內的核燃料經核分裂釋出大量熱能，將水加熱變成高壓蒸氣後，接著再轉動渦輪和發電機而產生電力（圖 2.4.3-3）。

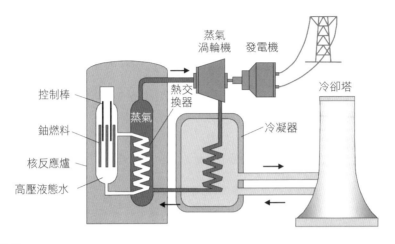

圖 2.4.3-3　核能發電示意圖

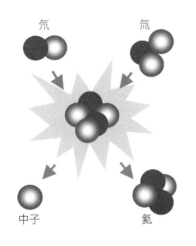

圖 2.4.3-4　氘和氚的核融合反應

（二）核融合

　　與核分裂完全相反，核融合是由數個輕原子核（如氫、氘、氚）互相撞擊，而融合為一較重的原子核，又稱為「熱核反應」。以最典型的氫同位素融合成氦元素為例（圖 2.4.3-4）：

$$^3_1H + {}^2_1H \rightarrow {}^4_2He + {}^1_0n$$

　　由於核融合過程也會損失些微質量，此損失的質量轉換為能量，會釋出比核分裂大數倍以上的能量，太陽與其他恆星內部就是藉著核融合反應而產生巨大的能量。

　　由於帶正電的原子核之間會彼此排斥，因而核融合反應需要在極高的溫度下進行。為了讓原子核以高速互相撞擊而發生核融合，必須加熱至數千萬度以上，於是利用核融合的氫彈須藉由原子彈所產生的高溫來引爆。

　　氫的核融合能夠取代核分裂成為豐富的能源來發電，不但核燃料（氘和氚）可取自含量充沛的海洋，且無核廢料的污染，反應的安全性也較高。但是由於目前尚無任何物質材料能承受如此高溫，因而迄今為止，核融合的技術仍停留在實驗室階段。假以時日，若能克服這些技術上的問題，成功發展可控制的核融合反應爐，屆時能源與污染的問題便能迎刃而解。

五、基本粒子

　　探究物質的基本組成，始終是科學前進的動力。二十世紀初期，人們知道了物質是由原子組成，而構成原子的粒子為電子、質子和中子，當時人們以為此三者即是物質的基本粒子。之後，科學家從宇宙射線和原子核物理的實驗中，又發現了原子核中的質子和中子是由稱為「夸克」的基本粒子所組成。

2.5.1　基本粒子的發現

　　一九二八年，英國物理學家狄拉克以相對論電子波動方程，預言了正電子（反粒子）的存在，後於一九三二年得到了證實（圖 2.5.1-1）。反粒子的存在，於是成為粒子物理學最大的發現。一九三四年，義大利物理學家費米建立了「β衰變理論」，認為 β 衰變實際上是中子轉變為質子、電子和「微中子」（中性超微粒子，υ）的過程。其實，不只是電子有反粒子存在，所有的粒子皆有反粒子。之後，科學家又相繼發現反中子、反質子、反微中子……等各種反粒子。

　　微小的原子核是由質子和中子組成的，然而質子均帶正電荷，它們理應互相排斥，如何能緊密結合在一起呢？一九三四年，日本物理學家湯川秀樹（Hideki Yukawa, 1907~1981）提出了傳遞核力的「介子理論」，認為原子核能維持穩定是因為質子和質子、質子和中子、中子和中子間，都另有一種交互吸引的作用力，此為交換「介子」所產生的。之後，一九四七年，英國的物理學家鮑威爾（Cecil Frank Powell, 1903~1969）從宇宙射線中找到了 π 介子存在的證據，證實了湯川秀樹的介子理論。後來，又陸續發現了 K 介子、μ 介子、B 介子……等百種以上的介子。

　　為了進一步了解原子核的結構和特性，科學家製造了巨大的高能粒子加速器。將電子或質子等變成超高速粒子，在與原子核的碰撞下，出現許多種比質子更小的粒子，它們絕大多數是不穩定的，其中有一些甚至還能互相轉換。目前已發

圖 2.5.1-1　電子和其反粒子（正電子）在氣泡室中的運動軌跡。由於整個裝置放在均勻的磁場中，故電荷的運動軌跡為螺旋狀

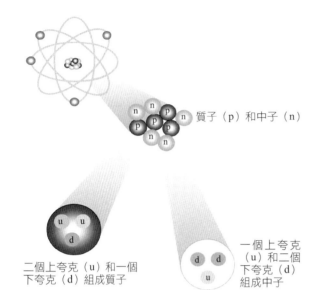

質子（p）和中子（n）

二個上夸克（u）和一個
下夸克（d）組成質子

一個上夸克
（u）和二個
下夸克（d）
組成中子

圖 2.5.1-2　原子的組成

現的這種粒子達數百多種，新的發現還層出不窮。迄今為止，尚無法測出其組成成分的粒子，統稱為「基本粒子」。一九六四年，美國物理學家蓋爾曼（Murray Gellmann, 1929~）提出「夸克模型」，將組成物質的基本粒子稱為「夸克」（圖 2.5.1-2）。七〇年代後，許多科學家相繼發現了各種夸克，而關於夸克模型的理論尚在進一步發展中。

2.5.2　基本力

　　宇宙是由四種基本力與基本力之間的相互作用所支配，這些作用力是由一種稱為「規範玻色子」的基本粒子所攜帶，它們在構成物質的粒子之間相互交換。這四種作用力中，強作用力最強，電磁力居次，再其次是弱作用力，重力為最弱。由於強作用力和弱作用力屬短程的核力，所以一般生活中感受不到。

（一）重力

　　這種力是萬有的，所有的粒子都因其質量或能量而受到重力，但因為基本粒子的質量很小，故它們之間的重力極微。重力會作用至非常大的距離，且總是吸引的。科學家認為，重力是由稱為重子的粒子所攜帶，但由於重力是如此之弱，以至於至今尚未能找到重子。

（二）電磁力

　　電磁力作用於所有的帶電粒子之間，同種電荷的電磁力是排斥的，而異種電荷的電磁力是相吸的。電磁力比重力強很多，是由光子所攜帶。

（三）強作用力

強作用力存在於原子核內，它將質子和中子的夸克束縛在一起，並使原子核內的質子和中子緊密結合。強作用力的力程只約有 2×10^{-15} m，相當於 2 fm，此力與電荷無關，是由膠子所傳遞。

（四）弱作用力

弱作用力亦存在於原子核內，是引起 β 衰變的力。當 β 衰變發生時，一個中子會轉變為一個質子，並釋放出一個電子和反微中子。弱作用力是由 W_+、W_-，和 Z 粒子所媒介。

科學家目前正嘗試統一這些力，認為這四種力應是影響物質的唯一基本作用力之不同形式。從二十世紀初，愛因斯坦就已致力於統一重力場和電磁場，但並未成功。六○年代末期，美國物理學家溫伯格（Steven Weinberg, 1933~）和巴基斯坦物理學家薩拉姆（Abdus Salam, 1926~）分別獨立提出「弱電統一」的理論，成功地統一了弱作用力和電磁力，他們於是共同獲得了一九七九年的諾貝爾物理獎。

2.5.3　基本粒子家族

目前已知的基本粒子有十七種，可將它們分為三類，其中夸克和輕子是構成物質的主要成分（表 2.5.3-1），而規範玻色子是媒介基本粒子間的作用力。

表 2.5.3-1　基本粒子家族

型＼世代	第一代	第二代	第三代	電荷數
夸克 上型	u 上	c 魅	t 頂	+ 2/3
夸克 下型	d 下	s 異	b 底	− 1/3

型＼世代	第一代	第二代	第三代	電荷數
輕子 微中子型	υ_e e 型微中子	υ_μ μ型微中子	υ_τ τ型微中子	0
輕子 電子型	e 電子	μ 渺子	τ 陶子	− 1

（一）夸克

夸克共有六種，分為三對：上（u）夸克和下（d）夸克、魅（c）夸克和異（s）夸克、頂（t）夸克和底（b）夸克。每種夸克都有其對應的反粒子，稱為「反夸克」。上、魅、頂夸克帶有+2/3電荷，而下、異、底夸克則帶-1/3電荷。夸克可以組合成較重的粒子，如質子和中子是由三個夸克構成，而兩個夸克可以組成介子。

（二）輕子

輕子也有六種，同樣分成三對：電子（e）和e型微中子（υ_e）、μ粒子和μ型微中子（υ_μ）、τ粒子和τ型微中子（υ_τ）。每種輕子也有其反粒子存在。電子、μ粒子、τ粒子都帶相同的負電，其餘的不帶電。輕子可以組成重量較輕的粒子，如電子和正電子。

（三）規範玻色子

規範玻色子共有五種，包括傳遞電磁力的光子、傳遞強作用力的膠子，以及傳遞弱作用力的W_+、W_-和Z粒子。規範玻色子沒有質量，用來媒介宇宙間所有的力。例如由膠子所攜帶的強作用力，能將夸克束縛於原子核內，以防止那些由夸克所組成的質子因互斥而分開（圖2.5.3-1）。

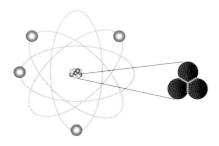

圖2.5.3-1 由膠子所攜帶的強作用力，能將夸克束縛於原子核內

物質的世界，無論從巨觀角度，還是微觀方面來看，似乎都是無窮盡的。隨著科學技術的進步，人類對物質世界的認識將一步步地深入下去。

六、能量的形式與轉換

任何事物的發生與變化都需要能量。能量無所不在，且具有多種不同形式，彼此之間還可以相互轉換。然而，能量既無法被創造，也永遠不會消失，宇宙間的總能量是恆定的。能源為可提供能量的資源，是促進人類文明進步的原動力，而如何愛惜能源與善用能源實為關係人類福祉的最重要課題。

2.6.1　能量的形式

　　所謂能量，係指具有作功的能力。那什麼是作功呢？當施力予物體，使之沿力方向產生位移，便是對物體作了功。也就是說，一個能對外作功的物體，則稱它具有能量。作功的過程會將能量由一物體轉移到另一物體，或將能量由一種形式轉換為另一種形式。最常見的能量形式有以下七種：

（一）機械能

　　機械能亦稱為「力學能」，是動能和位能的合稱。運動中的物體，具有因運動所產生的能量，稱為動能。物體的質量愈大，運動的速率愈快，所具有的動能也愈大。位能則是物體因位置或形變而具有的能量，可分為由高度改變所產生的重力位能，以及拉伸與擠壓彈性物體而產生的彈力位能。舉例來說，擺動中的單擺，在每一個高度時，都具有動能和重力位能，其總能──也就是機械能是固定的（圖 2.6.1-1）。

圖 2.6.1-1　單擺在任一高度所具有的動能和位能（機械能）是固定的

（二）化學能

　　化學能係貯存於物質中的能量，是經由化學反應所形成的能量，將之貯存於諸如食物、化石燃料、電池等物質的化學結構內。例如，煤燃燒而與氧發生化學變化時，產生了光能和熱能，這能量便是由貯存於煤中的化學能釋放而來。又如電池是利用其內部物質間的化學反應，將化學能轉換為電能。

（三）熱能

　　熱能是物質中的微觀組成粒子熱運動的動能，為最常見的一種能量形式。熱能可以輕易地由各種能源轉換而來，而且不同形式的能量相互轉換時，往往也會有熱能伴隨產生，如鐵生鏽、電流通過導線、核能發電等。物體受熱後，溫度會上升，或狀態會發生變化，是由於其組成粒子的熱運動加劇所致。熱也會使大部

分物質的體積膨脹，有時亦會因熱引起化學變化。

（四）電磁能

電能和磁能，二者經常是密不可分的，合稱為電磁能。帶電的物體在電場中，受到電力的作用而產生電能；磁性物體在磁場中，則會受到磁力的作用而產生磁能。再者，運動的電荷會產生磁場，而在變化的磁場中也能產生電場，如馬達、發電機、變壓器等即是利用此原理。

（五）聲能

聲能是由物體急速振動所造成的，亦可以視為一種特殊的力學能，需要有介質才能傳遞。聲音能夠振動耳膜、爆炸產生的巨大聲音可以震碎玻璃等，都是聲能的具體表現。

（六）輻射能

以各種波長的電磁波傳遞能量的過程，稱為輻射，而電磁波的能量即為輻射能。例如，太陽內部的能量，是以太陽光的輻射形式傳送到地球；太陽光中包含各種波長的電磁波，如紫外線、可見光，和紅外線等，而成為地球重要的能源。

（七）核能

核能是原子核內部由於核力所造成的能量，亦稱為原子能。釋放核能的方式有核分裂和核融合兩種，核電廠便是利用核分裂原理來發電，而太陽能則是由太陽內部進行著核融合所產生的核能轉化而來。

2.6.2　能源的種類

能源為提供能量的資源。天然形成的能源，稱為初級能源，如化石燃料、太陽能、水力能等。初級能源經過處理或轉換後所形成的能源，則稱為次級能源，如電能、汽油和瓦斯等。初級能源又可分為不可再生能源和再生能源。不可再生能源是有限的，無法補充復原，所以資源有枯竭之虞，如化石燃料和核能；反之，再生能源的供應無限，是不虞匱乏的資源，如地熱能、太陽能、水力、風力、海洋能、生質能。茲分述如下：

（一）化石燃料

化石燃料是現今人類使用能量的主要來源，包括煤、石油，和天然氣。化石燃料是千百萬年前被埋在沼澤、地底下的動植物遺骸，經細菌的生物作用及長期在地底受到高溫、高壓的作用下，逐漸分解轉化而來。化石燃料使用時，會造成環境污染，且由於人類大量開採的結果，如今已面臨了化石燃料枯竭的命運（圖2.6.2-1）。

1. 煤：煤是遠古時代的植物經地殼變動，被埋於地底下，再經地熱與碳化作用，所形成的可燃性天然能源。煤的主要成份是碳，其次是氫和氧，以及少量的氮、硫和無機礦物質等。煤本身的熱量高、價格低廉且蘊藏量在化石燃料中最為豐富，可用作火力發電和一般工廠的燃料。自十八世紀中期工業革命以來至二十世紀初，人類所使用總能源的 80%是由煤所供應。

煤依含碳量的多寡，而有無煙煤、煙煤、褐煤和泥煤之分，其中無煙煤的碳化程度最高，含碳量 90%以上，是最有價值的燃料。煤除了可以直接用作燃料外，還可以將其乾餾後，取得煤焦、煤溚，及煤氣等。煤焦可作為冶煉金屬的還原劑，亦可作為製造氫氣和電石的材料；煤溚能分餾出多種有用的有機物質，可作燃料、香料、農藥、和紡織纖維等，是重要的工業原料；而煤氣的成分為甲烷

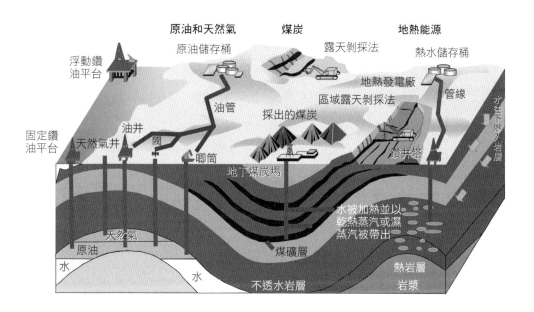

圖 2.6.2-1　化石燃料的開採

和氫氣，是工業和家庭重要的氣體燃料。煤礦的運輸不便，然可經由氣化或液化以產生水煤氣（CO 和 H$_2$ 的混合氣體）與合成汽油來使用。

2. **石油和天然氣**：來自古代動植物遺骸，經地熱與壓力的作用，逐漸形成液態的石油和揮發性的天然氣，二者的主要成分均為碳氫化合物。由地底下油礦開採的石油，稱為原油，是黑色黏稠狀液體，成分極為複雜，含有上千種碳氫化合物，必須經過分餾方能使用（圖 2.6.2-2）。其分餾的產物，依照沸點由低至高，可得石油氣、石油醚、汽油、煤油、柴油、潤滑油、石蠟和柏油等不同等級的油品，能夠提供各類交通工具或石化工業作為

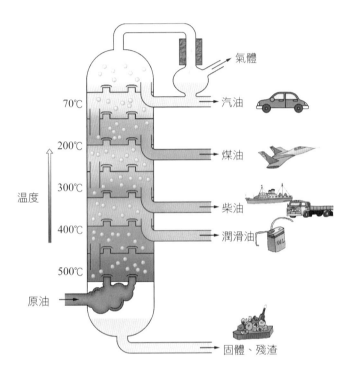

圖 2.6.2-2　石油的分餾

燃料或原料。天然氣為低分子量的烷類混合物，主要成分為甲烷及少量的乙烷、丙烷和丁烷；其存在於沙石或岩層下面，由地面鑿孔時，此混合氣體即自行逸出。煤與石油形成的過程中會產生天然氣，故天然氣可分為海底或湖底的煤田所產生的乾性天然氣，以及生產石油的油田地區所噴出的濕性天然氣。天然氣燃燒時會產生大量的熱能，是一種熱效應高且使用安全、方便、乾淨，為絕佳的低污染氣體燃料。將由原油煉製或天然氣處理過程中所析出的丙烷和丁烷混合，經壓縮液化，裝入鋼瓶中儲存，即成為液化石油氣（LPG，或稱液化瓦斯）（圖 2.6.2-3）。

圖 2.6.2-3　桶裝瓦斯的主要成份是丙烷和丁烷

石油和天然氣主要是用來作為燃料和工業原料，為現代社會中最重要的能源。二十世紀初期後，人類對能源的依賴即由煤轉移到石油。以石油或天然氣為基本原料，再經過化學合成可以製得各種石油化學品，如塑膠、合成纖維、合成橡膠、樹脂、染料、肥料、醫藥、清潔劑等，對人類生活有極大貢獻。

（二）核能

核能來自於原子核中的能量，以核分裂和核融合兩種形式釋放巨大的核能。目前所利用的核能，是控制放射性重元素之核分裂產生的能量來發電。核能可以由很少量的燃料，生成極龐大的能量，如 1 公克的鈾-235 完全核分裂後所產生的能量，相當於燃燒 3 公噸重煤炭的能量。此外，利用核能發電，沒有燃燒化石燃料時所生成的二氧化碳、二氧化硫等的空氣污染物，因此世界各國競相建造核電廠。但是，在產生核能的過程會製造大量的核廢料，造成放射性污染，而有致命的威脅；同時，核電廠運作的安全性堪虞，一旦放射性物質外洩會造成相當嚴重的核災變。

（三）地熱能

地熱能主要來自地球內部放射性元素衰變所釋出的能量，以及儲存於地底熔岩的大量熱能，藉由火山作用而傳至地表。豐富的地熱能加熱地下水，而形成溫泉、噴泉和地熱井等。利用地表噴出的蒸氣可驅動渦輪發電機發電，目前已為世界上許多國家所使用。台灣則因地熱泉的酸性成分與蒸氣含量少，故使地熱能的開發受到限制。

（四）太陽能

太陽能係地球接收自太陽的輻射能。事實上，除地熱能和核能外，今日地球上的能源均直接或間接來自於太陽能。大部分的太陽能在穿越大氣層時，因受到吸收、反射和散射等作用，直接抵達地表的能量僅存三分之一，但仍是相當巨量，只要能利用其千分之一，則足以滿足全球的能源需求。直接取用的太陽能，不會造成任何污染，是相當安全且乾淨的能源。然而，太陽能是稀薄的能源，需要廣大的面積才能收集到足夠的能量；而且太陽能會受到天氣和季節變化及夜晚的影響而中斷，無法持續地供應；加之以目前太陽能集熱系統的裝置和維修所費不

貨，因此，太陽能的利用，受到極大的限制。利用太陽能源的方法有多種，現今已發展的有：太陽能熱水系統、太陽能電池、太陽能發電，以及太陽能溫室與暖房系統等。未來，在技術上成熟後，太陽能將成為人類的主要能源。

（五）水力

水力是目前唯一已被大量開發利用的再生能源。自古人類便利用水力來推動水車灌溉，近代則主要為水力發電。水力發電是將雨水聚集於水壩之內（圖2.6.2-4），利用水位落差之能量，來產生機械動力，以推動發電機發電。水力發電技術簡單，過程中不會產生污染，而水壩的建立除了提供廉價電力外，還能提供灌溉與民生用水、防洪、觀光等優點。然而，水庫對生態環境所造成的衝擊，必須審慎評估。

圖 2.6.2-4　水力發電的過程

（六）風力

人類很早以前就懂得使用風力來磨碾穀物、推動船舶、汲水、灌溉、鋸木等，如今則使用風能於發電上。現代的風車是利用風力推動大型螺旋槳旋轉，並帶動發電機發電（圖2.6.2-5）。風力發電是相當理想的清潔能源，但是因風力不穩定且能源轉換效率不高，使得應用上受到限制。

圖 2.6.2-5　風力發電

（七）海洋能

海洋能是利用海洋的潮汐、溫差、海浪以及海流所蘊藏的豐富能量來發電（圖

自然科學與生活科技概論

2.6.2-6）。海洋能的應用大多仍在試驗
中，所以並不普遍。潮汐發電是利用海
水的漲潮與退潮之間的水位差來發電。
潮漲時，海水流入海岸旁的水壩中並推
動水輪發電機；潮退時，海水流出，又
推動水輪發電機。一般熱帶地區，海面
與 1,000 公尺深之海水溫差可達 25℃，
海洋溫差發電即是利用此海面與海底之
間的溫差（海洋熱能）來發電。在發電
過程中，一種低沸點的液態冷媒會被海
水加熱而蒸發，蒸氣便推動渦輪發電，
再由深海的冷水將蒸氣冷卻，海洋內部
形成一密閉的循環系統。至於利用海浪
來發電的原理和風力發電相似，海浪使
空氣流動，氣流再推動渦輪而發電。

（八）生質能

　　生質係指有機物，生質能即為利用
地球上的有機物所衍生的能源。例如，
牲畜糞便、廚餘、柴薪、農作物殘渣、
城市垃圾等，能直接或間接的充當燃料
使用。生質除了直接燃燒使用外，利用
醱酵技術還可將生質製成酒精、沼氣，
和氫氣等，可作為燃料與發電用。生質
能將垃圾轉變為能源，是極具潛力的替
代能源之一。然而，生質能的密度低、
土地需求大、生質的水分多，並不適用
於地狹人稠的國家。

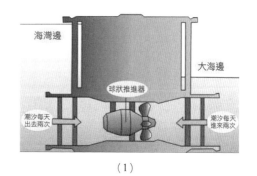

（1）

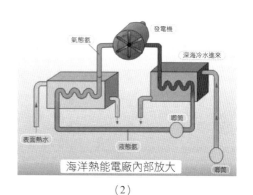

（2）

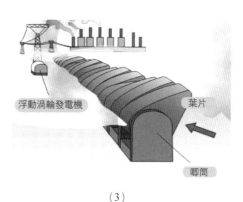

（3）

圖 2.6.2-6　海洋能（1）潮汐發電（2）海
洋溫差發電（3）海浪發電

2.6.3　能量的轉換

　　能量可以由一物體轉移到另一物體，也可以由一種形式的能量轉換為另一種形式，在這些過程中，總能量是固定的。「能量守恆定律」指出宇宙間的總能量是恆定的，能量無法被創造或毀滅，僅能轉換成其他形式。日常生活中不同形式的能量互相轉換的例子比比皆是，例如地球上各種能量大多來自太陽的輻射能，此為太陽內部的核能轉換而來；植物吸收太陽光後，將光能轉變為化學能儲存於其中；當樹木燃燒時，化學能又轉變為光能和熱能釋放出來；當中的熱能可用來產生蒸氣，推動渦輪運轉，而轉變為機械能；機械能則可以帶動發電機來發電，因此又轉換為電能。

　　當能量從一種形式轉換成另一種形式的過程中，部分的有效能量會降解為低品質能量。這種低級能量通常是以廢熱的形式釋出至環境中，使周圍環境溫度升高，整個系統於是變得更加分散無序。例如電燈泡所耗用的電能中，只有約 5% 轉化為有效光能（圖 2.6.3-1），其餘的能量轉換成廢熱，流失到環境中。因此，能量一再轉換的過程，會損失更多的高品質能量，而產生更多無用的廢熱，這意味著宇宙中有用的能量在不斷減少中。

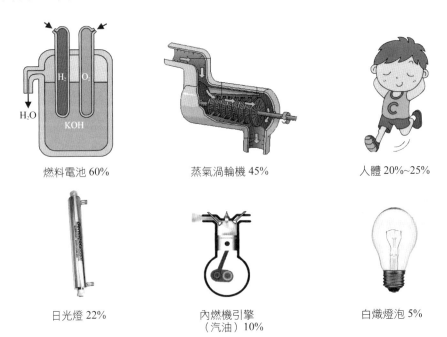

燃料電池 60%　　　　蒸氣渦輪機 45%　　　　人體 20%~25%

日光燈 22%　　　　內燃機引擎　　　　白熾燈泡 5%
　　　　　　　　　（汽油）10%

圖 2.6.3-1　常見能源轉換裝置的能源效率

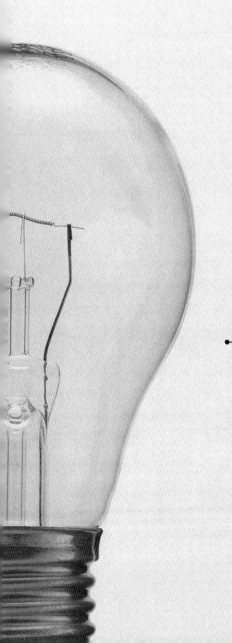

第三章

熱電科技

熱和電屬於不同的能量形式。產生熱的方式有很多種,物體受熱之後也會造成許多熱現象,利用熱更可以帶動機器以取代人力。電則是能量形式中最多變的一種,它能提供熱,使燈泡發光,並使電熱器溫暖;它能產生動力,使引擎發動;它還能使收音機發出聲音,和電視機生成影像。此外,電和磁的密切關係,所發揮的電磁作用,已成為科技領域中極重要的一環。

一、 熱與溫度

人類很早就對熱有所認識，並能加以應用。十八世紀時，關於熱的本質有「熱質說」和「運動說」。至十九世紀中葉，人們逐漸明瞭熱不是物質，而是由於原子或分子的熱運動所引起的熱能。對冷熱的感覺，可以溫度來描述；物質的許多特性常會隨溫度而變，尤其是當物質在極低溫時，會產生很奇特的現象。

3.1.1　熱是什麼？

熱學起源於人類對冷熱現象的探索。自遠古時代起，人類從使用火中，累積了許多熱現象和概念。一五九二年，伽利略利用氣體熱脹冷縮的性質，發明了第一支溫度計。直到十七、十八世紀，人們開始探索熱的本質，於是展開了研究和爭論。十八世紀中葉，英國化學家布萊克從實驗中發現熱和溫度不同，認為熱是一種稱為「熱質」的流體，並因而建立了「量熱學」。熱質沒有質量，含熱質多的物體溫度高；且因熱質相互排斥，故會從溫度高的地方流往溫度低的地方。由於「熱質說」能解釋大部分的熱現象，如摩擦生熱、物態變化、物質的比熱、熱的傳播、化學反應的吸熱與放熱等，所以接受者眾。另一派對熱的本質之看法，有牛頓和虎克等人，主張熱是物質分子運動所產生的現象，此種看法較「熱質說」難懂，因而支持者稀。

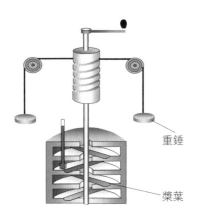

圖 3.1.1-1　焦耳的熱功轉換實驗。兩重錘下降所減少的重力位能，轉換為槳葉攪動水流使其溫度升高的熱能

十九世紀初左右，一連串與摩擦有關的實驗陸續否定了熱質的存在。直到一八四三年，英國物理學家焦耳以實驗證明熱和功一樣，都是能量的一種形式，並測定熱與功之間轉換的比值（圖 3.1.1-1）。自此，人們總算真正了解熱的本質，「熱力學」於焉誕生。現在，我們知道熱是物體內原子或分子的運動所具有的能量，也就是熱能或熱量。運動中的原子和分子同時具有位能和動能，此二者合稱為「內能」。不論冷熱，任何物體都具有內能，當物體與外界接觸時，產生熱量的交換，物質的內

能就會發生變化。

3.1.2 溫度與熱現象

雖然我們以溫度來測量物體有多熱，但是溫度和熱的意義不同。溫度是表示物體的冷熱程度，也就是物體內原子或分子熱運動的程度；而熱是能量，為物體所含的熱能。

（一）溫度與溫度計

溫度是量度物體冷熱程度的物理量。對同一物體而言，溫度高者，所含的熱能多；相對地，溫度低者，所含的熱能少。在一絕熱系統中，不同溫度的兩物體彼此接觸時，熱能會由高溫物體流向低溫物體（圖 3.1.2-1），直到兩者溫度相等為止，此時稱為熱平衡。若 A、B 兩物體達熱平衡，B、C 兩物體也達熱平衡，那麼 A、C 也必達熱平衡；換句話說，A、C 會有相同的溫度。

用來量測溫度的裝置，即為溫度計。有許多物質的某些特性，會隨溫度而有顯著變化的現象，如熱脹冷縮、金屬的電阻、熱輻射的能量、定容氣體的壓力等，都可用來作為溫度計。除此以外，還要能與待測物迅速達熱平衡、不可改變待測物的溫度、具有高靈敏度，和測量的一致性。基於不同用途，目前一般常使用的溫度計可分為：酒精或水銀的液體溫度計、雙金屬溫度計、電阻式溫度計、熱電偶溫度計、輻射高溫計、比色溫度計、紅外線耳溫槍等（圖 3.1.2-2）。

溫度計係根據熱平衡的原理，在量測溫度之裝置上標示出溫度。通常會先將

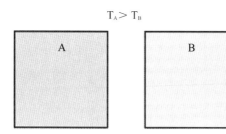
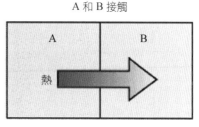

$T_A > T_B$　　　　　　　　　　　A 和 B 接觸

A　　　　B

熱

當 A 和 B 溫度相同時，能量便停止轉移

圖 3.1.2-1　在一絕熱系統中，不同溫度的兩物體彼此接觸時，熱能會由高溫物體流向低溫物體，直到兩者溫度相同為止

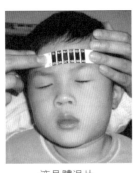
液晶體溫片

水銀溫度計

酒精溫度計

紅外線耳溫槍

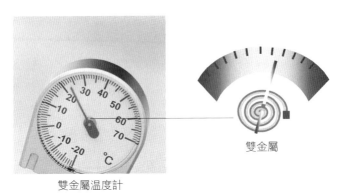
雙金屬溫度計　　　　雙金屬

圖 3.1.2-2　各種常見的溫度計

溫度計與兩參考溫度（如水的冰點和沸點）分別達熱平衡，而定出溫度計上的兩個刻度後，再將其間分成若干等份。溫度計上的標示，稱為「溫標」。科學界普遍使用的攝氏溫標，是將水的冰點定為 0 度，而以水的沸點為 100 度，中間再劃分 100 等份的刻度，以℃來表示。歐美國家常使用的華氏溫標，則是以水的冰點為 32 度，沸點為 212 度，其間劃分成 180 等份的刻度，以℉來表示。攝氏溫度 C 和華氏溫度 F 的關係為：

$$F = \frac{9}{5}C + 32 \text{ 或 } C = \frac{5}{9}(F - 32)$$

科學界也常使用凱氏絕對溫標，將溫度的下限（-273℃）定為零度，稱為絕對零度（0K），而刻度大小與攝氏一樣。因此，凱氏絕對溫度 K 與攝氏溫度 C

形成如下的關係（圖3.1.2-3）：

$$K = 273 + C$$

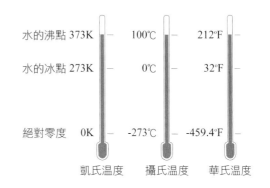

水的沸點 373K	100℃	212°F
水的冰點 273K	0℃	32°F
絕對零度 0K	-273℃	-459.4°F
凱氏溫度	攝氏溫度	華氏溫度

圖 3.1.2-3　凱氏、攝氏、華氏三種溫標之關係示意圖

（二）熱量、比熱與熱容量

　　熱量是指熱能的多寡，與功和能的單位同為焦耳（J）。另一常用的熱量單位為卡（cal），1卡的定義為：使1克的水升高1℃所需吸收的熱量。根據焦耳的熱與功轉換實驗，所測定的熱功當量為：

$$1 \text{ 焦耳} = 0.24 \text{ 卡} \quad 或 \quad 1 \text{ 卡} = 4.18 \text{ 焦耳}$$

　　同樣的熱量，對相同質量的不同物體而言，上升的溫度也會有差異。例如1卡的熱量可以使1克的水上升1℃，使1克的酒精上升約2℃，而1克的鐵則可上升約10℃——這是由於水的比熱大的緣故。所謂比熱，就是使1克的物質溫度升高1℃所需吸收的熱量（表3.1.2-1）。比熱是物質的一種特性，比熱大的物質，溫度不易上升，也不易降低；反之，比熱小的物質，容易升溫，也容易冷卻。金屬的比熱通常比非金屬的比熱小，所以較易升溫和降溫。在液體和固體中，以水的比熱1卡／克℃為最大，因此可裝進熱水袋中供取暖之用（圖3.1.2-4）、能充當冷卻水，還具有調節地球氣候的重要功能。

表 3.1.2-1　常見物質的比熱（25℃，1大氣壓下）

物質	比熱（cal/g℃）	物質	比熱（cal/g℃）
鋁	0.215	水	1
鐵	0.108	酒精	0.582
銅	0.092	丙酮	0.519
銀	0.056	四氯化碳	0.203
鉛	0.031	水銀	0.033

熱容量為物質升高 1℃所吸收的能量，也就是比熱和質量的乘積。相同物質因質量不同，其熱容量也不同，如一壺水要比一杯水的熱容量大；而不同的物質，也有可能具有相同的熱容量。

圖 3.1.2-4　水由於比熱大，因此裝進熱水袋能持久保暖

（三）潛熱

通常物質在受熱或冷卻時，溫度會升高或降低。只有當物質在發生狀態變化時，其溫度是不會改變的；此時物體所吸收或釋放的熱能，稱為潛熱。當液體轉變為蒸氣時，會吸收汽化潛熱，貯存於蒸氣中，讓蒸氣分子或原子有足夠的能量來抵抗它們之間的作用力，使它們能夠更自由、雜亂地運動。當蒸氣凝結為液體時，便釋出潛熱（圖 3.1.2-5）。固體熔化時，也會吸收熔化潛熱，而在液體凝固時釋放出來，使周圍環境變暖；因此，在寒冷地區，積雪熔化時氣溫通常會比下雪時更低。

在接近赤道的海面上，海水吸收太陽的熱，蒸發為水蒸氣上升至天空；當水蒸氣在高空中遇冷而變成雲時，就會釋放出所吸收的潛熱，這種潛熱便是颱風的能量來源（圖 3.1.2-6）。

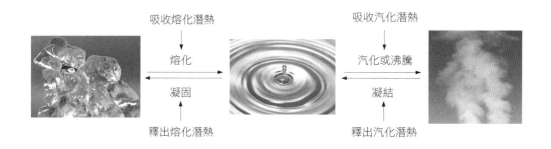

圖 3.1.2-5　水發生狀態變化時，需吸收或釋出潛熱

（四）熱膨脹

所有的氣體和大部分的液體和固體，在受熱時會膨脹，稱為熱膨脹。物體會發生熱膨脹的原因，是由於物體吸收的熱，使其內部的原子或分子運動得更激烈、幅度更大，因而佔據更大的空間。固體和液體的熱膨脹微小至難以察覺，溫度每升高 1℃，長度只增加約 0.001%~0.00001%；然而，其膨脹的力十分強大，特別是金屬，所以鐵軌、橋樑會因熱膨脹而變形。因此，工程建築時，必須考慮到熱膨脹的問題。氣體的熱膨脹現象比液體和固體明顯得多，熱氣球就是利用氣體的熱膨脹，使密度變小而升空；但是氣體膨脹的力量比較弱，將氣體填充於堅固的密閉容器內，氣體便無法膨脹，而會使壓力升高。

善加運用物體的熱膨脹性質，也能為生活帶來很多便利。例如建築上，使用膨脹係數相近的水泥與鋼筋，能強化建築物。又如，兩根等長的不同金屬，可結合成所謂的「雙金屬片」，或稱「複棒」；當溫度變化時，由於兩金屬的膨脹係數不同，會導致彎曲，可應用於製作溫度計，也能用來當作熨斗、電暖爐、電鍋、電毯等電器的溫度控制開關（圖 3.1.2-7）。

圖 3.1.2-6　水氣在高空遇冷所釋出的潛熱，是颱風的能量來源

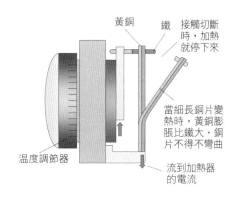

圖 3.1.2-7　利用雙金屬的熱膨脹效應可作為溫度控制開關

（五）氣體分子動力論

一六六二年，英國化學家波以耳發現：定量的稀薄氣體在定溫下，其壓力（P）與體積（V）成反比。這是有關氣體狀態最早的定律，稱為「波以耳定律」。之後，法國科學家查理（Jacques-Alexandre-Cesar Charles, 1746~1823）於一七八一年發現：在定壓下，定量的稀薄氣體，溫度每上升 1℃，體積會膨脹 0℃時的 1/273。也就是定壓下，氣體的體積與絕對溫度（T）成正比，稱為「查理定

律」。這兩個定律結合起來，即可導出理想氣體狀態方程式 PV ＝ nRT，其中 n
為氣體的莫耳數，R 為常數。

　　理想氣體方程式描述了稀薄氣體在巨觀上的行為，牛頓、虎克和白努利
（Daniel Bernoulli, 1700~1782）都曾嘗試以氣體分子運動的微觀行為來解釋氣體
的巨觀現象，但沒有獲致成功。直到一百多年後，由於原子、分子的觀念發展到
相當的程度，終於在此方面有了突破。一八四八年，焦耳計算出氣體分子的熱運
動速率，並解釋氣體的壓力是由分子碰撞器壁所引起。一八五七年起，德國科學
家克勞修斯提出了「氣體分子動力論」，認為大量的氣體分子相互碰撞並作無規
則運動，此種運動的巨觀效果就是氣體的種種熱性質（圖 3.1.2-8）。氣體分子所
佔的體積相當微小，可視為獨立的小鋼球，彼此作彈性碰撞且無相互作用力；而
當氣體分子獲得熱能後，會以更激烈的速率運動。之後，英國物理學家馬克士威和德國物理學家波茲曼以數學統計方法，解決氣體分子運動的平均動能，並解釋了熱力學現象。氣體分子的平均動能決定了氣體的溫度，而氣體分子對器壁的碰撞所施予單位面積的平均衝量，表現為氣體的壓力；氣體分子動力論成功地建立了熱力學的微觀基礎。一八二七年，英國植物學家布朗以顯微鏡發現懸浮在液體中花粉顆粒的運動，稱為「布朗運動」。愛因斯坦於一九○五年發表布朗運動的理論，係由於液體分子不均勻的碰撞所引起的。於是，布朗運動成為分子隨機運動的最佳證據。空氣中的煙或灰塵等微粒，受空氣分子的隨機碰撞，也會產生布朗運動（圖 3.1.2-9）。

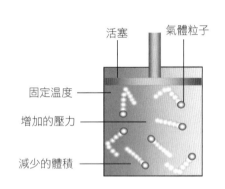

圖 3.1.2-8　氣體分子撞擊器壁產生壓力

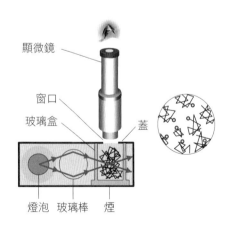

圖 3.1.2-9　布朗運動是分子隨機運動的最佳證據

（六）超低溫現象

　　理論上，溫度沒有上限，但有絕對零度（-273℃）的下限，任何物質都無法達到

自然科學與生活科技概論

此溫度。絕對零度下的物體，其原子與分子將完全靜止不動。在接近絕對零度時，所有的氣體都已液化，物質常會顯現出不尋常的特性，例如金屬和某些陶瓷中的電子可以通行無阻，成為零電阻的超導體，也就是完美的導體；而液態氦則變成沒有摩擦阻力、黏滯係數為零的超流體。這些現象是由於物質在極低能量、高度有序的狀態下，所展現出來的行為。二〇〇三年諾貝爾物理獎，所頒發的就是對物質的超導性和超流性理論作出特殊貢獻的三位美、俄科學家。

超導體除了零電阻以外，還具有抗磁性（圖 3.1.2-10）。超導體的零電阻使其作為電流傳遞媒介時，能讓電流持續傳輸而不耗損電能，因此可作為省能的超導輸電線；但由於低溫的需求，使經濟效應大為減低。超導抗磁性使外來的磁場無法進入超導體內部，可用於磁浮、磁屏蔽等（圖3.1.2-11）；著名的醫學檢驗之核磁共振成像（MRI），便是超導體應用的領域之一。

圖 3.1.2-10　超導體的抗磁性所造成的磁浮現象

將液態氦超流體置於容器中，它會自己爬過器壁流到外面，還能穿過一般液體無法穿越的細孔，這全是因為它的內部無黏滯力使然。超流體讓人們能更深入了解物質在低溫狀態下的表現形式，對宇宙學的研究將有所助益。

圖 3.1.2-11　超導磁浮火車

3.1.3　熱力學定律

十八世紀中期，人們對熱現象的探討促進蒸汽技術的成熟；而蒸汽機的研製，又進一步推動了熱學的發展。熱力學為熱學的分支，是探討熱的行為，以及能量轉換和能量與物質間交互作用的科學；其原理可應用於各種熱機和冷機，如火箭推進器、汽機車引擎、空調和冷凍系統等，對材料、冶金、機械、化工領域都是相當重要的一環。

（一）熱力學第零定律

在一絕熱系統中，當兩物體分別與第三個物體達熱平衡時，則此兩物體也會處於熱平衡（圖3.1.3-1）。此定律最早是在十八世紀中葉時，由布萊克所提出。「熱力學第零定律」說明了熱平衡的共同性；換句話說，同樣達到熱平衡的系統有著相同的物理性質——溫度。溫度計的原理即是以此定律為基礎。

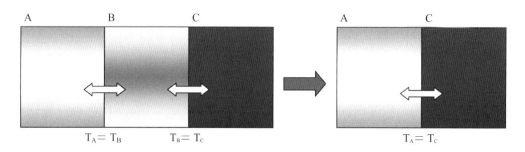

圖 3.1.3-1　熱力學第零定律

（二）熱力學第一定律

此為物理學中最重要的定律之一，相當於能量守恆定律；即能量不會無端消失，也無法憑空創造，宇宙的總能量是固定的，它只能從一個系統轉移到另一個系統，或從一種能量形式轉換成另一種能量形式。有許多科學家都曾對此定律做過貢獻，其中主要是焦耳和克勞修斯。一八四〇年代，焦耳研究熱能、機械能和電能的轉換關係，他的熱功原理奠定了熱力學第一定律的基礎。克勞修斯則於一八五〇年，將熱力學第一定律以數學形式表達：

$$Q = \Delta U + W$$

（Q 為系統吸收的熱量，ΔU 表示系統的內能變化，W 為系統對外所作的功）

「熱力學第一定律」為能量守恆定律在熱能與機械能轉化上的特殊形式，它說明外界傳給系統的熱量，等於系統內能的增加和系統對外所作的功。自古以來，即有不少人熱中於製造不需任何動力和燃料，而能不斷作功的「永動機」（圖3.1.3-2）；直至熱力學第一定律建立後，永動機

圖 3.1.3-2　無法實現的夢想——永動機

的神話才不攻自破。

（三）熱力學第二定律

　　此定律可以有幾種不同的陳述：(1)能量轉換過程中，必有廢熱生成，不存在熱效率百分之百的熱機；(2)自然的過程中，熱只能由高溫處流往低溫處；(3)密閉系統中，反應的趨勢總是往亂度增加的方向進行。一八二四年，法國工程師卡諾發表著名的「卡諾定理」，提出了可逆的理想熱機，與所謂的「卡諾循環」（圖3.1.3-3）；得知熱機須在兩個固定熱源之間工作，理想熱機效率取決於熱源的溫差，經過卡諾循環的可逆機之效率最高，但也無法達到百分之百。也就是說，熱機效率的提高是有上限的，且熱量無法完全轉化為功。

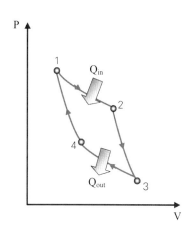

圖 3.1.3-3　卡諾循環

　　一八五〇年，克勞修斯以能量守恆的觀點驗證了卡諾定理，並於一八五四年將熱力學第二定律表述為：如果沒有外界作功，熱永遠無法由低溫物體移往高溫物體。一八六五年，第二定律更臻成熟，克勞修斯引入「熵」的概念，並發現了「熵增加原理」。熵為系統熱學狀態的物理量，只與系統的狀態有關，而與如何到達此狀態的過程無關。熵可代表為系統的亂度，在不可逆的循環中，熵永遠是增加的；換言之，一切能量轉換事件的自然發生皆朝向亂度增加。

　　熱力學第二定律指出熱運動過程的方向與不可逆性，而且在能量傳遞或轉換時，就會增加宇宙的亂度，並有部分能量轉為廢熱，無法再作有效的功。熱機是指任何能從高溫處吸取熱能而轉換為機械功的裝置，不管是蒸汽機、內燃機或噴射引擎，都只能將部分的熱能轉換為機械功；它們從高溫熱庫吸取熱能，部分熱能用於對外作功，剩餘的熱能則排放至低溫熱庫。而與熱機相反過程的冷機，如冷氣機和冰箱等，外界對它作功，使它能從低溫熱庫吸取熱量，並將之完全排放至高溫的熱庫。無論是熱機或冷機，都不可能有百分之百效率。藉由熱力學第二定律，人們得知：在製造一切與熱相關的機器時，如何使用高品質能量作最有效率的功。

（四）熱力學第三定律

當物體的溫度接近絕對零度時，它的熵趨近於零。此定律又稱為「能斯特原理」，是於一九〇六年由德國物理學家能斯特（Walther Hermann Nernst, 1864~1941）所奠立，係指透過任何有限個步驟都不可能達到絕對零度；此為根據許多實驗事實所做出的經驗性總結。之後，普朗克利用統計理論將熱力學第三定律進一步表述為：任何物質的完美晶體，在絕對零度時，其熵值恆為零。

二、熱的轉移

熱藉由傳導、對流和輻射三種方式來傳遞。人類很早以前就已感受到熱在生活中的重要性，於是不斷地嘗試學習如何產生熱並且將它保存。近代的人們則致力於研究如何利用熱能，來帶動機器以取代人力和提供舒適涼爽的環境。

3.2.1 熱的傳遞方式

熱由高溫處流向低溫處，物體藉吸熱或散熱來與環境達熱平衡，這個過程稱為熱的傳遞，通常有以下三種方式：

（一）傳導

熱經由固體介質粒子之振動而傳遞。當物體的一端受熱，其原子或分子的振動會加劇，並撞擊鄰近振動較不活躍的原子或分子，使其振動也變得快速，以此方式將熱陸續傳遞至低溫的地方（圖 3.2.1-1）。高低溫差愈明顯，熱傳導的速率也愈快。不同的物質有不同的熱傳導性，易於熱傳導的物質稱為熱導體，不易熱傳導的物質則為熱不良導體或熱絕緣體。金屬因具有自由電子，可加速熱的傳遞速率，為良好的熱導體，尤其是銀、金、鋁和銅。大部分的非金屬固體為不良導體，如塑膠、木材、石綿、保麗龍、羊毛、皮革和冰等。這便是以金屬為湯鍋材料，而以塑膠、木材為鍋柄的原因所在（表 3.2.1-1）。液體中則除水銀外，均是不良導體；此外，氣體的導熱性最差，為良好的絕緣體。

熱流方向

圖 3.2.1-1　熱傳導的方式

（二）對流

熱經由流體（液體和氣體）介質之流動而傳遞。當部分流體受熱時，會由於膨脹且密度變小而上升，周圍較冷的流體則下降取而代之，然後繼續被加熱和上升，熱於是在此種流體流動的循環過程中傳遞（圖 3.2.1-2）。例如煮開水時，只在壺底加熱，而能將整壺水煮沸，便是由於對流的緣故；在中央空調系統或汽車冷卻系統中，利用強迫對流的方式，將所產生的熱排出；煙囪的設置是為了幫助空氣對流，使爐內產生更佳的燃燒效果；陸風、海風和季風，都是由於大氣的對流所造成的；而滑翔翼和鷹鷲也是利用熱對流所產生的氣流來滑翔飛行。

（三）輻射

熱以電磁波的形式來傳遞，而不需依靠介質傳熱的方式。所有的物體，都會放出熱輻射，也稱為紅外線輻射。物體愈熱，放出的輻射也愈多；同時，物體也吸收來自周圍物體釋出的熱輻射。若物體表面釋出熱輻射能較所吸收的多，則物體溫度會降低；反之，則物體溫度會升高。太陽所發出的熱就是藉由輻射的方式，穿越近乎真空的太空，進入地球的大氣層而使地表受熱。熱輻射屬於光波，以光速傳遞，同樣會被光亮的表面反射，以及被黑色表面吸收，所以像太空人的太空衣和救火用的隔熱衣，表面都很光亮，可減少熱的吸收和輻射。黑色的物體容易吸收輻射熱，也容易釋出輻射熱，而白色的物體不容易吸收輻射熱，也不容易放出輻射熱，所以夏天宜穿白色衣服，冬天則適合穿深暗色的衣服。電冰箱後面黑色的散熱器，目的也就是為了增加熱輻射效果；反之，儲油槽、輸油管的表面都漆成銀白色，目的則在減少熱輻射的吸收，以免油槽溫度過高而發生危險。

表 3.2.1-1　各種物質的熱傳導

物質	熱傳導係數（W / m ℃）
銀	418
金	310
鋁	238
黃銅	96
鐵	76
玻璃	0.55~0.75
尼龍	0.27
木材	0.09~0.21
棉花	0.03
水	0.58
空氣	0.024

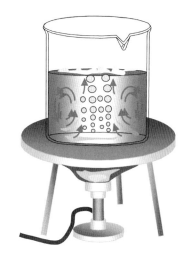

圖 3.2.1-2　液體的熱對流

3.2.2 熱的交換和保溫

熱的轉移有吸熱和放熱兩種過程。能順利地將放熱過程的熱能加以儲存，並將之轉移供給吸熱過程的所需熱源之裝置，稱為「熱交換器」（圖3.2.2-1）。能源的轉換與消耗是所有工業製程中不可或缺的重要程序，各種不同的吸熱和放熱之化學反應不斷在交替進行著。利用熱交換器可有效節省能源，使能源應用效率更加提升，因此被廣泛使用於石化工業、食品工業、鋼鐵或金屬加工業、航太工業，以及其他一般化學工業等，用途包括了冷卻、冷凝、加熱、蒸發和廢氣回收等。冷氣空調系統的運轉，將室內空氣中的熱量轉移至室外，通常此廢熱均未加利用即排出；若能利用此熱能產生熱水，將可節省大量能源，此種裝置稱為熱泵熱水器，可用於溫水游泳池、美容院、洗衣店，及旅館飯店等。

相反地，如何防止熱的轉移以保溫，在許多方面，都是很重要的事。保溫瓶（圖 3.2.2-2）就是藉由阻止熱轉移的方式來保溫。瓶內有雙層玻璃壁組成的瓶膽，壁間的真空杜絕了熱的傳導和對流；玻璃內壁鍍上一層銀，是為了防止熱輻射出去；而瓶塞是以軟木塞或其他絕熱性佳的材料製成，可避免瓶口處的熱傳導和對流。此外，由於空氣是良好的熱絕緣體，羊毛和棉花的纖維中有許多小氣室，因而能擁有很好的保溫效果（圖 3.2.2-3）；保麗龍正是巧妙應用小氣泡，成為極佳的隔熱材料；而雪也是良好的熱絕緣體，因為雪花是由冰晶組成，成堆的雪如同羽毛

圖 3.2.2-1　熱交換器

軟木塞或
塑膠瓶塞

真空夾層

雙層玻璃

塗佈銀膜

圖 3.2.2-2　保溫瓶的構造

圖 3.2.2-3　鳥類的羽毛內含有空氣，
具保暖效果

般地把空氣包裹其中，可防止熱的傳導，這就是愛斯基摩人的雪屋可以保暖的緣故。

3.2.3　熱的其他應用

　　除了以上所述，熱在生活上還有其他許多重要的應用，例如冰箱和冷氣、外燃機和內燃機。

（一）冰箱和冷氣機

　　此二者的工作原理相同，都是利用壓縮機造成冷媒汽化吸熱和凝結放熱的交替循環，透過外界作功，自低溫處將熱傳送至高溫處的冷機。冰箱以壓縮機將低溫低壓的氣態冷媒壓入至冰箱外的高壓管中，並經冷凝器降低溫度，凝結成液態而釋出潛熱；液態冷媒經過冰箱內的膨脹閥和蒸發器，因壓力驟減而迅速汽化，同時吸收大量的熱，使冰箱內部溫度降低；汽化後的冷媒再進入壓縮機中，重複循環過程，使得冰箱內部保持在低溫狀態，以達冷藏或冷凍效果（圖 3.2.3-1）。冷氣機則是利用冷媒在汽化時，從屋內吸收熱，並在被壓縮凝結時，將潛熱釋放到屋外，因而使屋內的溫度降低（圖 3.2.3-2）。如果將循環中的吸熱和放熱兩處顛倒過來，則冷氣機就變成暖氣機了。

（二）外燃機和內燃機

　　引擎是外來語（engine），也就是所謂的發動機，其功能為將燃料中的化學能轉變為熱

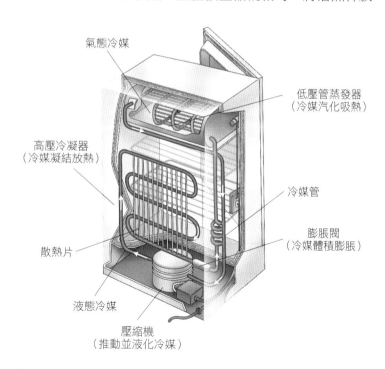

氣態冷媒

低壓管蒸發器
（冷媒汽化吸熱）

高壓冷凝器
（冷媒凝結放熱）

冷媒管

膨脹閥
（冷媒體積膨脹）

散熱片

液態冷媒

壓縮機
（推動並液化冷媒）

圖 3.2.3-1　冰箱的工作系統

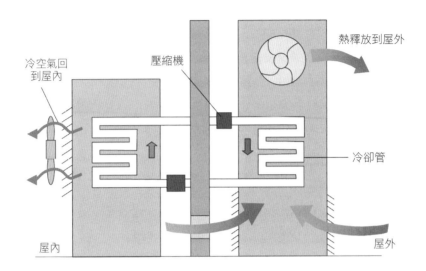

圖 3.2.3-2 冷氣機的構造

能，再藉熱力循環將熱能轉變為機械能，包括有外燃機和內燃機。

1. **外燃機**：由於燃料是在汽缸外的鍋爐燃燒，故稱為外燃機，有蒸汽機和汽輪機。燃燒煤所產生的熱經鍋爐使水產生蒸汽，並將之導入汽缸；在汽缸裡蒸汽膨脹，推動蒸汽機的活塞或汽輪機的渦輪運動（圖 3.2.3-3）。外燃機由於熱效率

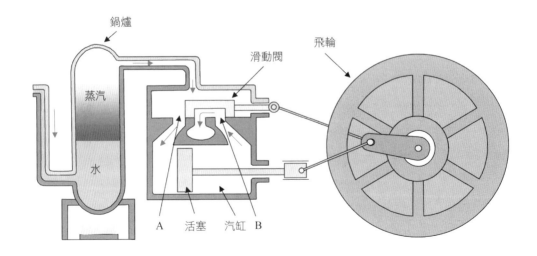

圖 3.2.3-3 蒸汽機原理

較低，而且裝置笨重（圖 3.2.3-4），除用
於發電廠外，已經逐漸被淘汰，如今內燃
機幾乎為車輛的唯一動力來源。

　　2.**內燃機**：不需要鍋爐，直接將燃料
導入汽缸後，使之引火燃燒；再利用燃燒
後所產生的高溫氣體之膨脹壓力，推動活
塞而作功。例如，汽機車引擎是將汽油和
空氣送入引擎中混合，點燃火星塞引爆，
便能讓車輪轉動。第一個成功的內燃機，

圖 3.2-3-4　使用外燃機的蒸汽火車

是於一八七六年由德國人奧圖（Nikolaus August Otto, 1832~1891）所發明的四行
程引擎，藉由進氣、壓縮、爆發、排氣的四行程循環原理來運轉（圖 3.2.3-5）。
內燃機依照動力的產生方式，大致可分類為：往復式引擎、迴轉式引擎、噴射引
擎和火箭引擎。往復式引擎還包括了四行程引擎、二行程引擎和柴油引擎；大多
數汽車使用四行程引擎，二行程多為機車所使用，柴油引擎則常用於大卡車、
船、農業機械等。

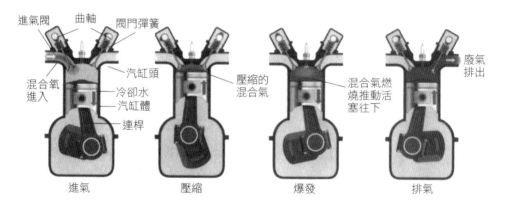

圖 3.2.3-5　汽油四行程引擎之動作原理

三、電的認識

　　早在西元前六世紀左右，科學家就已經發現了某些物質摩擦會生電。直到十七世紀初，人類才發現靜電是一種普遍的現象，也發現了同性電相斥、異性電相吸的原理；此時的科學家認為，電是帶有正電和負電的流體。在發明了摩擦起電機和萊頓瓶後，人們開始對靜電現象進行系統性的研究，並對電有了初步的認識。

3.3.1 電的本質與發現

　　西元前五八五年，古希臘哲學家泰利斯發現，用布摩擦琥珀後，琥珀會吸引如羽毛這類較輕的物體。「電」的英文 electricity 即源自於琥珀的希臘文 elektron。之後，很少有人對電感興趣。直到十七世紀初，英國醫生吉伯特於閒暇時做了一系列的靜電實驗，發現除了琥珀以外，還有玻璃、硫磺、紫水晶、火漆、松脂等許多物質，摩擦後都能吸引輕質物體，於是稱這些物質為「電的物質」。一七三三年，法國化學家杜菲（Charles Francois de Cisternay du Fay, 1698~1739）主張電是一種流體，提出電的「兩流體說」：一為以絲絹摩擦玻璃、水晶等，玻璃和水晶所產生的「玻璃電」；另一種則是以毛皮摩擦琥珀、樹脂等，琥珀和樹脂所產生的「樹脂電」。而物體之所以帶電，是因為該物體中兩種電流體在數量上不平衡的緣故。

　　一七五○年，美國科學家富蘭克林提出電的「單流體說」，認為電只有一種流體。摩擦玻璃時，電流流入玻璃內部，使它帶「正電」；而摩擦琥珀時，電流則從琥珀流出，使琥珀帶「負電」。當帶正電和帶負電的兩物體接觸時，電流會由帶正電的物體流至帶負電的物體，直到達平衡為止。之後，富蘭克林於一七五二年利用萊頓瓶，在雷雨中順利地以風箏來傳導電荷，證明了閃電和摩擦起電所產生的電本質是相同的，並成功研製避雷針。

　　現在，我們已經知道摩擦起電的原因，是由於原子的外層電子轉移所致。物體在摩擦前呈電中性，而摩擦會使帶負電的電子從一物體轉移到另一物體上；易失去電子者帶正電，而易獲得電子者則帶負電。以絲絹摩擦玻璃棒為例，玻璃棒中束縛力弱的外層電子脫離了原子核的束縛而轉移到絲絹上，因而使絲絹帶負

電，玻璃棒帶正電，兩者所帶電量相同，但電性相反。同樣地，當毛皮與硬橡膠棒摩擦時，毛皮失去電子而帶正電，硬橡膠棒則獲得電子而帶負電。另外，帶同性電的物體會彼此排斥，而帶異性電的物體則相互吸引。

3.3.2 靜電感應

手持金屬棒，無論如何摩擦都無法使之帶電，那是因為金屬棒可以導電的緣故；也就是說，摩擦金屬棒所產生的電荷，會經人體傳至地球。

（一）導體和絕緣體

可以導電的物體稱為導體，如金屬、石墨。金屬是電的良導體，因為其具有可以移動的自由電子；其中導電性最佳的是銀、銅和金，故常用來作為導線的材料。無法導電的物體，稱為絕緣體，如玻璃、木材、塑膠、陶瓷、橡膠、空氣等。摩擦絕緣體所產生的電荷均固定於原處，無法自由移動；此種無法移動的電，稱為「靜電」。導電能力介於導體與絕緣體之間的物體，稱為半導體，如矽、鍺等。當帶電體靠近絕緣的物體時，由於同性電相斥、異性電相吸的作用，會產生靜電感應的現象（圖 3.3.2-1）。

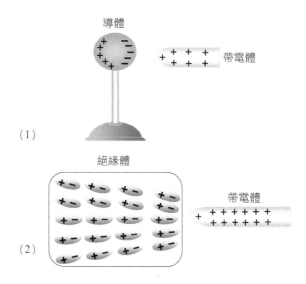

圖 3.3.2-1　（1）導體的靜電感應（2）絕緣體的靜電感應

（二）感應起電

要使金屬帶電，其實可以利用感應起電的方式（圖 3.3.2-2）。將一帶負電物體靠近與地絕緣的金屬球，由於靜電感應的作用，金屬球中正負電荷會產生分離，使靠近帶電體的一端帶正電，而遠離帶電體的一端則帶等量的負電。此時，若以手碰觸金屬球遠離帶電體的一端，則電子會從金屬球經由手流至地球。然

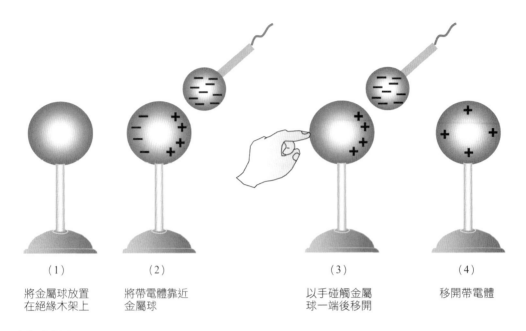

| （1） | （2） | （3） | （4） |

将金屬球放置
在絕緣木架上

將帶電體靠近
金屬球

以手碰觸金屬
球一端後移開

移開帶電體

圖 3.3.2-2　感應起電的方式

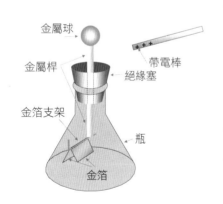

圖 3.3.2-3　金箔驗電器的構造

後，將手抽離，再移開帶電體，金屬球的電荷
將均勻分布於表面而帶正電。

（三）驗電器

　　可用來檢驗物體是否帶有靜電及帶電體之
電性的裝置，稱為驗電器。它的構造是一個玻
璃瓶，瓶中插一根鐵絲，兩金屬箔片附著於鐵
絲前端，另一端通過絕緣體的木塞，其上附有
一金屬球（圖 3.3.2-3）。當帶電體靠近驗電器
的金屬球時，因靜電感應會使兩金箔帶同性電
而排斥張開，所以可藉金箔的張開與否判斷物
體是否帶電。另外，在檢驗帶電體的電性方面，先利用感應起電的原理使金箔驗
電器帶電，此時兩金箔因帶同性電而分開。當帶電體靠近驗電器的金屬球時，若
帶電體的電性與驗電器相同，則因為同性電排斥的原因，使電荷被排斥到兩金箔
處，而造成兩金箔張開的角度變大；反之，若帶電體的電性與驗電器相反，則兩
金箔的張角減小。因此，可利用金箔張角的增大與縮小，以檢驗帶電體之電性。

除此，驗電器還能檢驗物體是否為導體。其方法是先使驗電器帶電，將待測物與驗電器的金屬球接觸後分離，若兩金箔的張角改變，那麼物體為導體；反之，則為絕緣體。

（四）生活中的靜電現象與靜電應用

平常將衣服取出烘乾機、梳頭髮和脫毛衣時，常可聽見劈劈啪啪的爆裂聲，若在黑暗中，還能看見小火花。這是由於相互摩擦造成的靜電作用所引起，與大自然中閃電的原理是相同的。閃電起於雷雨雲內部，上升氣流在此處使冰晶和水滴極猛烈地撞擊和摩擦，因而其正負電荷分離而帶電。正電荷聚集在雲層頂端，雲層底端則帶負電。若雲層底端接近地面，則地面會由於靜電感應而帶正電。當電荷累積至一定程度時，在強大的電壓作用下，會產生正負電荷急遽中和的放電現象，於是形成了閃電（圖3.3.2-4）；而雷聲是空氣受熱急速膨脹，空氣產生壓縮波而形成聲音的現象。雲層之間或同一雲層，也會發生放電現象，造成高空的閃電。地面上高聳的建築物、山巔或巨樹，因帶電荷密度較高，易遭閃電襲擊，故雷雨時千萬不能躲在孤立的高樓、大樹、旗竿下，或高山上的涼亭中。為避免雷擊，可在高聳建築物的頂上裝置避雷針。避雷針是具有尖端的金屬棒（圖3.3.2-5），通常是以低電阻的銅製成，而且還接有導線連至地面。它可引導地面或建築物之感應電荷聚集於尖端處，由於電荷密度大、電場大，極易游離空氣而放電，能中和雲層裡部分電荷，故能避免雷擊。一旦閃電發生時，避雷針可引導電荷流經低電阻的避雷針直接導入地殼，以保護具高電阻的建築物。

大氣乾燥的情況下，偶爾在接觸車門把

圖3.3.2-4　閃電是靜電作用所引起

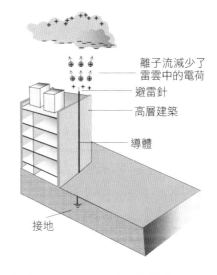

離子流減少了雷雲中的電荷

避雷針

高層建築

導體

接地

圖3.3.2-5　避雷針的工作原理

圖 3.3.2-6　汽車的接地線可防止靜電

手時受到電擊，這是由於車輪不斷摩擦地面產生的靜電，與手指發生尖端放電所造成。許多車輛，尤其是載送易燃油品的油罐車，在車尾處繫有一根拖至地面的鐵鍊，就是為了防止靜電用的（圖 3.3.2-6）。電視螢幕上附著灰塵，是由於螢幕的靜電能吸引周圍懸浮於空氣中的各種微粒。這種靜電力已被應用於許多設備和裝置上，例如影印機和雷射印表機，兩者原理相似；雷射印表機列印時，將電腦傳送來的資料以雷射光映照到滾筒，滾筒被映照的地方會帶靜電，靜電吸引碳粉，再由滾筒壓印碳粉至紙張，最後經熱處理固定。又如用於空氣淨化機的靜電濾網，利用靜電來吸附灰塵；而靜電集塵器（圖 3.3.2-7），將空氣微粒物通過離子化器，使其帶電後，再以相反電性之收集板來集塵，而達到淨化空氣的目的。

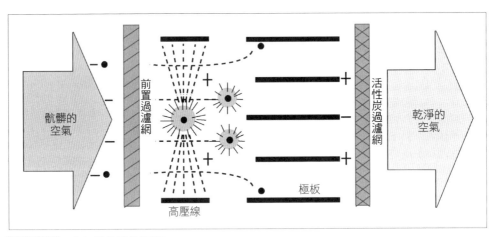

圖 3.3.2-7　空氣淨化機的原理

3.3.3　儲存電荷

　　早期人類產生靜電的方法唯有靠摩擦，剛開始是用一手握住琥珀棒，另一手拿著布來互相摩擦生電。到了一六七八年，德國人給呂克（Otto von Guericke, 1602~1686）製造了第一架摩擦起電機，他用布摩擦迅速轉動的硫磺球，而能產

生很大的火花；這種摩擦起電機經過不斷改進（圖 3.3.3-1），後來在靜電實驗中起了重要的作用。一七四五年，荷蘭萊頓大學教授馬森布洛克將一玻璃瓶的內外壁均覆以錫箔層，從瓶口的塞子中插入銅棒，銅棒下連接觸及瓶底錫箔的金屬鏈，靜電於是可以儲存於內壁的錫箔上，此裝置稱為「萊頓瓶」（圖 3.3.3-2）；電荷能夠經由金屬鏈自瓶內被引出，強大的電荷足以產生光亮的火花，令許多人都深感震驚。萊頓瓶的發明可以大量儲存摩擦起電機所產生的電，提供了電學進一步研究的條件，在電學的發展過程中是一個相當重要的關鍵。

今日看來，萊頓瓶實際上是種簡單的「電容器」（圖 3.3.3-3）。電容器是在

圖 3.3.3-1　溫色斯特（Wimshurst）靜電產生機──運用摩擦起電原理，當玻璃盤旋轉時，電荷被感應在金屬片上，這些電荷儲存於玻璃電容器上建立了高電壓，然後經由高電壓弧光而放電

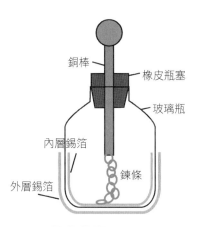

圖 3.3.3-2　萊頓瓶的構造

銅棒
橡皮瓶塞
玻璃瓶
內層錫箔
外層錫箔
鍊條

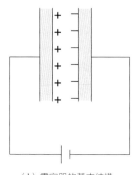

（1）電容器的基本結構

（2）萊頓瓶

（3）雲母電容器

（4）可變電容器

（5）紙質電容器

圖 3.3.3-3　電容器的基本結構與各種電容器

收音機、電視和電腦等各種電子設備中用來蓄電的裝置，其原理與萊頓瓶相同。電容器的種類很多，但基本結構都一樣，均具有兩金屬薄片或其他導體，中間隔著塑膠、紙或空氣等絕緣體。電容器上每一伏特的電壓所能儲存的電荷，稱為電容；電容的單位定為「法拉」，係為了紀念物理學家法拉第對電磁學的貢獻。每個電容器所能儲存的電量有限，一旦過量，會因電場太強而放電燒毀。由於電容器只能讓交流電通過，所以它的另一項重要用途就是用來分辨直流電和交流電。

圖 3.3.3-4　凡得格拉夫起電機及其簡圖

一九三〇年代，由於離子加速器的需要，美國科學家凡得格拉夫（Robert van de Graaff, 1901~1967）發明了新的靜電起電機，可以製造與儲存大量電荷。「凡得格拉夫起電機」（圖3.3.3-4）以絕緣的傳動帶由地持續將電輸送到空心的金屬球，電荷不斷聚集於金屬球殼的表面，可以因而累積高達一千萬伏特的高壓。

3.3.4　帶電體之間的交互作用

兩帶電體之間會產生同性電相排斥、異性電相吸引的交互作用力，此種力稱為靜電力或庫侖力。

（一）庫侖定律

兩帶電體之間的作用力大小，與各自所攜帶的電量和彼此之間的距離有關。一七八五年，法國物理學家庫侖利用自製的靈敏扭秤（圖3.3.4-1），

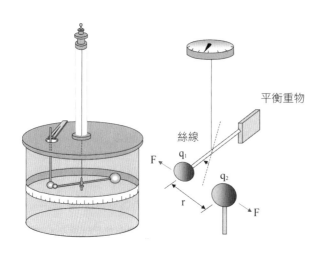

平衡重物

絲線

F　q_1

q_2

r

F

圖 3.3.4-1　測量靜電作用力的裝置

證實了兩點電荷間作用力大小，與兩者電量的乘積成正比，而與它們之間距離的平方成反比，且作用力的方向是沿著兩電荷的連線。此電荷間作用力的關係即為「庫侖定律」，從此電學進入定量研究的階段。

　　庫侖在實驗中，根據扭秤所測出之力，進一步定出電量的單位。為了紀念庫侖，電量的國際單位定為庫侖（C）。電子為電量的最小單位，稱為基本電荷 e，一個電子的電量為 1.6×10^{-19} 庫侖，也就是 1 庫侖的電量相當於 6.25×10^{18} 個電子的電量。

（二）靜電場

　　根據庫侖定律，靜電力是一種超乎距離且不必直接接觸的「超距力」。帶電體會在其周圍空間建立一超距力的作用區域，稱此作用區域為靜電場；一旦別的帶電體進入靜電場的分布範圍時，就會受到靜電力的作用。也就是說，靜電場是因為帶電體的存在，而使空間具有一種特殊的性質，當有另一帶電體進入此空間時，會受到排斥（同性）或吸引的力（異性）。靜電場與靜電力同為向量，具有大小和方向；單位電荷在靜電場中某一點所受的靜電力，稱為該點的靜電場強度。

　　由於靜電場無法為肉眼所見，因此以假想的線——電力線來表示。電力線的概念，是由英國物理學家法拉第所引進，用來表示電場的強度和方向（圖3.3.4-2）。電力線由正電荷出發，而終止於負電荷，由電荷所發出或終止的電力線數正比於其電量的大小；電力線上各點的切線方向，即為該點電場的方向，且

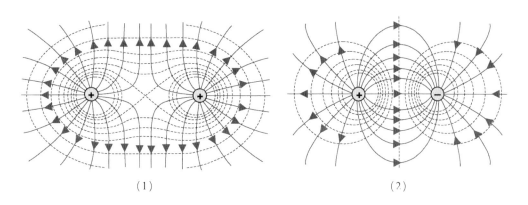

(1)　　　　　　　　　　　(2)

圖 3.3.4-2　兩個點電荷所生的電力線（實線）與等位線（虛線）：（1）同性正電荷（2）異性電荷

電場的大小由電力線的密集程度所決定。

（三）電位與電位能

　　電荷在電場中的受力情形，就如同水從高處往低處流，正電荷也會從高電位移動至低電位。某兩點之間的電位差距，稱為電位差，單位是伏特。電位是純量，某一點的電位，只與產生該電場的電荷大小及與此電荷的距離有關；正電荷所產生的電位為正，而負電荷產生的是負電位。

　　將正電荷由低電位移至高電位，需要外力反抗電場作功；外力所作的功，成為正電荷所增加的電位能。將一正電荷由無限遠處（電位為零），移至電場中某一點所作的功，即是該點的電位能，單位為焦耳。在空間中所有電位相等的點，構成了等位線（面），而電荷沿著等位線（面）移動不需作功。

四、電流

　　電荷的流動，就生成了電流。自從一八〇〇年伏打發明電池後，電磁學的研究迅速發展，人類的文明得以邁步向前。時至今日，日常生活中隨處可見電流在驅動作功。電流使電熱器發熱，可以用來煮飯、燒開水和取暖；電流也點亮燈泡，暗夜裡因而有了光亮。

3.4.1　電流的發現

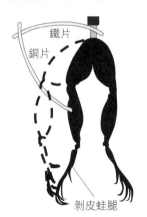

圖 3.4.1-1　伽伐尼將銅片和鐵片同時接觸死蛙腿，蛙腿產生抽搐

　　一七八〇年，義大利生理學家伽伐尼發現，以兩種不同金屬同時觸及死蛙腿時，蛙腿會產生抽搐的現象；他認為這是由動物本身生理現象所產生的電，並稱之為「動物電」（圖 3.4.1-1）。伽伐尼的「動物電」觀點，引起當時科學界的注意。之後，義大利物理學家伏打重複了此實驗，認為是兩種不同金屬的接觸所造成的電流所致，稱之為「接觸電」；從而引起「動物電」與「接觸電」長達十年的爭論。一八〇〇年，伏打將浸過鹽液的厚紙板夾在銅片與鋅片之間，製成了最早的電池，此即為「伏打電池」，同時也證

明了伏打看法之正確性。為了增加電流的效應，他於是將電池串聯起來，而成為最早的電池組——「伏打電堆」。

伏打藉由電池的化學作用，製造出持續而穩定的電流，帶動了電學的發展由靜電走向動電，並導致許多重要的發現。今日以伏特（volt）為電壓的單位，就是為了紀念伏打的貢獻。在伏打電池發明後不久，人們發現了電解現象。法拉第於一八三三年發表了「電解定律」，定量地算出了電能和化學能之間互換的關係。之後，許多科學家利用伏打電池與法拉第電解定律，又發明了電解、電鍍等技術，且製造更高效率的電池，開創了電化學時代。

3.4.2　歐姆定律

電流的本質是電子或離子等帶電粒子的流動，而帶電粒子之所以會流動，是因為有了電位差使然。

（一）電壓

導體中存在自由電子，這些電子在導體內高速且無規則地運動。整體而言，電子並無做單一方向運動的趨勢，所以導體中沒有電流產生。一旦在導體兩側施加電位差，會驅使自由電子移往電位高的一側，也就是正極，因而生成電流（圖3.4.2-1）。電源所造成的電位差，稱為電壓，以伏特（V）為單位。電流伏特計為測量電壓的儀器，使用時必須與待測物並聯。

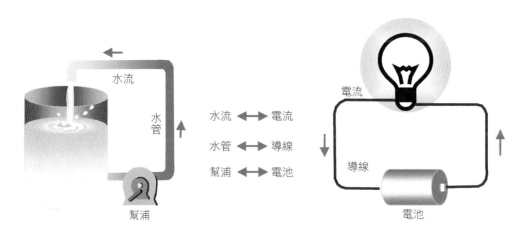

水流 ⟷ 電流
水管 ⟷ 導線
幫浦 ⟷ 電池

圖 3.4.2-1　電壓驅動電流的產生，如同水流的幫浦般造成水位差

（二）電流強度

　　電流的大小是指單位時間內流過導體某一截面的電量，單位是庫侖／秒，稱為安培（A），係為紀念法國物理學家安培在電磁學上的貢獻。1 安培的電流強度是指在導體的某一截面上，每秒有 1 庫侖的電荷通過。電流的方向則規定為正電荷移動的方向，也就是負電荷移動的反方向（圖 3.4.2-2）。

　　若導體中的電流強度不隨時間改變，即為穩定電流。穩定電流中，由於電荷不會累積於電路中，整個電路中的任一點，其流入的電量與流出的電量相等；換言之，通過同一電路中任一截面的電流都相等。檢流計亦稱為電流計，一般是用來測量小電流，欲測量較大電流時，則需使用安培計。使用安培計時，必須與待測電路串聯。

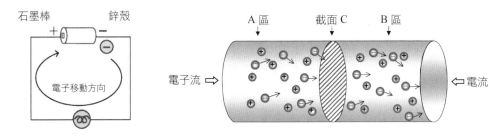

圖 3.4.2-2　電流的方向為正電荷移動的方向

（三）電阻

　　導體兩端具有電位差時，作不規則運動的自由電子，由於電場的作用，會有整體往電場的反方向移動的速率。由於運動中的自由電子與導體中的原子會發生碰撞，使其在前進過程中造成阻礙，因而產生了電阻。電阻的單位為歐姆（Ω），電阻值愈大，則導體的導電能力愈差；不同的材質，其導電特性不同（表3.4.2-1）。

　　電阻的大小與導體的材質、截面積和長度有關。電阻係數愈低、導體的截面積愈大和長度愈短，其電阻愈小。此外，電阻也與溫度有關。由於溫度升高會使得導體中的原子振動加劇，增加與自由電子碰撞的頻率，所以電阻加大；但在絕緣體和半導體中，則因為溫度上升會使較多的電子脫離束縛，電阻因而下降。

表 3.4.2-1　常見的物質在 20°C時的電阻係數

物質	電阻係數（Ω‧m）	物質	電阻係數（Ω‧m）
銀	1.59×10^{-8}	鐵	9.61×10^{-8}
銅	1.69×10^{-8}	鉑	10.7×10^{-8}
金	2.21×10^{-8}	鉛	20.8×10^{-8}
鋁	2.71×10^{-8}	錳	1.44×10^{-6}
鎢	5.28×10^{-8}	鎳鉻絲	1.50×10^{-6}
鋅	5.9×10^{-8}	石墨	3.50×10^{-5}
鍺	2.60×10^{-1}	矽	6.40×10^{2}
木材	$10^{8} \sim 10^{14}$	琥珀	5×10^{14}
玻璃	$10^{10} \sim 10^{14}$	石英	7.5×10^{17}

（四）歐姆定律

　　一八二六年，德國物理學家歐姆從實驗中發現：在溫度固定的情況下，通過導體的電流 i 與導體的兩端電位差 V 成正比。此即為「歐姆定律」，而電位差與電流的比值，就是電阻，其數學式如下：

$$R = \frac{V}{i} ，其中 R 是電阻$$

　　$1\Omega = 1\dfrac{V}{A}$，是以 1 伏特的電位差施加於導體兩端，若通過導體的電流為 1 安培，則此導體兩端的電阻為 1 歐姆。歐姆定律為電學的基本定律之一，也是電路設計中的基本公式。符合歐姆定律的導體稱為「歐姆式導體」，如一般的金屬導體，其電位差與電流的關係為一直線，即電阻維持一定。有些材料，如二極體、電晶體等半導體，其電阻並不維持一定，也就是不遵守歐姆定律，為「非歐姆式導體」（圖 3.4.2-3）。

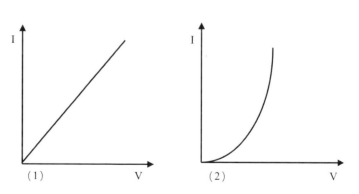

圖 3.4.2-3　（1）歐姆式導體（2）非歐姆式導體的 I-V 圖

3.4.3　電路

　　電路是一個沒有中段的導電路徑，電流從電源出來，然後再回到電源，形成一完整迴路。欲構成一完整電路，必須具備三個基本要素：電源、導線和負載。電源是供應電能以產生電流的裝置，如電池、發電機等；導線連接電源和負載，可讓電流通過，一般是以銅線製成的電線；負載則能將電能轉換成其他可用形式的能，通常是燈泡、電器、電阻器或其他電子元件。

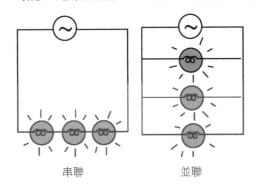

串聯　　　　　　　並聯

圖 3.4.3-1　燈泡串聯與並聯的電路

　　電路的連接方式有串聯和並聯（圖 3.4.3-1），串聯和並聯能任意組合，使電路可以簡單，也可以很複雜。在串聯的電路裡，所有的零件逐個連接在一起，構成單一環路，電路中的每一處電流都相同。電池的串聯，使電壓相加，總電壓增大；若電阻串聯，電阻會相加，則總電阻增大，電路的電流於是減小。並聯電路中，電池或其他零件是相互跨接在一起，形成分路。若是電池並聯，則總電壓不變；然電阻的並聯，會使總電阻減小，而通過電路的總電流增加。家庭的電器通常是以並聯方式使用，若同時並聯使用多種電器，會使總電流過大，而釀成危險，所以一般需安裝保險絲。保險絲是由易熔的金屬合金製成，當電流超過其負荷，它就會熔化而中斷電路，以避免危險。

3.4.4　電流的熱效應

　　電流通過導體時，由於有電阻的存在，會減少其部分電能而轉化為熱能，並使溫度升高，此即為「電流的熱效應」。導體的電阻愈大，所產生的熱愈多；另外，通過導體的電流愈強，所產生的熱也會愈多。此種由於電流的流動，在導體內所產生的熱，稱為焦耳熱。許多的家電產品便是應用電流的熱效應原理製成的，如電燈、電鍋、電熨斗、電爐、吹風機、烤麵包機等（圖 3.4.4-1）。

　　燈泡是利用電流通過高熔點的鎢絲，所產生的熱使燈泡發光發熱；因鎢絲與氧接觸後，會氧化而斷裂，故於燈泡內充填氬氣或氮氣。鎳鉻合金是高電阻材

料，發熱量多，且高溫下暴
露於空氣中不易斷裂，常用
於製造發熱的電阻線，成為
電熱器（例如，電鍋、電
爐、電熨斗、電熱水器等）
的熱源（圖 3.4.4-2）。

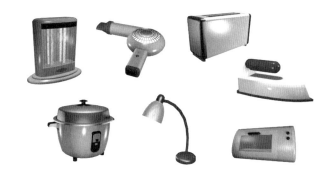

圖 3.4.4-1　各種應用電流熱效應原理的家電

　　電功率是電能的消耗速
率，單位為瓦特（W）。當
電流通過電阻器，電功率為
電壓和電流的乘積或電阻和電流平
方的乘積，而所消耗的總電能則為
電阻器的電功率乘以使用時間。電
力公司是以「度」來計費，所謂 1
度電就是 1 瓩一小時，相當於電功
率 1000 瓦特的電器連續使用 1 小時
所消耗的電能。

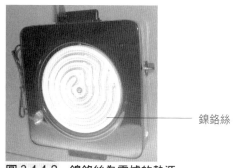

鎳鉻絲

圖 3.4.4-2　鎳鉻絲為電爐的熱源

3.4.5　電池

　　電池是一種以化學能的形式來儲存電能的裝置，為可提供固定電位差的直流
電源。電池有化學電池和物理電池之分，平常所用的主要為化學電池，也就是通
稱的電池。

（一）電池的原理

　　一八〇〇年，伏打電池的發明，是今日化學電池的濫觴
（圖 3.4.5-1），其主要組成是陰、陽兩電極與電解液。一般電
池的基本原理就是利用兩電極在電解液中進行化學反應，而產
生電流。電池在放電的過程中，陽（負）極產生氧化反應，而
放出電子；電子再透過外部電路傳遞至陰（正）極，使陰極產
生還原反應；中間的電解液則是負責維持兩極的電中性和傳遞
離子。反之，電池的充電係藉由外部直流電源的驅使，強迫化
學反應朝反方向進行，將電能轉變為電池的化學能。

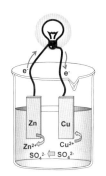

圖 3.4.5-1　伏打電
池的原理

（二）電池的種類

　　現今的電池已發展出各種各樣的形式，無論外型、大小或使用的材料，種類均十分繁多（圖 3.4.5-2）。依據電池本身的充放電特性與工作性質大致可區分如下：

圖 3.4.5-2　各種不同造型的電池

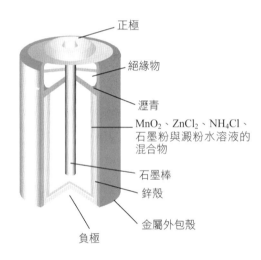

正極

絕緣物

瀝青

MnO_2、$ZnCl_2$、NH_4Cl、石墨粉與澱粉水溶液的混合物

石墨棒

鋅殼

金屬外包殼

負極

圖 3.4.5-3　碳鋅電池剖面圖

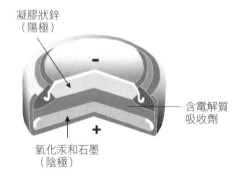

凝膠狀鋅（陽極）

含電解質吸收劑

氧化汞和石墨（陰極）

圖 3.4.5-4　水銀電池的構造

　　1. 一次電池：亦稱為原電池，是僅能將化學能一次性地轉化為電能，無法再充電使用的電池。此類電池常見的有碳鋅電池、鹼性電池、水銀電池、氧化銀電池和一次鋰電池等。(1)碳鋅電池（圖 3.4.5-3）：應用最早也最廣泛，其電解液是由氯化銨或氯化鋅水溶液加入澱粉混合成糊狀物，使電解液不易外滲，因而稱為「乾電池」；此類電池以外殼的鋅筒為負極，正極為中間的碳棒加上活性物質二氧化錳。乾電池的歷史悠久，是在一八六五年由法國化學家勒克朗舍（Georges Lechance, 1838~1882）發明，所以又稱為「勒克朗舍電池」。碳鋅電池有多種型號，雖然大小有別，但電壓值主要為 1.5 V，在放電一段時間後，電壓會逐漸降低，且不適於大電流連續放電。但由於其價格便宜、製造容易，及攜帶方便的優勢，所以在一次電池中，仍然是產量最高、用途最廣的一種。(2)鹼性電池：其外型、構造和電壓與碳鋅電池相似，主要不同在於電解液為鹼性（氫氧化鉀）溶液；此類電池可大電流放電、電壓穩定、能量密度高、使用持久，但價格較高。(3)水銀電池（圖 3.4.5-4）：常見的水銀電池是鋅汞

電池，其電解液為鹼性（氫氧化鈉或氫氧化鉀）溶液，負極由鋅汞合金組成，正極則為氧化汞和石墨；其主要的形狀是鈕扣型和圓筒型，可平穩供應 1.35V 的電壓，適用於計算機、照相機、助聽器，和手錶等。(4)氧化銀電池：其構造和功能與水銀電池類似，主要不同在於正極為氧化銀，由於所需材料較貴，故以鈕扣型等較小尺寸的型式為主。此類電池壽命很長，具有放電平穩與低污染的特質，已逐漸取代水銀電池成為高級相機、心律調節器及高級電子產品的動力來源。(5)一次鋰電池（圖 3.4.5-5）：以金屬鋰為陽極，具有高放電電壓、放電平穩、儲存壽命長、高能量密度等優點，常用於主機板的記憶體備用電池和許多消費性電子產品。此類電池有長方形、圓筒型及鈕扣型等數種不同大小的型號，以滿足不同要求。

　　2. 二次電池：亦稱為蓄電池，可透過充電的過程，將電能轉變為化學能貯存，而可重複使用的電池。二次電池可大幅減少電池的成本與環保問題，主要有鉛酸電池、鎳鎘電池、鎳氫電池和鋰離子電池。(1) 鉛酸電池（圖 3.4.5-6）：具悠久歷史，主要應用於汽機車電力系統的能源。其負極為鉛，正極是二氧化鉛，電解液為稀硫酸溶液，電壓為2V；汽車用的蓄電池是含六個鉛酸電

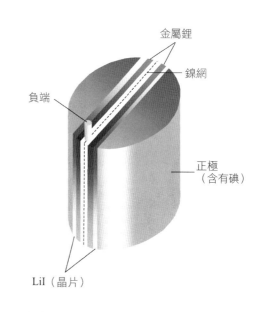

圖 3.4.5-5　一次鋰電池的結構

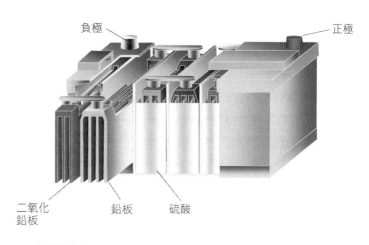

圖 3.4.5-6　鉛酸電池的構造

池的電池組。(2)鎳鎘電池（圖 3.4.5-7）：為第一代行動電話所使用的可充式電池，其正極材料為氫氧化鎳，負極使用海綿狀的鎘，電解液為氫氧化鉀溶液。此類電池具有電壓穩定、低內阻、大電流放電、循環壽命長、價格低等優勢，但受到記憶效應的影響和鎘污染疑慮，市佔率逐年下滑。(3)鎳氫電池：主要是為了取代鎳鎘電池而設計，與鎳鎘電池不同之處為負極使用儲氫合金。由於其能量密度更高、循環壽命更長、記憶效應不明顯，且無毒原料污染問題，因而大量取代鎳鎘電池的市場。(4)鋰離子電池：其正極為含鋰離子的金屬氧化物，負極以碳為材料；由於具有極高能量密度、高工作電壓、放電特性平穩、重量輕、充電快速、壽命長和環保性佳等優點，自一九九二年導入市場後，目前已逐漸取代鎳氫電池在筆記型電腦、行動電話、PDA、攝錄影機、數位相機等可攜式電子產品的市場，成為二次電池的主流。但鋰離子電池的成本高且安全性較低，目前世界各國正積極研發高分子鋰電池，期能改善鋰離子電池的性能，並降低成本以符合市場需求。

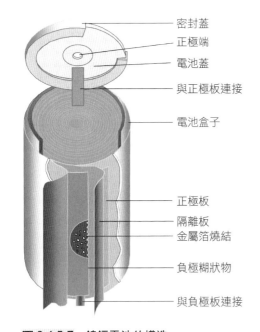

密封蓋
正極端
電池蓋
與正極板連接
電池盒子

正極板
隔離板
金屬箔燒結
負極糊狀物
與負極板連接

圖 3.4.5-7　鎳鎘電池的構造

3.燃料電池：上述電池在使用上，往往會因含重金屬或其他毒性物質而污染環境，但燃料電池不會對環境造成威脅，是最符合環保的電池。燃料電池是透過外部系統提供燃料，在正極部分是氧氣，而負極則以氫氣、甲烷或甲醇為主，藉由燃料的燃燒反應，將化學能轉換

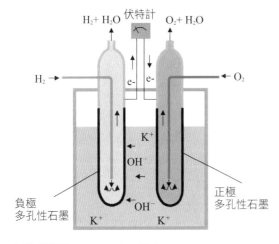

$H_2 + H_2O$　伏特計　$O_2 + H_2O$

H_2 →　e- ← e-　← O_2

K^+
OH^-
OH^-
K^+　　K^+

負極
多孔性石墨

正極
多孔性石墨

圖 3.4.5-8　燃料電池的構造

為電能（圖 3.4.5-8）。此種電池只要將燃料源源不絕地輸入電池槽中，就能持續產生電力，故又稱為連續電池。早在人類第一次登陸月球時，就已使用氫氧燃料電池。氫氧燃料電池的排放物為幾乎無污染的熱能和水，而且效率極高；但是受限於其較大的體積，以往多用於發電機組和太空船的能源，目前則正積極應用於電動車輛、現場型發電機組，及小型攜帶式電力裝置上。在技術的創新與進步下，未來小型化的燃料電池將可取代現有的鎳氫和鋰離子電池，作為用於消費性電子、資訊和通訊等 3C 產品的電源。

五、電和磁

人類很早就發現天然磁石所具有的磁性，並能加以應用，但是真正促進人類文明的進步，是在發現了電和磁的關係後。從十九世紀起，由於電磁理論迅速地發展與應用，人類逐步邁入電氣化時代。到了該世紀末，更進一步發現電磁波，因而展開無線通訊的新紀元。

3.5.1　磁的發現與演進

早在遠古時代，人們就發現有些礦石能夠吸引鐵器，此類礦石稱為天然磁石。中國在戰國時期（約西元前四世紀）曾利用天然磁石製成「司南」，為古代最早的磁指南器（圖 3.5.1-1）；到了北宋（約西元十一世紀），由於軍事和航海的需要，已知利用人工磁化的方式，發明了比司南

圖 3.5.1-1　仿製的司南

更先進的「指南針」。在指南針傳入歐洲後，於一六○○年時，英國醫生吉伯特發現了地磁，及磁針是因為地磁的緣故而能指示方向；他並認識到電和磁是兩種不同的現象，還發現磁鐵有兩個磁極，同名極會相斥，異名極則相吸。

直到一八二○年，丹麥物理學家厄司特發現了電流會產生磁，顯示了電和磁的密切關係，因而揭開了電磁學的序幕。之後，電磁學於是風起雲湧，發展迅速。首先是法國物理學家安培在得知厄司特的成果後，開始對電磁作用力進行研究，於同年發現了電流方向和磁針偏轉方向之關係的「安培右手定則」（圖

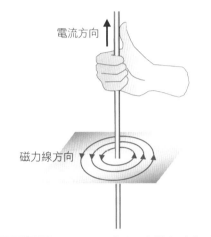

電流方向

磁力線方向

圖 3.5.1-2　載流長直導線的安培右手定則

3.5.1-2），和兩平行導線之間的相互作用力與距離關係的「安培定律」，於是開創了電動力學。他還發現了通過電流的螺線圈，與磁棒的磁性相同，因而提出了物質的磁性是由物質內的電流所引起的「分子電流假說」，統一了人們對天然磁性和電流所產生的磁性之認識。一八三一年，英國物理學家法拉第發現了磁場的變化能產生電流的「電磁感應」現象，使電和磁的對應關係得以確立，同時奠立了日後電力工業發展的基礎。一八六四年，英國物理學家馬克士威推展法拉第的磁場概念，並將已知的電和磁研究成果作有系統的整合，以一套電磁方程組來概括電磁規律，建立了電磁理論，並預言了電磁波的存在。一八八八年，德國物理學家赫茲以實驗證實了電磁波的存在，從而開啟了電磁學應用的新領域──無線電技術。

3.5.2　磁鐵

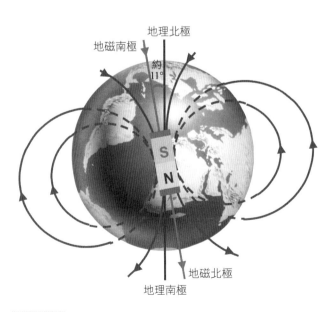

地理北極

地磁南極

約11°

S

N

地磁北極

地理南極

圖 3.5.2-1　地磁

能吸引鐵質物體的性質，稱為磁性；而磁鐵就是具有磁性的物質。

（一）磁鐵的性質

　　磁鐵能吸引鐵、鈷、鎳等金屬。任何磁鐵均具有 N、S 兩個磁極，是磁場最強處。由於地磁的緣故（圖 3.5.2-1），懸掛的磁鐵，其 N 極會指向地球的北方，而 S 極則指向地球的南方，故可用於羅盤

和指南針,以指示方向(圖 3.5.2-2)。磁鐵的 N、S 極必同時存在,並無存在磁單極。兩磁鐵靠近時,同名的磁極會相斥,異名極則相吸。

(二)磁場和磁力線

磁力和電力同屬超距力。在磁鐵的周圍,磁力的作用範圍稱為「磁場」,可以藉由磁力線來表示磁場的強度和方向。在磁鐵的上方放一張白紙,並在白紙上灑上鐵粉,輕搖鐵粉,就可看出磁力線的分布;或在磁鐵附近放置小磁針,然後順著北極所指的方向,連續地移動畫線,即為磁力線(圖 3.5.2-3)。每一條磁力線均是封閉平滑的曲線,在磁鐵外部,磁力線由 N 極出發,指向 S 極,再由磁鐵的 S 極進入磁鐵內部。磁力線永不相交,磁力線上各點的切線方向,即為該處磁場的方向。此外,磁力線的疏密程度表示磁場的強弱,在磁極處,磁力線最密集,磁場最強;而離磁極愈遠,磁力線愈稀疏,磁場愈弱。

圖 3.5.2-2　利用磁針來指示方向的羅盤

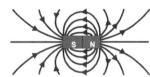

圖 3.5.2-3　磁棒的磁力線分布情形

(三)磁化

鐵、鈷、鎳等磁性物質中具有大量的微小磁性區域,稱為磁域。這些磁域就像是迷你小磁鐵般,雜亂地分布,所以整體並不會顯現磁性(圖 3.5.2-4)。當它們靠近或接觸磁鐵時,這些磁域會排列起來,於是磁性顯現,稱為「磁化」。磁化後的磁鐵,其磁性很快消失者,稱為暫時磁鐵,如軟鐵;而磁性可

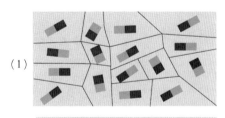

圖 3.5.2-4　(1)未磁化前的磁域雜亂的分布(2)磁化後的磁域整齊排列

以長久保存者，則稱為永久磁鐵，如鋼。

3.5.3 電流的磁效應

載有電流的導線，其周圍會產生磁場，此即為「電流的磁效應」。有電流通過的長直導線，其磁力線為與電流方向垂直的同心圓；電流愈大、離導線愈近，磁力線就愈密集，磁場也愈強。根據安培右手定則，以右手握住導線，大拇指朝向電流的方向，彎曲的四指所指的方向就是磁場的方向。

（一）電磁鐵

若將導線彎曲成環型的螺線管，通以電流後產生的磁場，類似於磁鐵棒所生

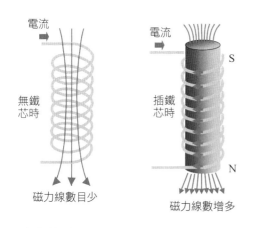

圖 3.5.3-1　（1）螺線管的磁場（2）插入軟鐵芯大幅提高磁場強度

的磁場。根據安培右手定則，右手四指順著電流方向彎曲，大拇指所指的方向，即為磁場的方向（圖3.5.3-1）。螺線管的線圈匝數愈多，所產生的磁場愈強。若將一根軟鐵芯插入螺線管中，則軟鐵芯會被磁化，而大為提高原有的磁場強度，便成為電磁鐵。由於電磁鐵的軟鐵芯只是暫時磁化，電源切斷後，磁性立即消失，所以可用開關來控制電磁鐵；再者，改變電流的大小即可改變磁場的強度，因而使得電磁鐵的應用相當廣泛，如電磁起重機（圖3.5.3-2）、電鈴（圖3.5.3-3）、電話筒、揚聲器、電動機和檢流計等。

圖 3.5.3-2　電磁起重機

（二）直流電動機

將載流的導線置於磁場中，會受到磁力作用。可以利用「右手掌定則」來決定受力方向：以右手拇指為電流方向，其餘四指伸直指向磁場的方向，則

掌心推出的方向即為導線受力的方向。

電動機俗稱馬達，是利用電流的磁效應，使電磁鐵在固定的磁場中造成旋轉式運動，而將電能轉換成力學能的裝置（圖 3.5.3-4）。當電流經電刷而通過電磁鐵製成的電樞時，因電樞與外圍永久磁鐵的極性相同而互相排斥，電樞於是發生轉動。在每轉動半圈後，兩片半圓環的整流子使電樞中的電流方向改變一次，因而讓電樞得以持續不停地旋轉。

馬達是很方便的動力源，其用途很廣。今日，許多家庭電器用品，舉凡洗衣機、電風扇、吸塵器、吹風機、果汁機、電鑽等，內部都具有各式各樣的馬達（圖 3.5.3-5）。

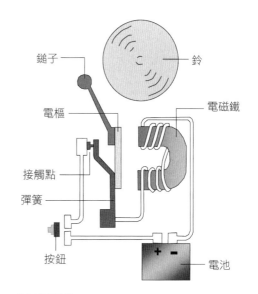

圖 3.5.3-3　電鈴的工作原理

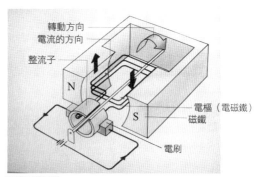

圖 3.5.3-4　直流電動機的構造

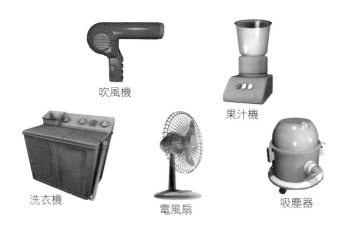

吹風機

果汁機

洗衣機

電風扇

吸塵器

圖 3.5.3-5　各種運用馬達的家電產品

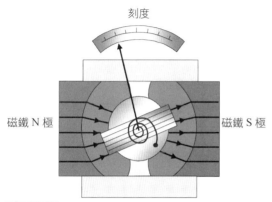

刻度

磁鐵 N 極　　　　　　　　磁鐵 S 極

圖 3.5.3-6　檢流計的內部構造

（三）檢流計

檢流計亦稱為電流計，是用於檢測小電流的裝置（圖 3.5.3-6）。其原理與電動機類似，當外部電流通過線圈纏繞的電磁鐵時，會因外圍的永久磁鐵而受力偏轉。在電磁鐵中心接上指針與渦形彈簧，分別用以指示指針偏轉的程度與平衡線圈的轉動力矩。由於指針偏轉的角度與通過電磁鐵的電流成正比，故可用來測量電流。

將檢流計並聯一個低電阻的分路，使大部分電流通過此低電阻，便可成為能測量大電流的安培計（圖 3.5.3-7）。若將檢流計串聯一個高電阻，則成為伏特計；伏特計需與待測電路並聯，以確保只有微量的電流通過檢流計。

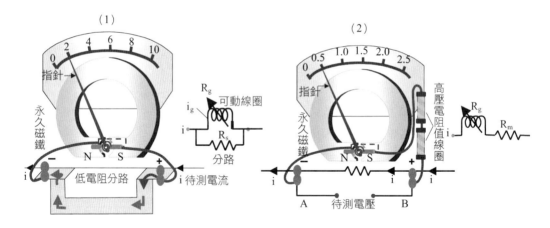

圖 3.5.3-7　（1）安培計（2）伏特計

3.5.4　電磁感應

導體所在處的磁場發生變化時，會使導體產生感應電動勢，若導體是封閉迴路的一部分，則迴路中會有感應電流生成，此現象即稱為「電磁感應」（圖 3.5.4-1）。根據「冷次定律」，在電磁感應中，感應電流的產生是為了抗拒磁通量的變化。

自然科學與生活科技概論

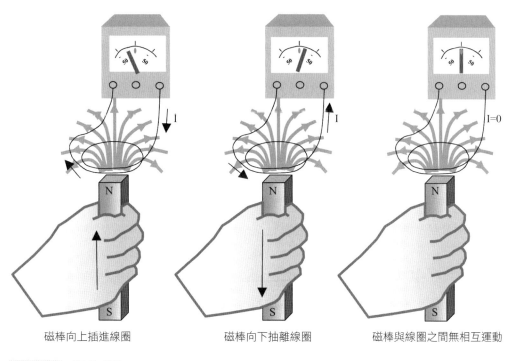

磁棒向上插進線圈　　　　　磁棒向下抽離線圈　　　　磁棒與線圈之間無相互運動

圖 3.5.4-1　電磁感應

（一）發電機

　　發電機和電動機構造類似，但原理不同。發電機是利用電磁感應原理，將力學能轉換成電能的機械，有交流發電機和直流發電機兩種。

　　1. 交流發電機：為產生交流電流（AC）的發電機。交流發電機是利用外力，如水力、風力、蒸氣的推力等，使電樞在永久磁鐵的兩極中轉動（圖 3.5.4-2），因通過電樞的磁通量不斷隨時間變化，而持續生成感應電流。電樞每轉動半圈，通過電樞的磁力線方向就會改變，使電流的流向相反，因此感應出交流電。

　　2. 直流發電機：為產生直流電流（DC）的發電機。交流發電機與直流發電機唯一的相異處，就在於直流發電機多了整流子。由於將電樞接至整流子，所以經過整流後流出的電流方向是固定不變的。

（二）變壓器

　　雖然直流發電機比交流發電機發明得早，但是發電廠通常使用交流電來輸送電力。其中最主要的原因，是因為交流電可以用簡單的方式來改變電壓，以符合

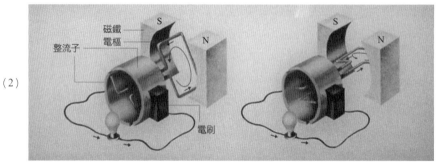

磁鐵
電樞
整流子

S

N

(2)

電刷

S

N

圖 3.5.4-2 （1）交流發電機（2）直流發電機

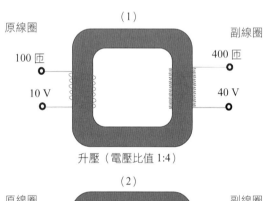

（1）

原線圈　　　　　　　　　　　　副線圈

100 匝　　　　　　　　　　　　400 匝

10 V　　　　　　　　　　　　　40 V

升壓（電壓比值 1:4）

（2）

原線圈　　　　　　　　　　　　副線圈

100 匝　　　　　　　　　　　　50 匝

10 V　　　　　　　　　　　　　5 V

降壓（電壓比值 2:1）

圖 3.5.4-3 （1）升壓變壓器（2）降壓變壓器

各種不同用途之需；而改變電壓的裝置，就是變壓器。

　　變壓器能將交流電壓升高或降低，其構造非常簡單，主要具有兩組匝數不同的線圈，纏繞於同一個鐵芯上。當交流電源施加於其中一個線圈（原線圈）時，會在鐵芯中產生變化的磁場。根據電磁感應原理，這個變化的磁場會使另一線圈（副線圈）感應出一個交流電源，且原線圈與副線圈的電壓比等於兩線圈的匝數比（圖 3.5.4-3）。若副線圈的匝數多於原線圈，為升壓變壓器；反之，當副線圈的匝數少於原線圈時，則為降壓變壓器。因

此，只要調整線圈的匝數，即能獲得適當的電壓和電流。

在長距離的電力傳送時，必須提高電壓，以減少輸送過程中的電力損失。台灣的發電廠中發電機輸出的電壓僅為 11,000~23,000 伏特，並無高到能使電力做有效率地傳輸。因此，需利用變壓器將電壓升高至 154,000~345,000 伏特的超高壓（圖 3.5.4-4），然後經超高電壓輸電線路，沿途經變電所降壓至適合重工業、輕工業、小工廠使用的電壓，最後再傳送至都市內的電線桿上變壓器或路邊的亭置式變壓器，將電壓進一步降至一般家庭和商店使用的 110 及 220 伏特。

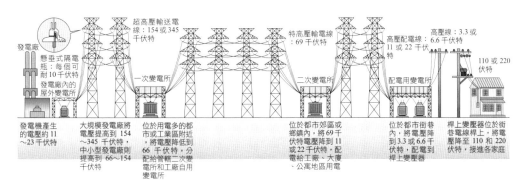

圖 3.5.4-4　電力輸送過程

3.5.5　電磁波

法拉第的「電磁感應」說明隨時間變化的磁場會產生電場，馬克士威推論隨時間而改變的電場應當也能產生磁場，於是他應用嚴謹的數學理論推斷：振盪的電荷或隨時間變化的電流，會產生變動的電磁場，而以波的形式傳送電磁能。馬克士威因此預測了電磁波的存在，並計算出真空中電磁波傳遞的速率與光速相同，所以認為光的本質即是電磁波。電磁波是一種橫波（圖 3.5.5-1），為空間中振動的電場與磁場，且電場和磁場

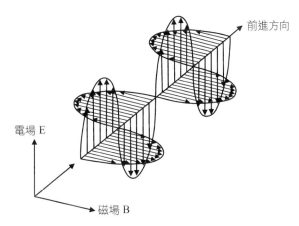

圖 3.5.5-1　電磁波的電場、磁場與行進方向的關係

圖 3.5.5-2　收發無線電波的裝置圖

的振動方向與波前進方向三者互相垂直。

　　一八八八年，赫茲利用電磁振盪的實驗，成功地發射和接收無線電波（圖3.5.5-2），首次證實了電磁波的存在。在發現無線電波的產生和傳播後，人們隨即想到利用無線電來通訊。一八九五年，義大利工程師馬可尼發明無線電報系統，他以一組長導線與金屬板來發射和接收無線電波，此可算是最早的天線；並於一九○一年，首度從英格蘭以無線電報將訊號傳送至大西洋彼岸，從而引領人們走入無線電通訊的新時代。

六、電子世界

　　二十世紀人類文明最重大的成就，莫過於半導體的發明與應用，電子技術的進步造就了現代資訊電子社會。自從一九四七年，電晶體的發明取代了真空管，促進了電子工業的發展後；旋即更由於積體電路的演進，使機器生產得以自動化，通訊更為便捷且多樣化，對人類生活的各個層面均產生了深遠的影響。

3.6.1　半導體

　　半導體材料的導電性介於導體和絕緣體之間，主要為週期表 IV 族的元素半導體、III-V 族和 II-VI 族的化合物半導體。目前半導體材料以矽為主，而某些化合物半導體由於具特殊光電性質，常應用於光電元件中，如發光二極體、雷射二極體及微波元件。半導體僅具有少量自由電子，經由熱運動或是外加電場的作用，可使部分價電子脫離原子，而留下帶正電的「電洞」，兩者運動方向相反。半導體即是藉由自由電子和電洞，這兩種帶電載子來傳導電流。因此，半導體在加熱或光照時，導電率會增加。在半導體中摻入雜質的過程，稱為「摻雜」，如此可以大為提高半導體的導電性；純半導體經過摻雜後，可分為 N 型半導體和 P 型半導體（圖 3.6.1-1）。

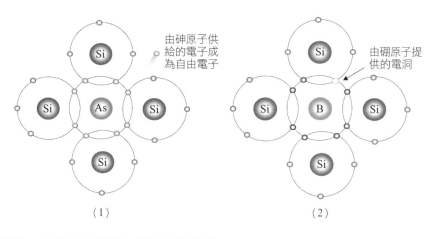

圖 3.6.1-1 （1）N 型半導體（2）P 型半導體

（一）N 型半導體

若在矽晶中摻入五價元素，如砷、磷等雜質時，由於五價的雜質與矽形成共價鍵僅需提供四個電子，每個雜質原子會多出一個自由電子，因而導電性增加。因為雜質原子提供了額外的自由電子，故稱此雜質為施體。由於多數載子為帶負電的電子，所以稱此類半導體為「N 型半導體」。

（二）P 型半導體

若在矽晶中摻入三價元素，如硼、鎵等雜質時，部分矽原子會被三價雜質原子取代，而產生了電洞。由於雜質原子可接受其他的價電子，故稱為受體。此類半導體中，帶正電的電洞為主要載子，所以稱之為「P 型半導體」。

3.6.2 二極體和電晶體

由於人們對電子行為與性質的了解，導致了許多電子元件的誕生。一九〇六年，美國科學家德福雷斯特（Lee de Forest, 1873~1961）發明了能夠放大無線電波訊號的「三極真空管」（圖3.6.2-1），因而產生了廣播、電視，和電話等遠程通訊；到了四〇年代，甚至出現了真空管電子計算機。真空管的特性質脆易

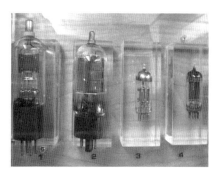

圖 3.6.2-1 真空管

碎、體積大、不穩定、耗電高、效率低，以及發熱量大，電子技術的發展因而受到限制。直至一九四七年，貝爾實驗室發明了電晶體，迅速取代了真空管。微小的電晶體徹底改變了電子電路的結構，因其體積小且發熱少，促使所有電子產品小型化，如小型電晶體彩色電視機、電子計算機、收音機、助聽器和衛星等等裝置複雜的電路成為可能。

（一）二極體

將 P 型半導體和 N 型半導體接合後，便能形成只讓單向流通的二極體（圖 3.6.2-2）。此時，在 P-N 接面附近，P 型區的部分電洞會移往 N 型區，而 N 型區的電子也會進入 P 型區；造成接面處的 P 型半導體變成負離子，而 N 型半導體變成正離子，因而阻止了電子和電洞繼續結合；導致在接面處形成了沒有電流載子，只有離子的區域，稱為「空乏區」，因而構成了位能障壁。

1. **順向偏壓**：當施加順向偏壓於二極體，也就是 P 型端的電壓高於 N 型端時，將使空乏區的電場降低，且寬度減小。N 型區的電子會移往 P 型區，P 型區的電洞也會進入 N 型區，而形成了電流（圖 3.6.2-3）。電流與電壓之間並非線性的關係，偏壓克服位能障壁（臨界值）後，電流會隨著偏壓的增加迅速增大。

2. **逆向偏壓**：相反地，當二極體為逆向偏壓時，外加電壓將使空乏區的電場與寬度變大，電洞和電流因而無法越過接面，故

圖 3.6.2-2　二極體及其電路符號

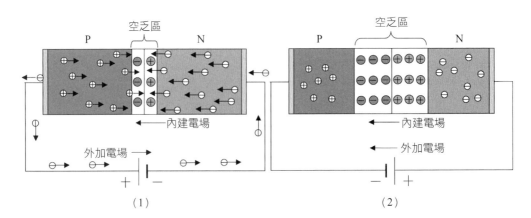

（1）　　　　　　　　　　　　（2）

圖 3.6.2-3　二極體在（1）順向偏壓時（2）逆向偏壓時

無電流產生；但因半導體內有濃度相當低
的少數載子逆向運動，所以仍會有一極小
的逆向電流存在。若所施加的電壓過大，
則會發生崩潰現象，導致逆向電流迅速增
大，二極體於是無法正常工作（圖
3.6.2-4）。

　　二極體順向偏壓的臨界值，視材料而
定，一般約為 0.7 伏特。由於二極體具有
單向導通的特性，主要用於整流，將交流
電轉變為直流電（圖 3.6.2-5）。除了整流

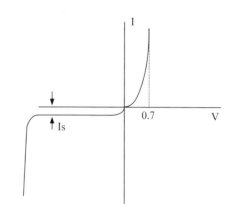

圖 3.6.2-4　二極體的電流-電壓特性曲線

二極體外，還有許多不同應用的特殊二極體，如稽納二極體、蕭特基二極體、變
容二極體、透納二極體、發光二極體、光二極體等。

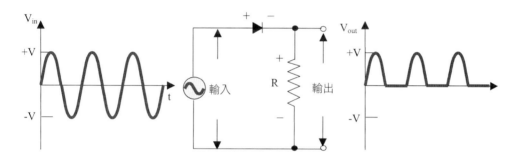

圖 3.6.2-5　二極體具有整流的功能，能將交流電轉變為直流電

（二）電晶體

　　電晶體是具有放大訊號和開關
功能的半導體元件（圖 3.6.2-6），
依其結構可分成雙極接面電晶體和
場效電晶體兩種，兩者具有類似的
功能，但構造和原理不同；前者是
以電流來控制電流，後者則以電壓
來控制電流。

　　1. 雙極接面電晶體（BJT）：

（1）　　　　　　　　　（2）

**圖 3.6.2-6　（1）第一個電晶體模型（1947 年）
（2）電晶體**

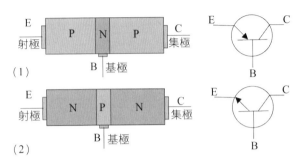

圖 3.6.2-7　BJT 及其電路符號：（1）PNP 型（2）
NPN 型

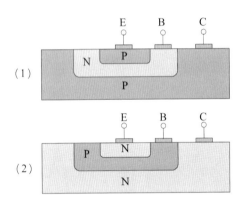

圖 3.6.2-8　BJT 的剖面圖：（1）PNP 型
（2）NPN 型

「雙極」是指此類電晶體中電子和電洞均參與電流的傳導，可視為兩個二極體之組合，有 PNP 與 NPN 兩種型式（圖 3.6.2-7），兩者動作相似。BJT 具有三個端點，分別為射極（E）、基極（B），以及集極（C）（圖 3.6.2-8）；基極區的厚度極薄、雜質濃度很低，射極區的雜質濃度則高於集極。以 PNP 型為例（圖 3.6.2-9），正常情況下時的射-基接面為順向偏壓、基-集接面為逆向偏壓，射-基間的順向偏壓使 BE 空乏區變窄，因而射極區的電洞越過 BE 接面並擴散至基極區，形成電流 I_E。之後，大量的電洞在基極與少量的電子結合，形成電流 I_B；而其餘的大部分電洞則越過 BC 空乏區，由集極流出，形成電流 I_C

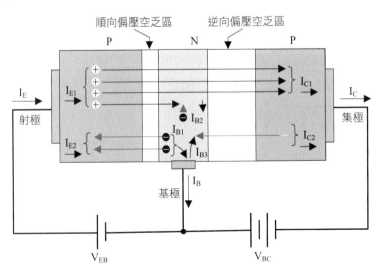

圖 3.6.2-9　PNP-BJT 的工作原理

（圖 3.6.2-10）。$I_E = I_B +$
I_C，且 $I_B \ll I_C$，所以 $I_E \sim$
I_C。電晶體在電路連接上，
通常是以射極為共點或接地
端，稱為共射極組態（圖
3.6.2-11），此時的電路具
有放大電流作用，其電流增
益 $\beta = I_C / I_B$，典型 β 的值在
20~200 左右。若射-基接面
的順向偏壓很小時，電晶體
幾乎無電流導通，如同斷
路，因此具有開關功能（圖 3.6.2-12）。

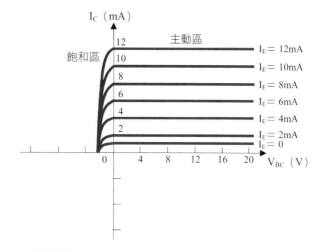

圖 3.6.2-10　PNP-BJT 的 $I_C - V_{BC}$ 特性曲線

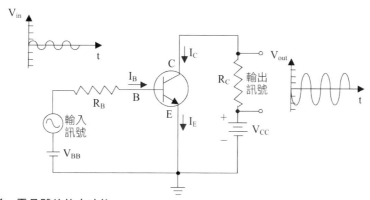

圖 3.6.2-11　電晶體的放大功能

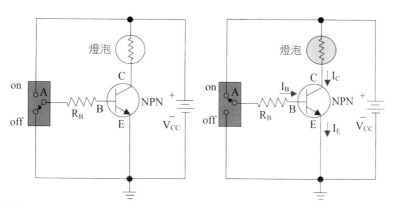

圖 3.6.2-12　電晶體的開關功能

2. **場效電晶體**（FET）：為單極性電晶體，僅利用電子或電洞其中一種來工作。場效電晶體是以電場來控制放大作用，依產生場效機制的不同，分為接面場效電晶體（JFET）和金氧半場效電晶體（MOSFET）。JFET（圖 3.6.2-13）有三個端點，分別為源極（S）、汲極（D）及閘極（G）；載子由源極經半導體通道至汲極，因而有 N 型通道及 P 型通道。JFET 通常利用閘-源極 PN 接面逆向偏壓來工作（圖 3.6.2-14），此時，會在 N 型通道中產生空乏區，且通道中的電阻亦會增加；變化偏壓大小可以控制空乏區厚度，進而改變通道的電阻，如此便可控制汲極電流 I_D 的大小。與 JFET 不同之處，就在於 MOSFET 沒有 PN 接合面，而

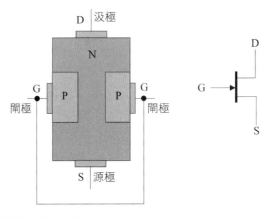

圖 3.6.2-13 N-JFET 及其電路符號

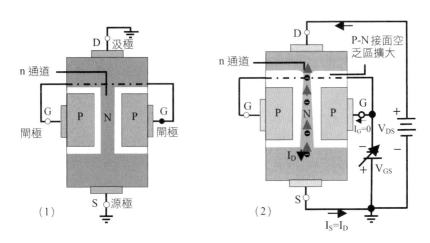

圖 3.6.2-14 N-JFET 的工作原理：（1）當汲極和源極之間的電位差為零時，通道上無電流產生；（2）當汲極和源極之間的電位差為 V_{DS} 時，驅動通道上的自由電子而形成電流 I_D

以二氧化矽絕緣層將金屬閘極與半導體隔開（圖 3.6.2-15）；典型的 MOSFET 具有四個端點，分別為源極、閘極、汲極和基底（B），通常基底在內部以導線連通源極 S。當施加電壓於閘極時，氧化層猶如電容平行板而感應出 N 型電子或 P 型電洞，此時若源極與汲極加上偏壓，則通道兩邊形成電場，此電場大小可改變源極與汲極間電子或電洞通道的載子濃度，進而控制汲極電流 I_D 值（圖 3.6.2-16）。

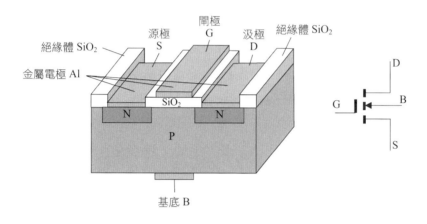

圖 3.6.2-15　NMOS 及其電路符號

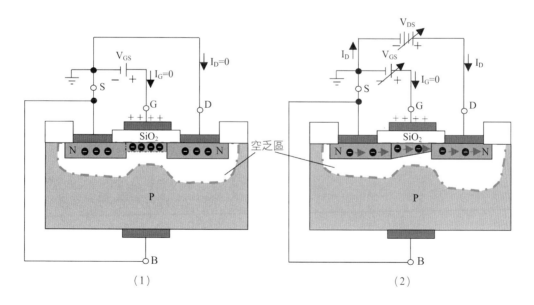

圖 3.6.2-16　NMOS 的工作原理：（1）閘極帶正電時，電子積聚於 SiO_2 下方，而形成通道，但因 $V_{DS}=0$，所以 I_D 為零；（2）源極與汲極加上偏壓 V_{DS} 形成 I_D

3.6.3 積體電路

積體電路（Integrated Circuits，簡稱 IC）是將大量的電子元件，如電晶體、二極體、電阻、電容、電感，及相互間的接線等，以微電子技術集積於如指甲般大小的矽晶片上（圖 3.6.3-1），形成完整的邏輯電路，以達成自動控制、運算、記憶或輸出等功能，為人類處理各種事物。

一般積體電路的製造流程，主要有三個部分（圖 3.6.3-2）：

1. **製備矽晶圓**：通常，晶圓製造廠會先將多晶矽原料熔解後，再利用矽晶種慢慢拉出單晶的矽晶棒。長成的圓柱形矽晶棒先切片，再經機械研磨、拋光，即成為

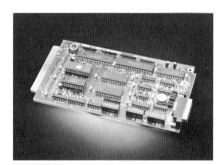

圖 3.6.3-1　IC 外觀

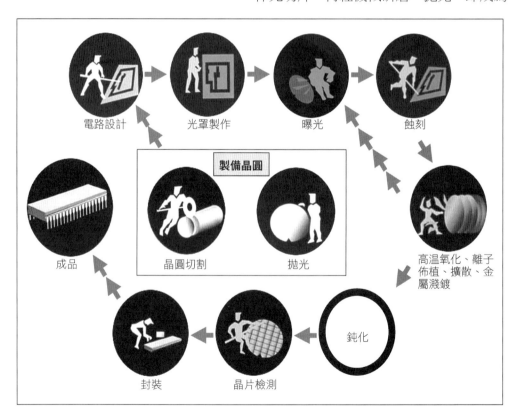

電路設計　　光罩製作　　曝光　　蝕刻

製備晶圓

晶圓切割　　拋光

成品

封裝　　晶片檢測　　鈍化

高溫氧化、離子佈植、擴散、金屬濺鍍

圖 3.6.3-2　IC 製造流程

積體電路基底的晶圓片。

2. **晶圓製造**：晶圓在經過適當清洗後，先在晶圓上以加熱氧化方式，成長二氧化矽薄膜；緊接著再以化學氣相沉積的方式沉積氮化矽（Si_3N_4）絕緣層於二氧化矽上。之後，進行微影蝕刻以形成電路圖形；在晶圓上塗佈光阻層後，進行光阻的曝光和顯影。將光罩上設計好的電路圖形轉換到光阻下的薄膜層或矽晶上，接著利用蝕刻技術將未被光阻保護的氮化矽層加以除去，留下的就是所需要的線路圖部分。然後是經離子佈植和擴散方式，將雜質摻入晶圓中的特定區域，形成 P 型和 N 型半導體；熱處理後，再以無機溶液將光阻去除。最後，進行金屬化程序，製作金屬接面與連線，以便將各元件加以連接，然後再進行 IC 檢測。

3. **切割與封裝**：檢測合格的晶片（圖 3.6.3-3）自晶圓上切割下來，再將各晶片焊黏於電路基板，然後分別進行打線、封裝與測試。

IC 為半導體工業的主流，具有成本低、效能高、耗電少、體積超微小，及用途廣等特點，因而微電子產品在現代生活中，舉凡民生家電、資訊設備、醫療，及工業儀器等等，可謂無所不在。自從一九五八年成功開發全球第一顆 IC 之後，各式 IC 迅速演進，在短短四十餘年間，由包含數十個電晶體的小型積體電路（SSI）起，一路發展 MSI、LSI、VLSI、ULSI，到目前每顆 IC 已經是可容納上億個電晶體的極大型積體電路（GLSI），這種發展速度是其他科技領域無法比擬的。

圖 3.6.3-3　矽晶圓片

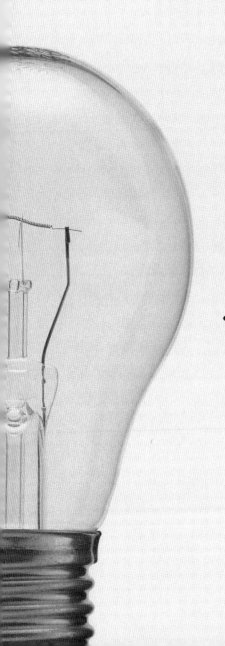

第四章

聲光環境

人們對於周遭環境的諸多體驗,是透過聲音和光而來的。此二者是特殊形態的能,它們雖各具特性,然同屬波動,均具有波的性質。自然界中充滿各種聲音,如蟲鳴鳥啼、海浪拍岸、風聲雷鳴,讓我們感受到宇宙萬物的生生不息。而如果沒有光,世界將是一片漆黑,我們便無法感覺到大千世界的形形色色,是如此精采動人。

一、聲波

平時人們所說的聲音，從物理上來說，指的就是聲波。聲波本質上是一種機械縱波，經由周遭介質的傳遞，進入人耳引起聽覺的振動。人類聽覺可以感受到的振動，其強弱與頻率有一定的範圍。頻率超過人的聽覺上限的聲波，即為超音波。超音波因其特有的性質，應用甚為廣泛。

4.1.1　聲音的產生

聲音是由於物體的振動所造成。聲源振動時，會使介質分子受到擾動，因而在其平衡位置附近作振盪運動；此種振盪運動在介質中傳遞時會引起波動，因此稱為「聲波」。聲波具有能量，必須經由介質才能傳遞，是屬於力學波（或稱為機械波）的一種。聲波在空氣中傳播時，造成空氣的密度與壓力的微幅變化，形成疏密相間的「疏密波」（圖4.1.1-1），疏部的壓力小，密部的壓力大。而空氣分子的運動方向與波的前進方向互相平行，因此是屬於「縱波」。

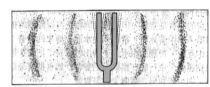

圖4.1.1-1　聲音是疏密波

聲音經由外耳道傳入，空氣壓力的變化引發鼓膜振動（圖4.1.1-2），此振動經由中耳的鎚骨、砧骨、鐙骨的槓桿作用放大，再傳至內耳的耳蝸，藉由其內的液體振動，刺激耳底膜上的神經，將訊息傳至大腦，進而產生聽覺。

能引起人類聽覺的聲波，強度範圍在空氣介質中約為 10^{-12}~$1W/m^2$，而頻率範圍為 20~20,000 赫茲（Hz）（圖4.1.1-3）。低於20Hz及高於 20,000Hz 的聲波，人耳無法聽到，分別稱為次音波與超音波。舉凡火山爆發、地震、大水湍流，和雷暴等自然現象，還有某些動

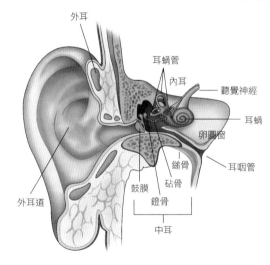

圖4.1.1-2　產生聽覺的過程

外耳

耳蝸管

內耳

聽覺神經

耳蝸

卵圓窗

鎚骨

耳咽管

砧骨

鼓膜

鐙骨

外耳道

中耳

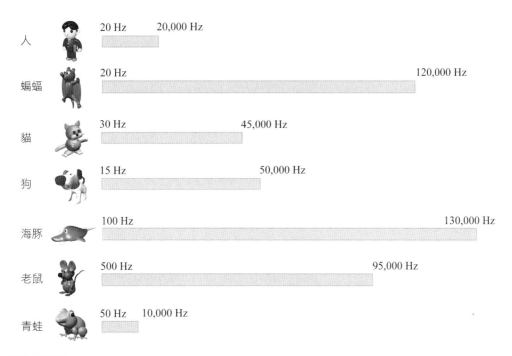

人	20 Hz	20,000 Hz
蝙蝠	20 Hz	120,000 Hz
貓	30 Hz	45,000 Hz
狗	15 Hz	50,000 Hz
海豚	100 Hz	130,000 Hz
老鼠	500 Hz	95,000 Hz
青蛙	50 Hz	10,000 Hz

圖 4.1.1-3　各種動物的聽覺範圍（單位為 Hz）

物，如鯨魚、大象（圖 4.1.1-4），都會發出次音波。雖然次音波不會引起人耳的聽覺，但是次音波的頻率與人體各器官的固有頻率相近；因此，次音波作用於人體時，人體器官容易發生共振，而引起人體功能混亂、血壓上升、頭痛欲裂、噁心難受，稱為「次音波污染」。

圖 4.1.1-4　大象可發出次音波

4.1.2　超音波的應用

　　超音波為振動頻率超過 20,000Hz 的聲波。許多動物能聽見和發出超音波，如海豚可利用超音波來彼此溝通、探測魚群或水中障礙物的位置；又如夜間飛翔的蝙蝠會發出高頻率的超音波，使其具有極佳的「回聲定位」能力（圖 4.1.2-1），這種能力讓蝙蝠能掌握周遭

圖 4.1.2-1　蝙蝠利用回聲定位得知獵物的位置

環境的精確圖像。超音波由於頻率高、波長極短，可以聚集成狹小的發射線束，因而傳播時有如光束般直線前進的特性，並且遇到體積小的物體時也較容易被反射。這就是超音波對蝙蝠和海豚極重要的原因所在；它使蝙蝠能在黑暗中「看見」，使海豚可在海底找到其路徑。以外，超音波還能傳遞很強的能量、穿透力高、和於異質界面的反射現象等。基於多種優異的性質，使得超音波有著廣泛的用途，茲說明如下：

圖 4.1.2-2　船隻以聲納探測沉船的位置

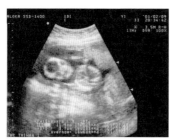

圖 4.1.2-3　利用超音波檢查孕婦腹中的胎兒

（一）聲納

　　人們根據蝙蝠的「回聲定位」原理，發明了聲納探測器（圖4.1.2-2），也稱為「聲波雷達」，用以探測冰山、魚群、沉船、潛艇的位置，以及測量海水深度。船隻或潛水艇的聲納裝置先向海底發射超音波，超音波遇到障礙物會反射回來；再由另一組儀器接收和分析這些回音，從而得知整個海床的面貌。

（二）醫學診斷與治療

　　超音波掃描可以避免 X 射線照射對人體組織的傷害，因而常被應用在醫學上。掃描器將超音波傳送入人體，由於超音波傳至密度不同的組織交界處時會反射；反射波的強弱對比可以反應組織的差異，並產生相對應的醫學影像，而能用來安全地檢查胎兒狀況及人體腫瘤分布（圖4.1.2-3）。「超音波碎石機」則是利用聚焦高能量的超音波脈衝，來震碎體內結石；而健康的柔軟組織並不會共振，所以不受超音波影響。此外，超音波通過人體時造成的機械作用和溫熱作用，能軟化組織、增強滲透、提高代謝、促進血液迴圈、刺激神經系統及細胞功能，可以對一些病痛組織發揮物理治療的效果。

（三）工業與民生應用

　　「超音波洗淨技術」係利用高頻率的超音波所攜帶的強大振動能，在洗淨液中，將黏附在鐘錶、珠寶、鏡片、光學儀器、攝影器材、電子元件等構造精密或脆弱易碎之物體上的髒污去除；此種技術洗淨速度快、清潔效果佳、有殺菌效果，而且不會接觸或損傷物體表面。另外，由於超音波穿透力高和遇到雜質或異質界面有顯著的反射，所以根據超音波回聲可以探測機器零件內部的缺陷，而不損傷零件，例如可用於偵測核子反應爐中極細微的裂縫、飛機上重要零件的瑕疵等。工業上還利用超音波能量強而且集中的特性，來切割、焊接、鑽孔等，以及用以促進化學反應的進行。

4.1.3　聲波的強度

　　聲波的強度（I）或響度指的是聲波的能量流密度，也就是在垂直於聲波進行方向的平面上，每秒所通過單位面積的聲波能量，單位為 W/m^2。聲波的能量和振幅的平方及頻率的平方之乘積成正比；也就是說，當振幅和頻率均變為原來的兩倍時，聲能會變成原來的十六倍。由於能引起人耳聽覺的聲強範圍介於 10^{-12} ~1 W/m^2 之間，數量級相差很大；因此，對一強度為 I 的聲波，以聽覺下限的強度 I_0（10^{-12} W/m^2）作為強度的零值，其聲音的強度級以相對強度 I/I_0 的對數來表示：

$$L = \log \left(\frac{I}{I_0} \right)$$

　　科學家為了紀念發明電話的美國發明家貝爾，使用「貝」（B）來作為聲音強度級的單位；由於貝的單位太大，通常採用 0.1 貝，即分貝（dB）為單位。它表示聲音相對強度，同時也是音量的量度單位。分貝定義為：

$$\eta = 10 \log \left(\frac{I}{I_0} \right)$$

　　0 分貝是人耳的聽覺強度下限，10 分貝的聲音強度是 0 分貝時的十倍；20 分貝的聲音強度是 10 分貝時的十倍，也就是 0 分貝時的一百倍。120 分貝的聲音強度 I = 1 W/m^2，為聽覺的上限，超過此值的聲音就會造成耳朵巨痛和失聰。

二、聲音的傳播

聲音的傳播必須藉由物質分子的振動，固體、液體與氣體都能作為傳聲的介質，其中以固體中的音速最快。聲音在行進的過程中，會受到周圍環境的影響，而發生反射、折射、干涉、繞射，和共振的現象。

4.2.1 音速

圖 4.2.1-1　將玻璃瓶抽真空後，則無法聽見鬧鐘的聲音

聲音需要經由介質才能傳播，在真空中是無法聽見聲音的（圖 4.2.1-1）。除了空氣以外，聲音也能在其他具有彈性的氣體、液體和固體中傳播。不同介質因其性質不同，如密度、彈性，和溫度等，使得聲音在其中有不同的傳播速率。

（一）聲音在介質中的速率

在相同的彈性介質中，聲音以固定的速率傳遞，介質的溫度愈高則音速愈快。以空氣為例，空氣中的音速與當時的溫度、溼度，及風速都有關係。在乾燥無風的空氣中，0℃時的音速約為 331m/s；溫度每升降 1℃，音速會增減 0.6m/s。則在 t℃時，音速 v（m/s）為

$$v = 331 + 0.6t$$

一般而言，在不同的傳播介質中，聲音通過固體時音速最快，其次是液體，最慢是氣體（表 4.2.1-1）。由於固體和液體中的分子靠得緊密，彈性較大，所以傳遞聲音較空氣迅速。例如在 20℃時，空氣中的音速為 343 m/s，而純水中為 1,486m/s，鋁中則為 5,000m/s。

表 4.2.1-1　聲音在不同介質中的速率（20℃時）

介質	音速（m/s）
空氣	343
純水	1,486
海水	1,520
玻璃	5,170
鋁	5,000
鋼	5,200

（二）音爆

　　若物體移動的速率超過當時空氣中的音速，則稱為「超音速」。當飛機以接近音速運動時，聲波在其前方堆疊，形成「聲波屏障」。在飛機突破聲障以超音速飛行後，追上本身發出的聲波，飛機後方出現的機頭波與尾波，形成圓錐形，而飛機則位於此圓錐的頂點；巨大的聲能壓縮在此區域中，產生震波或衝擊波。當超音速飛機朝觀察者飛來時，觀察者聽不見飛機傳來的聲音；但在它飛過後，其震波經過空氣中，壓迫空氣掃而過；當傳至人耳時，會感受到爆裂般的巨響，稱為「音爆」。若震波襲擊地面的建築物，將會粉碎門窗的玻璃。除了超音速噴射機會產生音爆外，有時快速揮舞竹子或鞭子時，所造成的霹啪聲響，也是因為竹子和鞭子移動得比音速快，所造成的音爆現象。

　　馬赫數是以音速來表示飛行器的速率，亦即飛行速率與音速的比值；而馬赫角（θ）則是指圓錐形震波與飛機飛行路線的夾角（圖 4.2.1-2）。馬赫數愈高，則馬赫角愈小，出現的音爆威力也就愈大。除了協和號外，所有客機都比音速慢。協和號是以 2 馬赫的速率飛行，也就是飛行速率是音速的兩倍。二十世紀六〇年代由於超音速戰鬥機的發明，航空發展跨入新時代。一九六九年，英國與法國聯手製造的協和客機首次試飛成功，從此擺脫了音速的限制，被視為是最高科技的客機。然而自從一九七六年協和號進入國際民用航空市場以來，由於其嚴重的噪音、耗油量大和高污染的致命傷，終於在載客飛行二十七年後，正式走入了歷史（圖 4.2.1-3）。

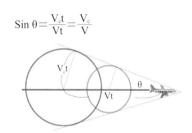

$$Sin\ \theta = \frac{V_c t}{V t} = \frac{V_c}{V}$$

圖 4.2.1-2　超音速的震波與馬赫角θ（V_c 表示光速，V 則為飛行速率）

圖 4.2.1-3　由於音爆的噪音、耗油量大和高污染，超音速協和號飛機已走入歷史

4.2.2　聲音的反射與吸收

　　聲音在遇到障礙物時，有部分會被反射折回，其餘則被物體吸收。「回音」就是經過反射而傳送回來的聲音，例如轟隆的雷聲不絕於耳，是因為雷聲在地

面、群山、雲層間多次反射的結果；或者，在空曠的地方、洞穴或山谷大喊，可以聽見回聲，這也是聲音碰到障礙物被反彈回來的現象。

聲音遇到障礙物，會傳送回來形成回音，那為何我們平常講話卻聽不見回音呢？那是因為耳朵要能分辨出原音與回音，兩種聲音必須間隔 0.1 秒以上，也就是聲源與障礙物的距離得在 17 公尺以上，才可聽到清晰的回聲；平常在室內說話時，與障礙物之間的距離並不夠遠，所以不易察覺回音的存在。同樣的，測得回音與原音的時間間隔，也可以計算出聲源與物體的距離。蝙蝠即是藉由反射回來的超音波，以避開障礙物；聲納探測器亦是運用回聲返回所經的時間，來探測船隻、魚群和暗礁的位置。

聲音碰到光滑堅硬的表面容易反射，就像水泥地將橡皮球彈開一般；而鬆軟多孔的表面容易吸收聲音，如同泥土吸收打在其上之球的動能。為什麼在浴室唱歌會特別圓潤好聽呢？正是因為聲音被浴室中光滑又堅硬的牆壁反射所造成的。錄音室、播音室的地毯和隔音板等，都是絕佳的吸音材料；一方面可防止外來的雜音，一方面還能減少回音，使傳播出去的聲音清晰。

在建築物中，聲音與其回音造成的效果稱為「音響效果」。在大型的建築物中，似乎到處都有回音；持續的回音，產生了交混回響。在音樂廳中，回音的控制很重要，如果沒有足夠的交混回響，則音樂會顯得單調無活力（圖 4.2.2-1）；然而，太多的交混回響，又會顯得雜亂。高懸的天花板和有稜角的包廂，有助於將聲音反射向聽眾；而設計師也巧妙的使用與布幕作用類似的吸音材料，來吸收過多的交混回響。在設計絕佳的音樂廳裡，往往在樂團停止演奏後，還能聽到餘音繞樑，其實就是運用回音創造出最好的音效。

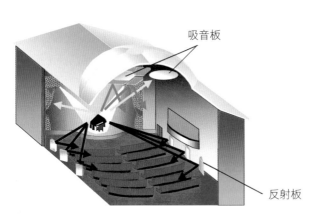

吸音板

反射板

圖 4.2.2-1　音樂廳的舞台上方與兩側常安裝反射板，將舞台的聲音反射至觀眾席；而布幕與前方的吸音板，則能吸收聲音，以減少交混回響

4.2.3 聲音的折射

在均勻且靜止的介質中,聲音以等速率往各方向傳播。但若介質不均勻,或是在不同的介質中傳遞時,由於音速產生變化,而使聲音傳播方向發生偏折的現象,稱為聲音的折射。

夜晚或清晨時,由於靠近地面的空氣比上空冷,音速較慢,使得聲波在行進時,會往下偏折,而能聽到遠方折射而來的聲音,所以聲音傳得比較遠。唐詩中「姑蘇城外寒山寺,夜半鐘聲到客船」,就是最佳的寫照。相反的,到了白天,地面由於日照的關係,溫度比上空高,音速較快,所以聲音在前進時往上偏折;這時,即使有悠揚的鐘聲,也不會飄到船上來(圖 4.2.3-1)。

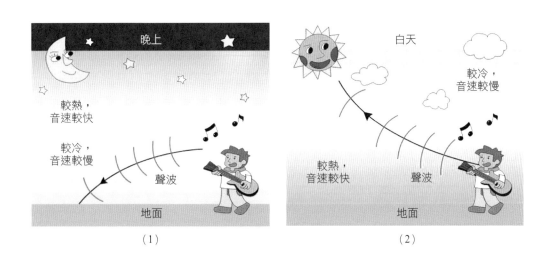

圖 4.2.3-1 (1)夜晚時,聲音由於往下偏折而傳得遠(2)白天時,聲音往上偏折

4.2.4 聲音的干涉與繞射

兩同頻率聲波相遇時,會產生重疊,可能振幅增加而使聲音變大,也可能是振幅相消,使聲音減弱甚或消失。此種兩聲波互相影響的現象,稱為「聲音的干涉」,前者為建設性干涉,後者是破壞性干涉。聲音的干涉通常只能在特定的情況下發生,不是常見的現象。例如大廳中若有一處發音,此音與牆壁的反射音互相干涉的結果,可使大廳中某些地方聽起來特別響,而有些地方卻聽不到聲音。

又如許多滅音器，實際上就是利用聲音的干涉原理製成的。

　　聲音會繞過障礙物，而不沿直線傳播的現象，稱為「聲音的繞射」。波長愈長的波，繞射情況愈明顯。由於聲音的波長在 1.7mm~17m 之間，碰到與其波長尺寸相近的障礙物，很容易發生繞射。所謂「隔牆有耳」，主要就是因為聲音經由門窗繞射而來；而「餘音繞樑」除了是聲音的反射所造成的，也與聲音的繞射有關。

4.2.5　都卜勒效應

圖 4.2.5-1　在急馳的警車前方之觀察者，會由於都卜勒效應而感覺警車鳴笛聲的頻率變高

　　當火車、救護車或警車朝我們疾馳而來時，所發出的鳴笛聲，其音調會變高；而當車子揚長而去時，音調又會變低（圖 4.2.5-1）。這是由於聲源相對於觀察者的運動，會使得觀察者所接收到的聲波頻率產生變化，與聲源實際所發出的不同，稱為「都卜勒效應」。此現象是由奧地利物理學家都卜勒（Christian Johann Doppler, 1803~1853）於一八四二年首次提出。

　　在聲源靠近觀察者時，聲源前方的聲波被集攏，波長於是較靜止時短，因而使得觀察者感覺頻率變高了。反之，若聲源遠離觀察者，則在聲源後方的聲波被拉長，波長因較靜止時長，於是觀察者感覺頻率降低。

　　不僅聲波具有都卜勒效應，光波也有這種效應。公路上的車速偵測器即是利用都卜勒效應而設計。當偵測器發出的雷達波遇到行進中的車輛時，會產生反射波；而反射波訊號的頻率，由於都卜勒效應，會隨車子速度而改變。所以可以從反射波的頻率測得車子的速度，而確定車子是否超速。另外，運動中的星體所發出的光波，也會因都卜勒效應而產生頻移，天文學家就是利用此訊息來得知星體與地球的相對速度。

4.2.6　共振

　　大多數的物體都能振動，而所有能振動的物體都有其固有的自然頻率。換言之，如果物體能夠自由振動，則它會永遠以此頻率振動。當外界傳入的振動頻率

與物體的自然振動頻率相當時，物體會擷取外界振動的能量，開始同步振動，或振動體的振動幅度會加劇，此現象稱為「共振」（圖 4.2.6-1）。

當飛機掠過上空時，有些玻璃門窗會發出振動的聲音，這是由於玻璃門窗的自然振動頻率，與飛機所產生的聲波之振動頻率相當所造成的共振現象。另外，大地震時，有些建築物的自然振動頻率與地震波的頻率接近，所以使其因共振作用，而嚴重受損。再以盪鞦韆為例，若能依照鞦韆的自然頻率，

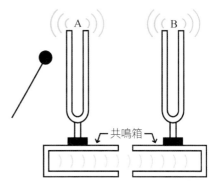

圖 4.2.6-1　A 和 B 為兩相同音叉；當敲擊 A 音叉時，B 會因共振作用而發出聲音

合拍地推出去，鞦韆會愈盪愈高，這也是共振原理。聲樂家在演唱中，震碎了玻璃酒杯，亦是因為發出的音調頻率與酒杯的自然頻率相當所導致。又如，軍隊經過橋樑時，為免引起整齊的步伐與大橋產生共振，必須以碎步行走。

共振在日常生活中有許多方面的應用，如超音波碎石機，是利用超音波與結石的自然頻率相同，而將結石震碎。微波爐加熱或煮熟食物的原理，也是利用爐中的微波與食物裡的水分子產生共振，以吸收微波所攜帶的能量。現代醫療常以核磁共振技術，來診斷病情。音叉的振動頻率單純而固定，常被用來和其他樂器產生共振，以調整樂器的音高，此種發聲體的共振稱為「共鳴」。大多數的樂器都擁有共鳴箱，在於藉由共振作用，使聲音擴大。弦樂器透過弦的振動與音箱內的空氣產生共振，管樂器則借助吹進管中的空氣和管內的空氣產生共振，來發出聲音。

三、多變的聲音

在我們的生活中充斥著各種聲音，每聽到一種聲音，耳朵都會感覺到它的音調、音品和音量。樂音是由基音和泛音和諧地組合在一起，令人賞心悅耳；若基音與泛音完全不和諧地組合，則會造成令人刺耳的噪音。

4.3.1 聲音三要素

每種聲音都不一樣，女高音華麗、男低音雄渾、童音較尖細，各有特色。因此，決定聲音的特質，有三大要素：音調、音品和音量。

（一）音調

音調亦稱為音頻，是指聲音的高低，由聲波的頻率所決定（圖4.3.1-1）。聲波的頻率為聲波每秒的振動次數，單位是 Hz。聲波的頻率與波長成反比，頻率高者，波長短，會產生高音調的聲音；反之，低頻率的聲音，則波長長，而音調低。人的聲音高低決定於聲帶振動的快慢，一般人說話的聲音頻率，男性為95~142Hz，女性或兒童則為272~558Hz；聲樂中的女高音，其歌聲頻率約在2,000Hz左右。

樂器中，音調和發聲體的長短、張力，及質量有關；如弦樂器的弦張得愈緊、愈細短，則音調愈高。樂器可奏出之頻率約為20~4,000Hz，而鋼琴中央 C 音的頻率為261.6Hz。

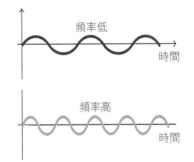

圖 4.3.1-1 聲音的高低是由聲波的頻率所決定

（二）音品

音品亦稱為音色，決定於聲波的波形。每種發音體都有其獨特的音色，也就是有不同的聲波波形（圖4.3.1-2）。此特性讓人耳能聞其聲，而得以分辨出為何種發音體所發出的聲音。很少有聲音只含單一音調，大部分的聲音是由數種頻率的聲音混合組成，稱為「複合音」，其中頻率最低的為「基音」，其餘的稱為「泛音」。也就是這些不同比例的泛音，組合成各種相異的波形，於是產生獨特的音色。一般說來，泛音的數量愈多，音色愈豐富，例如鋼琴和豎笛發出頻率同為100Hz的音，鋼琴除

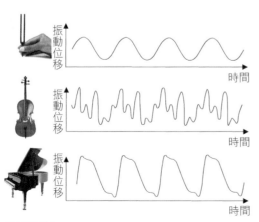

圖 4.3.1-2 各種樂器都具有獨特的波形

自然科學與生活科技概論

了 100Hz 的基音外，還有 15 個泛音，豎笛則只有 9 個。音叉只發出單一頻率的聲音，波形最為單純，基於此種發音特性，音叉常作為調音的工具。

（三）音量

音量是指聲音的強度或響度，與聲波的振幅有關（圖 4.3.1-3）。聲波的振幅愈大，則音量愈大，聲音的強度和能量也愈大；反之，聲波的振幅愈小，音量和聲能相對愈小。另外，音量也會隨著與聲源的距離增加而衰減。聲波的振幅大小可藉由示波器直接觀察；而音量的大小，則用音量計來量度，通常以「分貝」（dB）表示。分貝數是根據聲

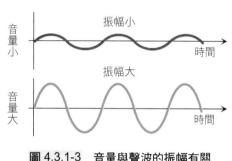

圖 4.3.1-3　音量與聲波的振幅有關

音對內耳所產生的壓力來決定，平常交談的音量約為 50 分貝左右，嘈雜的街聲約為 80 分貝，而人耳能忍受的最大音量為 120 分貝。

4.3.2　樂音和噪音

所有的聲音都是由物體振動而產生，有的聲音聽起來舒服悅耳，稱為樂音；有的聲音則聽起來刺耳嘈雜、令人心煩，稱為噪音。樂音與噪音的相異處，就在於振動的規律性。樂音的振動通常是規律地間隔發生，噪音則不是。

（一）樂音

樂音的波形呈週期性變化，是由一系列單一頻率的純音組合而成的諧波，包括基音與泛音。

1. **基音與泛音**：發音體整體振動所產生最低頻率的音為基音，其強度通常最大，因此決定了音調高低。其餘較高頻率的聲音為泛音，由於每種樂音有不同強度比例的泛音，因而使其具有獨特的音色。泛音的頻率如為基音的整數倍，則稱為「諧音」。以一條兩端固定的弦來說明，由全弦振動所產生的駐波波長最長（等於弦長），即為基音；由弦的各等分段振動所產生的音，則是一系列以弦長的 1/2、1/3、1/4……為波長的泛音，亦稱諧音（圖 4.3.2-1）。管弦樂器所發出的

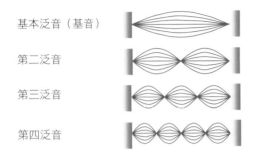

基本泛音（基音）

第二泛音

第三泛音

第四泛音

圖 4.3.2-1　弦的泛音

160

圖 4.3.2-2　管弦樂器所發出的泛音都是諧音

圖 4.3.2-3　鼓可藉由調整鼓皮的厚度與張力來改變音調

泛音，都是諧音（圖 4.3.2-2）；但打擊樂器所發出的泛音則非諧音。

2. 樂器：大部分的樂器有兩個主要組成部分，即振動體和共鳴箱。振動體用以發出聲音，而共鳴箱則可將聲音增強。按照樂器的振動發音方式，可將其分成弦樂器、管樂器和打擊樂器；其中，弦樂器和管樂器為主要的樂音來源。弦樂器是以弦的振動來發音，藉由不同的弦長和改變弦的張力，可以變換基音，如提琴、吉他、琵琶、鋼琴等。管樂器是利用吹奏或彈奏的方式，使管內空氣柱振動而發音，藉由調整嘴唇的張度和改變空氣柱的長短，來產生不同的音調，如喇叭、號、管風琴、簫、笛、薩克斯風等。打擊樂器是藉敲打或搖動，使樂器發聲，如鼓、三角鐵、鐵琴、鈸、鈴等；此類樂器通常音調較難改變，而鼓則能透過調整鼓皮的厚度和張力來改變音調（圖 4.3.2-3）。

（二）噪音

聲音的波形不規律或聲音的強度太大，會使人聽起來有聒噪、吵鬧、煩躁、震撼的感覺，如機器運轉聲、汽車喇叭聲、緊急煞車聲、炮竹爆炸聲等都是噪音。噪音令人難受不適，長時間暴露在超過 70 分貝以上的噪音環境，對人體的健康有很大的傷害；音量超過 120 分貝的噪音，甚至會使人造成永久性的聽覺損害。人雖難以生活在無聲的世界裡，但噪音對人體的危害不能不防（圖 4.3.2-4）。

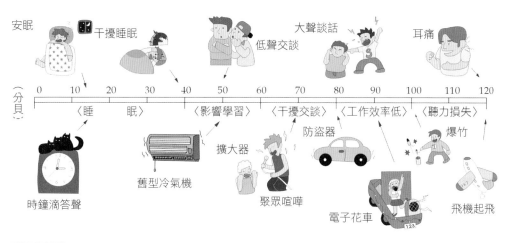

圖 4.3.2-4　噪音對人體的危害

四、光是什麼？

　　天地混沌初開之時，便與光有了關係。自古以來，無數的科學家與哲學家就已熱中於探索光的本質。從十七世紀末起，科學家開始為光的本質是微粒或波動而爭論不已。直到二十世紀初，人們終於明白光是具有微粒和波動二象性的電磁輻射；換言之，光是光波，也是光子。

4.4.1　微粒和波動

　　如果沒有光，就無法深入地認知我們身處的宇宙，光不只是我們觀看事物的媒介，更是人們藉以探討宇宙奧祕的主要憑藉。因此，光的本質自遠古時代起即已引發人們的興趣。世界上光學研究的最早文獻，出自於我國先秦時期墨翟與其弟子所著的《墨經》，當中探討了光的直進、反射、平面鏡、凹凸面鏡和成影成像等幾何光學的問題。古希臘時期，以幾何學聞名的歐幾里德，曾研究得知光有直進的性質和反射的原則，但他始終未跳脫出光是從眼睛射出，碰到物體後反射回來，才引起視覺的錯誤想法；托勒密是一位對光的折射現象進行過專題研究的人，在他的《光學》著作中，深入論述了光的折射理論。中世紀時，阿拉伯學者阿爾哈曾研究光線直進、成像、光的折射和反射、面鏡等，並提出新的視覺理論，認為光是從物體發出而到達眼睛的。十三世紀時，英國修士羅傑‧培根進行

光的折射實驗，並製作出透鏡和眼鏡。十七世紀初，伽利略發明天文望遠鏡，同一時期，荷蘭人傑生（Zachrias Jansen, 1588~1631）發明了顯微鏡，此時光學開始有了系統性研究。

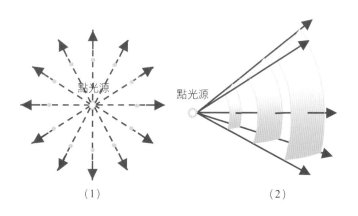

點光源　　　　　　　　　點光源

（1）　　　　　　　　（2）

圖 4.4.1-1　（1）牛頓認為光是粒子（2）海更斯認為光是波動

真正對光的本質之研究始於十七世紀末期，牛頓提出了「微粒說」，海更斯則主張「波動說」，自此展開一場長達兩百多年的論戰（圖 4.4.1-1）。牛頓認為光是由微小粒子所組成，以極速行進，從光源射出的光微粒進入眼中時，便刺激眼球而形成視覺；光微粒碰到物體後反射，好比球撞到硬的表面而彈回。此論點解釋了光以直線前進的性質，以及光遇到不透明物體時會形成陰影的原因，同時也說明了鏡子如何反射光，以及光為何能穿越真空。他並且從理論推導出反射與折射定律，但卻錯誤地預測光在水中行進的速率比空氣中快。相反的，海更斯則認為光是一種波動，好比水波和聲波。以此論點同樣能解釋光的直進、反射、折射等現象，並推斷光波在玻璃和水中的行進速率比空氣中慢。當時的科學家們陷入兩難，海更斯的波動理論能夠適切地解釋光譜的成因，卻無法清楚說明光遇障礙物成影的現象，以及光如何穿過不起波動的真空。另一方面，牛頓的理論雖能完美解釋光的直進與投影，但無法說明光譜。百年來，由於牛頓在學術界的聲望和影響力，使得「微粒說」始終居於上風。

雖然海更斯提出的證據強而有力，但支持波動說的實驗卻是在一百年後才出現。一八○一年，英國物理學家楊格在「雙狹縫實驗」中，發現了光的干涉和繞射現象，因而證明了光的波動性質。一八五○年左右，法國物理學家菲左（Armand Hippolyte Louis Fizeau, 1819~1896）和富可（Jean Bernard Leon Foucault, 1819~1868），前後分別測出光速，並測量出光在水中的速率為空氣中的四分之三。那麼，光是如何穿越真空呢？當時的科學家提出了「乙太」的存在，其為肉眼無法看見的特殊物質，在真空中由於乙太的運動使光得以前進。一八六四年，

英國物理學家<u>馬克士威</u>發表電磁波理論，推導出在真空中以光速傳播之電磁波的存在，並主張光的本質是電磁波。之後，一八八八年，德國物理學家<u>赫茲</u>以實驗證實了電磁波的存在。至此，光的「波動說」得以確立。

　　二十世紀初，物理學家對光的本質有了更多的發現。一九〇〇年，德國物理學家<u>普朗克</u>在「黑體輻射」實驗中，發現輻射是以微小的能包或量子的型態出現，因而提出 $E = h\nu$，其中 E 為能量單元，h 是普朗克常數，ν 為振動頻率。一九〇五年，<u>愛因斯坦</u>以「光子」的觀點來解釋「光電效應」，並認為光子兼具有微粒和波動二象的性質。換言之，光是微粒亦是波動（圖 4.4.1-2），它有時呈現微粒性，有時呈現波動性，端視我們從哪一個角度來觀察。至此，爭辯逾兩世紀的「微粒說」與「波動說」宣告統一。

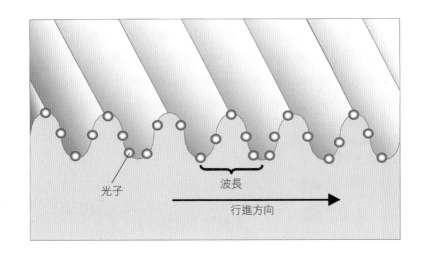

光子

波長

行進方向

圖 4.4.1-2　光是粒子也是波動

4.4.2　電磁波譜

　　現在，人們知道光其實就是電磁輻射，由於它具有波動的特性，因此也稱之為電磁波。整個電磁波的範圍稱為電磁波譜（圖 4.4.2-1），依其使用的特性，而有不同的波段名稱；按照波長的大小或頻率由低至高，依次為無線電波、微波、紅外線、可見光、紫外線、X 射線和 γ 射線。除了可見光以外，其餘的電磁波均為不可見光。電磁波的波長愈長，其頻率愈低，攜帶的能量就愈小。現代天文學藉由各波段的新型望遠鏡，來偵測太空傳來的各種電磁波，以解讀宇宙的資訊，

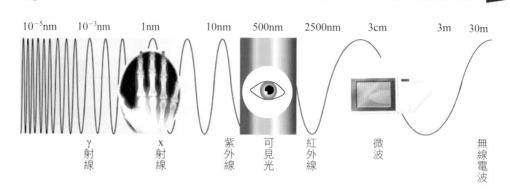

波長

10^{-5}nm　10^{-3}nm　1nm　10nm　500nm　2500nm　3cm　3m　30m

γ
射
線　　x
射
線　　紫
外
線　　可
見
光　　紅
外
線　　微
波　　無
線
電
波

圖 4.4.2-1　電磁波譜

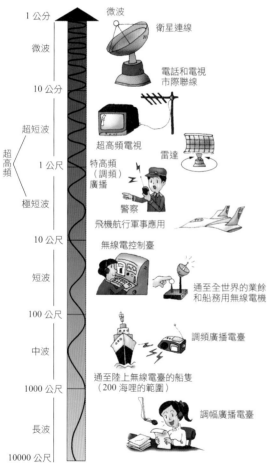

1 公分　　　　微波
　　　　　　　　衛星連線
微波
　　　　　　　　電話和電視
10 公分　　　　市際聯線
超短波
　　　　　　　　超高頻電視
超
高　1 公尺　　　雷達
頻　　　　　　　特高頻
　　　　　　　（調頻）
　　　　　　　廣播
極短波
　　　　　　　　警察
　　　　　　飛機航行軍事應用
10 公尺
　　　　　　無線電控制臺
短波
　　　　　　　　通至全世界的業餘
100 公尺　　　　和船務用無線電機
　　　　　　　　調頻廣播電臺
中波
　　　　　　通至陸上無線電臺的船隻
1000 公尺　　（200 海哩的範圍）
　　　　　　　　調幅廣播電臺
長波

10000 公尺

圖 4.4.2-2　各波段無線電波的用途

進而揭開宇宙的奧祕。來自外太空的電磁波，地球的大氣層僅留有可見光和微波波段的透明窗口，能讓可見光和微波通過；其餘的電磁波遠在它們通過大氣前，就已被吸收。

（一）無線電波

　　波長範圍約從 0.3m 至數公里以上的電磁波，其中又分為超高頻、短波、中波和長波（圖 4.4.2-2）。無線電波是波段寬且波長最長的電磁波，由於其具有不易被遮擋、折射和變頻的特性，常被用於長距離的通訊，如電視和收音機等都是各自利用不同波段的無線電波來工作。

（二）微波

微波是波長範圍從 0.1cm~30cm 的電磁波。微波常被用於短距離的通訊或遙控，如傳送雷達信號、電話通訊和電視轉播（SNG），以及電視機、冷氣機、音響等遙控器。至於微波爐所產生的電磁波（圖 4.4.2-3），是頻率 2.45 GHz、波長 12.2cm 的微波；係利用與水分子頻率相同，而產生共振，將微波的能轉換成水分子的熱，以烹煮、加熱食物。太空中充滿著低強度的微波輻射，科學家認為這些微波是宇宙創生時的大爆炸所殘留。

圖 4.4.2-3 微波爐利用微波與水分子產生共振的原理來加熱食物

（三）紅外線

紅外線為波長範圍自 780nm~0.1cm 的電磁波。一般溫度下物體所發出的熱輻射，主要是以紅外線的形式。即使在黑暗中，也能經由紅外線偵測器追蹤出物體或熱源，因此可用於自動警報器、電動門、遙控裝置和夜間攝影（圖 4.4.2-4）。紅外線具有熱作用，可用於乾燥機、暖爐和食物保溫，以及醫學的治療。由於紅外線的波長較長，不容易被雲層或空氣中的塵埃所散射，因此也運用於遙測影像，如偵測雲頂或地表溫度分布。

圖 4.4.2-4 耳溫槍、遙控器、夜視鏡都是應用紅外線偵測原理

（四）可見光

可見光為人類肉眼所能看見的電磁波，通常波長從 390nm~780nm，其波長由短至長依次為紫、靛、藍、綠、黃、橙、紅光。當物體被加熱至約 500℃，開始發出黯淡的紅光；在 2,000℃ 時，則呈現光亮的橙色；到了 5,000℃，呈現出白熾狀，同時發出可見光譜中所有的色光，就如同太陽光。人眼對波長 550nm 的綠色光最為敏感。由於可見光波段含有多種色光，以至於我們能目睹這個繽紛多彩

的花花世界。另外，可見光會和部分物質起作用，引發化學反應，因此許多酒類和部分藥品需儲存於陰暗處；而植物也藉由可見光進行光合作用，以製造養分。

（五）紫外線

紫外線的波長範圍約 5nm~390nm，是位於紫光之外的不可見光。日光中含有大量紫外線，大部分高能量的紫外線在通過大氣層時已被臭氧所吸收。少量的紫外線對人體有益，會使皮膚細胞產生維生素D，有助於骨骼和牙齒健康。太陽光中波長約 300nm 的紫外線會使皮膚曬傷或曬黑，而波長短於 300nm 的紫外線則會破壞蛋白質，造成眼睛和皮膚的病變。紫外線具有殺菌作用，許多醫療和餐飲器具都會使用紫外線來消毒（圖 4.4.2-5）。此外，某些螢光劑可吸收紫外線並轉換成可見光釋出，可用於照明設備，如螢光燈（俗稱日光燈）。

圖 4.4.2-5　紫外線殺菌烘碗機

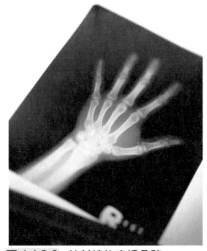

圖 4.4.2-6　X 射線能穿透骨骼

（六）X 射線

X 射線的波長約 0.01nm~5nm，是一種穿透力很強的電磁波，通常是以高速電子撞擊金屬靶，使原子的內層電子發生能階躍遷時所產生。由於 X 射線具有穿透作用的性質，可用於牙齒和骨骼的醫療診斷（圖 4.4.2-6），以及工業材料的缺陷檢驗。另外，X 射線能游離氣體，還能使螢光礦物產生螢光。X 射線也會破壞細胞和刺激細胞，因此可藉由照射的方式來治療癌症以及改良農作物。此外，利用 X 射線照射在結晶體上所呈現的繞射與干涉現象，可進行結晶構造的研究。

（七）γ 射線

γ 射線為波長低於 0.01nm 的電磁波，主要由放射性物質輻射所產生。γ

自然科學與生活科技概論

射線攜帶強大的能量，具有極強的貫穿力，不但可以穿透金屬和混凝土，還會傷害活細胞，所以非常危險。

4.4.3 光源

如果沒有光，我們便無法看見任何物體。自然界提供了最重要的光源——太陽，使這個世界如此多采多姿（圖4.4.3-1）。像太陽這類會自行發光的物體，稱為光源或發光體。除了太陽光以外，其他如火焰、燈泡、日光燈、霓虹燈、雷射、螢火蟲等，也都屬於光源。有一些物體看起來像發光體，但其實本身並不發光，而是因為它們反射光線所致，如月亮和金星的光是由反射太陽光而來。大多數物體並不會發光，我們之所以能看到它們，是由於這些物體反射的光線到達我們眼睛的緣故。

圖 4.4.3-1　太陽是最重要的光源

（一）光的產生

物體如何發光？由於物體內的微觀帶電粒子，受到某些外力作用而加速或減速，或因吸收來自外界的能量，而受激發至較高的能態，當回復為原來的低能態時，會以電磁波的形式將多餘的能量釋放（圖4.4.3-2）；

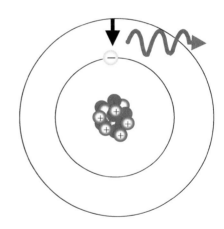

圖 4.4.3-2　當電子由高能態回到低能態時，多餘的能量便以光的形式釋出

當其中包括了可見光時，物體便產生光亮。物體因外界的作用而受激發光，其發光方式可分為熾熱發光和冷光。

1. **熾熱發光**：常溫下，每種物體都會放射出電磁波，但這種電磁波的頻率低於可見光。當物體受熱後，其組成粒子的熱擾動增加，它的輻射頻率因而增加；在物體溫度上升至某一程度時，就會發出可見光，稱為熾熱發光。這是最常見的發光方式，如太陽光、白熾燈、火焰等（圖4.4.3-3）。

2. **冷光**：當物質受到光、電、熱或化學作用的激發後，發射出沒有熱的光，

圖 4.4.3-3　火焰是屬於熾熱發光

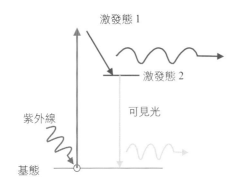

稱為冷光。產生冷光的方法，主要有(1)螢光和磷光：有些物質吸收了紫外線或 X 射線的能量，在短暫儲存後，放射出比原來所吸收波長更長的可見光之特性，稱為螢光；若當激發光中斷後，因受物質內部之摻雜離子或缺陷的影響，而延遲發光的時間，則稱為磷光。可以產生螢光放射的物質很多，而螢光的應用也非常廣泛，如洗衣粉、油漆、化妝品、螢光燈（俗稱日光燈）等（圖 4.4.3-4）。磷光塗料則能使鐘錶上的數字或交通號誌等，在夜間依然清晰可辨。(2)電激發光：在電場作用下，將電能轉換成光能而發光，如廣告燈、汽車儀表板、顯示器、發光二極體等（圖 4.4.3-5）。(3)化學發光：係利用化學反應供給激發能，而放射出光，如螢光棒；又如螢火蟲之類的生物在體內能產生釋放光能的化學物質，亦稱為生物發光（圖 4.4.3-6）。(4)摩擦發光：由於摩擦而在空氣中放電發光，某些晶體例如冰糖，在黑

圖 4.4.3-4　螢光原理及含螢光的物質在紫外線照射下的情況

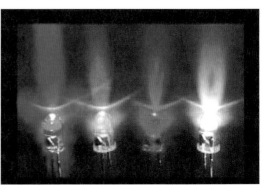

圖 4.4.3-5　發光二極體（LED）屬於冷發光，是將電能轉變為光能而發光，所以耗電少且壽命長

自然科學與生活科技概論

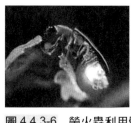

圖 4.4.3-6　螢火蟲利用體內的化學物質發光

暗中以鉗子敲打時,會看到一絲藍光。

(二)光的強度

　　人眼感覺到的光度,乃是眼睛的視神經所感覺到可見光的刺激強度。雖然紅外線與紫外線都屬於光,但人眼無法感受,故於討論光度時,只考慮可見光。

　　1. **光通量**:光源所輻射出光能量的速率,單位為流明(lm),是表示光源發光能力的基本量。

　　2. **光度**:光源的發光強度,係指在某一特定方向角內所放射出的光通量(圖4.4.3-7)。由點光源在 1 立體角內所發射的光通量為 1 流明時,則該光源的光度定義為 1 燭光(cd)。

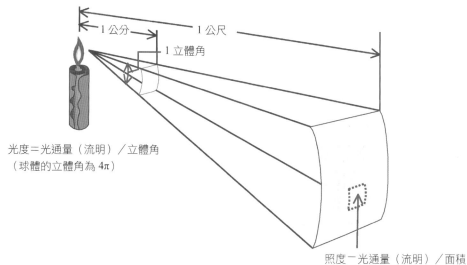

1公分　　　　　　1公尺

1立體角

光度＝光通量(流明)／立體角
(球體的立體角為 4π)

照度＝光通量(流明)／面積

1 勒克斯＝1 流明／平方公尺
　　　　＝1 米燭光

圖 4.4.3-7　光的強度

表 4.4.3-1　生活中常見的照度

光源	照度（lm/m²）
中午的太陽	120,000
無雲的晴空	10,000
陰霾的天空	1,000
閱讀、繪圖	500
夜間棒球場	400
辦公室、教室	300
60W 的燈泡（相距 1m）	100
路燈下	5
滿月（在正上空時）	0.27
無月多雲的夜空	0.0001

3. 照度：受照平面的光亮程度，以投射於單位面積上的光通量來測量。1 流明的光通量垂直照射於 1 平方公尺，即產生 1 勒克斯（lx）或 1 米燭光的照度。通常閱讀時的適當照度在 500~600 lx，而一般教室和辦公室的照度則在 300 lx 以上（表 4.4.3-1）。

五、光的傳播

光是無需經由介質傳播的電磁波，其在真空中行進的速率之快，無任何物體可超越。光以直線方式前進，過程中受周圍不同物質的作用而產生散射、反射、折射、干涉、繞射，和偏振的現象。由於光的這些特性，使得世界因而豐富多彩。

4.5.1　光速

雷電交加的時候，都是先看到了閃電，然後才傳來轟隆的雷聲（圖 4.5.1-1）；燃放煙火時，可看到煙火在高空先炸散開來，之後才聽到煙火的爆炸聲；這些都是因為光的速率比音速快很多使然。古時候，人們以為光速是無限快

圖 4.5.1-1　先看到閃電之後才聽到雷聲，是因為光速比音速快很多

的。伽利略是第一位以實驗測量光速的科學家，但由於光速實在太快，而無法成功測得。一六七五年，丹麥天文學家隆美耳（Ole Roemer, 1644~1710）觀察木星衛星成蝕的現象，首先估算出光速。一八四九年，法國物理學家菲左，首次成功測出光速。之後，經由富可和麥克生等人的實驗改良，更精確地測量出光在空氣中的傳播速率。今天，我們

已經知道，真空中的光速大約是每秒三十萬公里。以這個速率，光每秒可繞行地球七圈半，而從地球到太陽只要八分二十秒。愛因斯坦的相對論還證明了，任何物體的速率都無法超越真空中的光速。

聲波和水波是需要經由介質傳播的機械波，而光波的傳播則不需依靠介質，是屬於電磁波。電磁波為橫波，以光速傳播能量。除了真空以外，光也可以在氣體、液體和固體中傳播。在不同的傳播介質中，光速亦有所不同，以真空中最快，依次為氣體、液體，而固體中最慢（表 4.5.1-1）。

表 4.5.1-1　光在各種介質中的速率

介質	速率（10^3km/s）
空氣	300
水	225
玻璃	200
鑽石	125

4.5.2　光的直進

光在均勻的介質中是以直線前進，因而我們常稱之為「光線」。法國數學家費馬（Pierre de Fermat, 1601~1665）發現，光在前進中，會循著最短時間到達的路徑，稱為「費馬定理」。

（一）透明與不透明

透明物體可以讓光線幾乎完全透過，而且不會讓透過的光線產生明顯的散射，故其背面的影像清晰可見，如玻璃、水和空氣等。有些物體是半透明的，它們只讓部分光線透過，而且其內部的粒子會使透過的光線散射過多，以至於半透明體背面的景物看來模糊，如毛玻璃、蠟、油脂等。至於不透明體，則會將光線擋住，不讓光線通過，因而完全看不到其背後的物體，如岩石、金屬和木材等。

（二）陰影

光線在行進中遇到不透明物體時，會被阻擋而在該物體的背後形成陰影。物體的陰影大小，與物體本身的大小、物體至光源的距離，以及物體至投影表面的距離有關。民俗技藝中的皮影戲，就是利用光線產生陰影的現象來表演。由於太陽以穩定的速率在天空運行，因此可藉陰影的移動情形來計時，此即為日晷儀的原理（圖 4.5.2-1）。如果光源

圖 4.5.2-1　日晷儀利用陰影來計時

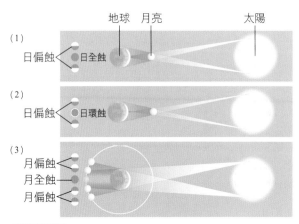

地球　月亮　太陽

(1)
日偏蝕 ← 日全蝕

(2)
日偏蝕 ← 日環蝕

(3)
月偏蝕
月全蝕
月偏蝕

圖 4.5.2-2　日蝕和月蝕，在本影裡是全蝕，半影區則是偏蝕

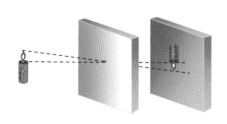

圖 4.5.2-3　針孔成像

不是很小，所形成的陰影中會含有本影與半影；本影為光線完全照射不到的黑暗區，半影則是部分光線可照射到的灰暗區。以日蝕和月蝕為例，在本影裡看到的是全蝕，半影區則看到了偏蝕（圖 4.5.2-2）。

（三）針孔成像

針孔成像是一種最簡單的成像方法，中國人最早發現；早在二千三百多年前《墨經》上就有記載，而西方國家直到十五世紀才有此發現。針孔成像的原理是光線由物體上的每一點發出後，經過針孔，而在映像幕上清晰地呈現出與物體上下顛倒、左右相反的影像（圖 4.5.2-3）。此現象是對光的直進性做了最好的說明，若光線通過的孔洞過大，則影像會顯得模糊。

在日常生活中，存在著許多針孔成像的現象及應用物品，如豔陽下大樹底的圓形亮點，就是太陽的針孔像。照相攝影其實也是應用針孔成像的原理。另外，坊間有一種宣稱具有治療近視效果的「細孔眼鏡」亦是利用此簡單原理。

4.5.3　光的散射

當光線照射到微小的粒子時，會向四面八方彈射出去，稱為散射。粒子愈小，對短波長的光散射作用愈強。大氣中的氣體分子，對於太陽光中短波長的紫光和藍光散射較強，但人的眼睛對紫光並不敏感，於是感覺藍光特別強，因而看到的天空是蔚藍的（圖 4.5.3-1）。若空氣的灰塵多或有霧時，則對較低頻的可見光散射作用增強，以至於天空顯得灰灰的。每當大雨過後，因空氣中的灰塵被雨水帶走，天空會感覺更加深藍。

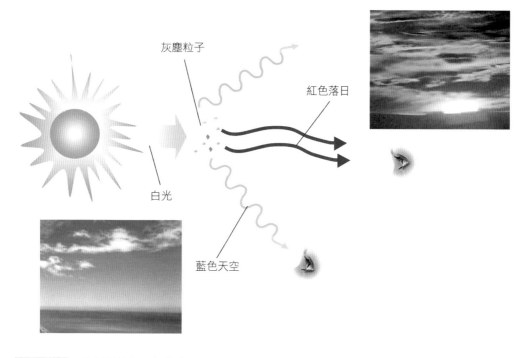

圖 4.5.3-1　「夕陽餘暉，紅光滿天」與蔚藍天空均是由於陽光中短波長的藍紫光被散射所造成

　　正午到達地表的陽光，穿過最少量的大氣，因而有較少量的短波長的日光被散射，使得太陽看來顯得微黃。當太陽西下時，陽光穿透大氣的路徑長，較多的短波長日光被散射，留下長波長的紅光和黃光照射雲層，於是「夕陽餘暉，紅光滿天」。而在沒有大氣層的星球上，由於沒有氣體分子的散射，即使是白晝，天空仍是漆黑一片。

4.5.4　光的反射

　　光線照射到物體表面時，會有部分反彈回來的現象，稱為反射。不發光的物體由於反射了來自光源的光線，刺激眼睛而引起視覺。物體反射光的能力與其表面的性質有關，光滑白色的表面比黑色粗糙的表面反射效果更佳。

（一）反射定律

　　光在行進時，遇到兩介質的界面會發生反射。入射的光線為入射線，反射的光線則為反射線，通過入射點且垂直於兩介質界面之假想直線，稱為法線。入射線與法線的夾角為入射角，反射線與法線的夾角為反射角。光的反射必須遵守反

射定律：(1)入射線與反射線分別在法線的兩側，且三者位於同一平面上；(2)入射角等於反射角（圖 4.5.4-1）。

　　從反射定律可知，光的行進路徑具有可逆性。當平行光線入射到光滑平面上，經反射後，其反射光線仍然是平行的，稱為單向反射。若平行光入射到粗糙的表面，其反射光線朝各方向，則稱為漫射（圖 4.5.4-2）。平靜的水面可使入射的平行光線形成單向反射，因而能形成清晰的影像；但若水面被風吹皺，則造成漫射，便無法清楚映出物像（圖 4.5.4-3）。

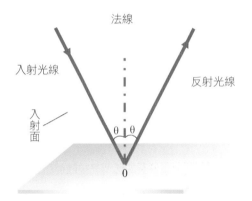

圖 4.5.4-1　反射定律

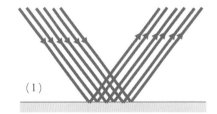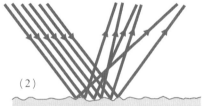

圖 4.5.4-2　（1）單向反射（2）漫射

圖 4.5.4-3　（1）湖面平靜如鏡（2）被風吹皺的水面由於漫射無法清楚地映照出物像

（二）面鏡成像

鏡子有非常光滑閃亮的表面，因此當光照射於鏡面時，會完全反射且完整地呈現出物體的影像。物體經由鏡面反射所形成的像，是由物體與鏡面的距離，以及鏡面的形狀所決定。通常面鏡的種類有：平面鏡、凹面鏡和凸面鏡。

1. **平面鏡**：物體在平面鏡前，會形成與物體大小相同、對稱的虛像（圖 4.5.4-4）。當我們經由平面鏡觀看物體時，看到的是鏡子反射的光線，但是大腦以為這些光線是沿著直線而來，而認定光線是由鏡後的虛像射出。平面鏡除了用於整理儀容外，還有多種用途，如萬花筒就是利用多面平面鏡的組合，而能觀賞到美麗且富變化的圖案。潛望鏡也是利用平面鏡組合成的工具，可以用於觀察一些看不到的地方（圖 4.5.4-5）。

2. **凹面鏡**：其反射面為凹面，有會聚光線的傾向。當平行於鏡軸的光照射到凹面鏡時，光線反射後會聚成一點，此點稱為焦點；同樣地，若將光源置於凹面鏡的焦點上，反射的光線會平行射出。由於此特性，凹面鏡常用於聚光或照明，如探照燈、手電筒等（圖 4.5.4-6）。物體經過凹面鏡後會形成何種像，取決於物體與鏡面的距離。對焦點以外的物體，會形成倒立的實像，物體愈靠近焦點，影像會愈大；若物體位於焦點內，則會產生正立放大的虛像（圖4.5.4-7）。凹面鏡因有放大的

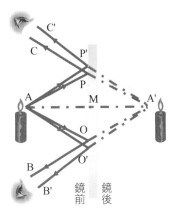

圖 4.5.4-4　平面鏡的成像

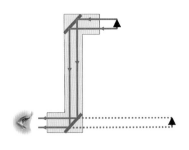

圖 4.5.4-5　潛望鏡

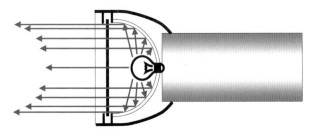

圖 4.5.4-6　利用凹面鏡的手電筒

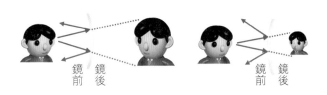

圖 4.5.4-7　（1）凹面鏡（2）凸面鏡的成像

圖 4.5.4-8　道路轉角處的凸面鏡

圖 4.5.4-9　在哈哈鏡前的成像

176

功能，故有些化妝鏡常做成凹面，可以看得更清楚。

3.凸面鏡：其反射面為凸面，而會發散光線。當平行於鏡軸的光照射到凸面鏡時，反射的光線會發散開來；當我們觀看鏡面時，大腦會以為這些光線來自於鏡後，因而看見的是正立縮小的虛像。由於凸面鏡可容納較廣的視野，因此常用於汽車的後視鏡、彎道轉角鏡等（圖 4.5.4-8）。

遊樂場中的哈哈鏡，是以凹、凸面鏡組合而成，會產生扭曲變形、滑稽逗趣的影像（圖 4.5.4-9）。由於鏡子的凹面使物體看來變大，而凸面則有縮小的效果。所以你可能看見自己擁有臃腫的身材，卻又有一雙細長的腿呢！

4.5.5　光的折射

光由一透明介質行進至另一透明介質時，通常會改變其行進方向，而產生偏折的情況，此種過程稱為折射。折射的發生是由於光在不同介質中，有不同的傳播速率所致。實際上，光在進入兩透明介質界面時，若行進方向不與界面垂直，會發生部分反射和部分折射的現象。

（一）折射定律

光線在進入不同介質時，往往會發生折射。入射光線的入射角 i，經過折射後，折射光線與法線產生折射角 r。光的折射遵守折射定律：(1)入射線與折射線分別在法線的兩側，且三者位於同一平面上；(2)入射角和折射角的正弦比為固定值 n。

$$\frac{\sin i}{\sin r} = n$$

此入射角與折射角的數學關係，是一六二一年荷蘭科學家司乃耳發現的，稱

為「司乃耳定律」。若光從真空中入射至某介質，則 n 定義為該介質的折射率。此定律指出：每種透明介質都有其折射率（表 4.5.5-1），折射率的大小代表光線的偏折程度。介質的折射率較小者，光在其中的行進速率較快，稱為光疏介質；而折射率較大者，光的行進速率較慢，稱為光密介質。當光由光疏介質進入光密介質，折射線會偏向法線，例如由空氣進入水中；反之，光由光密介質進入光疏介質，折射線會偏離法線，例如由水進入空氣（圖 4.5.5-1）。

　　從水面上看到水面下的物體，與實際位置並不一樣，這是因為光線折射的原因。另外，光的折射也造成了許多幻象，例如插入水中的筷子，好像斷成了兩截（圖 4.5.5-2）。夏天的沙漠和柏油路，或海面上看到的海市蜃樓的景象，也是空

表 4.5.5-1　各種物質的折射率

物質	折射率 n
水	1.33
酒精	1.36
甘油	1.47
冰	1.31
玻璃	1.46~2.00
鑽石	2.41

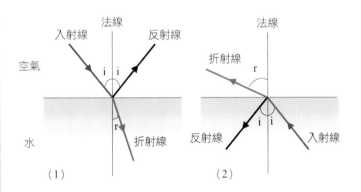

圖 4.5.5-1　光在不同介質界面的折射：（1）光由空氣進入水中（2）光由水進入空氣中

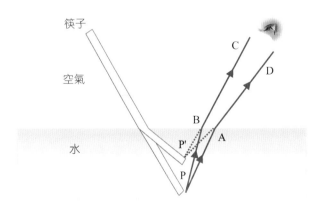

圖 4.5.5-2　由於光線折射，筷子看起來好像斷成兩截

氣中的光線經過折射所產生的（圖4.5.5-3）。

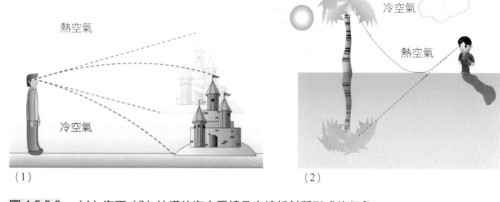

（1）
（2）

圖 4.5.5-3　（1）海面（2）沙漠的海市蜃樓是光線折射所形成的幻象

（二）透鏡成像

　　利用透鏡來促使光線產生折射，可用於聚光和成像。透鏡通常是用透明的玻璃或塑膠製成，而以凸透鏡和凹透鏡最具代表性（圖4.5.5-4）。

　　1. 凸透鏡：或稱為會聚透鏡，其表面向外凸出，中央部分較邊緣厚，在空氣中具有會聚光線的功能。平行於鏡軸的光通過凸透鏡折射後，會聚於一點，此點為焦點。焦點到透鏡中心的距離，稱為焦距；焦距愈短，透鏡使光線偏折的能力愈強。物體經過凸透鏡形成何種像，取決於物體與透鏡的距離。物體在焦距外產生倒立的實像，愈接近焦點，成像愈大；一旦物體進入焦點內，則產生放大正立

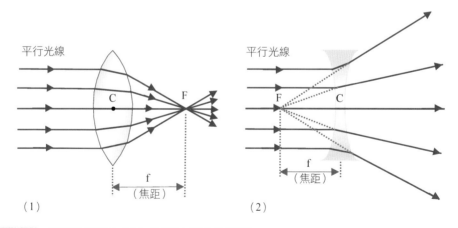

（1）
（2）

圖 4.5.5-4　焦點與焦距：（1）凸透鏡（2）凹透鏡

的虛像（圖 4.5.5-5）。放大鏡和遠視眼鏡，即是利用凸透鏡製成的。由於凸透鏡所成的實像在鏡前，必須以映幕投影才能看見。

2.**凹透鏡**：或稱為發散透鏡，其表面向內凹陷，中央部分較邊緣薄，在空氣中會使光線發散。平行於鏡軸的光通過凹透鏡，形成發散的光線，這些光線往後延長，會相交於一點，此點為凹透鏡的虛焦點（圖 4.5.5-6）。由於凹透鏡具有發散光線的特性，所成的像皆為正立縮小的虛像，可用來矯正近視。

單獨使用透鏡時，極易產生像差。因此，許多光學儀器都會採數片透鏡組合使用的方式，以減少像差，如照相機、投影機、望遠鏡和顯微鏡等（圖 4.5.5-7）。

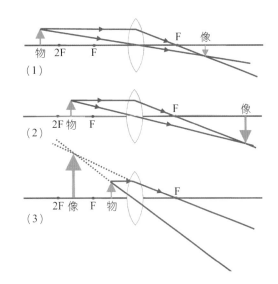

圖 4.5.5-5　凸透鏡的成像：（1）物在兩倍焦距外（2）物在焦距與焦點之間（3）物在焦點內

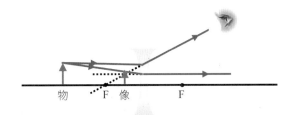

圖 4.5.5-6　凹透鏡的成像

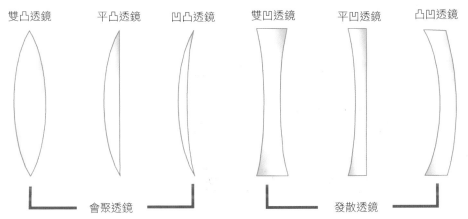

圖 4.5.5-7　各種透鏡形式

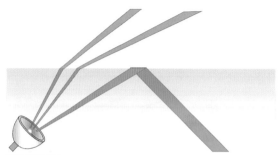

圖 4.5.5-8　光以不同角度從水中射向空氣，所產生的折射與全反射情形

（三）全反射

　　光從光密介質進入光疏介質，因入射的角度太大，而無法進入另一介質中，使所有的光全部被反射回來，無任何的折射光產生，此種現象即為全反射。折射角為 90° 時的入射角，稱為臨界角；此時，入射光沿界面射出。一旦入射角大於臨界角，入射光就會發生全反射（圖 4.5.5-8）。

　　鑽石因為折射率大，容易產生全反射，所以格外閃爍耀眼。光纖就是應用全反射的原理（圖 4.5.5-9），將光射入許多細玻璃纖維束成的光纖後，光會在其中產生全反射，而不外洩地順著光纖傳送；即使是光纖彎曲處，光也能順利自如地行進。光纖常用於醫療診斷的內視鏡、光纖感應器，以及光纖通訊。另外，全反射稜鏡是利用全反射來改變光線前進方向，廣泛應用於照相機和望遠鏡等各種光學儀器。

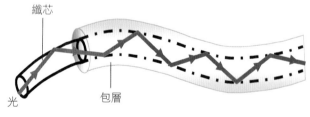

纖芯

光

包層

圖 4.5.5-9　應用全反射原理的光纖

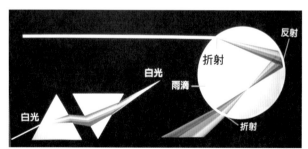

反射

折射

白光

雨滴

白光

折射

圖 4.5.5-10　白光通過三稜鏡和陽光通過雨滴所產生的色散現象

（四）色散現象

　　一六六六年，牛頓發現太陽光通過三稜鏡產生折射後，光線會散開而呈現七彩的顏色光譜，稱此為光的色散現象（圖 4.5.5-10）。太

陽光是由七種不同顏色的光所組成的，光經過三稜鏡時，由於不同的色光，其折射率不同（表 4.5.5-2），因而各色光便分散開來。彩色光譜中，紅光波長最長，折射率最小，最不易偏折；而紫光波長最短，折射率最大，最容易偏折。虹和霓便是太陽光經過空氣中的小雨滴，產生了折射和全反射所形成的色散現象（圖 4.5.5-11）。

表 4.5.5-2　不同的色光在水中的折射率

色光	折射率 n
紅	1.3320
橙	1.3325
黃	1.3331
綠	1.3349
藍	1.3390
紫	1.3435

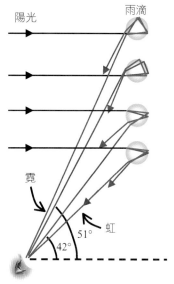

圖 4.5.5-11　虹和霓

4.5.6 光的干涉與繞射

　　兩個頻率相同的光波相遇時，會因波的重疊而互相干擾，此種現象稱為光的干涉。若兩波同相，使波峰與波峰重疊而相長，其合成波的振幅增大，為建設性干涉；反之，若兩波反相，使波峰與波谷相會而相消，其合成波的振幅減小，為破壞性干涉。由同調光源產生的這兩種干涉效應，分布於空間中，形成了明暗相間的干涉圖案。這就是英國物理學家楊格的「雙狹縫干涉實驗」所發現的，此現象直接說明了光的波動性。日常生活中有許多干涉的例了，如肥皂泡、水面上的浮油、光碟片（圖 4.5.6-1）、蛋白石、蝴蝶的鱗片蝶翼和孔雀的羽毛等（圖 4.5.6-2），都可以看到彩虹般的色彩，就是光的干涉所造成的。

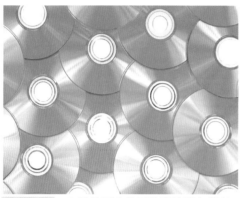

圖 4.5.6-1　光碟片因光的干涉產生彩虹般的色彩

圖 4.5.6-2　蝴蝶的鱗片因干涉作用而呈現特殊色彩

　　光波遇到與其波長大小相當的障礙物時，會改變方向而繞過障礙物前進的現象，稱為繞射。光不會繞過一般物體，但可以繞過幾乎併攏的手指間隙、狹縫、旗幟的紗線等，而產生明暗相間的繞射圖案。光波的繞射會影響微小物體的成像，使像的邊緣模糊，而難以鑑別。所以在使用顯微鏡或望遠鏡時，必須考慮光的繞射問題。

4.5.7　光的偏振

　　干涉與繞射為光的波動性提供了最佳明證，然而縱波與橫波都有此特性，那麼光是橫波還是縱波？「偏振」是指波的振動量始終以固定方式振動的現象，例如以固定方向振動的線偏振波。偏振是橫波特有的性質，偏振的橫波在其傳播方向的平面只包含唯一的振動方向，如繩波；而縱波因傳播方向與振動方向相同，而無偏振存在。

　　光是電磁波，也具有偏振性，因此可知光屬於橫波。一般的光為非偏振光，電磁振動方向四面八方都有（圖 4.5.7-1）。若

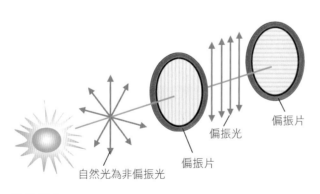

圖 4.5.7-1　一般的光為非偏振光，但通過偏振片後，就成了偏振光

將光照射於只允許某一方向通過的偏振片，通過偏振片的光，其電場與磁場的振動方向固定，稱為偏振光。從非金屬表面反射的光，為部分偏振光；但是若光在兩介質界面所產生的反射光和折射光夾角為 90°時，反射光會完全朝同一方向振動，成為完全偏振光（圖4.5.7-2）。有些透明物體具有雙折射特性，如方解石（圖4.5.7-3），當光通過時，會產生兩道折射光線，其偏振方向互相垂直。在這類物質當中，因為沿不同方向偏振的光波，有不同的折射率和速率；所以產生了雙折射現象，而射出的光成了偏振光。

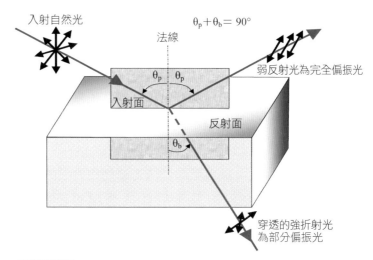

入射自然光　　　　　　　$\theta_p + \theta_b = 90°$
法線
入射面　　　　　　弱反射光為完全偏振光
θ_p　θ_p
反射面
θ_b
穿透的強折射光為部分偏振光

圖 4.5.7-2　自然光的反射光與折射光呈 90°時，反射光為完全偏振光

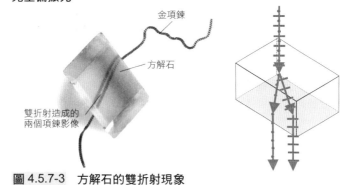

金項鍊
方解石
雙折射造成的兩個項鍊影像

圖 4.5.7-3　方解石的雙折射現象

圖 4.5.7-4　使用偏光鏡可過濾掉物體表面反射的部分偏振光：（左）未使用偏光鏡拍攝（右）使用偏光鏡拍攝

　　陽光經水滴折射與反射後形成的彩虹已是偏振光，玻璃的反射光、水面的反射光與大氣的散射光都是部分偏折光。由於空氣中大量存在著偏振光，利用偏光鏡或偏振片太陽眼鏡能減弱這些偏振光，可減輕眩光的感覺（圖4.5.7-4）。太陽光為非偏振光，但受

到大氣的散射，而產生部分偏振，因此藉由偏振光的方向，可以判斷太陽的位置。人的眼睛無法察覺偏振光，但許多昆蟲的眼睛，如蜜蜂和螞蟻，對偏振光非常敏感，且懂得利用天空的偏振光來導航。科學家從中獲得啟發，於是發明了能用於航空和航海的定向儀器——偏光天文羅盤。無線電訊號也是利用偏振的原理，調頻廣播與電視的無線電波為線偏振波，其偏振方向與電台天線長度方向相同，因而需在收訊天線長度方向平行於電台天線時，才有最強的訊號。光學儀器通常都裝有偏振片，最常見的是檢查礦物和岩石的光學性質所用的偏振光顯微鏡。此外，偏振光現象還應用於立體電影（圖 4.5.7-5）、液晶螢幕（圖4.5.7-6）、甜度的測定、有機化合物分子的構造，以及測量塑膠材料各部位應力

圖 4.5.7-5 看立體電影必備的立體眼鏡，是利用左右眼接收不同的偏振光，以造成視角差而呈現的立體效果

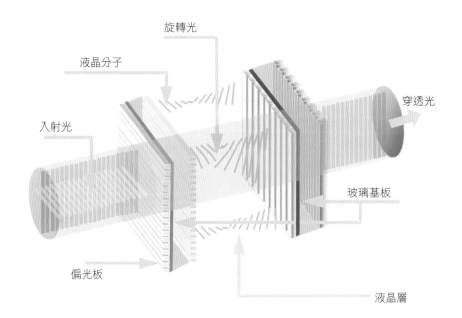

圖 4.5.7-6 液晶顯示器中使用兩片互相垂直的偏光板，在偏振光穿過液晶層時，隨著液晶分子旋轉了 90°，光線因而得以順利通過

狀態的偏光彈性儀等（圖 4.5.7-7）。

六、光與生活

光製造了顏色，我們則藉由眼睛得以感知世界的多彩與繽紛。利用光的特性，人們發明了各種光學儀器，因而得以延伸有限的視力範圍，並且有了更多的驚奇與發現。由於一般的光在應用

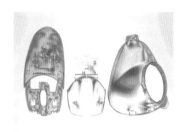

圖 4.5.7-7　戴上偏光太陽眼鏡能看出塑膠或玻璃的應力圖案

方面的限制，科學家於是創造了神奇的雷射光。雷射光開拓我們的視野，並且加速資訊的傳達，使生活更加豐富精采。

4.6.1　光與顏色

我們生活的周遭環境中，充斥著五彩繽紛、各式各樣的顏色。這些色彩大多是由兩種或以上的色光或顏料所合成。

（一）光的三原色

濾光片是一種只讓特定色光通過的薄片，例如，紅色濾光片只讓紅光通過。藉由不同顏色的濾光片，可以再混合製造新色。利用光的三原色（RGB）——紅、綠、藍（圖 4.6.1-1），按各種不同比例混合可產生所有的色光，此為英國物理學家楊格於一八〇二年提出的「三原色學說」，是現代繪畫、印刷、螢光幕、照相等技術的基本色彩理論（圖 4.6.1-2）。光的三原色具有三種特性：(1)無法再

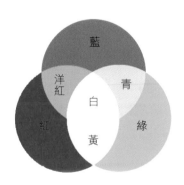

圖 4.6.1-1　光的三原色

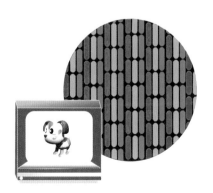

圖 4.6.1-2　電視螢光幕是由紅、綠、藍三種色光組成的

分解；⑵不能由其他色光混合出來；⑶三色等量混合，會形成白光。三原色配對混合時，形成調和色，也就是黃、洋紅和青色；色光混合的結果會產生更明亮的色光，因此稱色光的混合為「加色混合」。

（二）觀察顏色

人眼藉著物體的反射光而視物，物體則靠著減色過程來獲致本身的顏色。當物體減去（吸收）某些照射到它的色光時，便反射其餘色光，這些反射的色光就

圖 4.6.1-3　物體的顏色是由其反射的色光所決定

賦予物體自身的色彩（圖4.6.1-3）。白光中含有七種色光，在陽光下綠色的葉子，是因為葉子只反射綠色光，並將其他色光吸收；紅色的花，則表示花瓣只反射紅光，而吸收其他色光。以藍光照射綠葉和紅花，兩者均會呈現黑色。若物體為黃色，則是物體反射紅光和綠光，而吸收其他色光。白色物體是由於它將所有色光反射；而物體之所以呈黑色，則是因為它吸收了所有色光的緣故。

（三）顏料三原色

顏料三原色為黃、洋紅和青色，以各種不同的比例混合，就能產生所有的顏色（圖4.6.1-4）。顏料三原色具有三種特性：⑴無法再分解；⑵不能由其他顏色混合出來；⑶三色等量混合時，會形成黑色。至於顏料的色彩混合，則是以減色的方式產生。黃、洋紅和青色只從白光中各吸收一種原色，顏料愈混合，有更多的色光被吸收，形成更暗濁的顏色，因此稱顏料的色彩混合為「減色混

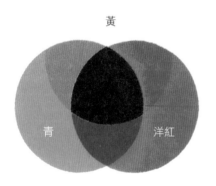

圖 4.6.1-4　顏料的三原色是黃、洋紅和青色

合」。印刷時，受限於顏料和印刷系統的因素，混合黃、洋紅和青色並無法完全吸收掉所有的光波，而必須加上黑顏料，所以採用四色印刷。

4.6.2 視覺與眼鏡

眼睛像一部精巧絕倫的照相機，它能夠偵察顏色、自動地對焦物體，還能迅速適應光的亮度。若由於某些原因，造成眼睛的屈光不正常，而引起視力缺陷，則需配戴適當的眼鏡來矯正。

（一）視覺

眼睛是重要的視覺器官，有著極精細複雜的結構（圖 4.6.2-1）。充滿液體的眼球位於眼窩內，前方的角膜，是眼睛的保護膜，能聚焦光線。角膜後方的瞳孔，是光線的入口；虹膜則可調節瞳孔的大小，以控制入射的光量。水晶體使光聚集而成像在含有感光細胞層的視網膜，感光細胞再透過視神經將信號傳至大腦，進而產生視覺作用。在視網膜上的成像約可保留 0.1 秒的時間，因此會產生視覺暫留的現象，能將一張張靜態影像，看成連續動態的畫面，電影和動畫就是利用此原理來運作。

當角膜的形狀異常，會使光線無法聚焦在同一點，而造成「散光」。若調節水晶體的功能欠佳，則會引起近視和遠視。睫狀肌能調節水晶體的形狀，使影像清晰地投射在視網膜上。看近物時，睫狀肌收縮使水晶體曲率增加，而焦距減小；反之，當觀察遠物時，睫狀肌鬆弛使水晶體曲率減小，而焦距增大。在睫狀肌的調節作用下，正常人的眼睛能看到的遠點為無限遠，近點則是眼前 15 公分處；而在眼前 25 公分處的物體，眼睛看起來最清楚，稱為「明視距離」。

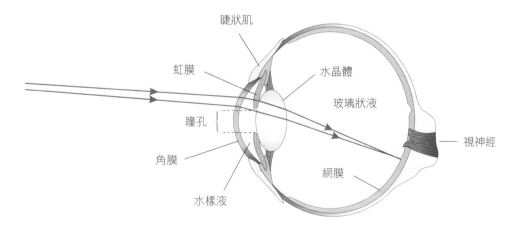

圖 4.6.2-1 人眼的主要構造

（二）眼鏡

　　近視者由於睫狀肌無法鬆弛，而使水晶體曲率過大，造成遠處的物體成像於視網膜的前面（圖4.6.2-2）；此時，必須配戴適當的凹透鏡矯正，讓光線先發散後，再經過眼睛，而使影像正好落在視網膜上。遠視者則是因為睫狀肌無法收縮，水晶體曲率太小，使近處的物體成像於視網膜的後面；因而，應當配戴凸透鏡來矯正，令光線先行會聚後，再經由眼睛成像於網膜。老年人因水晶體老化而喪失調整作用，也會看不清楚近處的物體，形成和遠視眼類似狀況的老花眼，應與遠視眼同樣配戴凸透鏡矯正。

　　近視或遠視愈深，則度數愈多，所須配戴的眼鏡焦距愈小。鏡片度數的算法是將透鏡焦距（公尺）的倒數乘以100；例如近視眼鏡的焦距為0.5公尺，則該鏡片的度數為 $\frac{1}{0.5} \times 100 = 200$ 度。

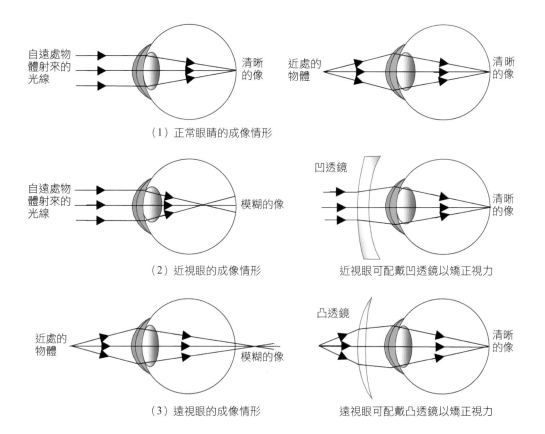

自遠處物體射來的光線 　清晰的像

（1）正常眼睛的成像情形

近處的物體 　清晰的像

自遠處物體射來的光線 　模糊的像

（2）近視眼的成像情形

凹透鏡 　清晰的像

近視眼可配戴凹透鏡以矯正視力

近處的物體 　模糊的像

（3）遠視眼的成像情形

凸透鏡 　清晰的像

遠視眼可配戴凸透鏡以矯正視力

圖 4.6.2-2　(1) 正常眼的成像 (2)近視眼的成像與矯正 (3)遠視眼的成像與矯正

4.6.3　光學儀器

　　利用光的反射和折射的性質，能夠製造許多特殊用途的光學儀器。常見的幾種光學儀器，茲簡介如下：

（一）照相機

　　照相機是根據眼睛運作的原理製成的（圖4.6.3-1），其主要結構為一密閉的暗箱，前方為透鏡組合的鏡頭，鏡頭後方是光圈，而相機後面裝有可感光成像的底片，底片和鏡頭中間則有控制光線進入的快門。照相機的鏡頭類似眼睛的角膜和水晶體，主要作用是將物體的光線聚集於底片上成像；光圈的作用則好比瞳孔，能調節大小，以控制光量；而底片就像視網膜，可感光顯影。相機與眼睛不同之處在於，相機有固定的焦距和伸縮的鏡頭以改變像距，而眼睛則有調節的焦距和不變的像距。

　　光圈的大小和快門的速率（曝光時間），控制了底片的曝光量。光圈孔徑愈大，則曝光的時間愈短。光圈的大小是由光圈值或稱F值（F Number）來定義，F值＝鏡頭焦距（mm）／光圈孔徑（mm）。相機鏡頭的光圈環上刻有F值：2.8，4，5.6，8，11，16，22，數字愈大表示光圈孔徑愈小；而相鄰的光圈級數，其光

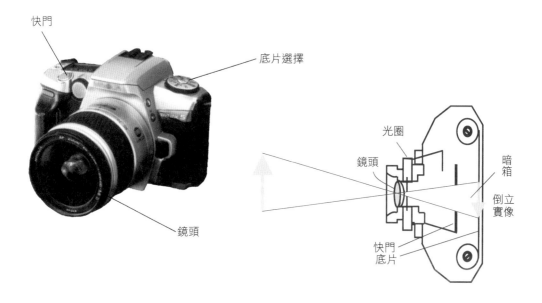

圖 4.6.3-1　照相機的外觀與其成像原理

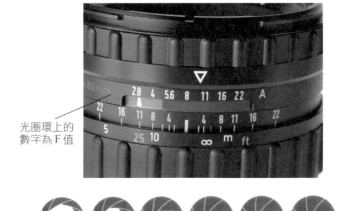

光圈環上的
數字為F值

F 　2.8 　　4 　　5.6 　　8 　　11 　　16

圖 4.6.3-2 　光圈的 F 值愈大,則孔徑愈小

圈面積遞減 1/2。因此,當提高快門速率時,必須相應地調大光圈(F 值縮小),才能確保獲得正常的曝光量(圖 4.6.3-2)。

(二)望遠鏡

望遠鏡是天文觀測中不可或缺的工具。光學天文望遠鏡的主要類型有以下兩種:

1.折射式望遠鏡:最早的望遠鏡是折射式(圖 4.6.3-3),也就是利用透鏡使光線產生偏折。折射式望遠鏡主要有一個長焦距的大凸透鏡作為物鏡,和一個短焦距的小透鏡作為目鏡,而目鏡可以是凸透鏡或凹透鏡。遠方物體經過物鏡後形成倒立的實像,目鏡再將此實像放大。若目鏡為凸透鏡,會形成一個上下左右顛倒的影像,只適合天文用,不利於地面風景觀賞使用。而以凹透鏡為目鏡,則生成的像是正立的,但視野狹小、觀察不易。一般大

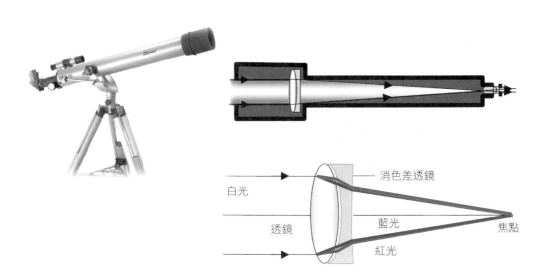

圖 4.6.3-3 　折射式望遠鏡及其成像原理

眾常用的雙筒望遠鏡（圖4.6.3-4），則是以稜鏡組來改變光束方向，因而形成正立的像。

2. **反射式望遠鏡**：為了要捕捉遠方星體的影像，望遠鏡必須盡量收集光線。由於大面鏡的製造較大透鏡容易，因而現代大規模的天文望遠鏡幾乎都是反射式（圖4.6.3-5）。反射式望遠鏡以巨大的凹面鏡接收並聚集光線，再藉由一個或數個小型面鏡將光反射至目鏡或攝影鏡頭。

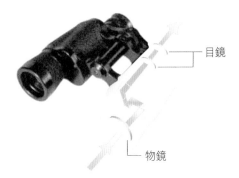

目鏡

物鏡

圖 4.6.3-4　雙筒望遠鏡利用兩個直角三稜鏡以改變光的方向，而形成正立的像

（三）顯微鏡

凸透鏡本身就是放大鏡，但受像差的限制，放大率只有二十倍左右。若將透鏡組合，則可得到較高倍數的放大率，稱為複式顯微鏡。複式顯微鏡因功用和使用目的之不同，又可分為立體（解剖）顯微鏡和普通光學顯微鏡。一般的光學顯微鏡由兩個凸透鏡組成，其一為小而放大率高的物鏡，另一為大而焦距長的目鏡（圖4.6.3-6）。顯微鏡分兩個階段放大：首先，光經反射鏡照在樣本上，物鏡會將樣本反射來的光線會聚成放大倒立的實像；之後，此實像再經如同放大鏡般的目鏡之放大作用，而形成上下顛倒、左右相反的放大虛像。

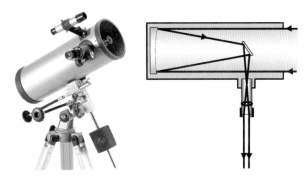

圖 4.6.3-5　牛頓反射式望遠鏡及其成像原理

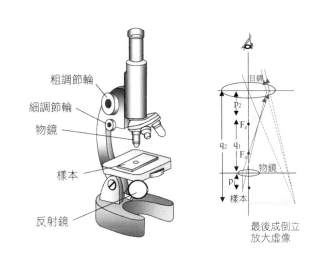

粗調節輪

細調節輪

物鏡

目鏡

p_2

F_e

q_2 q_1

F_o

物鏡

樣本

p_1

反射鏡

最後成倒立放大虛像

圖 4.6.3-6　普通光學顯微鏡及其成像原理

4.6.4 雷射

「雷射」是由英文 laser 音譯而來，而 laser 為 "Light Amplifiction by Stimulated Emission of Radiation" 的簡稱，其意思是「受激輻射的光放大」；中國大陸譯為「激光」，即由此而來。自一九六〇年代發明雷射以來，如今雷射幾乎成為各種領域應用上所不可或缺的工具。

（一）雷射的原理

物質中的原子因吸收光子或其他形式的能量，而使電子處於較高能的受激態。電子會自發地透過釋放光子的方式，從受激態回到原來的狀態，稱為自發輻射。電子也可能受到另一個光子的誘發，而釋出一個和原來光子同波長、同相位的新光子，此即為受激輻射（圖 4.6.4-1）。換句話說，受激輻射是高能量的物質因為受到適當的入射光子所誘導，而發出相同的光波。雷射就是藉由光、電或其他能量激發雷射物質的原子，原子於是自發地釋放特定波長的光子；而光子又誘導鄰近已激發的其他原子釋放出更多同性質的光。如此連鎖反應不斷地持續進行，直到許多原子同時發射光為止（圖 4.6.4-2）。由於這些光子在雷射管兩端的反射鏡中來回反射，使光不斷增強；最後，光會強至

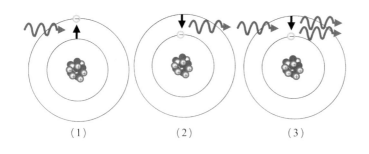

（1）　　　　　（2）　　　　　（3）

圖 4.6.4-1　（1）自發吸收（2）自發輻射（3）受激輻射

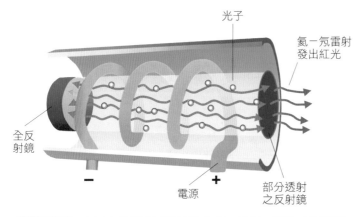

光子

氦－氖雷射發出紅光

全反射鏡

部分透射之反射鏡

－　　　＋

電源

圖 4.6.4-2　光子在共振腔兩端的鏡中來回反射，而使光不斷增強放大

足以穿過其中一面反射鏡的洞，
而形成雷射光。

（二）雷射的特性

由於雷射的產生機制，使其
具有諸多特性（圖4.6.4-3），茲
分述如下：

1. **單色光**：普通的光是由多
種波長和顏色的光所組成，具有
寬幅度且連續的光譜。而雷射只
會產生一種波長的光，為單純的
色光，所以不會有色散現象。

2. **相干性**：由於原子通常是

普通光：多波長、不相干、分散

雷射光：單色、相干、集中

圖 4.6.4-3　普通光與雷射光的差異

隨機釋放光波的，所以日常生活中所見的光，即使波長相同，相位也不會同步，
也就是不具相干性。雷射光只含固定波長，而且所有光都是同調，也就是彼此相
位完全同步，具有高相干性，故很容易呈現明顯的干涉效果。

3. **方向性**：一般光線會隨著距離的增長，而逐漸減弱地擴散開來，為非平行
光。雷射光因步調整齊，光束狹窄細直，為平行光線，因而可將光束傳送到很遠
的地方也不會擴散。

4. **高強度**：普通光源因為分散，所以亮度不強。雷射光則由於光束狹窄，能
量集中，且步調相同，因而強度極高。即使是 1mW 雷射光源的亮度，仍比太陽
光的亮度要高上數百倍，故對雷射光均不可正視，以免受傷害。

（三）雷射的應用

雷射的種類很多，各有特殊的用途，由於其優異特性，應用的領域非常廣
泛。利用雷射光的高方向性，可用來指向和定位，如雷射筆可以指示簡報或演講
內容；構築隧道時，雷射可以指示挖掘的方向；高強度的雷射光，能用來測量距
離，還能用於國防以指示飛彈攻擊的目標。將雷射光聚焦，在焦點處可產生高溫
高熱；工業上用於精密切割、焊接或打孔（圖4.6.4-4）；醫學美容上則用於雷射
手術刀、雷射除斑和刺青等（圖4.6.4-5）；還能應用於雷射離刻和烙印，甚至是

圖 4.6.4-4　工業用雷射：（1）以雷射在極堅硬的物質上鑽孔（2）強力的二氧化碳雷射可用來切割鋼片（3）以雷射測量隧道的高度(4) 以雷射焊製微電路

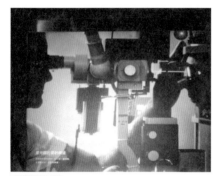

圖 4.6.4-5　雷射眼睛手術

引發核融合反應。

　　利用雷射光的單色性，能作為探測信號，可用於環境監測、偵測血液中少量的病原和抗體，以及精密儀器的檢測等。雷射光的高相干性，能藉干涉效應反映物質狀態及分布，可用於精密測量；而以雷射所產生的全像紀錄（圖 4.6.4-6），可應用於檢驗、飛航的光纖導航儀、資料的高密度存取、藝術的全像立體攝影、防偽標籤等。由於半導體雷射具有特殊性質，常使用於通訊和資訊上，如光纖通訊、雷射印表機、DVD 光碟機、CD-R 燒錄機、雷射影碟和唱片、條碼讀取機等（圖4.6.4-7）；此外，高功率的半導體雷射還應用於數位印刷、材料加工、醫學治療和舞台表演等。

圖 4.6.4-6　利用雷射干涉效應的全像攝影

圖 4.6.4-7　超市的條碼讀取機是半導體雷射所製成的

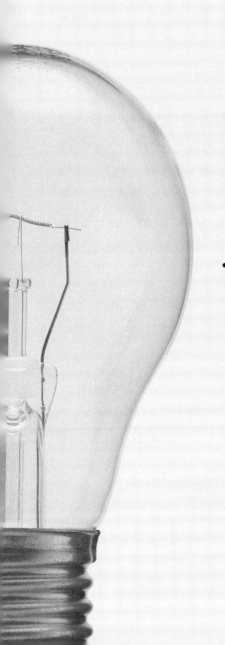

第五章

生命的傳承

地球上的生命已有長達三十幾億年的歷史。自從最早的生物出現以來，生命就此生生不息，其後，再經過長時間的演化而成為現有的生物。因此，各種形式的生命之間彼此相關聯，有著相同的生命機制；而欲了解生命運作之有效捷徑，便在於基因。

一、生命的形成

　　所有的生命體都是由有機分子所構成，而生命則是由生物體內數以千計個生化反應的持續進行所維持。生命的最初形式為何？又是從何而來？一直是科學家長久以來努力探尋的問題。

5.1.1　生命是什麼？

　　生物的基本特徵是具有生命現象，而所謂生命現象是指個體具有特殊的構造和組織、新陳代謝、生長、生殖、感應和適應等現象。

（一）特殊的構造和組織

　　生物又稱為有機體，具有高度組織化的構造，是由最小單位——細胞所組成。所有生物的細胞都利用相似的分子及生化反應，來維持生命的運作。一些構造簡單的低等生物，如細菌、酵母菌等，是由單細胞組成；而多細胞生物，如動物和植物，是由許多細胞組成組織、由多種組織構成器官、由多種器官分工合作形成系統，再由系統組成個體（圖 5.1.1-1）。病毒僅由核酸和蛋白質構成，並無細胞結構，而且一旦離開宿主，新陳代謝就會完全停止，所以嚴格上不被認為是

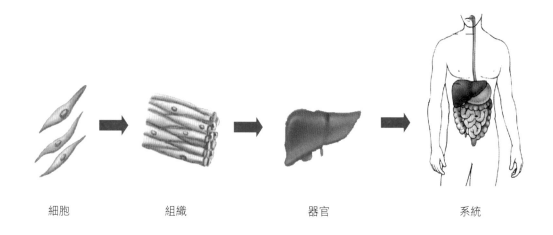

| 細胞 | 組織 | 器官 | 系統 |

圖 5.1.1-1　生物體的組成層次（動物）

真正的生物（圖 5.1.1-2）。

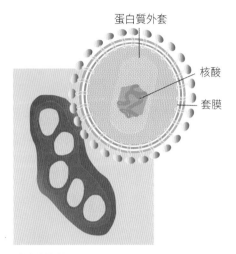

（二）新陳代謝

　　生物體為了供應生命活動之所需，必須向外攝食，然後經氧化作用轉化為能量，以維持細胞生長和自身修補等生理作用。這種生物體內發生的物質間能量轉換的化學反應過程，統稱為新陳代謝（圖 5.1.1-3）。為確保新陳代謝過程的正常進行，生物體內需要維持溫度、水分、酸鹼度、血糖等生理因素的穩定，稱為恆定性。新陳代謝是生命得以生存、延續的核心要素；一旦新陳代謝停止，生命便告終結。

蛋白質外套

核酸

套膜

圖 5.1.1-2 **病毒必須寄生在生物體內，一旦離開寄主，便毫無生命現象，且其構造非常簡單，尚不能稱之為細胞**

（三）生長

　　生物體的生長包括細胞變大和細胞數的增加。細胞利用攝食而來的養分製造新的細胞質，並增大體積。單細胞生物的生長代表整個細胞體積的增大；而對多

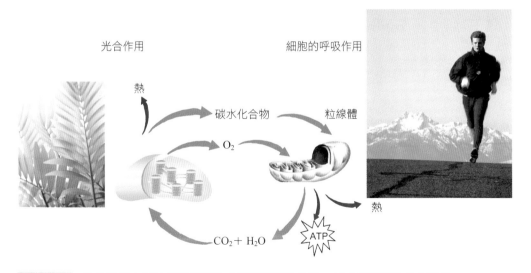

光合作用　　　　　　　　細胞的呼吸作用

熱

碳水化合物　　　粒線體

O_2

熱

$CO_2 + H_2O$　　ATP

圖 5.1.1-3 **生物體經由新陳代謝供應生命活動所需的能量，以表現正常的生命現象**

細胞生物而言，生長常伴隨著發育，當細胞體積增大至一定程度時細胞會分化，使得細胞數增加，造成生物體的成長發育。

（四）生殖

　　生物體之生命皆有終結之時，因此每種生物均會藉由生殖來繁殖後代，以延續種族的生命。經由生殖現象，無論是有性或無性生殖，生物體均能將遺傳的特性傳遞給後代。

圖 5.1.1-4　植物的趨光性是屬於感應現象

（五）感應

　　生物能感受外界的刺激與變化，引起適當的反應（圖 5.1.1-4）。動物藉神經系統與內分泌系統的作用，可以協調身體各部分的活動，以應付環境的變化；植物則可藉由激素的產生，以反應環境的變化。

（六）適應

　　當感應到外界的變化時，生物會改變其構造、形態、生理或行為，來適應環境。生物雖能變化形性以配合所屬的環境，但是限制生物分佈的因子很多，如水、光、溫度，和食物等等；並沒有一種生物能適應所有的環境，所以生物會因地區不同而有顯著差異。

5.1.2　生命的起源

　　關於地球上生命的起源，自古以來即有許多科學家提出了不同說法。早在古希臘時期亞里斯多德主張「自然發生說」，認為生物是由無生物自然演變而成的，如腐敗的肉中會生出蛆蟲。爾後的二千年間，許多學者仍持相似的看法；尤其自一六七四年荷蘭博物學家雷文霍克發現細菌以來，他們以肉汁中會有細菌滋生，更是深信這種生命是自然生成的。此理論後由許多科學家經實驗所推翻，如法國微生物學家巴斯德。他證實肉汁中的細菌不是自然生成的，肉汁腐敗乃因空氣中的細菌進入而腐敗發酵。十七世紀時，義大利生物學家雷迪（Francesco Redi, 1626~1697）提出「生源說」，主張生物源自生物本身，所有的生物是由上一代

繁殖而來。當時的人們普遍相信生物是由親代所產生。

那麼，地球上最初的生命是怎麼來的？現行的地球生命起源理論，分為外來和源自地球本身兩種說法，也就是「胚種論」和「化學演化」。

（一）胚種論

早在十九世紀時，許多科學家即已思考著地球上的生命來自其他星球的可能性，認為生命可能以細菌孢子的形式從太空來到地球。當有生命存在的行星受到另一天體撞擊時，濺向太空的岩石中就可能含有生命的有機質，就像是菌類的孢子一樣，總會找到適合它們生存的地方扎根，稱為「胚種論」（panspermia）。而地球的生命基石，是彗星或小行星撞擊地球的過程中，隨著碎片帶至地球上來的。近來，許多科學家更提出了地球的生命不只在地球上發展，還會附著在灰塵上，隨著太陽風散佈在整個太陽系、銀河系，甚至宇宙中。目前科學家對胚種論的爭議一直持續著。地球之外究竟有無生命？儘管有各式各樣的間接證據或跡象，然而，至今尚無確實的直接證據。

（二）化學演化

地球上的生命來自何處？目前大多數科學家認為生命應該來自地球本身，生物最初是來自無生物，在經一連串的化學演化後，形成具有生命的個體。一九二〇年代時，英國生化學家霍爾丹（John Burdon Sanderson Haldane, 1892~1964）和蘇俄科學家奧巴林（Aleksander Ivanovich Oparin, 1894~1980）相繼提出相似的生命發生說，認為原始地球的大氣和海洋的環境適合有機物的合成。地球形成之初，原始大氣中充滿水蒸氣、氨氣、甲烷、氫氣及氮氣等成分。在地球逐漸冷卻的過程中，水蒸氣凝結成水，而溶解大氣中的氣體，降落地面後，匯流成海洋。原始的海洋溫度極高，有如滾熱的原生湯，含有高濃度的化學物質；在強烈閃電與大量的太陽高輻射線作用下，發生化學反應，生成一些簡單的有機分子，如葡萄糖、胺基酸等。在實驗室中，一九五三年時，美國化學家米勒和尤里模擬原始地球大氣狀態，將水蒸氣、甲烷、氨氣和氫氣置入真空儀器中（圖 5.1.2-1），以人工高溫和強力放電處理後，產生了生命基礎物質胺基酸。一九五八年，美國科學家福克斯（Sidney Walter Fox, 1912~）將十八到二十種的胺基酸，混合加熱到熔點，製造出多肽類的類蛋白。之後，美國生化學家凱爾文（Melvin Calvin,

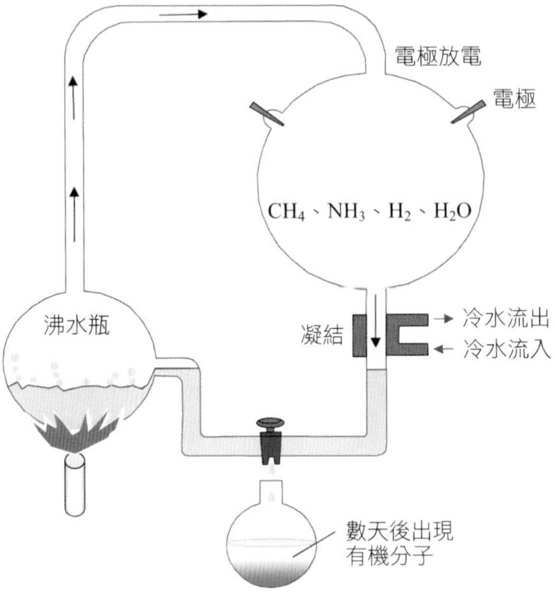

圖 5.1.2-1　米勒和尤里的實驗裝置圖

1911~1997）曾以 γ 射線作用於模擬中的原始地球大氣成分，發現了嘧啶和嘌呤等屬於核酸的物質。而嘧啶和嘌呤正是遺傳基因的主要成分，這也進一步證實生命誕生於原始海洋的可能性。

在富含有機物與無機物的原始海洋中，海洋成為熱濃稠的原生湯，含有多種有機分子。簡單的有機分子又逐步聚合成複雜的有機巨分子，如蛋白質和核酸。在億萬年的演變期間，隨機的化學反應，使得這複雜的有機巨分子，進一步組成了可自我複製的獨特分子系列。這就是生命的雛型，也是最初生命的開始。

二、生命的延續

地球上數以百萬種的生物，無論簡單或複雜，其基本單位均為細胞。細胞為了分工而有不同外型，但基本構造相似。由於生命的長度有限，生物必須藉生殖方式來繁衍子代，複製與自身相似的個體，以延續種族的生命。

5.2.1　細胞

細胞是構成生物體的基本單位。一六六五年，英國物理學家虎克利用自製顯微鏡，首先發現細胞。其後的科學家，經過百餘年的研究，確立了生物體皆由細胞構成的「細胞學說」。

(一) 細胞的大小和形狀

細胞的大小差別很大，大多數需用顯微鏡才能看到，原核細胞通常比真核細

胞小。測量細胞常使用的單位是微米（μm），多數細胞大小為 1~30μm。人類的白血球直徑約 8~12μm，神經纖維細胞的長度則可達 1 公尺；最小的細胞是細菌（黴漿菌 0.12~0.25μm），最大的細胞為鴕鳥的卵黃（8~10cm）。細胞的形狀亦頗富變化，有的呈桿狀，有的為球狀或盤狀，有的狹長，有的分歧。細胞的大小和形狀與其執行的功能密切相關，如神經細胞擔負生物電的傳導，因而呈多邊突起的長纖維狀。

（二）細胞的構造

　　細胞的大小和形狀雖然不一致，卻有著相似的基本構造。細胞依構造分為原核細胞和真核細胞。原核生物包括細菌與藍綠菌，為單細胞生物，其細胞構造有細胞壁、細胞質和細胞膜；原核細胞的 DNA 位於特殊的單一染色體區域，缺乏核膜包覆，稱之為原核。真核細胞則包括動物與植物細胞，動物細胞主要有細胞核、細胞質和細胞膜（圖 5.2.1-1），而植物細胞則多了細胞壁（圖 5.2.1-2）。

　　1. 細胞核：細胞核為雙層膜的核膜所包圍，核膜上分布著許多小孔，具有高度的選擇性，可供蛋白質、核苷酸和RNA等大分子進出。核內充滿膠狀的核液，亦稱為核質，內含核仁和由蛋白質與 DNA 所組成的染色質。核仁由蛋白質和 RNA 所組成，是製造核糖體RNA的場所，而染色質在細胞進行分裂時，會凝聚成棒狀的染色體。細胞核為細胞的調控中樞，控制細胞的各種活動，是與遺傳訊息有關的胞器。

　　2. 細胞質：介於細胞膜和核膜之間的膠態原生質，是細胞進行代謝作用的場所，內含粒線體、高爾基體、內質網、核糖體、溶酶體、中心粒、微粒體等顆粒狀或膜狀胞器，茲說明如下：(1)粒線體外型呈桿狀，有內外兩層壁膜，內膜上有進行呼吸作用的酵素，可將物質氧化以產生能量，合成ATP（核苷三磷酸），有細胞「發電廠」之稱。(2)高爾基體是由數個扁囊膜所組成，含有特殊的酵素系統，具有分泌消化作用，是加工、包裝並配送蛋白質的工廠。(3)內質網散佈於細胞質中，為扁囊膜構成的，可協助細胞內物質的運輸，並含有特殊的酵素，進行代謝作用；多數附著核糖體，成為粗內質網，參與蛋白質的合成。(4)核糖體是含 RNA 和蛋白質的微小顆粒，為細胞內合成蛋白質的主要場所。(5)溶酶體為大小不定的球狀小泡，含水解消化酶，能將大分子物質水解，有助於細胞內各種組成物質的更新。(6)中心粒是中空圓柱體，在細胞分裂時，會複製並分別向細胞的兩極移動，合成紡錘體；高等植物無中心粒，但仍能形成紡錘體。(7)微粒體僅

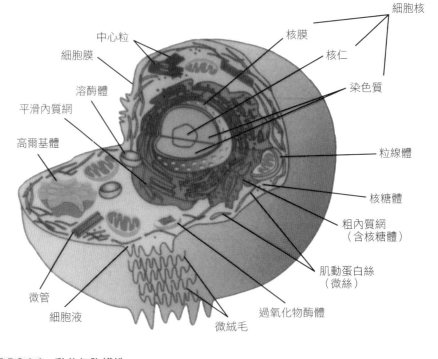

中心粒
細胞膜
溶酶體
平滑內質網
高爾基體
核膜
核仁
細胞核
染色質
粒線體
核糖體
粗內質網
（含核糖體）
肌動蛋白絲
（微絲）
過氧化物酶體
微管
細胞液
微絨毛

圖 5.2.1-1　動物細胞構造

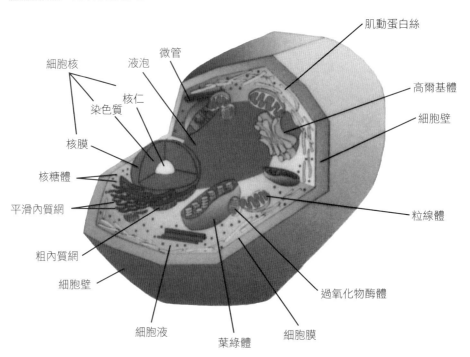

細胞核
染色質
核仁
液泡
微管
肌動蛋白絲
高爾基體
細胞壁
核膜
核糖體
平滑內質網
粗內質網
細胞壁
細胞液
葉綠體
細胞膜
粒線體
過氧化物酶體

圖 5.2.1-2　植物細胞構造

見於某些特定的細胞，如動物的肝細胞，含有特殊的酵素，可催化特定的代謝反應。

除了以上胞器外，植物的細胞在細胞質中還多了大型液泡和葉綠體。液泡為單層膜所圍成的大囊泡，含礦物鹽、醣類、胺基酸、色素及有毒的代謝廢物，可儲存養分、堆積排泄物、積存水分以維持細胞形狀，以及使植物產生膨壓而支持組織等功用。葉綠體為雙層膜包裹著葉綠餅和基質的胞器（圖 5.2.1-3），是進行光合作用的場所。基質含大量酵素，能固定二氧化碳以合成醣類；葉綠餅之膜上有葉綠素，可將光能轉變為化學能。

3.**細胞膜**：位於細胞的表面，主要成份為蛋白質和磷脂質，結構為可流動的雙層磷脂分子做為基質，蛋白質則鑲嵌其中（圖 5.2.1-4）。磷脂質的親水極性基團頭端位於表面，疏水的脂肪酸鏈則位於膜內部。細胞膜為選擇性半通透膜，是細胞的屏障，主要功能為保護細胞、營養吸收、代謝和管制細胞內外物質進出。

4.**細胞壁**：為植物所特有的構造，是細胞膜外一層由堅韌的纖維素所組成的保護結構，而原核細胞的細胞壁則主要成份為肽聚糖，具有保護及支持細胞的作用，並能固定細胞形狀。

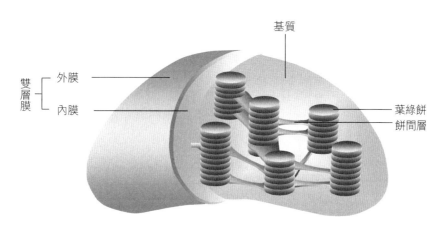

圖 5.2.1-3　**葉綠體的構造**

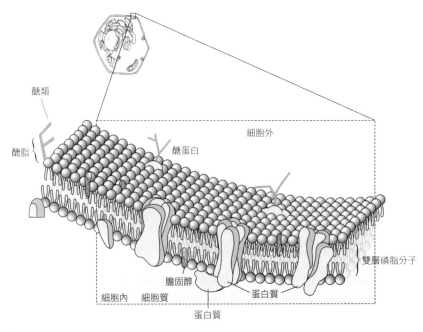

糖類

糖脂

糖蛋白

細胞外

膽固醇

細胞內　細胞質

蛋白質

蛋白質

雙層磷脂分子

圖 5.2.1-4　細胞膜的構造

5.2.2　細胞分裂

　　生物藉細胞分裂以達成生長與繁殖的功能。原核細胞的分裂方式稱為二分分裂，由於過程中無紡錘絲形成，進行簡單、迅速，亦稱無絲分裂或直接分裂。分裂過程開始於 DNA 的複製，以細胞伸長的方式，將兩團 DNA 分開；當細胞長至約原長兩倍時，細胞膜在中央處凹陷、融合，新的細胞壁形成，產生兩個與親代細胞完全相同的子代細胞。真核細胞的細胞分裂過程較原核細胞複雜許多，動物典型的生命週期中包括有絲分裂和減數分裂兩種。有絲分裂是為了參與生長和身體修補，減數分裂則是為了製造生殖細胞。

（一）有絲分裂

　　一八八○年代左右，德國生物學家佛萊明發現細胞分裂時，細胞核內發生的一連串有次序的變化過程，稱之為有絲分裂。自一個新細胞形成後到完成分裂的過程，稱為細胞週期。此週期包含二階段：間期和有絲分裂期。

　　1. **間期**：佔了細胞週期約百分之九十的時間，在此期間，細胞外觀上似無明

顯變化，實則細胞內部正為下階段的分裂進行活躍的合成代謝，可劃分為間期 I（G₁）、合成期（S）及間期 II（G₂）三個部分（圖 5.2.2-1）。G_1 期是具高新陳代謝活性的時期，這期間細胞生長、複製胞器、合成與 DNA 複製有關的酶，又稱 DNA 複製預備期。接著是 S 期，此時 DNA 被複製且染色質合成。然後是 G_2 期，這時細胞進行合成分裂所需的蛋白質，亦稱細胞分裂準備期。

2. **有絲分裂期**：此過程包含細胞核分裂和細胞質分裂，區分為四個時期：前期、中期、後期和末期（圖 5.2.2-2）。在前期，中心粒分裂並移向兩極形成星狀體，複製完成的染色質絲濃縮成短桿狀染色體，核仁、核膜消失。接著是中期，紡錘絲形成紡錘體，將兩染色分體以著絲點相連，附著於紡錘體上，再將染色體拉至赤道板，即細胞兩極的正中間區域。然後是後期，著絲點一分為二，成對的子染色分體，各自向兩極移動。到了末期，星狀體與紡錘體逐漸消散，染色體回復為網狀的染色質絲，核仁、核膜相繼出現，完成核分裂。最後細胞質分裂，形成了兩個與母細胞染色體構造和數目相同的子細胞。

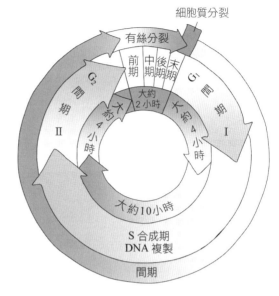

圖 5.2.2-1 　細胞週期

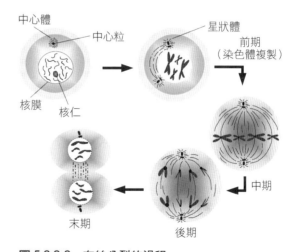

圖 5.2.2-2 　有絲分裂的過程

（二）減數分裂

減數分裂包括減數分裂 I 和減數分裂 II 兩階段，各分別經歷前期、中期、後

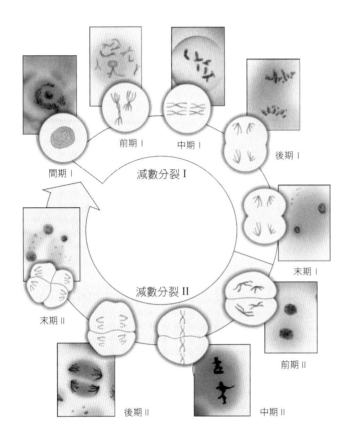

期和末期四個時期（圖 5.2.2-3）。

1. **減數分裂 I**：在前期 I，細胞內每對同源染色體，經由聯會相配成對，形成四分體，其他過程與有絲分裂前期相似。到了中期 I，四分體隨機排列於赤道板上。接著是後期 I，同源染色體相互分離，拉向兩極，與有絲分裂不同的是，子染色分體於此時並不分開。至末期 I，細胞完成第一次分裂，形成兩個子細胞。緊接著是間期，但此時期染色質無複製現

圖 5.2.2-3 減數分裂的過程

自然科學與生活科技**概論**

象，很快即進入第二次減數分裂。

2. **減數分裂 II**：類似減數分裂 I，但過程較簡單，速度更快。在前期 II，類似有絲分裂前期，每一細胞形成一新的紡錘體（與第一次分裂的紡錘體垂直），具有二分體。然後是中期 II，染色體排列至赤道板上。至後期 II，著絲點一分為二，二染色分體分別移向細胞兩極。最後到了末期，核仁、核膜形成，細胞質分裂，產生四個具有單套染色體的子細胞。

5.2.3 生殖

生殖是生物產生新個體的生命現象，不同的生物體生殖的方式不盡相同，可歸納為無性生殖和有性生殖兩種。

（一）無性生殖

無需配子的參與，直接由單一親代獨自以細胞分裂來產生子代，是最簡單而原始的生殖方式。單細胞生物與少數的多細胞生物以此方式繁殖後代，常見的無性生殖有分裂生殖、出芽生殖、裂片生殖、單性生殖、孢子繁殖，以及營養器官繁殖等。

1. **分裂生殖**：單細胞生物直接經由細胞分裂，產生兩個相同的子代，如細菌、草履蟲、眼蟲和變形蟲等。

2. **出芽生殖**：成熟的生物個體，身體某一部分的細胞行有絲分裂，而向外突出形成芽體；芽體成熟後，離開母體，成為新個體，如水螅、酵母菌。

3. **裂片生殖**：個體斷裂為許多裂片，再由裂片經細胞分裂，發育成許多小個體，如海葵、渦蟲等。

4. **單性生殖**：許多動物的卵可以不經受精作用，即可發育成新個體。此種生殖方式亦稱「孤雌生殖」，如螞蟻和蜜蜂的卵，未經受精作用可發育為雄性個體（圖5.2.3-1）。

圖 5.2.3-1　雄蜂是由蜂后以單性生殖生產的，而雌蜂則是由雙性生殖生產的

5. **孢子繁殖**：真菌、苔蘚、蕨類等生物經細胞分裂，能產生大量的孢子。孢子成熟後，離開母體，散播至適當環境中，即能萌發成新個體。

6. **營養器官繁殖**：許多植物利用根、莖或葉等營養器官來繁殖，以產生後代，如馬鈴薯、落地生根、洋蔥等。

（二）有性生殖

必須由生物的雄性個體與雌性個體，分別經由減數分裂提供配子細胞（雄性為精細胞，雌性為卵細胞）（圖5.2.3-2），再藉受精作用成為受精卵；之後，受精卵經有絲分裂，生長發育為多細胞的個體。大多數的動物和許多高等植物，均採用此種生殖方式（圖5.2.3-3）。

由於有性生殖的配子細胞在減數分裂過程中，同源染色體的隨機重組，造成了子代與親代的遺傳差異。此種變異可以應付環境不斷變化的考驗，而使個體的性狀更適合新環境，在生物演化上極為重要。

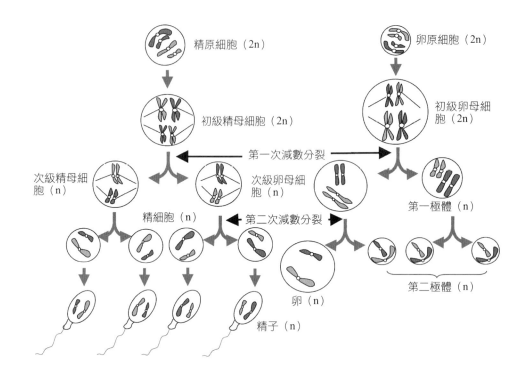

圖 5.2.3-2　有性生殖時，經由減數分裂的過程提供配子細胞

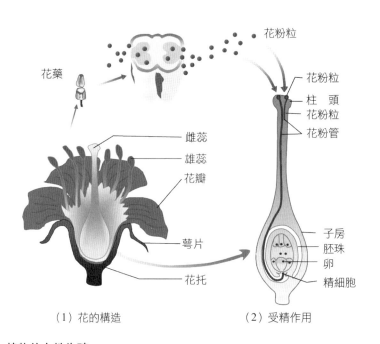

（1）花的構造　　　　　　（2）受精作用

圖 5.2.3-3　植物的有性生殖

三、生物的演化

地球上的生物是經過漫長的地質年代，從簡單原始的細胞逐步演化至複雜與高度組織化的形態；當中，歷經不斷地適應、淘汰，而形成了今日多采多姿的生命世界。由於生物生活於環境之中，與環境的關係錯綜複雜，各種環境因子作用於生命體，可能引起細胞發生變異；加之以環境對其進行的選擇，進一步導致生物的進化與多樣性，故環境是決定生物演化方向主要的原動力。

5.3.1 地球生命的演化

原始生命在三十幾億年前誕生於溫暖的海洋中，是類似細菌般構造簡單之單細胞厭氧的異營原核生物，依賴外在有機物質進行生長與繁殖；在急速擴大種群的同時，日漸耗盡原始海洋中的營養物質，因而逐步演化為最早的自營原核生物——藍綠菌。藍綠菌能自行光合作用，以合成有機養分，同時也製造出氧氣，使無氧的大氣中增加了氧含量；臭氧層於是漸漸形成，改變了地球的生態環境。後來，簡單的細胞變複雜，單細胞生物向特化和分工方向前進，逐漸演變為多細胞生物，使得藻類、海相無脊椎動物相繼出現。

由於地球環境持續在變化，生物也不斷地演化（圖 5.3.1-1）；有的生物滅絕，而新的物種則繼而代之。古生代時期由於大規模的造山運動，造成陸地的擴大，導致了生物的登陸。植物於是發展為具輸導水分和有機養分之高效維管束組織的蕨類和裸子植物，動物方面也由魚類、兩生類乃至爬蟲類陸續進化發生。中生代因氣候的轉變，裸子植物演化為被子植物；此時，爬蟲類恐龍興起，終又走向滅亡，後來演化為鳥類和哺乳類。到了新生代，各地質板塊趨於定型，氣候上經歷多次冰期；在嚴酷的自然選擇壓力下，過於大型化的動物滅絕了，被子植物則由於自身構造的優越性，一直繁茂至今。另一方面，陸生脊椎動物因恆溫動物對生活環境適應力較強，而取代了爬蟲類；於是，鳥類和哺乳類大量繁衍，且分化出眾多分支。至今約五百萬年前，南方古猿在非洲南方出現，人類的進化開始，其後並成為地球上優勢的族群。約一萬年前，冰期結束，地球上的動植物種類與氣候，大致形成目前的狀態。

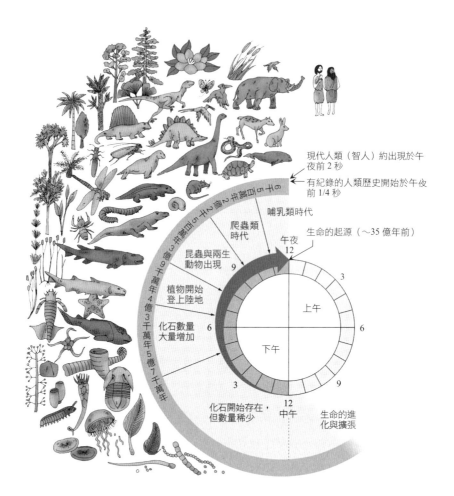

現代人類（智人）約出現於午夜前 2 秒

有紀錄的人類歷史開始於午夜前 1/4 秒

哺乳類時代

爬蟲類時代

昆蟲與兩生動物出現

生命的起源（～35 億年前）

植物開始登上陸地

化石數量大量增加

化石開始存在，但數量稀少

生命的進化與擴張

上午

下午

午夜 12

中午 12

圖 5.3.1-1　地球生物演化史

5.3.2　演化的機制

　　根據大量的證據，包括來自化石紀錄、生物地理學、比較解剖學、比較胚胎學和比較生化學，均顯示了生物演化的事實。然而對於解釋演化的機制，仍處於假說階段，主要有拉馬克的「用進廢退說」和達爾文的「進化論」。

（一）拉馬克的用進廢退說

　　法國博物學家拉馬克是科學進化論的創始人，認為自然的力量使演化趨向於複雜且近似完美。一八〇九年，他發表對進化的觀點，提出「用進廢退說」，主

張生物為適應環境的需求，會改變其特質，經常使用的器官會更發達，不用的器官則退化。這種變異會遺傳給子代（獲得性遺傳），導致生物的演化；如長頸鹿常伸長脖子吃食樹葉，於是演變為長脖子（圖 5.3.2-1）。

圖 5.3.2-1　拉馬克認為長頸鹿的長脖子，是不斷拉伸取食的結果

　　後來，德國生物學家魏斯曼（August Weismann, 1834~1914）經實驗證實，後天獲得的特質並不能遺傳給子代，使得拉馬克的學說不再受重視。雖然拉馬克對獲得性遺傳的假設並不正確，然而他能違背當時的主流看法，提出物種會隨時間演變，且解釋了物種在環境中的適應現象，對進化思想仍可謂貢獻良深。

（二）達爾文的進化論

　　一八三一年，達爾文（圖 5.3.2-2）隨英國海軍探測艦「小獵犬號」（圖 5.3.2-3），到世界各地展開探險之旅，目睹了地球上物種的多樣性。途經南美洲太平洋上的加拉巴哥群島，從島上生物的觀察，對進化論有了革命性的觀點（圖5.3.2-4）。而且，途中深受英國地質學家賴爾的《地質學原

圖 5.3.2-2　年輕時的達爾文

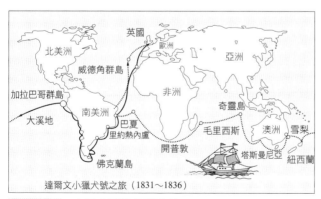

達爾文小獵犬號之旅（1831～1836）

圖 5.3.2-3　小獵犬號航行的路線

圖5.3.2-4　達爾文注意到雀鳥的喙因食物不同而有各種形狀

理》所啟發，書中指出目前地球表面的高山、河流、湖泊、海洋以及沙漠等，都是經過長時間緩慢而持續的自然演變而成。之後，又受到英國經濟學家馬爾薩斯（Thomas Robert Malthus, 1766~1834）的「人口論」影響，學說中論述糧食產量是按算術級數增加，而人口則以幾何級數成長；由於糧食供不應求，因而終將發生饑荒與戰爭，造成生存競爭和不適者淘汰。再者，達爾文觀察到人為的育種行為，利用人為的選擇繁殖，可在數代裡培育各式不同品系的物種。

一八五八年，他與另一位英國博物學者華萊士（Alfred Russel Wallace, 1823~1913）共同發表「天擇說」（又稱「自然淘汰說」）的進化論觀點，翌年出版了《物種起源》。其學說主要內容如下：

1. **遺傳變異**：同物種的許多個體間，其性狀上會有差異，某些差異是可以遺傳的。

2. **過度繁殖**：物種因生殖而產下子代的數量，大過於親代。經過世代生殖累積的結果，生物族群過大，因而造成糧食與空間的不足。

3. **生存競爭**：因生存條件受到威脅，而引起個體間的環境競爭。

4. **適者生存**：由於各物種族群中個體之間的差異，造成適應性的不同。生存競爭的結果，只有具有利的遺傳變異性狀的個體得以生存下來，並繁殖下一代。反之，其他不適合的性狀則受到淘汰。

生物的進化是變異與環境交互作用所產生的結果，這種交互作用就是天擇。因此，天擇決定了生物演化的方向。由此可知，生物演化必須具備兩大條件，首先是要在同種諸個體間產生遺傳變異，其次是天擇作用。

四、遺傳與基因

自古以來，人類就已知曉「種瓜得瓜，種豆得豆」的道理，生物的個別特徵可經由親代傳承予子代，即所謂生物的遺傳性。直到二十世紀初，科學家揭示了遺傳的機制，明白生物的遺傳性狀是藉由位於染色體上的基因來進行傳遞。

5.4.1 孟德爾的遺傳法則

達爾文的學說強調了影響物種差異的外在因素，但對於更重要的內部要素——遺傳變異，並未能給予充分的解釋。一八五七年，奧地利修士孟德爾對其修

道院後花圃裡的豌豆，利用人工異花授粉的方式，分別針對豌豆的七種性狀，進行雜交試驗（圖 5.4.1-1）。他運用數學的方法對雜交後代之性狀做出統計與分析，經過為期八年的研究，於一八六五年發表〈植物的雜交實驗〉，提出了遺傳法則，奠定了現代遺傳學的基礎，後人尊稱為遺傳學之父。

　　孟德爾的遺傳法則包含三個部分：顯隱性法則、分離律，和自由組合律，茲分述如下：

（一）顯隱性法則

　　生物的遺傳性狀是由基因所控制，而控制每一性狀的基因是成對存在的，稱為對偶基因。對偶基因組合的方式，稱為基因型；而由基因型所表現出的性狀，稱為表型。基因型由相同兩個對偶基因組成者，是同型合子（如 TT, tt）；若兩對偶基因相異，則為異型合子（如 Tt）。孟德爾發現，決定豌豆性狀的基因有顯

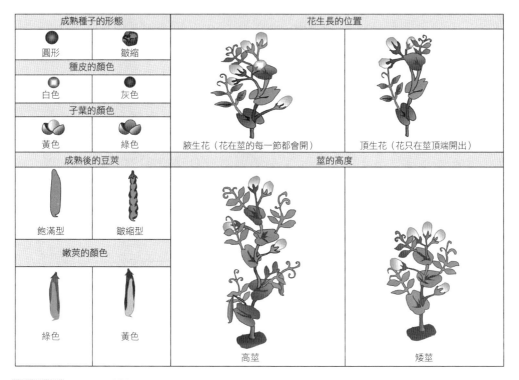

圖 5.4.1-1　孟德爾針對豌豆的七種性狀進行單因子雜交實驗

第五章　生命的傳承

213

性和隱性的區別（表 5.4.1-1），當顯性與隱性基因同時存在時，只有顯性基因控制的性狀才會表現出來。例如，豌豆莖高的性狀有高莖和矮莖兩種型態，決定莖高的基因中，高莖基因（T）是顯性，而矮莖基因（t）是隱性，所以純品種的高莖（TT）和矮莖（tt）豌豆所產生的第一子代 F1 皆為高莖（Tt）。

表 5.4.1-1　孟德爾以第一子代進行單因子雜交實驗，結果顯示顯性個數與隱性個數比約為 3:1

親代的性狀		F1	F2		F2 比例
			顯性	隱性	顯性／隱性
種子	圓×皺	圓	5,474	1,850	2.96：1
	黃×綠	黃	6,022	2,001	3.01：1
豆莢	飽滿×皺縮	飽滿	882	299	2.95：1
	綠×黃	綠	428	152	2.82：1
花	紫花×白花	紫花	705	224	3.15：1
	腋生×頂生	腋生	651	207	3.14：1
莖	高×矮	高	787	277	2.84：1

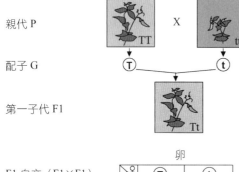

親代 P

配子 G

第一子代 F1

F1 自交（F1×F1）

第二子代 F2

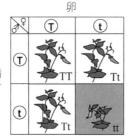

卵

精子

表型

3 □ ： 1 ▨
　高莖　　矮莖

圖 5.4.1-2　遺傳性狀的組合可以棋盤方格表示

（二）分離律（或稱孟德爾第一定律）

以第一子代 F1 之間進行單因子雜交試驗，在形成配子時，對偶基因 T 與 t 彼此分離，雄或雌配子各具有對偶基因中的一個。因此，在第二子代 F2 中，出現了隱性的表型（tt），其顯性性狀與隱性性狀的個數比為 3:1（圖 5.4.1-2）。

（三）自由組合律（或稱孟德爾第二定律）

孟德爾接著針對豌豆的兩種不同性狀，進行雙因子的雜交試驗，例如，純品系的黃色圓皮種

子（RRYY）以及綠色皺
皮種子（rryy）。正如預
期的，所產生的第一子代
F1 均為顯性性狀的黃色
圓皮種子（RrYy），第
二子代則出現四種不同的
表型，分別為黃色圓皮、
綠色圓皮、黃色皺皮和綠
色皺皮，其比例為 9：
3：3：1（圖 5.4.1-3）。
此結果顯示，兩組對偶基
因，可以獨立自由地相互
組合而進入配子當中。這
一事實不僅證明了分離律

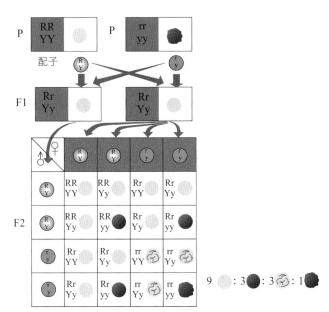

圖 5.4.1-3　孟德爾雙因子雜交試驗的結果分析

的正確，還同時表明了雜交子代的性狀在遺傳中出現了隨機組合的現象。此項結
果的推算，可以簡便的棋盤方格來表示。

　　孟德爾的遺傳定律在當時並不為科學界所賞識，直到他去世十六年後，其理
論才開始受到重視，並由此開啟了遺傳學的大門。

5.4.2　基因與染色體

　　生物的遺傳性狀既然由基因所控制，那麼基因是什麼？又是位於何處？孟德
爾當時並不明白。到了十九世紀末期，由於細胞學的蓬勃發展，能以顯微鏡觀察
到細胞分裂時染色體的動態，發現生殖細胞分裂時的染色體行為，與孟德爾的遺
傳基因理論是平行的。科學家於是意識到，染色體有可能是遺傳的重要物質。

（一）染色體遺傳學說

　　一九〇二年，美國生物學家洒吞從觀察進行減數分裂的生殖細胞，發現同源
染色體互相分離，非同源染色體自由組合的情況。基於此種與基因平行的行為，
他於是推論基因是位於染色體內，因而提出「染色體學說」。

　　「染色體學說」的基本內涵包含以下幾點：

1. 遺傳的單位——基因是位於染色體內，對偶基因分別位於成對的同源染色體上（圖 5.4.2-1）。

2. 細胞進行減數分裂時，同源染色體的對偶基因相互分離，各自進入一個配子細胞內，所以配子細胞所含染色體只有體細胞的一半（圖 5.4.2-2）。此點與孟德爾的分離律說法一致。

3. 減數分裂進行時，配子細胞中染色體的非對偶基因可以自由組合。這與孟德爾的自由組合律相符。

4. 含單倍數染色體的雌雄配子受精後，新個體含有與親代體細胞相同的二倍體。此點等同於孟德爾所稱子代係由兩親代分別提供相等的遺傳因子。

由於生物體的遺傳性狀遠多於染色體的數目，薩吞推論每條染色體必然帶有多種不同的基因。這些連鎖於一條染色體上的許多基因，在細胞進行減數分裂時，並不能發生分離及自由組合之現象，稱為連鎖群。每一生物細胞內連鎖群的數目，等於染色體的對數。

圖 5.4.2-1　對偶基因分別位於成對的同源染色體上

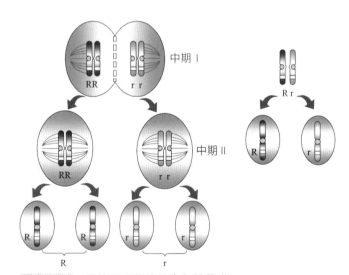

圖 5.4.2-2　孟德爾分離律的染色體基礎

（二）基因連鎖與互換

基因與染色體的平行對等行為，強力地支持基因是存在於染色體的說法。然而，並無直接或確實的證據指出特定基因和特定染色體是連在一起的，此點後來由遺傳學家利用果蠅實驗獲得證明。

一九○九年，美國遺傳學家莫甘開始透過果蠅實驗研究遺傳現象，發現了第三大遺傳規律——連鎖與互換，他是繼孟德爾之後對遺傳學貢獻極大的人。由於果蠅的體型小、易於飼養、繁殖力強、生命週期短，且染色體數目只有四對，故便於做遺傳觀察與分析。莫甘將雌性紅眼果蠅與突變種的雄性白眼果蠅雜交，發現第一子代全是紅眼果蠅，而第二子代紅眼果蠅與白眼果蠅的數目比為 3：1，與孟德爾的理論相符。然而，所有的白眼果蠅均為雄性，這顯示了白眼基因與性別有關。因此，莫甘假設控制眼睛顏色的基因是位於 X 染色體上，而 Y 染色體上不攜帶此等位基因，實驗結果於是得到圓滿解釋。這使得「基因位於染色體」的假說獲得堅實的基礎，而且是把一特別基因（白眼基因）歸屬於一特定染色體（X 染色體）上。後來，與 X 染色體上攜帶的基因有關的遺傳方式，即稱為「性聯遺傳」，如人類的血友病、色盲、肌肉萎縮症等疾病，均是以此種方式遺傳的。

許多基因存於同一條染色體上，在減數分裂時，隨染色體一起至一配子中，稱為「基因連鎖」。莫甘與他的學生透過反覆的實驗，證實果蠅的多種基因，如眼色、體色，和翅膀等，連鎖於 X 染色體上。由於在生殖細胞形成過程中，同源染色體進行配對時，有時會發生片段的互換，產生基因重組，且互換率與染色體上基因間的距離有關。因此，莫甘得以製作出染色體上基因的相對位置之「基因連鎖圖」，並證實了基因在染色體上呈直線排列。

（三）性別的遺傳

生物的染色體數目因物種而異，與物種在演化中的層級高低並無關係。對某些物種而言，性別的決定與環境因子有關；例如，有些爬蟲類的卵暴露在高溫下，多數會產生雄性。然而，對大部分的物種而言，性別是由染色體差異及其上的基因所決定。與性別有關的染色體，稱為「性染色體」，在受精作用時隨染色體的傳遞而決定後代性別（圖 5.4.2-3）。

人類與果蠅等多數物種的性染色體是屬於 XX-XY 型，亦即雌性的一對性染色體，其大小和形狀皆相同，為 XX 同配子性（homogametic sex）；而雄性只有一個 X 染色體，另一個則是與之大小和形狀皆異的 Y 染色體，為 XY 異配子性（heterogametic sex）。鳥類、蝴蝶等物種則正好相反，牠們是屬於 ZW-ZZ 型，即雌性是異配子性，而雄性為同配子性。大部分的昆蟲是屬於 XX-XO，如蝗蟲，

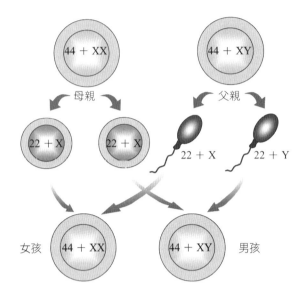

圖 5.4.2-3　人類性別的決定

其雌性比雄性多一條性染色體。至於雌雄同株的植物和雌雄同體的動物，則不具性染色體。

　　Y 染色體對於性別的影響，不同生物間互有差異。在人類中，只要有 Y 染色體即為男性，如 XY、XYY、XXY。對果蠅而言，決定雌性的基因是在 X 染色體上，Y 染色體與決定雄性性別無關，其作用在使雄果蠅具生殖能力。例如 XO 的果蠅為雄性，但無生殖能力；而XXY的果蠅為正常的雌性，減數分裂時產生XX或 Y 染色體。

5.4.3　遺傳的類型

　　基因控制生物的性狀，大部分的性狀是由單一基因控制，而有些性狀則由多基因控制。

（一）單基因遺傳

　　由一對基因所控制的遺傳，控制此類遺傳的基因分為：完全顯性、不完全顯性、等顯性與複對偶基因。

　　1. 完全顯性：在對偶基因中，只要有顯性因子存在時，隱性因子則無法表現，如孟德爾的豌豆遺傳、人類的許多性狀的遺傳等。

　　2. 不完全顯性：對偶基因無顯隱性之分，若兩基因同時存在時，則兩基因皆會表現，但皆不能完全表現，異型合子的表型會介於兩種同型合子的表型之間。其遺傳方式仍符合孟德爾的分離律，例如純系紅花與白花的金魚草交配，其 F1 皆是粉紅花，F2 的表型有三種，紅：粉紅：白＝ 1：2：1。

　　3. 等顯性：對偶基因無顯隱性之分，當兩基因同時存在時，則兩基因皆會表現，異型合子的表型會同時具有兩種同型合子的表型。其遺傳方式亦符合孟德爾

的分離律，例如人類 ABO 血型的 I^A、I^B 基因，同時具有 I^A 與 I^B 基因的 AB 型，其紅血球表面同時含有 A 抗原和 B 抗原。

4. 複對偶基因：某些遺傳性狀之對偶基因有兩種以上者，但一對同源染色體僅能選取其中兩種。其遺傳方式符合孟德爾遺傳法則，如控制人類血型的基因有 I^A、I^B、i 三種（圖 5.4.3-1）。

（二）多基因遺傳

生物的性狀由兩對或兩對以上的對偶基因所決定，而顯性或隱性基因對該性狀的影響相同且具有累加的作用，使其性狀表現出不同程度的差異，又稱為連續性差異遺傳。例如人類的身高、膚色（圖 5.4.3-2）、智慧，及植物果實的重量與果蠅身體的大小等。

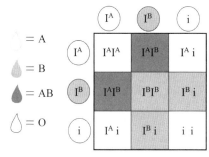

圖 5.4.3-1　人類的血型屬單基因遺傳，其對偶基因有 I^A、I^B、i 三種，其中 I^A 和 I^B 分別對 i 為顯性，而呈現出四種血型

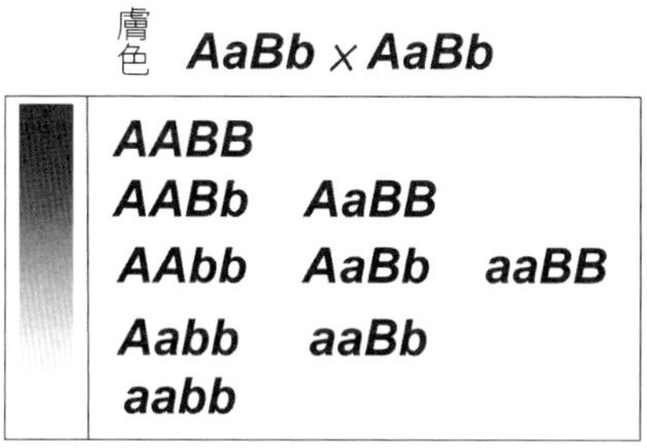

膚色 **AaBb × AaBb**

AABB
AABb　AaBB
AAbb　AaBb　aaBB
Aabb　aaBb
aabb

圖 5.4.3-2　膚色屬多基因遺傳，以父母兩人皆是 AaBb 基因為例，產生的後代有九種可能組合，但以顯性基因的多寡來排序分類的話，含顯性基因愈多的組合，其膚色將愈黑

5.4.4　遺傳與環境

生物大部分的性狀與行為是遺傳與環境共同作用的結果。先天的遺傳基因決定了人的基本外貌、智力、性格等屬性，但後天的環境因素，如營養、知覺、情緒、經驗、認知等刺激，則會對基因的表現、神經元的生長與連結，以及訊息傳遞的效率上，造成莫大的影響。

神經細胞又稱神經元，為枝狀的神經纖維，是神經系統構造和功能的基本單位。腦中有數以億計的神經元，形成了高度複雜的網路。神經元之間有突觸相

會，以傳遞神經衝動（圖 5.4.4-1）。人的性格與突觸上的神經傳遞物質有關，也就是突觸傳遞訊息的方式因人而異。基因並非決定突觸的所有功能，突觸的功能也會隨環境的刺激而改變；外界的刺激改變基因活動，產生新的迴路，神經網路於是因應外界的刺激而變化。神經科學的許多項研究顯示，不只是細胞核裡的遺傳訊息決定了神經元的構造，外來的刺激亦會改變其結構。即使同卵雙胞胎具有完全相同的遺傳序（圖 5.4.4-2），基因活動會隨環境的些微差異而產生改變，因而造成彼此性格的差異。

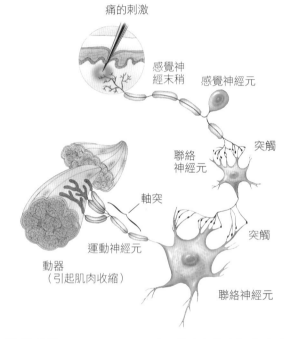

痛的刺激
感覺神經末稍
感覺神經元
突觸
聯絡神經元
軸突
突觸
運動神經元
動器
（引起肌肉收縮）
聯絡神經元

圖 5.4.4-1　神經元在突觸相會，藉由釋放突觸中的神經傳遞物，以傳導神經衝動

圖 5.4.4-2　同卵雙胞胎具有相同的遺傳基因，但環境因素造成基因活動的差異，使其表現出來的行為並無法完全相同

基因與環境的複雜互動關係，常常是超乎想像的。就算在同樣的大環境下，還可能存在許多非共享環境，由個人天生的基因所主導。至於環境因子，例如光照、壓力、飲食等等，更可以經由神經內分泌系統造成基因的改變。疾病的發生，如高血壓、糖尿病、氣喘，甚至癌症等等，往往就是在基因與環境的交互作用下所造成的。基因雖決定人類的性狀亦掌控人類的行為，但環境能破壞基因遺傳的穩定性。高頻輻射、化學物質、病毒等引起的物理和化學因素，都能造成遺傳密碼的變異，導致自發性流產、胎兒畸型、先天缺陷、遺傳疾病等。人的心理發展亦是如此，不能單從遺傳因素著眼，更不能過分強調遺傳的作用，必須正視環境因子的影響。藉由適當的環境，讓先天的遺傳優勢能被引發出來，而先天的弱勢能加以提升

或改變。因此，遺傳和環境同等重要，人的成長取決於兩者之間複雜的相互作用。

五、探索生命的雙螺旋——DNA

雖然許多遺傳現象證實了基因的存在，而且，基因是位於染色體上，但是基因是什麼？它的組成與構造為何？遺傳的訊息又是如何傳遞的？從一九四〇年代起，這些問題陸續得到解答，從而開啟分子遺傳學的篇章，邁向揭開生命起源的奧祕之路（圖 5.5）。

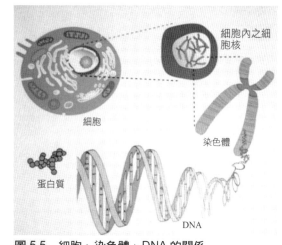

圖 5.5　細胞、染色體、DNA 的關係

5.5.1　遺傳物質 DNA

染色體是細胞核中載有遺傳基因的物質，在顯微鏡下呈絲狀或棒狀；當細胞進行有絲分裂時，由於其容易被鹼性染料著色而得名。染色體是由核酸和蛋白質組成，那麼，負責性狀遺傳的物質究竟是蛋白質，還是核酸？抑或是兩者？

在一九四〇年代以前，生物學家已知核酸的成分是核糖核酸（RNA）和去氧核糖核酸（DNA）。這兩種大分子物質在組成上十分相似，都是由核苷酸重複所構成；核苷酸則是依磷酸根、核糖、鹼基的順序連接而成。鹼基分成四種，RNA 的鹼基是腺嘌呤（A）、鳥糞嘌呤（G）、脲嘧啶（U）、胞嘧啶（C）（圖 5.5.1-1），而 DNA 的鹼基為腺嘌呤、鳥糞嘌呤、胸腺嘧啶（T）、胞嘧啶（圖 5.5.1-2）。

組成蛋白質的胺基酸有二十種，蛋白質分子千變萬化、三度空間構造複雜、酵素的表現優異；而僅由四種核苷酸重複組成的核酸，似乎不足以承擔生命個體複雜性或物種多樣性的任務。因此，當時的科學家普遍傾向於認為，結構複雜的蛋白質是遺傳資訊的載體。

一九二八年，英國微生物學家格里夫茲利用兩種肺炎雙球菌株 R 型（無莢

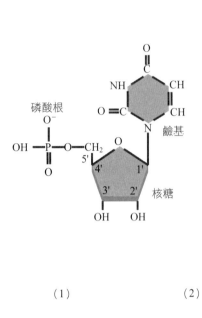

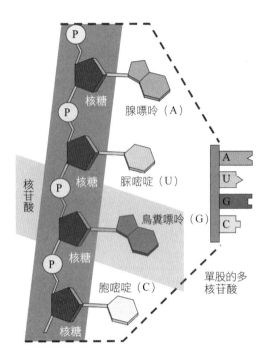

（1）　　　　　　　　　　（2）

圖 5.5.1-1　（1）組成 RNA 的核苷酸（脲嘧啶）（2）RNA 的組成與構造

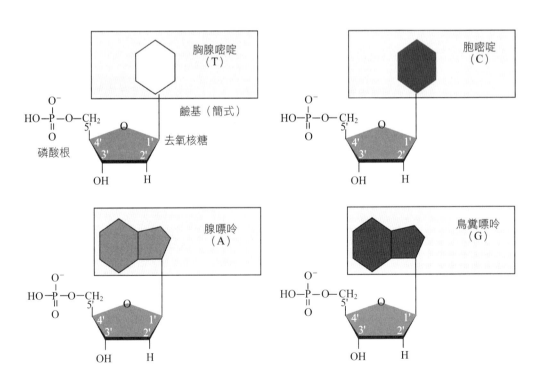

圖 5.5.1-2　組成 DNA 的四種核苷酸

膜、無致病性、菌落粗糙）及S型（有莢膜、致病性、菌落光滑），對老鼠做實驗（圖 5.5.1-3）。他發現死的 S 型和活的 R 型能產生一種反應，促使 R 型轉化成 S 型，稱此為性狀轉化。也就是說，肺炎雙球菌的細胞內含一種轉化物質，具有能力使細胞轉化。一九四四年，美國細菌學家<u>艾弗里</u>經實驗證實是 S 型菌的 DNA 進入了 R 型菌（圖 5.5.1-4），使其轉化為新的 S 型致病肺炎雙球菌，亦即

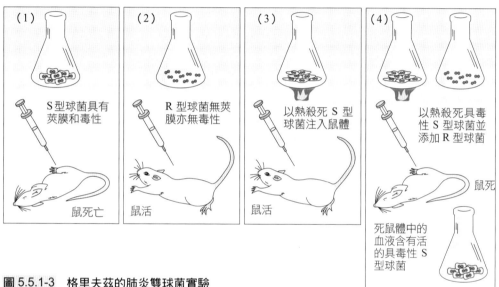

圖 5.5.1-3　格里夫茲的肺炎雙球菌實驗

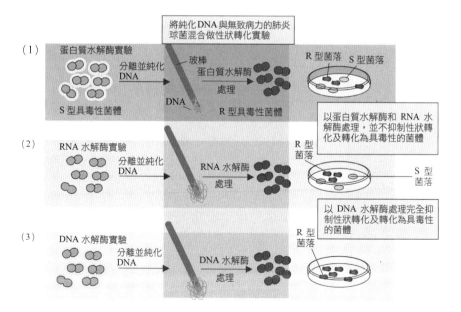

圖 5.5.1-4　<u>艾弗里</u>等人以實驗證實，引起肺炎雙球菌性狀轉化的物質是 DNA

DNA 為遺傳物質。後於一九五二年，美國生物學家赫希和蔡斯利用含有放射性物質（³⁵S 標記蛋白質，³²P 標記 DNA）的噬菌體感染細菌，以追蹤蛋白質和 DNA，進一步證實是 DNA 攜帶了遺傳信息（圖 5.5.1-5）。

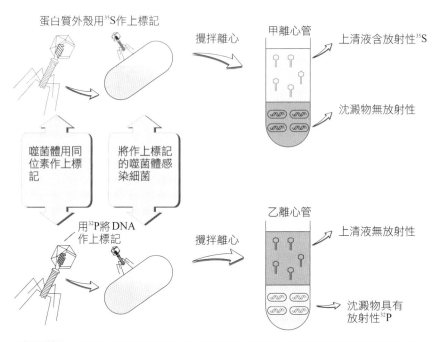

圖 5.5.1-5　**赫希和蔡斯以放射性物質標識的噬菌體，證實了遺傳物質是 DNA**

5.5.2　DNA 的分子結構

　　DNA 的單位是核苷酸，即核苷與磷酸根的組合，而核苷是由鹼基和去氧核糖（五碳糖）所構成。組成 DNA 的鹼基有 A、G、T、C 四種，因此，核苷酸也有四種，即 d-AMP、d-GMP、d-TMP 與 d-CMP。d 代表五碳糖為去氧核糖，MP 代表含單一磷酸。

圖 5.5.2-1　**華生和克里克與其雙螺旋結構的 DNA 分子模型**

　　一九五三年，兩位分子生物學家美國的華生和英國的克里克根據 X 射線繞射分析，共同提出 DNA 分子的雙股螺旋模型，用以說明 DNA 分子的構造（圖 5.5.2-1）。DNA 分子為兩股多核苷酸鏈構成的雙螺旋，兩股互相平行，呈螺旋的梯狀（圖 5.5.2-2）。多核苷酸鏈是以核苷酸為單位所

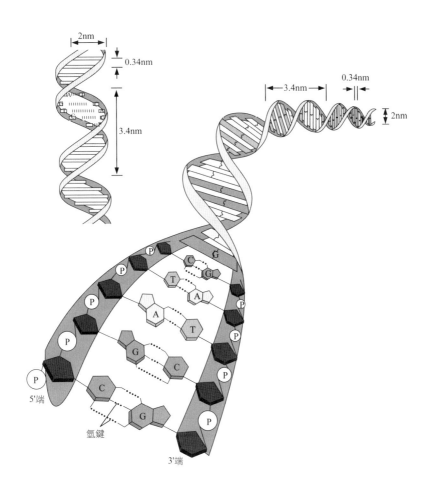

圖 5.5.2-2 DNA 的構造

組成，兩股多核苷酸鏈的內側，以鹼基相連，且 A 與 T、G 與 C 配對，成對的鹼基則以氫鍵連接。每個鹼基對間的距離是 3.4Å，而每一螺旋單位的長度是 34 Å，亦即包含有 10 對鹼基，而螺旋直徑為 20 Å。箭頭的方向代表這兩股為反向平行，若其中一股從上而下是 5' → 3'，則另一股必是 3' → 5'。在 DNA 分子中，相互對應的鹼基稱為互補鹼基，兩股多核苷酸鏈為互補鏈。多核苷酸鏈的鹼基排列順序，決定了核苷酸排列的次序，稱為 DNA 的序列。由於雙螺旋之間的鹼基是互補的，所以任何一段 DNA 中 A 與 T、或 C 與 G 的數目必相等；而且知道 DNA 一股中的鹼基序列，就能推知另一股中的序列。特定的鹼基序列構成 DNA 分子的特異性，那正是決定遺傳信息的密碼。

5.5.3　DNA 的複製

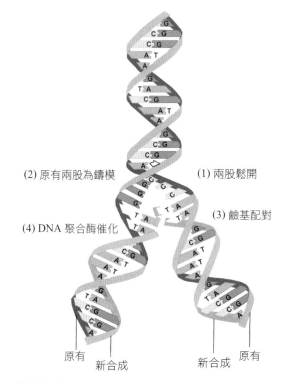

(1) 兩股鬆開

(2) 原有兩股為鑄模

(3) 鹼基配對

(4) DNA 聚合酶催化

原有　新合成　　新合成　原有

圖 5.5.3-1　DNA 的半保留複製

在細胞分裂前，DNA 得先行複製（圖 5.5.3-1）。複製時，解螺旋酶將 DNA 雙螺旋如同拉開拉鍊般，解開成兩股單獨的多核苷酸鏈，分別作為「模板」。此時，DNA 聚合酶會找出相對應的核苷酸，雙向複製合成對應的新股。然後，接合酶將核苷酸一一連接，DNA 分子因此複製為兩個雙螺旋分子。複製完成的兩個 DNA 分子，各保留一舊股，而複製一新股，這種複製方式，稱為「半保留複製」。

5.5.4 基因表現

　　基因是由 DNA 的片段所構成，DNA 會根據所攜帶的遺傳密碼，以支配特定的蛋白質合成，從而表現其特定的遺傳性狀，稱之為「基因表現」。基因表現的程序是構成基因的 DNA，藉由細胞內的轉錄過程製造 RNA，RNA 中的信使 RNA（mRNA）錄製有基因的遺傳信息；而 RNA 則經轉譯過程合成特定胺基酸多肽鏈，這些多肽鏈再透過摺疊及修飾的工作，形成有活性的蛋白質。蛋白質是構成細胞的主要成分之一，還包括了攜帶氧氣的血紅素和負責催化無數生化反應的酵素，為掌控細胞與生物生理的主要物質。一旦細胞中蛋白質的構造發生變異，或缺少促進化學反應的酵素，遺傳性狀便會受到影響。

（一）遺傳密碼

　　DNA 分子的鹼基序列，攜帶著基因遺傳信息的密碼，這些密碼是決定生物

體內蛋白質如何組合鍵結，以及其纏繞摺疊的方式。一九六一年，美國生化學家尼侖伯格實驗發現三個鹼基組成了一個密碼子，一個密碼子則可決定一種胺基酸；而同一種胺基酸亦可由多個密碼子決定。以與 DNA 形成互補的 mRNA 密碼子為例，如苯丙胺酸之密碼子為 UUU 外，尚有 UUC；這些決定同一種胺基酸的數個密碼子，稱為同義碼。有三個密碼子 UAA、UAG 和 UGA，並不決定胺基酸，而是合成蛋白質時的終止密碼子。二十種胺基酸的密碼子，已於一九六七年全數找出（表 5.5.4-1）。

表 5.5.4-1　mRNA 的密碼子

第一鹼基	第二鹼基				第三鹼基
	U	C	A	G	
U	UUU 苯丙胺酸	UCU 絲胺酸	UAU 酪胺酸	UGU 半胱胺酸	U
	UUC 苯丙胺酸	UCC 絲胺酸	UAC 酪胺酸	UGC 半胱胺酸	C
	UUA 白胺酸	UCA 絲胺酸	UAA 終止密碼子	UGA 終止密碼子	A
	UUG 白胺酸	UCG 絲胺酸	UAG 終止密碼子	UGG 色胺酸	G
C	CUU 白胺酸	CCU 脯胺酸	CAU 組胺酸	CGU 精胺酸	U
	CUC 白胺酸	CCC 脯胺酸	CAC 組胺酸	CGC 精胺酸	C
	CUA 白胺酸	CCA 脯胺酸	CAA 麩胺醯胺	CGA 精胺酸	A
	CUG 白胺酸	CCG 脯胺酸	CAG 麩胺醯胺	CGA 精胺酸	G
A	AUU 異白胺酸	ACU 蘇胺酸	AAU 天門冬醯胺	AGU 絲胺酸	U
	AUC 異白胺酸	ACC 蘇胺酸	AAC 天門冬胺酸	AGC 絲胺酸	C
	AUA 異白胺酸	ACA 蘇胺酸	AAA 離胺酸	AGA 精胺酸	A
	AUG（起首密碼子）甲硫胺酸	ACU 蘇胺酸	AAG 離胺酸	AGG 精胺酸	G
G	GUU 纈胺酸	GCU 丙胺酸	GAU 天門冬醯胺	GGU 甘胺酸	U
	GUC 纈胺酸	GCC 丙胺酸	GAC 天門冬醯胺	GGC 甘胺酸	C
	GUA 纈胺酸	GCA 丙胺酸	GAA 麩胺酸	GGA 甘胺酸	A
	GUG 纈胺酸	GCG 丙胺酸	GAG 麩胺酸	GGG 甘胺酸	G

（二）RNA 的構造和種類

　　RNA 為單股的多核苷酸鏈，有別於 DNA 組成的去氧核糖，其五碳糖中的第二個碳仍保有著-OH 基，並無去掉 O，鹼基則是由 A、U、G、C 四種構成；配對時，A 與 U、C 與 G 相配。RNA 可依其功能而分為三類，它們都參與蛋白質的合成。

　　1. mRNA（messenger RNA／信使 RNA）：轉錄 DNA 的遺傳訊息，為合成蛋白質的仲介。

　　2. tRNA（transfer RNA／轉送 RNA）：攜帶胺基酸，為合成蛋白質的工人；

一個 tRNA 可攜帶一種胺基酸，有的胺基酸可由數種 tRNA 攜帶。

3. rRNA（ribosomal RNA ／**核糖體** RNA）：與蛋白質結合，形成核糖體，為合成蛋白質的場所。

（三）轉錄作用

DNA 存在著生物體的遺傳訊息，位於細胞核內，因此轉錄作用在細胞核中進行。轉錄時，雙股的 DNA 分子自某處解開、伸直，以其中的一股為模板，三磷酸核苷（ATP、UTP、CTP、GTP）為原料，然後依模板上的密碼，製造出相對的一條 mRNA（圖 5.5.4-1）。經轉錄過程，DNA 所含的遺傳訊息便抄錄到 mRNA 中。待某段基因被完全轉錄後，DNA 於是關閉起來，mRNA 則會離開細胞核，進入細胞質中。

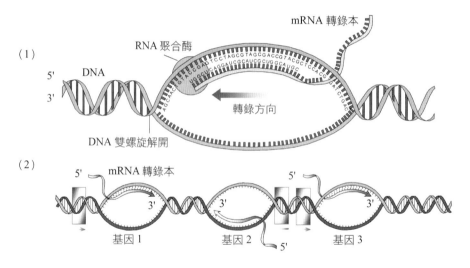

圖 5.5.4-1　細胞核中的轉錄作用

（四）轉譯作用

在細胞質中，mRNA 在 rRNA 的輔助下，與核糖體結合。tRNA 攜帶胺基酸至核糖體，以補密碼方式轉譯 mRNA 的密碼子，並在酵素的催化下，譯成特定胺基酸多肽鏈（圖 5.5.4-2）。多肽鏈離開核糖體後，經過適當地摺疊與修飾後，形成一具有特定功能的蛋白質（圖 5.5.4-3）。

蛋白質的合成過程中，儘管有許多仲介物的參與，但還是由發號施令的DNA

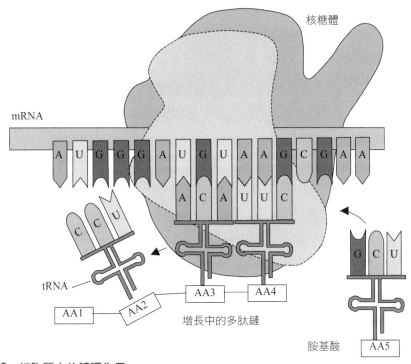

圖 5.5.4-2　細胞質中的轉譯作用

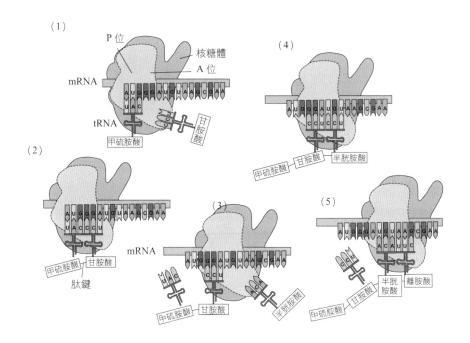

圖 5.5.4-3　蛋白質的合成

起了主宰作用。組成蛋白質的胺基酸之種類、順序與數目，均由 DNA 所決定。這個過程即為克里克於一九五七年所提出的「中心法則」，顯示遺傳信息流的傳遞方向「DNA → RNA → 蛋白質」（圖 5.5.4-4）。生命起源的主要奧祕於焉被解開，所有生物的密碼是相通的。這是生物界的一大發現，自此可以說明今日現存的生物都是來自共同的祖先。

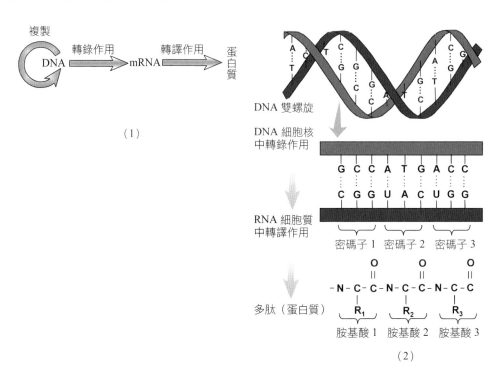

図 5.5.4-4　（1）「中心法則」顯示遺傳訊息流動方向（2）轉錄與轉譯作用形成蛋白質

5.5.5　基因調控

　　人體內有數百種不同細胞，所有的細胞均具有相同的基因藍圖，但每種細胞僅表現所有基因的一部分，因而顯示出不同的構造和功能。究竟是什麼決定細胞分化成骨骼細胞、分化成神經元，或分化成生殖細胞？再者，基因活動雖與酵素的作用有關，但不能毫無節制，否則細胞內的代謝活動勢必大亂。因此，必然存在一調控機制，以調控基因的表現。此一調控作用是生物體的基礎特性之一，法國科學家莫諾與賈可布於一九六一年發表「蛋白質合成中的遺傳調節機制」，提出「乳糖操縱子」模型，開創基因調控的研究（圖 5.5.5-1）。

基因表現有許多都是在 DNA 或 RNA 層次的調控，細胞可以藉開關某基因，開啟或關閉相對應蛋白質的表現。而最重要的是轉錄的調控，基因轉錄的調控是利用轉錄的調控蛋白（不同細胞中含有不同的調控蛋白），在基因的前端（調控區）指揮該基因能否被轉錄出 mRNA。mRNA 生成後，在原核細胞可以很快轉譯出蛋白質，但在真核細胞中又可以有許多調控機制，控制著由 mRNA 到蛋白質的轉譯過程；而所轉譯出的蛋白質或酵素，又受到很多方式所調節。

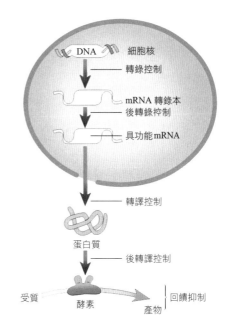

圖 5.5.5-1　真核細胞基因表現的調控

六、DNA 與人生

生命的訊息是以 DNA 的語言寫成的，因此藉由對 DNA 的了解，可以解決生活中的許多問題（圖 5.6）。特別是它提供了諸多使人致病的原因，從中建議診斷的方向與開拓治療的契機。生命的形式各不相同，我們必須學會尊重生命的多樣性，基因庫、種源資料庫，以及遺傳信息的儲存、傳遞，與表達，均是為揭開原已存在的生命資訊，以擴大其應用範圍。

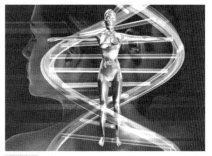

圖 5.6　藉由對 DNA 的了解，可以解決生活中的許多問題

5.6.1　遺傳變異與突變

基因的穩定性對遺傳而言相當重要，但遺傳物質並非始終一成不變。若遺傳物質產生變異，而影響到生物遺傳的性狀，這樣的變異稱為突變。遺傳物質的變異包含了染色體的異常和基因突變。突變可以發生在任何細胞中，體細胞突變通

常不會傳給後代，但是發生在生殖細胞中的突變則會遺傳。突變是生物遺傳多樣性的原動力，成為生物演化上的重要機制。

　　突變可分為由內在因子所引起的自然突變，和由外在環境因素造成的誘導突變。自然突變是在自然狀態下發生的突變，發生率極低；誘導突變則是受到環境中物理、化學和生物誘變因子的影響，而產生的突變，如輻射線（X射線、紫外線）、食品添加物的亞硝酸與防腐劑，以及某些病毒等。突變通常對生物體是有害的，但並不經常發生；偶爾也能產生對生物有利的突變，可使生物個體適應能力更強。因此，可透過誘導突變來改良作物品種。

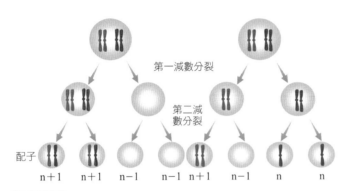

圖 5.6.1-1　染色體數目改變是由於減數分裂時，染色體未分離所致

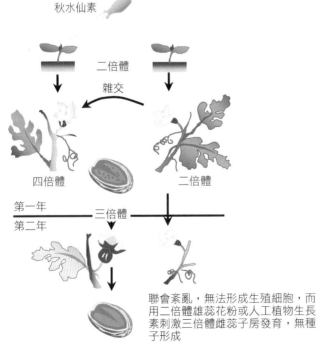

聯會紊亂，無法形成生殖細胞，而用二倍體雄蕊花粉或人工植物生長素刺激三倍體雌蕊子房發育，無種子形成

圖 5.6.1-2　三倍體無子西瓜的培育過程

（一）染色體的異常

　　由於細胞分裂時產生的不正常現象所引起。染色體可產生以下兩種改變：

　　1. 染色體數目的改變：通常是細胞進行減數分裂時，同源染色體未分離所致（圖5.6.1-1），主要有多倍體和非整倍體之變異。多倍體的染色體套數多於二，如無子西瓜是三倍體（圖5.6.1-2）。非整倍體為一個或數個染

色體的數目改變，如唐氏
症便是第21對染色體多了
一個。

  2. 染色體結構的改
變：此類染色體的突變不
常發生，是由於染色體斷
裂及不當的重新接合所造
成的錯亂，導致染色體上
基因的數目或基因的排列
改變，主要有缺失、重
複、倒位和易位四種型式
（圖 5.6.1-3）。

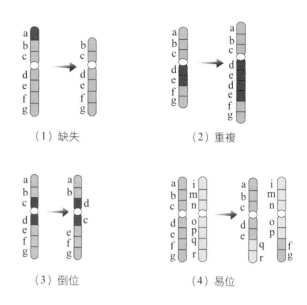

（1）缺失   （2）重複

（3）倒位   （4）易位

圖 5.6.1-3 染色體結構改變的主要型式

（二）基因突變

  構成基因的 DNA，複製時產生的錯誤，造成 DNA 核苷酸鹼基被取代、插入
或缺失，導致遺傳密碼的改變。僅由單一鹼基改變引起的突變，稱為點突變。點
突變改變了密碼子，編碼出錯譯的胺基酸，造成蛋白質結構發生變化，因而影響
到生理機能。人類常見的鐮形血球貧血症，就是點突變的例子。紅血球中，攜帶
氧氣的血紅素蛋白，是由 α 和 β 球蛋白所組成。患者 β 球蛋白的第六個胺基酸發
生變化，鹼基 A 為 T 所取代，mRNA 密碼子由 GAA → GUA，導致紅血球呈鐮
刀形；造成血紅素攜氧能力弱，且極易破裂，而引起貧血（圖 5.6.1-4；見下頁）。

5.6.2 人類的遺傳疾病

  遺傳疾病是由於染色體異常或基因突變所引起。實際上，除了外傷和極度營
養缺乏以外，幾乎所有人類的疾病都是由遺傳和環境因素共同作用而產生的。基
因的變異能影響蛋白質的結構，進而導致遺傳疾病，目前已知與基因相關的遺傳
疾病約有 5,000 種，可分為以下三類（表 5.6.2-1）：

（一）單基因遺傳疾病

  由於單一基因發生突變，導致無法合成酵素或正常蛋白質，而引起的疾病，

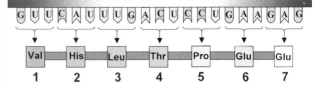
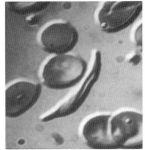
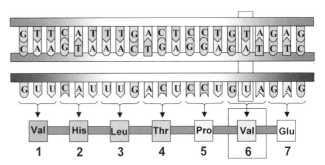

(1)

(2)

圖 5.6.1-4　（1）正常紅血球與其鹼基序列（2）鐮形血球與其鹼基序列

表 5.6.2-1　常見的人類遺傳疾病

種類	單基因遺傳疾病	多基因遺傳疾病	染色體異常疾病
原因	單一基因突變，無法合成酵素或正常蛋白質	兩個以上的基因發生突變且易受環境影響	染色體數目或結構異常所致
例子	白化症（缺酪胺酸酶，無法合成黑色素的前驅物）、地中海型貧血症（無法合成血紅素的球蛋白）、鐮形血球貧血症、苯酮尿症、黏多醣症、蠶豆症、紅綠色盲、血友病、多指症、亨丁頓舞蹈症……	先天性心臟病、躁狂抑鬱性精神病、成人慢性病、結腸癌（化學致癌物使基因轉變，抑癌基因失去功能）……	唐氏症（第 21 對多一條）、女性脫納氏症（44 ＋ X）、男性克林菲脫症（44 ＋ XXY）、眼睛無虹膜（第 11 對缺失）、貓叫症……

如白化症、地中海型貧血症、鐮形血球貧血症、苯酮尿症、蠶豆症、血友病、亨丁頓舞蹈症等。蠶豆症是最常見的酵素缺乏所造成的代謝疾病，患者因缺乏 6-磷酸葡萄糖脫氫酶，導致紅血球在遇到氧化劑時，會發生溶血現象。地中海型貧血症則是血紅素中的血紅蛋白合成發生問題，使得紅血球的體積較小，血紅素含量降低。

（二）多基因遺傳疾病

由於多基因變異和環境因素的影響而致病，較單基因遺傳常見，致病者也更為廣泛，例如先天性心臟病、躁狂抑鬱性精神病、類風濕關節炎、糖尿病等各種成人慢性病，以及大多數的癌症。原癌基因是在動物正常細胞中原本就存在的龐大癌基因族，正常情況下是不活躍的；但若受到某種因素激活，如輻射線、化學因素、病毒侵入等致癌物，就會突變為癌基因。另外，動物體內的抑癌基因，能控制細胞的生長和分裂，正常時起抑制細胞增值與腫瘤發生、轉移的作用，並參與細胞黏附與信號傳導，以及 DNA 損傷的修復。一旦抑癌基因突變而喪失活性，細胞便會失去控制，形成癌細胞；癌症中常見的，即是 P53 抑癌基因突變。

（三）染色體異常疾病

由於染色體的數目或結構異常，所引起的疾病；如第 21 對染色體多了一條的唐氏症、第 5 對染色體有缺失的貓叫症等。

5.6.3　人類基因組

所謂「基因組」是指生物個體之所有遺傳物質。人類基因組（基因圖譜）好比是一張說明構成人體細胞 DNA 鹼基對精確排列的「地圖」。鹼基對排列的方式組成人體的基因，而基因操控蛋白質的合成，蛋白質則主導人體細胞和器官的形成和運作。因此，透過對每一個基因的測定，可以提供治療和預防許多疾病的新方法，為人類戰勝疾病，藉以提高生命質量。

人類基因組共有 30 億個鹼基對，蘊涵有人類生、老、病、死的絕大多數遺傳信息，解讀它是相當大的工程。一九九〇年，被譽為生命科學之「登月計畫」的國際「人類基因組計畫」（Human Genome Project, HGP）正式啟動，主要由美、日、德、法、英、中等國的科學家共同參與，目標在找出人類所有的基因與決定人類基因的序列，並已於二〇〇三年四月正式宣布人類基因體定序完成。基因圖譜首次在分子層面上為人類提供了一份生命「說明書」，不僅奠定了人類認識自我的基石，更推動了生命與醫學科學隨著新的世紀邁入新的紀元，為全人類的健康帶來了福音。

人體約有 100 兆個細胞，每個細胞核內有 46 條染色體；46 條染色體所構成的密碼，約有 70 兆個組合，相當於 700 冊百科全書的內容。這些以 A、G、T、

C四個字母所組合的密碼，形成了人類的藍圖。人類基因組定序後，發現人類的基因總數約有 3 萬個，遠少於原先估計的 10 萬個，僅比果蠅多約 1.3 萬個。編碼蛋白質基因只約占整個基因組的 3%，而且每個斷裂基因的兩側存在大量非編碼區。近來，科學家陸續發現這 97% 的 DNA 中，隱含與基因表現的調控作用有關，顯示了基因組中的環境因素在人類生長和發育中發揮著重要作用。真核生物皆存在非編碼區，在細菌這樣的微生物中，非編碼區只占整個基因組序列的 10% 到 20%。隨著生物進化層級的提高，非編碼區含量愈大，在高等生物和人類基因組中，非編碼序列已占基因組序列的絕大部分。這之中似乎反映著演化過程的訊息，科學家正持續探索中。從人類基因圖譜中，發現黑猩猩的基因與人只有 2% 的差別（圖 5.6.3-1），而且人類之間有 99.9% 的基因密碼相同。人與人的變異少於千分之一，這些微差異是由單核苷酸多樣性（single nucleotide polymorphism, SNP）所產生，它造成基因表現的強弱，或蛋白質性質的變化，因而構成了不同個體的遺傳基礎。

圖 5.6.3-1　人和猩猩的基因差異只有 2%

　　人類基因組定序的完成是一個結束，也代表基因組功能研究的開始。蛋白質的合成由基因控制，基因的功能則是由蛋白質來表現。人類細胞中約有五十萬種蛋白質，高等動物能有效地利用基因，例如轉錄後的修飾作用產生更多樣的蛋白質。科學家必須先分析蛋白質的功能，經由蛋白質間的作用機制，深化對細胞活動過程的理解，以解答人類、動物與植物疾病發生的原因，並進而研發有效治療的蛋白質新藥物。未來，透過了解疾病與特定基因間的關係，以及遺傳背景與環境因素綜合作用對疾病發生過程的影響，則對於疾病的診斷、用藥將更加精確。此外，透過基因診斷，也能早期預防及治療；而長久困擾人類的疾病，如癌症、遺傳疾病與愛滋病等，可望找到徹底治療的新方法。

5.6.4　基因治療

　　「基因治療」係透過基因操作的方法，矯正基因的結構或功能缺陷，在細胞 DNA 的層次上對疾病進行治療。基因治療是針對疾病的根源，而非疾病表現的症狀來治療，為近十幾年來所發展最具革命性的醫療技術（圖 5.6.4-1）。

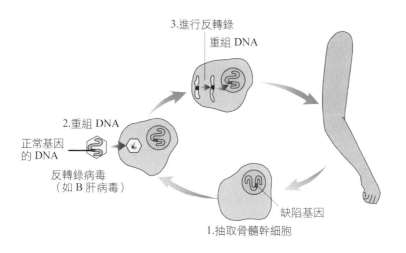

3.進行反轉錄
重組 DNA

2.重組 DNA

正常基因
的 DNA

反轉錄病毒
（如 B 肝病毒）

缺陷基因

1.抽取骨髓幹細胞

圖 5.6.4-1　基因治療的模式

　　根據缺陷基因之不同，基因治療的策略有三種：基因置換（以正常的基因定位取代變異基因）、基因修復（對缺陷基因進行原位修復）、基因增補（將有功能性的外源基因轉移入治療的細胞內，以補償缺陷基因的功能）。基因治療主要是以基因轉殖的方式，先從患者身上取出缺陷細胞（如骨髓幹細胞、淋巴細胞、肝細胞、腫瘤細胞等）作為靶細胞；然後利用某種載體（如反轉錄病毒、腺病毒、腺相關病毒等），將目的基因（健康的基因），轉殖入靶細胞。人體細胞於是獲得正常基因，以取代原有的異常基因；再將修復好的細胞培養、繁殖後，送回患者體內。此外，尚可利用非病毒載體之微脂粒法的基因轉殖、受體引導的基因轉殖，或注射 DNA 疫苗，惟應用上並不普遍。

　　目前基因治療的臨床試驗主要用於遺傳性疾病的治療，如血友病、苯酮尿症、地中海型貧血症、亨丁頓舞蹈症、阿茲海默症（老年癡呆症）等；亦嘗試利用基因治療於癌症、心血管疾病，甚至愛滋病。近日曾報導美國費城的兒童醫院，在基因治療防治愛滋病方面已取得重大突破。所有疾病都有其特定的基因治療，惟目前基因治療尚有許多技術問題仍待克服，離臨床應用還有一段距離。然而，隨著研究的深入與技術的進步，可以預期未來，基因治療將正式成為醫學的主軸之一，有著不可限量的應用前景。但是，當基因治療涉及生殖細胞時，所引發的倫理問題，其潛在的危機，應當有所警惕。

5.6.5 老化與死亡

自古以來人類就夢想能夠長生不老，然而老化卻是生命過程中無可避免的自然現象。衰老是由於細胞增長分裂至一定代數後，其增長和分裂會減慢，而導致正常功能受挫，如皮膚皺縮老化、臟器功能衰弱等。基本上，之所以會引發老化的說法，主要有基因決定和損耗理論。

（一）基因決定

基因中原本就存在著決定壽命的因子，除了主宰著細胞與器官的時限外，也控制著整個有機體的壽命長度。因此，壽命長短與遺傳自父母的基因有關。人體細胞內的染色體中有許多老化基因，當這些老化基因逐漸浮現時，細胞會走向自我凋亡的途徑。而尋找老化和長壽基因的行動，此刻正在全世界如火如荼的展開。

1. 長壽基因：科學家已在一些低等生物中，如酵母菌、蠕蟲、果蠅、小白鼠等等，發現某些長壽基因，會使得這些生物的生命增長，且適應環境的能力較強。例如，蛔蟲具有 age1 的長壽基因者，生命週期平均增加 65%，最長的甚至增加 110%。而在實驗生物中所發現的長壽基因，某些也存在於人類身上。許多長壽基因在人體內真正的職責，事實上是藉著清除自由基，以達到延緩老化的作用；而有些基因增壽的效果則是因參與調整新陳代謝，而延長生命，例如和飲食熱量限制有關的長壽基因 Sir2。

2. 老化基因：科學家也發現，有 61 個基因隨著年齡的增長而有改變。這些基因中，有一半以上參與細胞分裂的調控；例如新發現的P21 基因，該基因與許多癌症和老化疾病有關。如果能發明藥物控制P21 基因的活動，許多老化相關的疾病，如老年癡呆症、退化性關節炎等，都可以有效地治療，而且還能因此發明抗老化的藥物。

3. 早衰症：遺傳性早衰症的 Welner 氏症候群，其病症是過早脫髮、白髮、呈現皺紋、骨質疏鬆、白內障、動脈硬化、糖尿病、心臟病，以及癌症等，許多患者在幼年時期，即有老化現象，形成童顏鶴髮、疾病纏身的情形。這種疾病是由一種基因突變所致，研究發現病患皮膚所分離出來的纖維母細胞端粒之縮短化速度較正常者快許多。

4.**端粒與端粒酶**：端粒為細胞染色體末端的結構，具有維持染色體穩定化的功能。真核生物皆具有端粒，人類的端粒之核苷酸序為 TTAGGG，以 6 個鹼基為一組，約重複有一萬個字母。一九七〇年代，科學家發現端粒控制著細胞的分裂次數，隨著細胞分裂的次數增加，端粒會逐漸縮短（圖 5.6.5-1）。端粒太短會導致染色體彼此黏住，使得細胞異常，因而當端粒短至某個程度，細胞便設定停止分裂。細胞停止分裂後，身體於是逐漸衰老。人的一生中，細胞大約能分裂 50~70 次，壽命極限約 120歲；分裂次數最高的大海龜約有 120 次（圖 5.6.5-2），最長可活 175 年。因此，端粒就是控制生理壽命的生物計時器，生命就在一次次的細胞分裂中逐漸

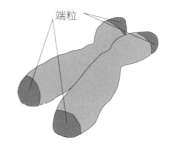

端粒

圖 5.6.5-1　端粒會隨細胞分裂次數的增加而愈來愈短

圖 5.6.5-2　海龜一生細胞分裂次數最多可達 120 次

流失。反之，可以延長細胞壽命的法師，是位於第 5 號染色體上的端粒酶，它能將縮短的染色體端粒恢復至原來的長度。這種酵素平常不作用，僅在細胞行減數分裂時，端粒酶確保傳給下一代的端粒具正常長度。因此，若能使端粒酶活化，很可能細胞就會長生不老。同樣地，癌細胞因為端粒酶而免於細胞死亡；所以只要設法關閉癌細胞內的端粒酶基因，癌症就能治癒。目前多數研究腫瘤的學者，正致力於此方面的研究。

（二）損耗理論

日常生活中，由於環境因素在基因中累積變異，造成細胞逐漸損壞並喪失功能，而使有機體老化死亡。

1.**自由基**：身體藉由氧化作用進行新陳代謝；氧經由呼吸進入體內後，傳至各細胞，在粒線體內轉換成能量。此過程中，會生成有害的自由基，對 DNA 造成損傷。除此，自由基產生的途徑還與輻射線、毒物、吸菸、飲食（如油炸食

物），和心理壓力等均有關。

DNA 雖能產生酵素自我療傷，但並無法完全修復，當累積的損壞至無法修復的程度時，DNA 會啟動細胞內的自殺基因，引起細胞的死亡。再者，細胞膜上的脂肪酸因自由基的入侵，會使蛋白質與核酸變質而形成老化色素。此外，自由基會破壞酵素、改變染色體內的 DNA 和 RNA，造成細胞變異，導致免疫系統的缺陷和癌症。自由基還會和細胞的大分子融合，造成動脈硬化、皮膚出現皺紋等老化現象。

2. **細胞內累積廢物**：物質進入細胞中，有少量物質無法被溶酶體完全分解，於是形成了細胞內囤積的廢物。一旦細胞累積過多廢物，失去重建分子和其他架構的能力，即造成細胞老化。

3. **荷爾蒙分泌減少**：荷爾蒙與生長和發育有關，一旦分泌減少，會使得細胞失去正常功能，於是老化現象出現。

我們可以透過均衡營養、減少環境污染、適量運動、舒緩壓力等方式，來延緩老化。目前市場上常見的抗老化治療則有荷爾蒙治療、抗自由基治療、維他命與營養補充品、抗老基因治療、卡路里限制等。

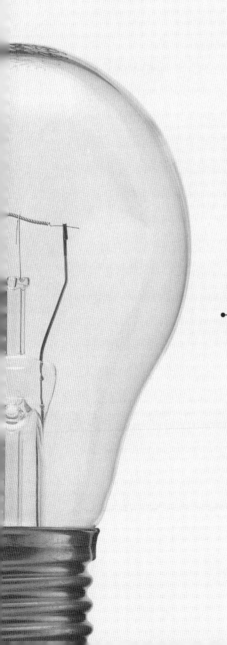

第六章

變動的地球

宇宙的絕大部分是黑暗寒冷且真空，然而，距太陽一億五千萬公里處，有一顆溫暖美麗的藍色星球，這顆天賜的藍寶石，正是我們的家園——地球。地球上孕育了豐富生命，擁有大量液態水及富含氧，使其成為一獨特的星球。這個就生命而言是一種奇蹟的宇宙綠洲，是如何誕生？又是如何演變成如今的面貌呢？

一、地球的形成

從原始地球的形成至今，地球歷經四十六億年的光景。這期間，地球不斷地演化，逐漸轉變為今日豐富美麗的樣貌。地球環境的演變，成為生命的舞台，持續推動著生物的進化。

6.1.1　地球的起源

約於四十六億年前，太陽系正形成之初，在原始太陽誕生時，出現了無數個直徑 10 公里左右的「微行星」。這些微行星不斷彼此衝撞、吸附成團、逐漸累積增大，遂形成了原始地球。地球誕生之際，接連不斷的隕石撞擊地面，產生巨大的能量，使地表的溫度增高；繼之以內部放射性物質釋放大量的熱，岩石於是被高溫融化，形成熔岩之海，液態的水因而無法保存於地面，遂以蒸氣的形式存在於原始大氣之中。原始地球因內部高溫，火山活動頻繁，而釋出水氣、沼氣和二氧化碳等氣體，使地球周圍形成濃厚雲層。一段長時間後，地表逐漸冷卻，變成薄地殼。此時，水氣以塵埃和火山灰為凝結核，造成有利降雨的環境。由於地表冷卻不均，空氣對流旺盛，於是導致雷雨交加、豪雨終日。大洪水的肆虐，匯流為孕育地球生命的原始海洋，水的行星於焉誕生。

海洋的出現造就了地球不平凡的一生。海洋，吸走了大氣中的二氧化碳，調整大氣的成分，因而控制氣候的溫和，同時也匯聚了礦物質與有機物，於是成為生命誕生的舞台，得以讓今日的地球展現如此美麗的風貌。

6.1.2　地球的歷史

藉由岩石和隕石中放射性元素定年的研究，推算出地球的存在已有四十六億年。如今，在地球的表面，已然看不出任何地球誕生當時的景象。在這一段非常漫長的地質時間，曾經在地球上演化出許多的生命，並經歷無數次的地殼變動、火山爆發……等地質事件（表 6.1.2-1）。這些演變的歷史過程，主要記錄在地層和化石裡。因此，岩層就好比一本地球的歷史書，記載著地球上生物的演化史、地質的相對年代和環境的變遷。

表 6.1.2-1　地質年代表

元	代	紀	世	年代 （百萬元）	重要紀事
隱生元	始生代	前寒武紀		4600	地球誕生
				3500	生命出現（原核生物）
				2500	大氣中開始充滿氧氣
				1500	真核生物出現
	原生代			700	動物出現
顯生元	古生代	寒武紀		570	大部分無脊椎動物門出現，三葉蟲繁盛，藻類歧異
		奧陶紀		505	無脊椎動物繁盛，脊椎動物（無顎類）開始出現
		志留紀		438	無顎類脊椎動物歧異化，植物登陸
		泥盆紀		408	魚類大量出現，昆蟲和兩生類開始出現
		石炭紀		360	蕨類植物繁盛，爬蟲類開始出現
		二疊紀		286	兩生動物繁盛，裸子植物開始出現，爬蟲類輻射演化，似哺乳動物的爬蟲類和幾個現代昆蟲目出現，冰川發達，多數海生無脊椎動物滅絕
	中生代	三疊紀		245	菊石出現，裸子植物為優勢植物，恐龍和原始哺乳動物出現
		侏儸紀		208	恐龍成為征服海、陸、空的霸主，鳥類和開花植物出現
		白堊紀		144	陸地分裂，被子植物為優勢植物，恐龍、菊石滅絕
	新生代	第三紀	古新世	65	主要的哺乳類、鳥類和傳粉昆蟲輻射演化，靈長類出現
			始新世	57	哺乳動物和種子植物持續輻射演化
			漸新世	34	多數的哺乳動物目出現
			中新世	23	哺乳動物和種子植物持續輻射演化
			上新世	5	人類的人猿祖先出現，冰川期，大型哺乳動物滅絕
		第四紀	更新世	1.8	人類出現並進化為優勢族群
			現代世	0.01	人類開始記錄歷史

（一）隱生元

　　根據化石的紀錄，地質學家訂立了地質時間表。隱生元（分為始生代和原生代）或前寒武紀就是地球誕生之後長達四十億年的地質時代，這時期地球上只有極少數生物存在。在原始地球形成後，火山活動頻繁，當時的大氣是無氧的狀態，所以原始生命是厭氧性生物，且生存在十公尺以下的海底。目前所知最古老的生命遺跡是三十五億年前藍綠菌的單細胞植物化石，為發現於澳洲西岸淺水區的疊層石（圖 6.1.2-1）。當時大量的藍綠菌進行光合作用，消耗空氣中的二氧化

圖 6.1.2-1　（左）澳洲鯊魚灣現生的疊層石（右）澳洲西岸發現之 35 億年前的疊層石

碳，而釋出了氧氣。到了前寒武紀晚期，單細胞生物逐漸演化為多細胞生物，出現包括環節動物、海綿、腔腸動物及藻類等低等動物和植物。

（二）顯生元

　　大約在五億七千萬年前，地球上生物突然大量出現，從此，生物不斷演化，直至今天，此時期稱為顯生元。顯生元又分為古生代、中生代和新生代。

　　1. 古生代：古生代初期（寒武紀和奧陶紀）的化石數量和種類爆炸性增加，原因極可能是當時有適於生物生長的海洋與氣候等環境條件。此時，除了前一時代的原生動物、海綿動物之外，水母、珊瑚、三葉蟲（圖 6.1.2-2）、海蠍、鸚鵡螺和筆石等紛紛出現，可說是所有知名的海相無脊椎動物全出現了，所以奧陶紀一度被稱為「無脊椎動物時代」。

　　古生代中期（志留紀與泥盆紀）時，無脊椎動物往脊椎動物演化，魚類因而大量出現，所以泥盆紀也被稱為「魚類時代」。古代的肺魚出現於此時期，甚至到了泥盆紀末期，魚類逐漸演化為原始兩生類。另外，植物在此時登陸，最早的陸生維管束植物是低等羊齒植物中的裸蕨。旋即，蜘蛛、蜈蚣等節肢動物也開始登陸。這段時期由於造山運動，地殼多隆起，大海被包圍成內陸湖，甚至湖水乾涸成陸地，

圖 6.1.2-2　三葉蟲化石

自然科學與生活科技概論

因而造成許多動植物的登陸。

　　古生代末期（石炭紀與二疊紀）時，氣候相當溫和，植物繁盛，陸地被蕨類植物所形成的大森林覆蓋。目前全世界所使用的煤炭，大多是這時期的植物遺體在地層中受擠壓所形成的，因而得名「石炭紀」。後來，二疊紀時造山運動劇烈，盤古大陸形成。此時，地形複雜、氣候乾燥、冰川形成、陸地面積擴大、海水較淺，是兩生類最為繁盛的時期；另外，昆蟲也迅速演變為有翅（蜉蝣、蜚蠊、蜻蜓等），且原始爬蟲類和裸子植物出現。到了晚期，出現了似哺乳動物的爬蟲類。

　　2. 中生代：從距今二億四千五百萬年前到六千五百萬年前間為中生代，分為三疊紀、侏儸紀和白堊紀，是爬蟲類空前繁盛的時代。這時的生物界面貌大異於前。在海洋中，隨著二疊紀末地質巨變，造成大量生物的滅絕，代之而起的是軟體動物（例如：菊石、雙殼類等）、海百合、有孔蟲、苔蘚蟲等；而陸地上，以銀杏、蘇鐵和松柏為代表的裸子植物繼續保持著優勢。中生代初期，盤古大陸開始分裂為二，全球各地大多乾旱，陸生脊椎動物逐漸演化為能適應乾燥氣候的爬蟲類。三疊紀晚期，爬蟲類向各方面分化，種類繁多，此時，恐龍和早期的卵生哺乳類出現。潮濕的海風為內陸沙漠地區帶來雨水，形成了溫和氣候。進入侏儸紀以後，爬蟲類更加繁盛，尤其是恐龍，已成為征服陸、海、空的霸主（圖6.1.2-3）。其中，如草食性的梁龍（體型極為巨大，可長達 27 公尺、重達 60 公噸）、肉食性的異特龍、海洋中的魚龍，和空中的翼龍。侏儸紀晚期，出現了從爬蟲類演化而來的始祖鳥（鳥類的祖先）和開花植物（圖 6.1.2-4）。進入白堊紀之際，兩塊陸地再度分裂，大陸漂移，全球的造山運動漸趨劇烈，氣候和地理環境產生了變化，這時恐龍依然主宰著世界；而裸子植物的優勢則被帶有花瓣的被子植物所取代，蝴蝶和蜜蜂等吸食花蜜的昆蟲隨之出現。到了末期，鳥類和哺乳類相繼出現。

最後，相傳是發生了隕石或彗星撞地球的重大災難，導致生物大滅絕，海洋中盛

圖 6.1.2-3　中生代是恐龍的天下

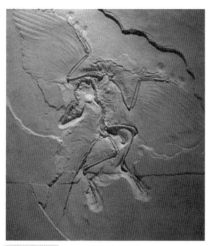

圖 6.1.2-4　始祖鳥的化石

圖 6.1.2-5　新生代大型的哺乳動物猛瑪象

極一時的菊石及海百合、有孔蟲等幾乎滅絕，而恐龍也在此時完全退出地球舞台。

3. **新生代**：從六千五百萬年前到現在，是屬於新生代，分為第三紀和第四紀。在結束白堊紀之際，一連串大規模的地殼變動，導致全球劇烈且廣泛的造山運動。同時，氣候開始分化，沙漠、草原和森林地帶隨之出現。由於生活環境的劇烈變化，因而促進了生物的演化。新生代初期的海洋生物，是與現存構造相當的硬骨魚、珊瑚、貝類和棘皮動物等。在陸地植物方面，將種子保護於子房內的被子植物比裸子植物更容易適應環境，於是成為植物界中的主角。陸地脊椎動物上，則因恆溫動物對生活環境適應力較強，取代了爬蟲類，鳥類和哺乳類於是大量繁衍。由於哺乳類的爆炸性成長，新生代遂有「哺乳類時代」之稱；其中，絕大部分的哺乳類生活在陸地，但也有生活在海中（如鯨魚、海豚）和空中（蝙蝠）。愈高等的哺乳類（如靈長類），演化速度愈快。第三紀末期，人猿出現。距今約二百多萬年前的新生代晚期，是一個大冰川時代，出現數次冰期，氣候酷寒，冰川連續數萬年不融化，許多植物和猛瑪象等大型哺乳類絕種（圖6.1.2-5），此時人類進化為地球上優勢的族群。約一萬年前，冰期結束，地球上的動植物種類與氣候等，形成目前的狀態。

二、地球的結構

從太空中拍攝地球，可以一覽地球的全貌。利用地震波的探測，科學家深入地球內部，了解其構造與組成；而藉由地質的研究與海洋的探勘，進一步揭示了地殼演變的歷史。

6.2.1 古代人的地球觀

　　很早以前，人類就開始對自己所身處的世界感到好奇。在過去漫長的年代裡，人類對地球的看法充滿了神話色彩（圖 6.2.1-1）；而且，深受原始主觀性的影響，認為地球是平的，形狀宛如淺盤子。直至西元前三百五十年左右，亞里斯多德從觀測月蝕的現象中，主張地球是球體。在麥哲倫（於 1519~1521 年）首先橫渡太平洋，完成了繞行世界一周的壯舉後，於是更加證明「地球是圓的」。

6.2.2 地球的形狀與大小

圖 6.2.1-1　古印度人的地球觀──在大龜嘴上的印度教保護神毗濕奴（Vishnu）支撐著天和地

　　從太空中的人造衛星所拍攝的地球是個球體（圖 6.2.2-1）；然而，它並非正球體，而是赤道突出且兩極略扁平的扁球體。地球赤道處的直徑 12,758 公里，比兩極處的垂直直徑多出 43 公里，其扁平率約為 1/300。地球的體積是 1.08×10^{27} cm³，質量是 5.98×10^{27} g，密度為 5.52 g/cm³。赤道與地軸夾 90°，將地球均分為兩個半球；赤道以北為北半球，以南是南半球。地球表面任一點，皆可以「經度」和「緯度」的基本座標形式標示出來（圖 6.2.2-2）。

圖6.2.2-1　從太空的人造衛星所拍攝的地球

圖6.2.2-2　地球表面任一點，皆可以「經度」和「緯度」的基本座標形式標示出來

6.2.3 地球的組成與構造

原始地球形成時，溫度很高，繼由鈾等放射性元素衰變所釋放出的熱，使地球內部更熱。高溫使岩石熔解，鐵和鎳等較重元素開始在地心周圍沉積，於是形成了地核。較輕的鈣、鎂矽化物則向外形成地函，地函在熱對流作用下，產生岩漿，再浮出地表，冷卻後就變成了地殼（圖 6.2.3-1）。

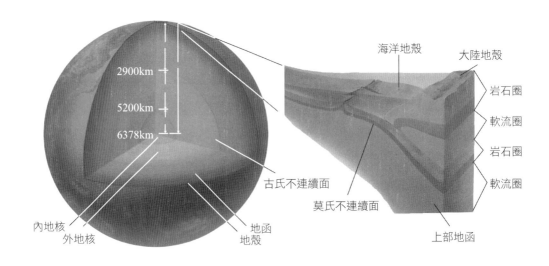

圖 6.2.3-1　地球內部的構造示意圖

（一）地核

利用地震波探勘，科學家得以了解地球的內部狀況。中心的地核部分，其半徑約 3,480 公里，分為內核和外核。內核是固態金屬，壓力極大，溫度約 4,000℃；外核則為熔融金屬，古氏不連續面將地核與地函分開。

（二）地函

地函厚約 2,900 公里，占地球總體積的 80%，主要成份是矽酸鹽質的橄欖岩。此處亦可分為兩個部分，上部為熔融的岩石，下部則為堅硬的固態岩石。地函與地殼的界面為莫氏不連續面。

（三）地殼

漂浮於地函上的薄殼層，分為大陸地殼和海洋地殼。大陸地殼平均厚度約 35 公里，由較輕之矽鋁質構成，偏向酸性，岩石較老，有些岩石甚至擁有三十八億年的歷史。海洋地殼平均厚度 5~8 公里，由密度較大的矽鎂質構成，偏向基性，岩石相當年輕，沒有超過二億年。

「岩石圈」包括了地殼和一小部分上部地函，平均厚度約 100 公里，以下則是軟流圈。軟流圈溫度達 1,400℃，是由地函熔融岩石形成的厚約 200 公里的軟流層。

地表有陸地和海洋，其中陸地占總面積的 29%，海洋占 71%，平均厚度 3,800 公尺。地表最高的山脈是喜瑪拉雅山的聖母峰（8,848 公尺），最深的海溝是馬里亞納海溝（10,863 公尺），而最長的河流是尼羅河（6,695 公里）。沙漠占陸地面積約 20%，其中，撒哈拉沙漠是世界上最大的沙漠，幾乎占非洲總面積的三分之一。地表的「水圈」包括了海洋、湖泊、河流、冰川、地下水及存在於生物體內和大氣中的水。地殼外圍由氣體所環繞覆蓋的範圍，稱為「大氣圈」。而地球上所有生物及其賴以生存的環境，則稱為「生物圈」。

6.2.4　地球的磁場

地球宛如一塊大磁鐵，羅盤因此可用來指示方向。地磁南極在地理北極附近，而地磁北極則位於地理南極近處。地磁的範圍很廣，可向外延伸至 60,000 公里的外太空。地磁產生的原因，一般認為是由於地心的高熱，使其液態外地核中的鐵鎳產生電離，而隨著地球自轉生成電流，由於電流產生的磁效應，進一步造成了磁場。

地磁具有保護地球的作用，科學家發現大部分行星亦有此保護層。地磁可以抵制來自宇宙高能量輻射粒子的襲擊，這種帶電粒子以高速射向地球，在進入地磁範圍，尚未抵達大氣層時，即被地磁的磁力線給移轉開，而無法抵達地面（圖6.2.4-1）。在地球磁力線密集的高緯度北極地區，來自太陽噴出的帶電粒子「太陽風」，進入地球大氣層，受到地磁影響，激發大氣層中的粒子，而產生極光（圖 6.2.4-2）。

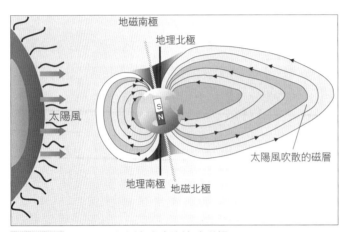

地磁南極

地理北極

太陽風

太陽風吹散的磁層

地理南極　地磁北極

圖 6.2.4-1　太陽風吹向地球時的地球磁場

圖 6.2.4-2　極光

250

6.2.5　板塊構造

　　地球的岩石圈是由板塊構成，板塊浮於軟流圈之上，全世界主要有六大板塊（圖 6.2.5-1）：非洲板塊、美洲板塊、歐亞板塊、印度洋－澳洲板塊、太平洋板塊、南極洲板塊，和十幾個小板塊。每一板塊可能含有大陸地殼或海洋地殼，抑或兩者皆有。長久以來，這些剛性的板塊自由漂移、互相擠壓、摩擦、錯動。板塊內部較為穩定，板塊邊緣則動盪活躍，造成地殼的變動。

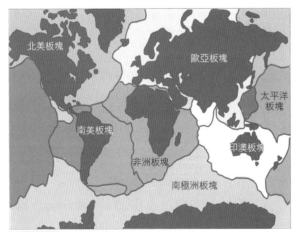

北美板塊

歐亞板塊

太平洋板塊

南美板塊

印澳板塊

非洲板塊

南極洲板塊

圖 6.2.5-1　全球板塊位置圖

　　「板塊運動」的機制，來自於軟流圈地函的熱對流作用（圖 6.2.5-2）。在對流的上升部位，熱度把地殼舉起而撕裂，於是新的海洋地殼不斷由中洋脊裂谷中形成；同時，兩側老的板塊繼續向外擴張，直到與另一板塊相遇後，較重的

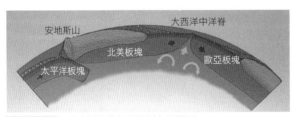

安地斯山

大西洋中洋脊

北美板塊

太平洋板塊

歐亞板塊

圖 6.2.5-2　板塊運動起因於地函對流

板塊向下隱沒而返回地函，如此週而復始地循環。 板塊相對運動的方式，形成了分離板塊邊界、聚合板塊邊界和錯動板塊邊界（圖 6.2.5-3）。

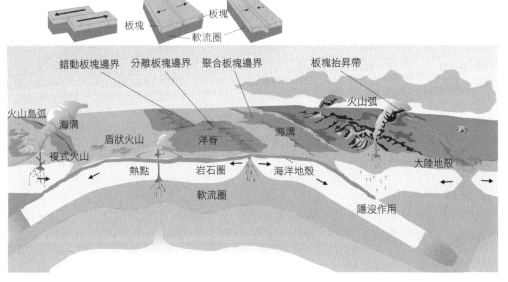

圖 6.2.5-3　板塊運動造成三種不同的邊界

（一）分離板塊邊界

　　代表地殼引伸拉裂的現象，主要位於海底的中洋脊處。地函的岩漿，持續地經熱對流上升至此處；板塊因而張裂，新的地殼不斷增生，造成板塊因張力而分離。地形上，正斷層發達，時有地震發生。此種邊界在海洋中是中洋脊頂部的裂谷；若出現在陸地上，則為大裂谷，例如東非大裂谷。

（二）聚合板塊邊界

　　互相碰撞的兩板塊，密度較大者向下俯衝至密度較小的板塊之下，進一步隱沒返回地函，沿隱沒帶地震頻繁。板塊碰撞主要有三種不同的形式：海洋板塊與大陸板塊碰撞、海洋板塊與海洋板塊碰撞、大陸板塊與大陸板塊碰撞。由於海洋板塊密度較大，在與大陸板塊碰撞後隱沒，岩漿於是噴出，地形上出現海溝和火山弧。若是兩海洋板塊碰撞時，岩層較老者密度大隱沒入地函，地形上造成海溝與火山島弧。當兩大陸板塊碰撞，因岩層密度較地函密度小，無法造成隱沒作

用，便會使地形褶皺隆起而造山，形成一連串山脈。

（三）錯動板塊邊界

兩板塊以相反的方向在水平面上摩擦錯動，造成轉形斷層，主要發生於海底橫切中洋脊的破裂帶上。在錯動邊界的板塊活動過程中，會引起淺源地震。此種邊界通常在地形上不具特徵。

6.2.6 大陸漂移

一九一二年，德國氣象學家韋格納提出「大陸漂移說」（圖 6.2.6-1），主張古生代時（距今約 2.5 億年前）只有一塊完整大陸，稱為盤古大陸（Pangaea），為原始海洋所包圍；後來中生代時期逐漸分裂成數塊，分向各方漂移，而形成今天各大洲和大洋的分布情形。當時，他的想法未獲肯定。直到六〇年代，板塊構造學說提出後，人們才開始接受此理論。

大陸漂移之具體有利的證據主要來自大陸邊緣的吻合，和地質、古生物、古氣候的研究資料。英國的地球物理學家曾以大陸斜坡的中心為基準，把大西洋東西兩側的陸地接合起來，發現可以如同拼圖般彼此吻合。此外，北美洲紐芬蘭與歐洲挪威同為加裏東造山帶，且南非與南美洲阿根廷同為海西造山帶，地層和構

2.5 億年前，在遼闊的原始大洋中，只有一塊盤古大陸　　盤古大陸

中生代（約 2.2 億年前）時，開始分裂

5000 萬年前的情況

現今的情況

圖 6.2.6-1　韋格納的「大陸漂移說」

造彼此呼應。還有，從許多古生物化石分布在不同大陸的情形（圖6.2.6-2），如二疊紀的舌羊齒植物群、三疊紀的陸生爬蟲類動物皆出現在南極洲、印度和非洲，而這些生物並無法遠渡重洋，顯示古生代時南半球各大陸應是接合為一的。再者，從各大陸在古生代晚期的冰川侵襲紀錄看來（圖6.2.6-3），可以證明是以拼合起來的南半球大陸內陸為中心，向四方流動；各大陸的古冰川分布區恰能構成一冰原，到侏儸紀時才各自分開。

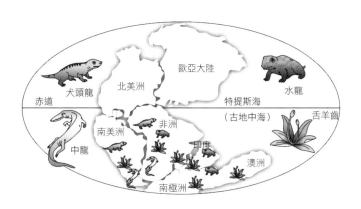

圖 6.2.6-2　大陸漂移的古生物證據

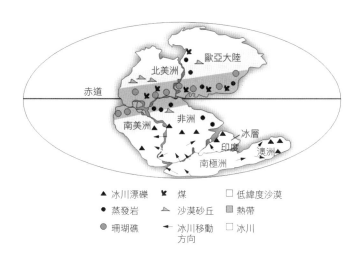

圖 6.2.6-3　大陸漂移的古氣候證據

6.2.7　海底擴張

二次大戰後，隨著海洋探測技術的增進，科學家於是取得許多海底地質新資訊。一九六二年，美國地質學家赫斯發現海底在中洋脊兩側的對稱關係及中洋脊頻繁的地震，因此提出「海底擴張」的想法。軟流圈地函的熱對流，使岩漿持續自中洋脊裂谷湧出（圖6.2.7-1）；凝固後生成新的海洋地殼，迫使老的海洋地殼持續向兩側推移出去，海底因而不斷擴張。

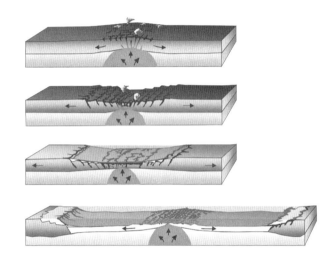

圖 6.2.7-1　海底擴張的過程

海底擴張的最直接證據是古地磁的研究，中洋脊兩側的海洋地殼有磁性異常的對稱性帶狀排列（圖6.2.7-2）。這顯示地球的磁場在過去每隔幾十萬年到數百萬年就會倒轉一次，並且建立了過去一億七千萬年以來地磁反轉的年代史。由於磁性的岩石在形成時，其磁場方向會與當時地磁相同。故沿中洋脊兩側的岩石磁場強弱相間的正逆規律變化，指示出地球磁場過去的交替情形，同時記錄著海底擴張的情況。

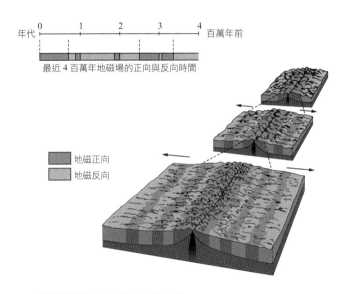

圖 6.2.7-2　地磁倒轉的紀錄

自然科學與生活科技**概論**

三、地殼的變動

地球在四十六億年的地質歷史中，地殼的物質與組成持續地演化與轉變。造成地表形態發生變化的作用，稱為地質作用；地質作用依其能量來源可分為內營力作用和外營力作用。

6.3.1 內營力作用

內營力作用的主要能量來源為地球內部的岩漿，是指岩漿侵入地殼或噴出地表的過程中所產生地殼變動的作用，構成了地表的基本型態，包括地震、火山、造山運動等。

（一）地震

地震形成原因很多，以斷層錯動為主，稱為「彈性反跳理論」。彈性的地殼岩層受外力作用而扭曲變形，當所承受的外力超過岩層負荷時，累積的能量迫使岩層斷裂、錯動反彈，因而造成地震，所產生的地震波向四面八方傳播。

1. **震源與震央**：地震發生的位置，稱為震源（圖 6.3.1-1）。震央則是震源在

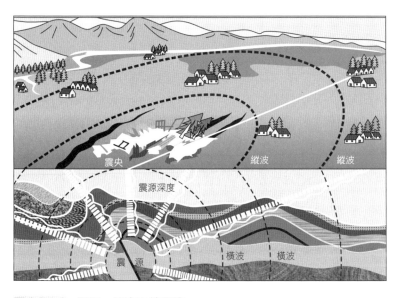

圖 6.3.1-1　震源、震央和地震波

地表正上方的位置，兩者之間的距離即為震源深度。震源深度小於 70 公里為淺源地震，深度介於 70~300 公里為中源地震，深度大於 300 公里則為深源地震。震源愈深，地震波穿過的地層愈厚，衰減得愈多，地表振動程度就愈低。

2. **斷層**：地殼岩層沿著斷層面滑動的型態，隨受力性質而異。斷層面為一傾斜的破裂面，位於斷層面上方的岩層稱為上磐，位於斷層面下方的岩層稱為下

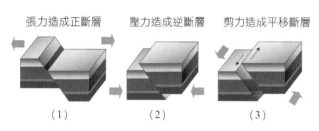

張力造成正斷層　壓力造成逆斷層　剪力造成平移斷層

（1）　　　　　（2）　　　　　（3）

圖 6.3.1-2　斷層的種類

磐。斷層一般可分為三種基本型態（圖 6.3.1-2）：(1)正斷層：岩層受張力作用，上磐相對於下磐為向下滑動之斷層；(2)逆斷層：岩層受壓力作用，上磐相對於下磐為向上滑動之斷層；(3)平移斷層：岩層受剪力所作用，造成上、下磐呈水平方向相互移動。

3. **地震波**：依其傳播路徑可分為體波和表面波（圖6.3.1-3）。(1)體波：在地球內部傳播，包括 P 波（Primary Wave）和 S 波（Secondary Wave），P 波的速率較 S 波快。P 波在傳播時，介質的振動方向與震波傳播的方向一致；介質在沿著傳播的方向，前後來回運動，交替產生壓縮與伸張的變化，為如同聲波的縱波，可在固體、液體和氣體中傳播。S 波傳播時，介質振動的方向與震波傳播的方向垂直；即介質在垂直傳播的方向上振動，屬於橫波，故無法在液體和氣體中傳播。體波在地球內部傳播時，又發展出一種只沿地表傳播的表面波。(2)表面波：緩慢而強烈，造成了地震中的大部分嚴重破壞，它包含洛夫（L）波和雷利（R）波兩種類型的運動。洛夫波是左右振動的表面波，對建築物的傷害最大，行進速率較快；而雷利波為上下振動，行進速率較慢。

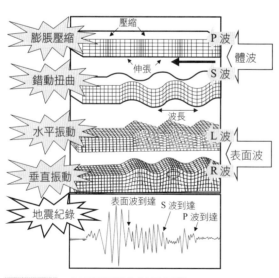

膨脹壓縮　　壓縮　　　　　　P 波
　　　　　　　　　　　　　　　　體波
錯動扭曲　　伸張　　　　　　S 波

水平振動　　　　波長　　　　L 波
　　　　　　　　　　　　　　　　表面波
垂直振動　　　　　　　　　　R 波

地震紀錄　表面波到達　S 波到達　P 波到達

圖 6.3.1-3　主要地震波和地震紀錄

4.地震的分布：地震在世界上的分布狀況，是呈帶狀分佈於板塊的邊界上，稱為地震帶。全球可概分為二個主要地震帶（圖6.3.1-4）：(1)環太平洋地震帶：屬於聚合板塊邊界，世界上約80%的淺源地震、90%的中源地震和幾乎所有的深源地震都發生在這個地震帶上。在

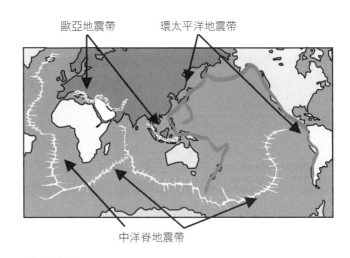

歐亞地震帶　　環太平洋地震帶

中洋脊地震帶

圖 6.3.1-4　全球地震帶

太平洋西岸由阿留申群島，經過千島群島、日本本州、琉球、台灣、菲律賓、印尼、新幾內亞、所羅門群島到紐西蘭；東岸由阿留申群島起，經北美、中美及南美的環狀地帶。(2)歐亞地震帶：約呈東西走向，是屬於聚合板塊邊界，主要以造山運動的逆斷層為主，震源深度分布由淺源到中源。主要的國家及地區有：印尼、緬甸、中國大陸、喜瑪拉雅山脈、伊朗、土耳其。(3)中洋脊地震帶：為分離和錯動板塊邊界所構成，主要為正斷層和轉形斷層，震源深度淺。

（二）火山

火山是地函中的岩漿竄出地殼表面的現象，90%以上發生於板塊交接處。由於板塊之間的相互運動易造成地殼的裂隙，上部地函熔融的岩漿因而湧出，形成火山島弧、海底火山、陸地火山等。地球表面存有許多熱點，是地函特定位置處熾熱的岩漿升至地表，在地殼上遺留的痕跡。當板塊運動時，熱點不斷噴溢，形成新火山，連接熱點成為火山鏈，如夏威夷的火山島鏈和帝王島鏈。全球火山帶與地震帶分布極為吻合，因兩者之成因皆是岩漿活動造成的板塊運動所致。

1.岩漿：是地底深處的地殼和上部地函，在高溫下局部熔融而成，以矽酸鹽類物質為主，通常是固體、液體和氣體的混合體。火山噴發時，氣體最先噴出，氣體中水蒸汽占 60%~90%，其他還有少部分二氧化硫、二氧化碳、一氧化碳、硫化氫、氯及甲烷等，夾雜熔融的岩石和火山碎屑物。不同類型的板塊邊界，岩漿的成分也有所不同。岩漿的種類分為（圖6.3.1-5）：(1)玄武岩質岩漿：流動性

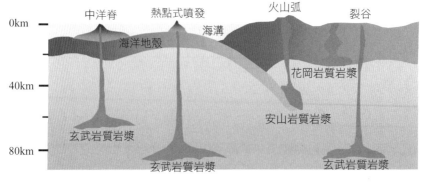

圖 6.3.1-5　岩漿生成環境

好，熔點高，岩漿溫度介於 900℃~1,200℃，在地表下深度大於 40 公里以下熔融，中洋脊地區以此種岩漿活動為主。(2)花崗岩質岩漿：流動性較差，岩漿溫度很少超過 800℃，地表下深度 30 公里處即可熔融；含有大陸地殼的板塊區，以此種岩漿為主。(3)安山岩質岩漿：其流動性和溫度介於上述兩者之間，在大陸地殼底部即可生成，板塊隱沒帶地區以此種岩漿為主。

2. **火山的噴發型式**：與岩漿的化學成份有關（圖 6.3.1-6），可分為爆炸式與寧靜式兩種。岩漿中二氧化矽的含量高，屬酸性岩，大多由安山岩岩漿所構成，黏度較大，所含氣體多，易形成爆炸式火山，如印尼和義大利的火山多屬此類，所形成的為錐狀火山。反之，岩漿中二氧化矽的含量低，鐵、鎂的含量高，大多為玄武岩質岩漿所構成；此岩漿黏度較低，氣體容易逸散，屬於寧靜式火山，世界上活動頻繁的火山皆屬之；當火山噴發時，熔岩沿著火山口或裂縫流出，大多形成熔岩台地或盾狀火山，如夏威夷火山、印度德干高

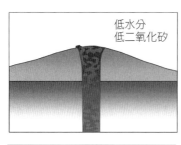
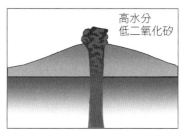

圖 6.3.1-6　火山地形與岩漿成分的關係

原、澎湖群島等。

3. **火山噴發的條件**：火山噴發有四個必要條件，缺一不可，包括：地函處有岩漿生成、地殼深處有岩漿庫存在、地表存在脆弱帶、岩漿有上升的機制。當地殼深處的岩漿庫已不存在，則此火山為死火山；若岩漿庫存在，但暫不活動者為休火山；而岩漿庫存在，且正處於活動中者為活火山（圖 6.3.1-7）。

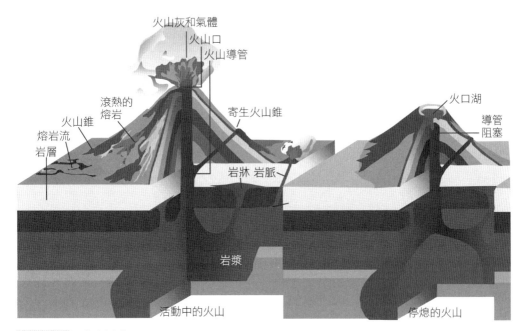

圖 6.3.1-7　火山活動

4. **火山作用的益處**：火山活動從岩漿生成到噴發，為人類帶來諸多利益。例如，岩漿形成後，富集元素成為礦床；火山噴發湧出地表的岩漿，可增加陸地面積；火山灰風化後，形成含大量營養物質的土壤；火山作用造就奇特優美的地形景觀；岩漿活動時，可加熱附近的地下水為蒸汽，熱水流出地面，成為冒熱氣的溫泉；而蒸汽留存於地殼裂隙內，是一種地熱資源。

（三）造山運動

板塊運動時，由於大陸板塊邊緣受到碰撞與壓擠，地層於是發生褶皺或斷層，使地殼因而隆起成山脈（圖 6.3.1-8）。例如，由於印澳板塊的前緣持續擠壓歐亞板塊，而造成的喜瑪拉雅山脈（圖 6.3.1-9）。又如歐洲的阿爾卑斯山和台灣

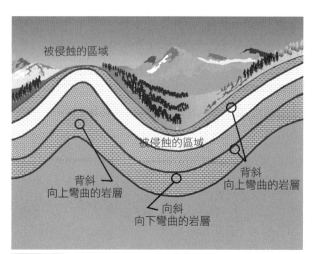

圖 6.3.1-8　地層發生褶皺而形成山脈

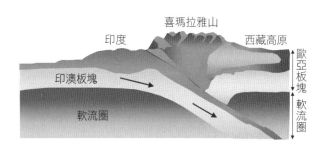

圖 6.3.1-9　造山運動所形成的喜瑪拉雅山脈

的中央山脈，也都是典型的代表。造山運動只會在造山帶發生，通常是沿著兩個碰撞的板塊邊緣，主要分布於環太平洋和喜瑪拉雅山脈。褶皺和斷層所形成的山脈之地層中，常含有許多淺海性化石，證明此地原是淺海環境。

6.3.2　外營力作用

外營力作用主要發生於地球表面，能量來源是太陽及地球引力。由於太陽和地球引力造成空氣和水的流動，進而形塑地貌的作用，包括風化、侵蝕、搬運與沉積作用。

（一）風化作用

暴露於地表的岩石，受到空氣、水、陽光和生物的作用，發生破碎和分解的過程，可分為物理（機械）風化和化學風化（圖 6.3.2-1）。物理風化是岩石因溫度變化，風、水和冰川的磨蝕，或植物根部生長所引起的破壞等物理變化之影響而崩解。化學風化則是透過改變岩石的化學成分使之分解，如雨水溶解岩石中的礦物；石灰岩地區常出現的鐘乳洞等景觀，就是此種作用所引起。風化作用通常只影響接近地面的岩石，但是水的滲透可風化深達 185 公尺的岩石。一般來說，氣候愈惡劣，風化進行得愈快。

（二）侵蝕作用

藉由風、水，或冰川等外動力的作用下，使地殼表面之岩石、礦物、風化產

圖 6.3.2-1　各種風化作用

物發生破壞的作用。由風所引起的稱「風蝕
作用」，地表植被稀少的地區，如沙漠，侵
蝕作用最強，常有沙丘形成。河流引起的侵
蝕作用稱為「河蝕作用」，河流向河底侵
蝕，使河谷加深，稱為下切作用。河床坡度
愈陡峭，流速愈大，下切能力也增加，常形
成 V 形峽谷和出現瀑布的情形（圖6.3.2-2）。
河流還有加長作用，因河流發源地泉水的湧
出和雨水的侵蝕，使源頭逐漸後退，因而加
長河谷。河流對兩側岩層的磨蝕，引起土石

圖6.3.2-2　太魯閣峽谷是河蝕作用所形成的

的崩落，是河岸的侵蝕作用，會造成河谷加寬的現象。冰川引起的侵蝕作用稱為
「冰蝕作用」，冰川底部夾帶的岩石和礫石，對經過的地表產生很強的削割作
用，常在岩面留下刮痕；若是山谷冰河過度下刻，所經之地常會磨蝕成 U 形谷。

（三）搬運作用

在風、水，或冰川等外動力的作用下，將風化與侵蝕的產物帶離開原地的作
用。風速愈大，搬運能力愈強，所能搬運的顆粒也就愈大。因為風力比水的浮力

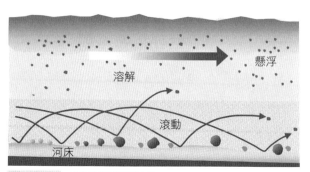

圖 6.3.2-3　河流的搬運作用

小，所能搬運的顆粒都很細小，較粗的砂礫只能在地表附近跳動或滾動。河流的搬運方式有三：滾動、懸浮和溶解（圖 6.3.2-3）。顆粒較大的礫石，在河流搬運中滾動以磨去稜角，因而河裡的礫石表面光滑圓潤，通常為鵝卵石。細顆粒的泥沙可以在水中懸浮，另外一些易溶的物質則溶解在水中。除此，岩層的碎屑不論大小，落入冰川之後，皆會隨之向下移動。

（四）沉積作用

　　被搬運的物質在移動的過程中，由於風速或水的流速減弱，導致搬運力減低，被搬運物質在新的環境下，逐漸沉積下來，形成鬆散沉積物的作用（圖 6.3.2-4）。當風速減慢，較大的顆粒先落下來，塵土則飛得較遠。中國北方的黃土高原、台灣恆春的風吹沙，都是風成的沉積物。侵蝕作用形成的碎屑物由河流往下游搬運，當河床坡度變小，流速減緩，於是開始沉積。在河流流出山谷處，常形成沖積扇；於入海口處則泥沙

圖 6.3.2-4　河流沉積作用的出現，主要因為流水速度減慢，或流水量減少

淤積，形成三角洲，甚至流入海洋而沉積在海底。沉積物一次又一次的沉積，或連續或間隔一段時間，因而形成層狀構造，稱為層理。此外，於冰川流到溫暖地區或是冰川融化之時，所搬運之岩屑雜亂地堆積，形成了冰磧石。

四、岩石、礦物與化石

岩石為礦物的集合體，是組成地殼的主要物質。岩石可由一種礦物組成，如石灰岩僅由方解石一種礦物組成；或由多種礦物組成，如花崗岩主要是由石英、長石、雲母等多種礦物集合而成（圖6.4）。岩石裡，除了含有各種礦物外，有時還會有許多生物化石，化石揭示了地球上生物在地質時代中的生活環境。

石英

長石

黑雲母

圖 6.4　花崗岩主要是由石英、長石和雲母所組成

6.4.1　岩石

組成岩石的物質主要是無機物質。地殼由三種岩石構成，按照其成因分為沉積岩、火成岩，和變質岩。

（一）沉積岩

沉積岩佔地表岩石約四分之三，大部分是在海底沉積而形成。存在地表的岩石受到風化後變為碎屑，經過侵蝕、搬運後沉積下來。在經年累月的堆積後，鬆散的沉積物，經壓密、膠結、再結晶等一系列的成岩過程，逐漸變成堅硬岩石；最後，在板塊運動的推擠下拱出海面，遂露出地表。這類岩石常具有因水流流動所產生的波痕和層狀排列的層理，沉積年代較老的岩層在下，而年代較新的在上，此稱為「疊置定律」。沉積作用形成的地層，有如書本般，一頁頁記錄著地球的歷史。

沉積岩分為三大類：(1)碎屑性沉積岩（圖 6.4.1-1）：由其他岩石風化成碎

(1)   (2)   (3)

圖 6.4.1-1　碎屑性沉積岩：（1）礫岩（2）砂岩（3）頁岩

屑，被搬運至遠方後，沉積而成的，如礫岩、砂岩與頁岩。(2)化學性沉積岩：溶解於水中的鹽或其他物質，當濃度過高時，析出沉澱而長成晶體，在湖底或海底形成地殼，如岩鹽與鐘乳石石灰岩。(3)生物性沉積岩：由動植物的殘骸積聚而形成，如煤和生物石灰岩。

　　按照沉積物的粒度，常見的沉積岩可分為：礫岩、砂岩、頁岩和泥岩，以及石灰岩。

　　1. **礫岩**：由顆粒大於 2mm 的礫石和岩屑堆積膠結而成。流速很大的水流才能搬運礫石，礫石因河流搬運時不斷滾動與碰撞而磨圓，故通常在礫岩中可見圓狀的卵石。若礫石的搬運時間短，則成為稜角狀的角礫岩。礫石的主要礦物成份是石英，所以硬度強，不易風化，常形成峭壁、山峰或瀑布的表石。台灣許多景觀優美的山就是由礫岩構成，如霧峰的九九峰、六龜的十八羅漢山、苗栗的火炎山。

　　2. **砂岩**：由直徑介於 2mm~1/16mm 的細砂和膠結物所組成，觸摸時有如砂紙般粗糙，硬度不及礫岩，顏色有多種。若砂岩之礦物的主要組成是石英，則不易被風化，且質硬，常形成山脊和峭壁地形；而含大量長石的砂岩，則易被風化和侵蝕。砂岩過去常被用在建築上，例如歐洲許多古老教堂，大多是以砂岩建造的。台灣東北角沿海的漁村或山區九份、雙溪、石碇一帶部落的古老房屋等，也是由砂岩築成的石頭村。

　　3. **頁岩和泥岩**：由顆粒小於 1/256mm 的細小泥土組成，摸起來有滑膩感，在沉積岩中最為常見。頁岩具有程度不一的薄頁狀，泥岩則為塊狀。由於硬度低，易受風化侵蝕而崩解，故多形成凹谷、低地和緩坡。頁岩主要成份有石英、高嶺土、雲母和其他黏土礦物，因顆粒細小不易透水，常可發現保存完整的化石。

　　4. **石灰岩**：石灰岩的成因有兩種：化學性沉積和生物性沉積。其主要礦物成分是方解石，質地細密。化學性沉積是因碳酸鈣在水中濃度過飽和而析出沉澱，常形成特殊石灰岩地形，如鐘乳石、石筍、石洞等。生物性沉積是海洋生物（多為珊瑚蟲、貝類、藻類）的骨骼或殼中含有碳酸鈣，生物死後殼體堆積在海床中形成石灰岩，因而石灰岩主要成分就是碳酸鈣（圖 6.4.1-2）。石灰岩是製作水泥

的原料，也用於建材、煉鐵和鋪路。

（二）火成岩

火成岩為最原始的岩石，是由地球內部高熱的岩漿，侵入地殼內部，或流出地表，冷卻凝固而形成。由於岩漿冷卻凝固方式的不同，火成岩分為侵入型和噴出型。當岩漿

圖 6.4.1-2　石灰岩

侵入地殼深處，未達地表前已冷卻固化，稱為侵入型火成岩，或稱深成岩，如花崗岩；此類岩石因冷卻速度緩慢，所以結晶顆粒粗大。噴出地表的岩漿急速冷卻凝固後，則形成噴出型火成岩，又稱火山岩，如玄武岩和安山岩；火山岩由於急速冷卻之故，因此結晶顆粒微小，有的會有氣孔或玻璃質。

火成岩亦可依岩漿成份來分類（圖 6.4.1-3）：(1)花崗岩質岩漿：主要由石

深成岩	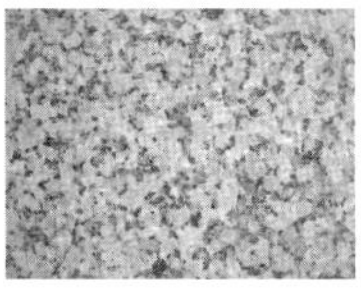 花崗岩	 閃長岩	 輝長岩	 橄欖岩
火山岩	 流紋岩	 安山岩	玄武岩	
主要組成礦物	石英			
	長石	長石	長石	
	雲母			
		角閃石		
			輝石	輝石
				橄欖石

圖 6.4.1-3　火成岩與其主要組成礦物

英、長石和雲母組成。若緩慢冷卻，便形成顆粒較粗的花崗岩；冷卻稍快，則形成顆粒較小、帶有玻璃質的流紋岩；當急速冷卻時，會形成大部分為玻璃質的黑曜岩。(2)安山岩質岩漿：主要成分是長石和角閃石。在緩慢冷卻時，形成粗粒的閃長岩；若急速冷卻，則形成微晶質的安山岩。(3)玄武岩質岩漿：成份為長石和輝石。在地底下緩慢冷卻時，會形成粗粒的輝長岩；若經噴發後急速冷卻，則生成微晶質帶有氣孔的玄武岩。(4)橄欖岩質岩漿：位於上部地函，成份為橄欖石和輝石，在地殼內即已冷卻為橄欖岩。

常見的火成岩有花崗岩、安山岩和玄武岩，茲分述如下：

1. **花崗岩**：屬酸性火成岩，顏色較淺，一般呈灰白色、粉紅色的外觀；質地堅硬美觀，耐久不易損壞，經切割磨光後被廣泛應用於建築物的裝飾石材。台灣較老的廟宇石材都是採自福建的花崗岩。台灣本島出露的花崗岩極少，大部分產地在金門，金門房屋的建材常是採自當地的花崗岩或片麻岩。

圖 6.4.1-4　麥飯石就是斑狀安山岩，有過濾、清淨水質的奇妙效果

2. **安山岩**：是中性火成岩，顏色通常是灰色、灰綠、灰紅或灰黑，外觀常呈斑狀岩理；由於質地堅硬，適合作為建築石材或石碑。安山岩的名稱常是依據岩石中所含的礦物種類來命名，如石英安山岩。但有些岩石的名稱是依據野外的產狀來命名，如安山岩質火山角礫岩、凝灰岩等。台灣一般所稱的「麥飯石」就是東部海岸山脈所產的斑狀安山岩（圖6.4.1-4），有過濾、清淨水質的奇妙效果。台灣北部的大屯火山、基隆火山群和觀音山、龜山島、綠島和蘭嶼等主要都是由安山岩構成。

3. **玄武岩**：屬基性火成岩，顏色為黑色、墨綠、暗褐色，質地緻密，可用於造路和建築。玄武岩常因岩漿冷卻時收縮，形成切面為六邊形的「柱狀節理」（圖6.4.1-5）。大部分的海底地殼、火山島嶼、台灣的澎湖群島和海

圖 6.4.1-5　玄武岩的柱狀節理

岸山脈都是由玄武岩所構成。

（三）變質岩

　　變質岩約占地殼 15%，是原來的火成岩或沉積岩，因為岩漿侵入作用所造成的高溫，而產生接觸變質，或是造山運動所引起的高溫和高壓的作用，發生區域變質，改變原來岩石的成分和構造，形成另外一種與原岩不同的岩石（圖6.4.1-6）。在高溫高壓下，常使許多岩石內的礦物重新排列成葉理的結構，如板岩、片岩和片麻岩。變質岩也可能再經變質作用，成為另一種變質岩。岩石變質成變質岩後，通常比較能耐高溫與高壓，岩質也較緻密。成份相近的原岩，如頁岩和泥岩，在相同的變質環境，會生成相似的變質岩。

　　常見的變質岩有板岩、片岩、片麻岩、石英岩和大理岩（圖6.4.1-7）。

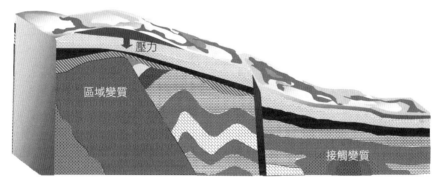

圖 6.4.1-6　變質岩是岩石受到高溫或高壓作用而發生變質所形成

（1）板岩　　　　　　（2）片岩　　　　　　（3）片麻岩

（4）石英岩　　　　　　（5）大理岩

圖 6.4.1-7　台灣常見的變質岩

1. **板岩**：是一種常見的變質岩，主要由頁岩和泥岩輕度變質而成，因新的礦物含片狀的雲母，所以具有劈理的特徵。板岩顏色多半深灰，外觀呈板狀平面，風化侵蝕後易沿劈理面剝離，因而板岩的山區常會發生山崩。原住民傳統建築的石板屋就是以板岩為主要建材，史前人類也經常以板岩製成石刀、石箭、石矛或其他的石器。板岩的主要成份是雲母和石英，岩性脆弱，易風化成細粒的泥沙，所以台灣地區流經板岩地區的河川常較為混濁。板岩常見於台灣中央山脈西側，北部濱海公路龍洞以東、北橫公路及新中橫公路沿線、中橫及南橫的西段都很容易觀察到。

2. **片岩**：主要由砂岩、頁岩、泥岩或火山凝灰岩中度變質而來，因其變質環境之溫度和壓力均較板岩為高，所以礦物顆粒也較大，觸摸起來較板岩粗糙，片理面亦較緻密。片岩之顏色與原岩有關，一般為黑色、灰色或綠色。原岩為頁岩者，因含有碳質，變質後會形成黑色的石墨片岩。若為砂岩變質而來，則因富含石英和雲母，而形成灰色的石英—雲母片岩。綠色的片岩是火山凝灰岩變質產生之綠泥石礦物，所形成的綠泥石片岩。片岩之片理面較板岩更易剝落，故片岩山區常發生山崩，因此並不適合作為石材。台灣之中央山脈東側，隨處可見各種片岩。

3. **片麻岩**：是由花崗岩或砂岩經高度變質而成，顆粒粗大，約有1mm~5mm，礦物組成與花崗岩極為相似。因高壓之故，其所含雲母一類之片狀礦物為平行排列，並形成深色與淺色礦物呈黑白相間的條紋之「片麻」岩理。片麻岩在用途上與花崗岩相似，大致上當建材使用。台灣之片麻岩主要分布於中央山脈東北部，從宜蘭到蘇花公路沿線之山區，以及金門等地。

4. **石英岩**：又稱變質砂岩，為砂岩經中高度變質形成，主要礦物成分是石英，顏色為灰白，具玻璃光澤。石英岩質地堅硬，是煉鋼、製造耐火矽磚及電晶體的原料。玉山、雪山山脈的峰頂、中橫公路宜蘭支線皆可觀察到石英岩。

5. **大理岩**：是由石灰岩經過高度變質而來，又稱「變質石灰岩」或「結晶石灰岩」，因盛產於中國雲南的大理而得名。組成大理岩的礦物是方解石，因含少量雜質而出現各種顏色和花紋，色澤相當美麗。大理岩質地堅硬緻密，是雕刻和建築裝飾的優良石材；因成份與石灰岩相同，也用於製作水泥的原料，台灣東部地區的水泥廠，即採自大理岩。台灣的大理岩主要產於東部，從太魯閣、花蓮到台東都有。

（四）岩石循環

　　高溫的岩漿冷卻凝固後形成火成岩，後來可能由於造山運動或岩漿活動等的內營力作用發生變質，而成為變質岩；或因暴露於地表不斷受風化和侵蝕作用而堆積為碎屑沉積物，再經成岩作用後成為沉積岩。沉積岩可能再度被風化侵蝕，而形成新的沉積物；或因長時間地殼深處的高溫高壓作用，而變質為變質岩。暴露於地表的變質岩可能因風化和侵蝕作用，而堆積為碎屑沉積物，成岩作用後成為沉積岩；也可能經變質作用成為另一種變質岩；或在地殼深處被熔化為岩漿，冷卻後形成火成岩。岩石如是循環不已（圖 6.4.1-8），當時間和地質條件發生改變，各類岩石之間可以相互轉變的現象，稱為「岩石循環」。

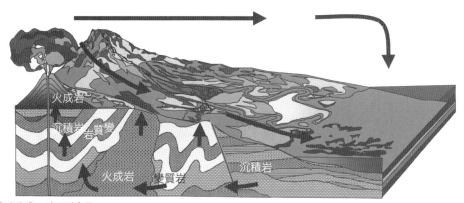

圖 6.4.1-8　岩石循環

6.4.2　礦物

　　礦物是非常重要的天然資源，與人類生活息息相關，廣泛被應用於食衣住行的日常生活中。例如，食物中的礦物質、衣料的人造纖維、建築材料、汽車和飛機，以及許多工業原料等，都是由礦物製成。隨著工業與科技的日趨進步，人類更加依賴礦物，然而，礦物是不可再生資源，我們更應該節約與善用此地球寶貴的資產。

（一）礦物的定義

　　礦物為自然界天然產出的元素或化合物，是構成岩石、礦石和土壤的基本物質。礦物是無機物，當中的原子有規則的排列方式，也就是具有固定的結晶構造

和化學組成，並有特定的物理和化學性質。

（二）礦物的種類

礦物約有三千種左右，可概分為三大類：金屬礦物、非金屬礦物，和寶石類礦物。

1. **金屬礦物**（圖6.4.2-1）：自然界有許多含有金屬成份的礦物，如金礦、輝銀礦、黃銅礦、辰砂、方鉛礦、磁鐵礦、閃鋅礦等，可以提煉出金、銀、銅、汞、鉛、鐵、鋅等貴金屬、稀有金屬和普通金屬。在所有金屬礦產中，以鐵的產量最多，用途也最廣。

圖6.4.2-1　各種金屬礦物：（1）金礦（2）輝銀礦（3）黃銅礦（4）方鉛礦（5）磁鐵礦

圖6.4.2-2　各種非金屬礦物：（1）硫磺（2）石墨（3）滑石（4）石膏（5）螢石

2. **非金屬礦物**（圖6.4.2-2）：非金屬礦物的蘊藏量比金屬礦物多，亦已被廣泛應用。早在遠古時代，人類就已使用燧石取火、利用黏土製陶、以硫磺製造火藥等。目前，如岩鹽、硫磺、石墨、石灰石、硼砂等，均為重要化工原料；石英、黏土、長石、滑石等可作為玻璃或陶瓷材料；硝石、磷灰石、鉀鹽、方解石等是肥料的原料；石灰石、黏土、石膏、石綿、雲母、石英等可作為建築或工業原料；而白雲母、黏土、螢石等則是冶金或耐火材料。

3. **寶石類礦物**：這類礦物通常具有三種特

質：光澤美麗、硬度大、產量稀少。自古以來，寶石礦物深受人們喜愛，常被用來作為首飾或裝飾品，常見的有鑽石、剛玉（紅寶石、藍寶石）、瑪瑙、水晶、土耳其玉、孔雀石、蛋白石、石榴子石、綠柱石（祖母綠、海藍寶石、亞歷山大石、金綠柱石）等（圖6.4.2-3）。

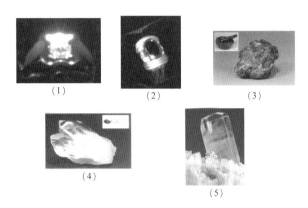

（1） （2） （3）
（4）
（5）

圖6.4.2-3　各種寶石：（1）鑽石（2）藍寶石（3）瑪瑙（4）水晶（5）祖母綠

寶石也有許多工業用途，如鑽石和剛玉的硬度大，常作為研磨與切割的材料；又如黃玉和紅寶石能耐高溫，是冶金很好的耐火材料。此外，色彩鮮豔的孔雀石，可以作為顏料；透明的水晶，則可以作為玻璃或光學鏡片。

（三）礦物的物理性質

　　礦物具有特定的化學組成和結晶構造，因此有其特定的物理性質，故藉由這些性質便能夠初步鑑定礦物。

　　1. 顏色：各種礦物具有其特殊的顏色，所以可以依此來鑑定礦物，如金黃色的黃銅礦、粉紅色的菱錳礦、深綠色的橄欖石等。一般而言，矽鋁質矽酸鹽類礦物顏色較淺，鐵鎂質矽酸鹽類礦物顏色較深。然而，有的礦物因含雜質，而呈現不同顏色，如無色的水晶（石英），因含鐵而呈紫色（紫水晶）、含鈦而呈紅色（薔薇水晶）。有部分礦物則因久置空氣中，氧化而改變自身的顏色。另外，有些礦物成分不同，但顏色相近，如黃鐵礦、黃銅礦和黃金。這時，便無法以顏色來鑑定。

　　2. 條痕：係指礦物粉末的顏色，是礦物在條痕板上刻劃的痕跡。相同的礦物，即使外觀顏色不同，也會有相同顏色的條痕。外觀顏色相近的異種礦物，條痕並不同，如黃鐵礦的條痕是棕黑色（圖6.4.2-4），而黃金的條痕是金黃色。由於礦物的條痕比顏色更為固定，因此成為鑑定礦物的主要方法之

圖6.4.2-4　外觀似黃金的黃鐵礦（愚人金），其條痕是棕黑色

一。然而，對於透明礦物或硬度大於條痕板（硬度約 6.5）者，則不適用此法。

3. **光澤**：是指礦物反射光線的情況。一般金屬礦物具特有的金屬光澤，石英和長石有玻璃光澤、滑石有珍珠光澤、閃鋅礦有樹脂光澤、石綿有絹絲光澤、折射率高和反射能力強的礦物則有金剛光澤等。

4. **晶形**：因礦物種類不同，結晶構造各異（圖 6.4.2-5），所以可從晶形鑑定礦物。如水晶的晶形為六角柱狀、黃鐵礦是正六面體結晶、方解石是菱面體晶形等。然而，自然界中的礦物，往往會由於晶體在成長時受到阻礙，而無法長出美麗的晶形。這時，就無法以晶形來鑑定礦物。

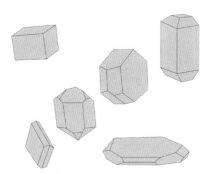

圖 6.4.2-5　礦物的各種晶體形狀

5. **比重**：為礦物的質量與 4℃ 同體積水的質量比，此比值與礦物的化學組成和結晶構造有關。礦物中鐵、鎂含量愈高，比重愈大；而晶體結構愈緊密者，比重也愈大。自然界中礦物的比重可從小於 2 到 23，而一般以 2~3.5 最為常見。比重大於 2.9 者為重礦物，反之則為輕礦物。

6. **硬度**：係礦物本身抵抗磨損的能力，為礦物的一種重要鑑定特徵。由於硬度較高的礦物，能夠在硬度較低的礦物上刻劃出痕跡，因此可以利用此性質定出礦物的相對硬度；如「摩氏礦物硬度表」共分十級，級數愈高者，硬度愈高（表 6.4.2-1）。

表 6.4.2-1　摩氏礦物硬度表

等級	礦　　物	日常等值硬度物體
1	滑石	無日常同等物
2	石膏	指甲
3	方解石	銅幣
4	螢石	鐵釘
5	磷灰石	玻璃
6	長石	小刀
7	石英	挫鋼刀
8	黃玉	砂紙
9	剛玉	無日常同等物
10	鑽石	無日常同等物

7. **解理**：礦物受外力作用而破裂，若結晶面的結合力較弱，礦物沿結晶面裂開，稱為解理，如雲母具有發達的片狀解理。不同的礦物有其不同的解理模式，如正長石有兩個解理面，會往兩個方向裂開；方解石是沿三個互成斜角的方向裂開，形成菱形解理（圖 6.4.2-6）；方鉛礦和岩鹽有三個解理

圖 6.4.2-6　方解石有完全的菱形解理

面，裂開成立方體碎塊等。

8. **斷口**：若礦物的破裂面為不規則時，此破裂面稱為斷口。通常不具解理的礦物，會有特定形狀的斷口，如石英的貝殼狀斷口（圖 6.4.2-7）、自然銅的鋸齒狀斷口、石綿的纖維狀斷口。

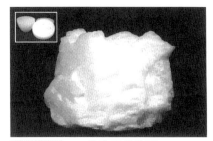

圖 6.4.2-7 石英的貝殼狀斷口

除了以上性質以外，有些礦物還有其他物理性質，如透明度、螢光和磷光、磁性、放射性等。

（四）造岩礦物

地球上的岩石和土壤是由礦物所組成，構成岩石的主要礦物稱為「造岩礦物」。常見的造岩礦物有石英、長石、雲母、方解石、角閃石、輝石、橄欖石和黏土礦物等八種（圖 6.4.2-8）。

1. **石英**：是相當常見的造岩礦物，在三大類岩石中皆有之。石英為酸性火成岩和砂岩的主要礦物，約占地殼總體積的 18%。其顏色為白色或透明無色，主要成份是二氧化矽，質地堅硬（硬度 7），不易風化，有玻璃光澤，具貝殼狀斷口，因為是火成岩中結晶最晚的礦物，通常不具備完整的晶形。有完整六角柱晶形的石英，稱為水晶；而微晶質的石英有玉髓、瑪瑙和碧玉，常因為摻有雜質而呈不同顏色。石英是製造玻璃的主要原料，在台灣主要採自白色砂岩層。

2. **長石**：為構成地殼最主要的礦物，占有地殼中所有礦物的 58%左右，是火成岩和變質岩的主要礦物。長石是含有鉀、鈉、鈣和鋁的矽酸鹽礦，具玻璃光澤，硬度 6，分為「正長石」和「斜長石」。正長石（矽酸鋁鉀）為肉色，有兩組解理面，是花崗岩的主要成分之一。斜長石（矽酸鋁鈉和矽酸鋁鈣）是灰白色，為玄武岩的主要成分。長石很容易

長石

雲母

輝石

角閃石

橄欖石

圖 6.4.2-8 其他造岩礦物

風化成黏土和土壤，黏土可用來製作陶瓷器，土壤則為富含鉀、鈉、鈣的沃土。

3. **雲母**：係六角形薄片狀的矽酸鹽礦物，具玻璃光澤，硬度 2~3。雲母種類很多，常見者為白雲母和黑雲母，是花崗岩和片麻岩的主要成份。雲母由於隔熱性佳、是耐火性很高的絕緣體，以及具有不會被酸侵蝕等特性，因而經常用於屋頂、牆壁，或電器內部的隔熱和絕緣材料。

4. **方解石**：係組成石灰岩和大理岩的碳酸鹽類礦物，顏色為白色或無色透明，常因含有雜質而呈現不同顏色。方解石的硬度 3，具玻璃光澤，外觀上常被誤認為石英。兩者最大不同在於硬度懸殊，石英可以刮損玻璃，玻璃卻能磨傷方解石；另外，方解石遇稀酸會因生成二氧化碳而起泡，石英則不會。方解石有良好的菱形解理，折射率高，且具雙折射特性，常被用來製作光學儀器。一般說來，方解石通常用於化工、水泥等工業原料。

5. **角閃石和輝石**：為火成岩和變質岩中常見的礦物，尤其是安山岩上的斑晶，就是由其所形成。此兩種礦物之化學成份類似，特性也相近，顏色是黑色至暗綠，條痕為白或淡綠色，硬度 5~6。兩者主要不同的是晶體構造，角閃石的解理面相交約 120 度，晶體呈細長柱狀，而輝石的解理面相交約 90 度，晶體則呈短柱狀。

6. **橄欖石**：為含有鐵、鎂的矽酸鹽礦物，是構成基性火成岩、海洋地殼和上部地函的主要成分。其顏色為橄欖綠色，條痕是白色，硬度 6~7，有玻璃光澤，常在岩石中形成厚實的楔形微粒結晶。

7. **黏土礦物**：是一般矽酸鹽礦物和空氣與水發生風化作用所造成的含水礦物，為組成土壤的主要礦物成分。該礦物種類很多，呈片狀構造，因晶體顆粒極微小，不易辨識，統稱為黏土礦物，其中以高嶺土最為常見。

6.4.3 化石

化石是指生存在地質時代中的古生物遺體或生活痕跡，長期埋在地層中石化而來。絕大多數的生物死後，遺體即腐化而分解，並不會留下痕跡，只有極少數以化石的方式保留下來。因此，化石所能提供的古代生物紀錄並不完整。

（一）化石的形成

死去的動植物必須迅速被沉積物掩埋，在生物體腐爛後，其骨骼、牙齒和殼

等堅硬部分，才可以被保存下來，並為周圍沉積物的礦物質所石化，而形成化石。由於隨著沉積物而成為岩石的一部分，這也就是通常在沉積岩中，易發現化石的原因。另外，沉積物的顆粒愈細，水分無法滲透，如頁岩和石灰岩，生物被保存下來的機會愈高。

　　少部分的生物因環境特殊，得以保存完整的生物體。例如密封於琥珀中的昆蟲或植物化石（圖6.4.3-1）；又如西伯利亞冰層中的猛瑪象化石，連胃中的食物殘渣、血液都被完整的保留下來。

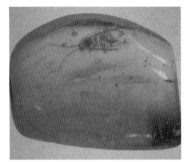

圖6.4.3-1　琥珀中的昆蟲化石

圖6.4.3-2　生痕化石──阿里山公路觸口天長地久橋頭南莊層內之爬痕，疑是蝦類爬行時尾扇在沉積物上所造成

（二）化石的種類

　　從構成化石的物質來看，化石可分為以下三大類型：

　　1. **實體化石**：由生物遺體所形成的化石，絕大部分是由生物的殼體構成，極少數是生物的完整肉體形成化石。

　　2. **生痕化石**：此類化石是由生物的排泄物或活動時在沉積物中遺留的痕跡所形成（圖6.4.3-2），因較易於保存，所以沉積岩中經常可見。

　　3. **印模化石**：生物體的堅硬部分，雖經由水中礦物質所溶解，但在其周圍岩中留下的印模，變成

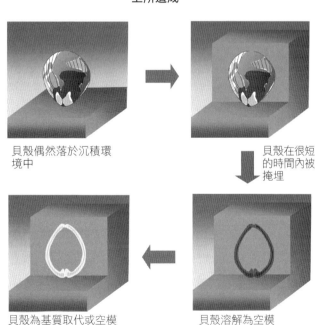

貝殼偶然落於沉積環境中

貝殼在很短的時間內被掩埋

貝殼為基質取代或空模填滿

貝殼溶解為空模

圖6.4.3-3　印模化石的形成過程

了化石；這種模被礦物質充填後，則形成了生物體的鑄模（圖 6.4.3-3）。

（三）化石研究

從化石研究中，不僅可以揭示地球上生物的演化訊息；還能經由「放射性元素定年」，將化石當作地質時代的指標，並藉此協助了解生物當時的生存環境。

五、地球的運動

地球就像一個旋轉的陀螺，除了繞本身自轉外，它還同時繞著太陽公轉。地球自轉與公轉的結合，產生了晝夜交替與四季變化。同樣地，地球的衛星——月球，也在自轉與環繞著地球公轉。

6.5.1 地球的自轉

地球環繞本身地軸（貫穿南北極）旋轉，稱為自轉。自轉的方向，從北極上方的方向來看，為由西向東的逆時針方向，因此從地球上看，太陽總是東昇西落。地球自轉一週為一天，自轉造成了白晝和黑夜。地球上面對太陽的地方是白晝，反之，則為黑夜。

6.5.2 地球的公轉

地球自轉的同時，它還繞太陽以近似圓形的橢圓軌道公轉。地球最靠近太陽的位置，稱為近日點，離太陽最遠處，為遠日點，平均距離為一億五千萬公里。地球公轉的方向與自轉方向相同，公轉一周為一年，公轉的軌道面稱為黃道面。由於地軸的傾斜，造成赤道面與黃道面夾角 23.5°，因而產生四季的變化（圖6.5.2-1）。

北半球的夏至時，大約是每年的 6 月 21、22 日，地球在遠日點，地軸的北端傾向太陽。這時，太陽直射北半球，且北半球接受日光的區域最大，日照時間長，形成晝長夜短的炎熱季節。緯度愈高，白晝的時間愈長，北極區則 24 小時都是白天。之後，地球繼續在其軌道上運轉，白晝時間逐漸縮短。到秋分時，約9 月 22、23 日。此時，傾斜的軸沒有對向太陽，太陽直射赤道，南北半球接受日光區域相同，所以全球各地白晝和夜晚都等長，氣候溫和。秋分後，地軸的北端

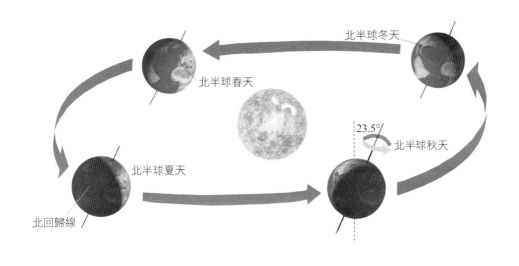

北半球冬天

北半球春天

23.5°

北半球秋天

北半球夏天

北回歸線

圖 6.5.2-1　地球四季變化示意圖

逐漸傾斜背向太陽。到冬至時，大約是 12 月 22、23 日，地軸傾斜背陽的北半球，由於太陽斜射，接受日光的區域最小，日照時間短，是晝短夜長的寒冷季節，北極區則 24 小時都是黑夜。之後，地球持續運行，白晝的時間逐漸增長。到了春分，約在 3 月 20、21 日，地軸的北端不再傾斜背陽，太陽直射赤道，白晝和夜晚時間等長。而南半球季節的變換，與北半球情形正好相反。

6.5.3　地球、太陽和月球

　　月球也和地球一樣，始終都在轉動著。除了自轉外，月球也繞著地球公轉。月球本身雖不發光，但是受太陽照射的部分，能反射出亮光。太陽、地球和月球三者的相對位置發生變化時，會產生許多現象。

（一）月相

　　月球繞地球公轉，地球又繞太陽公轉，三者的相對位置不斷發生變化。從地球上看月球時，月球會呈現規律的盈虧現象，稱為月相（圖 6.5.3-1）。初一時，月亮正好運行至太陽和地球的中間，在地球上無法見到它的受光面。此時，看不到月亮，稱為朔或新月。之後，月亮繼續由東向西移動。初三、四時，從地球上可看到細細的彎月，如同娥眉般，稱為娥眉月。到了初七、八時，可以看到月亮

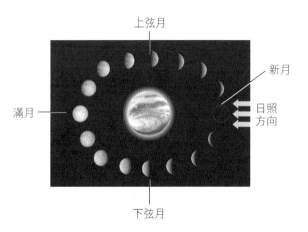

圖 6.5.3-1　月相圖

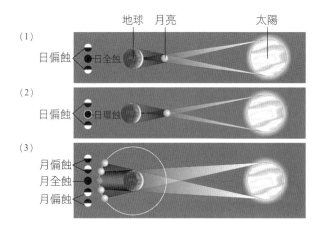

圖 6.5.3-2　日、月蝕的成因

圖 6.5.3-3　日蝕終了時所形成的鑽石環

的右半邊，稱為上弦月。當月亮正好運行至與太陽反向的一端時，大約是農曆十五、十六，月球的受光面，完全可見，稱為滿月或望。由滿月到下一次的滿月，約需 29.5 天。下弦月約在農曆二十二、二十三時，月亮的左半邊是亮的。接著，月亮一天天逐漸變細，到了初一，就完全不見了。如此週而復始的循環。

（二）日蝕和月蝕

由於月球繞地球公轉的軌道面（白道面）與黃道面夾角 5°左右，所以當太陽和月球都來到軌道交叉點附近時，就會發生日蝕或月蝕（圖 6.5.3-2）。

1. 日蝕：是當新月偶然運行至太陽和地球的中間，在三者連成一線時，且月球正好遮住了太陽，也就是說，地球進入月球的陰影裡。日蝕分為日全蝕、日偏蝕和日環蝕。當地球進入月球的本影區時，月球完全遮住了太陽，為日全蝕。日偏蝕則是地球進入了月球的半影地帶，月球只遮住部分太陽。當月球離地球較遠，它的

本影無法抵達地球，在本影投射區，月球遮住太陽中間的部分，稱為日環蝕（圖6.5.3-3）。

2. 月蝕：當地球位於太陽和月球之間，三者在同一直線上，此時若月球運行至地球的陰影之內，而擋住射向月球的太陽光時，稱為月蝕。月蝕分為月全蝕和月偏蝕。當月球完全進入地球的本影時，即產生月全蝕；部分進入本影區或位於地球的半影區時，則為月偏蝕。月蝕發生於滿月時，發生的次數比日蝕頻繁，時間也較長，且易於觀測。月全蝕時，仍看得見呈暗紅色的月亮；那是因為太陽光通過地球的大氣層時，產生了折射，而只有長波長的紅光能穿過大氣層折射到地球表面的緣故。

（三）潮汐

月球的運動對地球最大的影響就是潮汐；這是由於地球上的海水受到月球和太陽的引力變化，海面因而發生升降的現象。因為月球比太陽更接近地球，使其引力效應比太陽大。每逢朔和望時，月球、地球和太陽成一直線，月球和太陽的引力相加，造成海水大漲，此現象稱為大潮。反之，在上弦月和下弦月時，太陽、地球和月球互成直角，兩引力相抵銷，海水漲幅小，是小潮。當地球自轉一周時，也就是一天，地球上各地會出現兩次漲潮、兩次退潮的現象（圖6.5.3-4）。

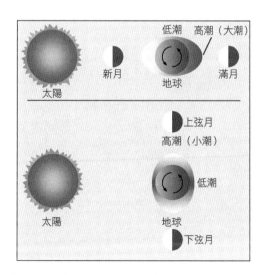 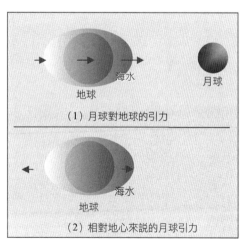

圖 6.5.3-4　潮汐的產生和成因

六、地球的大氣

地球的周圍環繞著一層大氣，大氣提供地球上生物生存所需的空氣。同時，藉著大氣的運動，水分得以不同的形式輸送至各處，供生物成長與活動所需。另外，大氣中的溫室氣體，維持著地球的溫暖。除此，大氣還能保護地球，免受太陽的紫外線、宇宙射線和隕石的侵擾。由於地球具有獨特的大氣，因而成為太陽系中一顆孕育生命的行星。

6.6.1 大氣的起源與組成

地球形成時，原始大氣的主要成份是水氣、二氧化碳、氫氣、氨氣和沼氣（甲烷）。隨著地球持續冷卻，大氣中的水氣凝結為水，於是形成海洋。大量的二氧化碳溶於海水，產生碳酸鹽，儲藏於海底的石灰岩中。此外，氫氣、水、氨氣和甲烷藉太陽輻射線和閃電的能量，合成了生命基本物質 DNA。之後，生命開始誕生於海洋。海中的原始生物如藍綠菌，以水和二氧化碳為原料，進行光合作用，製造大量氧氣，逐漸散逸至大氣。水氣被太陽光解後，也產生了氧氣，而累積的氧氣造成了臭氧的增加。地球大氣經過不斷地演變後，逐漸形成今日的狀態（圖 6.6.1-1）。

目前地球上大氣的厚度約 1,000 公里，並沒有明顯的上限，只是隨高度增加，空氣愈稀薄。到了五、六百公里以上，已稀薄至可視為真空。其中 90% 以上的空氣，集中於離地表 20 公里以內的大氣層。

大氣無色、無臭、無味，由氣體、少量液體和微塵所組成。今日大氣的成份主要是氮氣（78.08%）和氧氣（20.95%），還有少量的氬氣、二氧化碳、臭氧、水氣和懸浮微粒。氮氣和氧氣是大氣的主要氣體，也是生物活動所不可或缺的要素，透過在自然界中的循環，含量大致

氣體	所佔比例（%）
氮	78.08
氧	20.95
氬	0.93
二氧化碳	0.03
其他（臭氧、水氣、惰性氣體……）	0.01

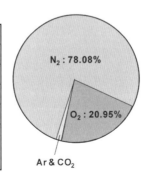

圖 6.6.1-1　目前大氣氣體成份

可維持固定的比例，因而稱為「固定成份」。其他少量氣體如二氧化碳、臭氧、水氣和懸浮微粒的含量，會隨時間和地點而有所變化，尤其是受季節和人為因素的影響，所以稱為「變動成份」。變動成份中，二氧化碳和水提供植物行光合作用之需，並吸收地表的長波輻射，因而對地表有保溫的作用；而臭氧可吸收陽光中的紫外線，保護生物免受其害；水氣則是水循環的主角，最直接的影響莫過於天氣的變化。

6.6.2　大氣的垂直分層

圍繞地球的大氣圈，其組成混合的情況，並非完全均勻。距地面80公里以內的大氣，主要氣體混合比例幾乎固定，稱為均勻層。在80公里以外，大氣的組成變化大，稱為不均勻層。大氣亦可根據溫度在高度上的變化特性，劃分為以下五層（圖6.6.2-1）：

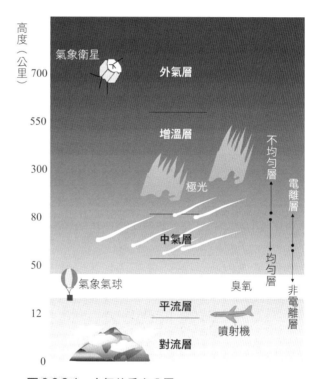

圖 6.6.2-1　大氣的垂直分層

（一）對流層

自地面起至約 12 公里處，此層高度並不固定，在赤道處約18公里，極區則只有 8 公里，包含了全部大氣約80%。其氣溫隨高度遞減，接近地面最溫暖，高度每上升 1,000 公尺，氣溫約下降 6.5℃。進入平流層之際，氣溫降至約-50℃。由於此種溫度變化關係有利於大氣的垂直運動，空氣產生顯著的對流，因而常見的天氣現象發生於對流層。

（二）平流層

從對流層頂向上延伸至高度約 50 公里處，含全部大氣約 19%。此層大氣溫

度隨高度而增加，到頂部約 10℃左右。平流層內的空氣沒有對流現象，空氣幾乎是水平流動。由於氣流穩定，長程噴射客機飛行的高度，即位於平流層底部。相對的，一旦大氣污染物進入此層，便會長期滯留，對全球的氣候造成影響。平流層內，距地面 20~30 公里之間，分布著臭氧層，臭氧分子大量吸收太陽的紫外線，因而平流層的溫度隨高度漸增。

（三）中氣層

從平流層頂至距地面約 80 公里之間，此處氣體非常稀薄，只能吸收太陽極少的熱，因此氣溫隨高度急遽遞減，到頂端時已降至約-100℃。中氣層空氣雖然稀薄，仍足以使衝撞入地球大氣的宇宙微塵燒毀，形成流星。

（四）增溫層

頂端離地表約 550 公里的增溫層，由於高度高，太陽的高能輻射將氣體分子電離，形成電離子和自由電子，因而使其頂部的溫度升至 2,000℃。大約從地面 60~1,000 公里的大氣中，出現了許多電離子，因此稱之為「電離層」。因為電離子能反射無線電波，全球的通訊網就是利用電離層將電波傳送至遠方，故電離層對長程通訊影響很大。

（五）外氣層

大氣的最外一層是外氣層，約距地面 550 公里以上，為外太空的起點。此處所含之氣體非常稀薄，主要為氫氣和氦氣，許多氣體甚至足以克服地球引力，逃逸至太空中。

6.6.3 大氣中的水

地球含有大量的水，其中 97%構成了海洋，其餘組成了河川、湖泊、地下水和冰川，只有極少部分存在大氣中。大氣中的水以固、液、氣三種狀態存在著，其中水氣佔絕大部分。水氣雖然只佔大氣組成的一小部分，卻主宰著千變萬化的天氣現象。當水進行相變化時，會釋放或吸收大量的潛熱，加上水有很大的比熱等重要特性，使得水具有調節地表和大氣溫度的功能。大氣中的水氣含量隨時間和地點不同，而有很大的變化，主要是決定於溫度和壓力。

（一）溼度

溼度為大氣中水氣含量的多寡。在某一特定溫度和壓力下，大氣中水氣的最大含量是固定的，稱為「飽和水氣量」；而飽和水氣量所造成的氣壓，則為「飽和蒸氣壓」。飽和蒸氣壓與溫度和壓力有關。溫度愈高，空氣因膨脹，而使空氣分子能夠吸收更多的水氣，飽和蒸氣壓於是也愈大（圖6.6.3-1）。相反的，當溫度逐漸冷卻時，空氣分子承受水氣的能力也降低，遂迫使水氣凝結；發生這種現象時的溫度，稱為「露點」。

1.**絕對溼度**：已知體積的空氣中水氣的含量。

2.**相對溼度**：已知的絕對溼度與同溫時空氣中飽和水氣量的比值。

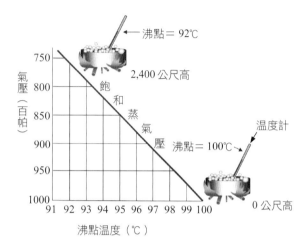

圖 6.6.3-1　飽和蒸氣壓與溫度和氣壓的關係

（二）水的循環

地表的水經由海洋、河流和湖泊的蒸發，以及植物的蒸散作用，而以水氣的形式進入大氣中。大氣中的水氣在高空遇冷，凝結為小水滴，而形成雲；然後水滴降落地面，產生降水。這些水可能蒸發，或者流向大海，一部分滲入土中或岩層裡，經植物吸收後，再蒸散回到大氣，如此循環不已（圖6.6.3-2）。

（三）雲的形成與分類

空氣中的水氣遇冷會凝結成小水滴，或進一步凝結成冰晶。雲是由小水滴或冰晶組成，小水滴的形成則需要有凝結核，如塵埃。自然界中，雲常藉空氣的上升運動，經膨脹冷卻而形成。氣流上升的主要方式有四種（圖6.6.3-3）：(1)地面受日光照射，空氣受熱上升；(2)氣流受到地形阻礙而爬升；(3)冷暖氣團相遇，暖氣團受冷氣團的推擠而上升；(4)空氣向低壓中心聚集，形成上升氣流。

雲的高低、型態和組成都是影響天氣的要素，因此便根據這些因素來分類命

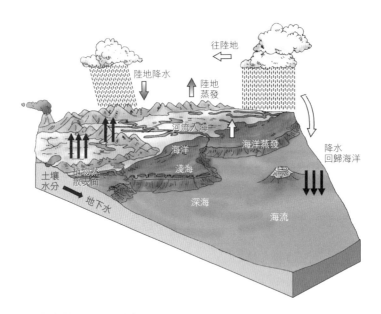

圖 6.6.3-2　水的循環

圖 6.6.3-3　雲的形成方式

名，共分為十類（圖 6.6.3-4）。雲底的高度在 5~13 公里者，稱為「高雲」，有卷雲、卷層雲、卷積雲；高度在 2~7 公里者，稱為「中雲」，有高層雲和高積雲；而高度在 2 公里以下者，則稱為「低雲」，有層雲、層積雲、雨層雲；另外，雲的底部接近地面，頂部向上發展者，稱為「直展雲」，有積雲和積雨雲。

此外，根據溫度，雲可以分為暖雲和冷雲。暖雲的溫度高於 0℃，而冷雲的溫度低於 0℃。

（四）霧的形成與分類

霧屬於層雲的一種型態，本質上與雲沒什麼分別，因此說「雲是天上霧，霧是地上雲」。當懸浮在接近地面的水氣凝結物，使水平能見度低於 1,000 公尺，稱為「霧」；若介於 1,000～2,000 公尺，則稱為「靄」。霧的冷卻凝結方式主要有二：

圖 6.6.3-4　雲的分類

卷雲
卷層雲
積雨雲
卷積雲
高積雲
高層雲
山上的旗狀雲
層積雲
雨層雲
積雲
層雲
公里
12 11 10 9 8 7 6 5 4 3 2 1 0

1. **輻射冷卻**：在無雲、風靜、濕氣重的夜晚，地面因輻射冷卻強，溫度降低，靠近地面的空氣也隨之冷卻，當達到露點時，便形成「輻射霧」。這種霧通常在夜裡形成，日出後消失，範圍和厚度都不大。

2. **混合冷卻**：冷、暖空氣雖未達飽和水氣量，可藉適當比例的混合，造成過飽和而形成霧。當冷空氣流過暖水面，與海面附近的暖濕空氣混合，便容易發生混合冷卻，而形成「蒸發霧」。又當暖濕空氣流經寒冷的地區上空，接近地表的空氣被冷卻，這些冷卻的空氣再與上方暖空氣混合，而成為「平流霧」。平流霧在任何時間和地點都可能出現，範圍和厚度均較大，有時可以持續一、兩天。

（五）露和霜

在無風晴朗的夜晚，地面或地面某些物體冷卻較快，而周圍空氣散熱速度慢；當附近空氣冷卻至露點時，空氣中的水氣就會凝結在其上，形成露水（圖 6.6.3-5）。若空氣溫度冷卻至冰點以下，水氣直接昇華，而在物體上凝固成冰晶，則稱為霜。

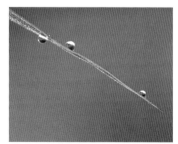

圖 6.6.3-5　當空氣冷卻至露點時，其中的水氣就會凝結於某些物體上而形成露水

（六）降水

雲中的水滴或冰晶成長到一定大小後，會降落到地面（圖6.6.3-6）。降水有許多形式，包括雨、雪、雹等，通常是從雨層雲或積雨雲中形成。

1.雨：是從雲中落下的水，因而根據雲的形成方式之差異，雨可分為五種類型：

(1)對流雨：常發生於熱帶及溫帶夏季午後，因日照強烈，蒸發旺盛，使潮濕的空氣受熱上升，冷卻形成積雨雲而下雨。對流雨又稱為熱雷雨、雷雨或雷陣雨，其特點是來得急、去得快、強度大、雨區小、常伴有雷電，例如台灣夏季常發生的午後雷陣雨便屬此種類型。

(2)地形雨：潮濕的氣流受到地形阻礙，被迫沿迎風坡抬升，於是水氣冷卻而降雨。當氣流越過山嶺，沿背風坡下降時，產生乾燥和沉降增溫現象，有些地方還因而可能出現「焚風」。台灣地區冬季東北季風盛行，由於東北部位於中央山脈的迎風坡，因此多地形雨；西南部則因位於背風坡，所以天氣乾燥。

(3)鋒面雨：當冷、暖氣團相遇，形成鋒面，由於暖氣團沿鋒面爬升，水氣冷

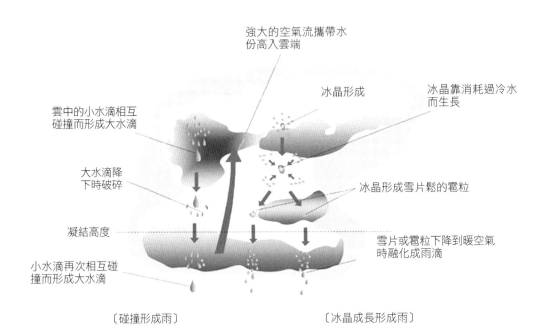

強大的空氣流攜帶水份高入雲端

冰晶形成

冰晶靠消耗過冷水而生長

雲中的小水滴相互碰撞而形成大水滴

大水滴降下時破碎

冰晶形成雪片鬆的雹粒

凝結高度

雪片或雹粒下降到暖空氣時融化成雨滴

小水滴再次相互碰撞而形成大水滴

〔碰撞形成雨〕　　　〔冰晶成長形成雨〕

圖6.6.3-6　降水的成因

自然科學與生活科技概論

卻而降雨。鋒面雨有時是豪大雨，有時是毛毛雨，端視何種鋒面性質而定。台灣地區夏季五、六月間的梅雨，就是滯留鋒所形成的鋒面雨。

(4)颱風雨：熱帶低壓在海面上形成，由於海上潮濕空氣強烈輻合上升作用，形成積雨雲而降雨。每年台灣地區在夏秋期間，常有颱風到來。

(5)人造雨：當雲內水滴太小或缺乏冰晶，而無法下雨時，可利用人工方法使其降雨。在暖雲中，小水滴經由碰撞合併的方式，變成大水滴，直到上升氣流無法托住而降雨。然而，在冷雲裡，大氣中的水氣直接在冰晶上凝聚成長，直至從雲端落下。利用暖雲造雨，可在雲中灑鹽水滴或其他吸水性物質等，增加其碰撞合併的機會，來形成降雨。而冷雲造雨的方法，最常使用乾冰和碘化銀。播撒乾冰可以降低雲內溫度，使過冷水滴凝固成冰晶；而碘化銀可以充當凝結核，藉由增加水滴在冰晶上凝聚成長的機會，以形成降雨。

2. 雪：為從雲中降下的冰晶。冰晶是由結冰的水氣凍結聚集而成，由於開始凍結時的溫度和濕度不同，所以形成了各式各樣六角形的雪花（圖 6.6.3-7）。

圖 6.6.3-7　雪花是六角形的結晶

3. 雹：是從雲中降下的冰粒或冰塊。通常發生在溫帶地區的春夏期間，由於空氣對流旺盛，將積雨雲中落下的冰晶，再推回寒冷的高空，然後落下，上升氣流又再次將它送上去，冰晶於是在雲內翻滾，不斷碰撞聚集雲滴而成長（圖 6.6.3-8）。如此往返多次後，像滾元宵般，愈滾愈大，因而形成直徑大於 5mm 的雹粒或雹塊。

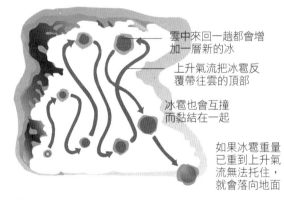

雲中來回一趟都會增加一層新的冰

上升氣流把冰雹反覆帶往雲的頂部

冰雹也會互撞而黏結在一起

如果冰雹重量已重到上升氣流無法托住，就會落向地面

圖 6.6.3-8　雹的成因

6.6.4　大氣的運動

相對於地球而言，大氣無時無刻在運動著；由於大氣的運動，而有了天氣的

變化。大氣運動的主要能量來源是太陽，加上地球本身的轉動和地球表面的摩擦作用，使得大氣隨時處於運動狀態。大氣運動的形式，以各種不同生命期或週期及不同覆蓋範圍的形式存在。在垂直方向上的大氣大致是處於平衡狀態，而主要的不平衡是發生於水平方向。

（一）大氣壓力

大氣壓力係由於大氣的重量所產生的壓力，由於大氣中的氣體分子是在各方向上運動，所以大氣壓力的方向是四面八方的。大氣壓力會影響大氣的運動，而形成不同的天氣型態。海平面上的大氣壓力最大，因為那裡的空氣密度最大。氣壓通常是以海平面為基準來計算，隨著高度增加，空氣逐漸稀薄，壓力因而降低。空氣的溫度是另一個影響氣壓大小的因素，氣溫愈高，密度愈小，所形成的壓力也愈低；反之，氣溫低則氣壓大。氣象上常用的氣壓單位是毫巴（100 牛頓／平方公尺），或是毫米-汞柱。一大氣壓相當於 1,013 毫巴或 760 毫米-汞柱。地圖上的氣壓是以等壓線來表現，而氣壓梯度是指兩地間等壓線的疏密程度。

1. 高氣壓：氣壓較四週氣壓高者稱之。在高氣壓區，空氣下沉到地面並擴散開，且吸收水分，使氣溫上升（圖 6.6.4-1）。因此，通常高氣壓的天氣，雲層會消失，空氣乾燥，是艷陽高照的好天氣。

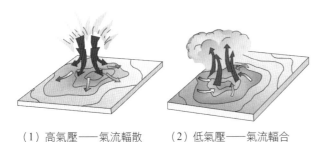

（1）高氣壓──氣流輻散　（2）低氣壓──氣流輻合

圖 6.6.4-1　高氣壓與低氣壓

2. 低氣壓：氣壓較四周氣壓低者稱之。在低氣壓區，空氣上升並凝結成雲，這就是低壓常會造成降雨的原因。

（二）對流與風

空氣受熱膨脹上升，周圍較重的冷空氣會來填補，這種由於受熱而產生空氣流動的現象，就稱為「對流」。大氣中的雲，就是對流作用所產生。強烈的對流作用，可能造成豪大雨、颱風、龍捲風、冰雹等激烈的天氣現象。而空氣受力流動，就形成風。影響風形成的主要因素有：氣壓梯度、科氏力和摩擦力等。

1. **氣壓梯度**：水平氣壓分布不均，是產生風的主要原因。風從高壓吹往低壓，氣壓梯度愈大，風就愈強勁。氣壓梯度對空氣所造成的推力，稱為氣壓梯度力。一般而言，造成水平氣壓的分布不均，是因為大氣受日照強度或輻射冷卻不均勻所致，如海風和陸風（圖 6.6.4-2）、山風和谷風（圖 6.6.4-3）、季風等。

2. **科氏力**：是由於地球自轉所產生的偏向力。地球的自轉阻礙了風從高壓區吹向低壓區，受科氏力作用，北半球的風向右偏轉，而南半球的風向左偏轉。離地面一公里以上的大氣，氣壓梯度力原是驅使空氣沿垂直等壓線的方向運動；但由於科氏力的影響，二力平衡後，使風沿等壓線平行形成，稱為地轉風（圖6.6.4-4）。

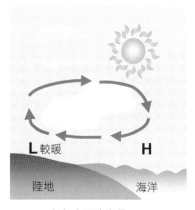
（1）白天吹海風

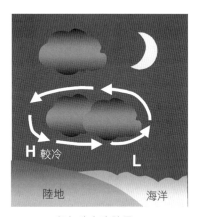
（2）晚上吹陸風

圖 6.6.4-2　海風和陸風

（1）白天吹谷風

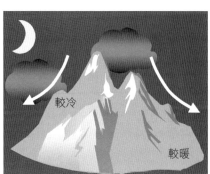
（2）晚上吹山風

圖 6.6.4-3　山風和谷風

3. **摩擦力**：離地表一公里以下的大氣，由於與地面的摩擦，如地面的山脈、樹木、海浪等，而減低空氣流動的速率或改變其前進方向，低層大氣於是需同時考慮氣壓梯度力、科氏力和摩擦力。接近地面時，風速減小，科氏力也因而減小；因此氣壓梯度力大於科氏力，而將空氣推向低壓。在氣壓梯度力、科氏力、摩擦力三者平衡時，風由高壓吹向低壓，穿越等壓線，與其成交角α（α大小與地形有關）（圖 6.6.4-5）。

另外，北半球以低氣壓為中心，所形成逆時鐘方向旋轉的環流，成為「氣旋」。而北半球以高氣壓為中心，所形成順時鐘方向旋轉的環流，則稱為「反氣旋」（圖 6.6.4-6）。

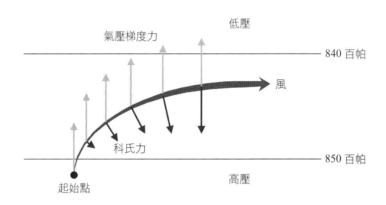

圖 6.6.4-4　北半球地轉風示意圖

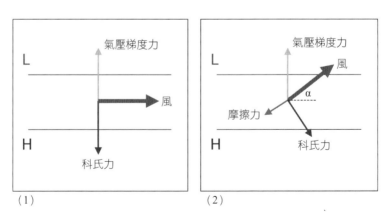

圖 6.6.4-5　（1）高層的地轉風（2）由於摩擦力的影響，近地面的風向會偏向低壓區，與等壓線呈現夾角；摩擦力愈大，則夾角愈大

（三）大氣環流

世界各地的風是屬於全球大氣環流系統的一部分，這個系統使大規模的暖空氣由赤道向兩極運動，而冷空氣則相反，進而維持世界各地溫度的平衡。造成大氣環流的原因，主要是太陽對地球加熱不均以及地球本身的偏轉所致（圖 6.6.4-7）。

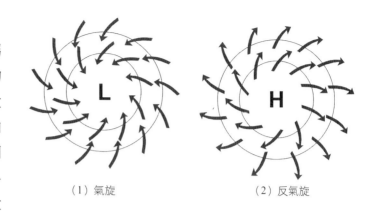

(1) 氣旋 　　　　(2) 反氣旋

圖 6.6.4-6　北半球氣旋與反氣旋平面圖

1. **大尺度的大氣環流**：大尺度的主環流在南、北半球各有一組對稱的三胞環流：熱帶的哈德里胞、中緯度的佛雷爾胞和高緯度的極區胞。

(1)哈德里胞：赤道地區因日照量大，空氣受熱上升，成為低壓系統，而低層氣流輻合，形成間熱帶輻合區，常伴隨豐富的降水；此區由於地面空氣水平移動速度慢，甚至時常出現無風情況，故亦稱「赤道無風帶」。赤道上升的暖空氣，至高空時吹向兩極，在南、北緯 30 度（馬緯度）處下沉，形成副熱帶高壓區。由於空氣壓縮增溫，氣候炎熱少雨，地球上大部分的沙漠出現於此。此區為哈德里胞的下沉區域，一般風力微弱，又稱「馬緯度無風帶」。下降的空氣，在地表擴散，分別向赤道和極區流動。吹向赤道的風，受科氏力影響，北半球為東北信風，南半球為東南信風。兩種信風在赤道低壓帶匯

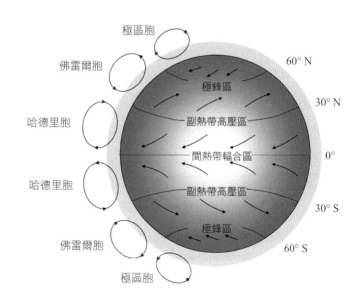

圖 6.6.4-7　全球大氣環流

合，形成不穩定的天氣。

(2)佛雷爾胞：在馬緯度下沉的空氣往極區流動，到緯度 60 度處，氣流走向與熱帶區相反；即胞內低緯度之暖空氣下沉，而高緯度之冷空氣上升。吹向極區的風，因受科氏力影響而偏西，形成盛行於中緯度的西風帶，北半球吹西南風，在南半球則為西北風。此區由於移動性高低壓盛行，天氣不穩，給大陸西岸帶來可觀的雨量。

(3)極區胞：極地因日照不足、氣溫低，高密度的冷空氣下沉，因而形成高壓中心，稱為「極地高壓區」。極地吹往中緯度的風，因受科氏力影響而偏東，形成極地東風帶，北極區吹東北風，南極區則吹東南風。極區胞內的冷空氣自兩極向外流動，下降至緯度 60 度附近，與西風相遇，較暖的西風被迫上升，使該區形成一低壓地帶——極鋒區，常產生溫帶氣旋，風暴不斷。

2.小尺度的大氣環流：發生的範圍小、存在的時間也較短，如季風區和地方風系（海陸風、山谷風和焚風）等。

(1)季風：是由於太陽日照加熱或輻射冷卻不均，造成因季節轉變而形成海陸溫度和氣壓的差異所致；此外，風帶的季節性移動，亦可能產生季風。季風主要發生於大陸和海洋的交界。夏季時，陸地比海洋溫度高，氣壓較低，風從海洋吹向大陸；冬季時，陸地因輻射冷卻較快，溫度比海洋低，氣壓較高，風由陸地吹向海洋。世界上著名的季風區，主要位於亞洲的東部到南部一帶的沿海地區，故有「季風亞洲」之稱（圖 6.6.4-8）。夏季季風由海洋吹來，溫暖潮濕，在東亞以西南風為主。反之，冬季季風由大陸吹來，乾燥寒冷，但是氣流出海後，吸收洋面水氣，形成濕冷的西北風。在到達台灣前，轉為東北風，使中央山脈的迎風面——台灣東北部的冬季雨量偏多。

(2)海陸風：為熱帶海濱地區常見之風向日夜交替的現象。白天陸地升溫較海洋快，因此風從海洋吹向陸地，稱為海風；夜晚陸地輻射冷卻較快，風則從陸地吹向海洋，稱為陸風。

(3)山谷風：是山區之風向日夜交替的現象。白天時山坡受熱較多，山上空氣增溫較山谷快，風從山谷吹向山坡，稱為谷風。反之，夜晚山坡的空氣冷卻較快，風從山坡吹向山谷，稱為山風。

(4)焚風：常發生於高山區，是一種乾而熱的風。當潮濕氣流越過高山，會在背風坡處產生（圖 6.6.4-9）。由於氣流在迎風坡的上升過程，失去大量水氣，因

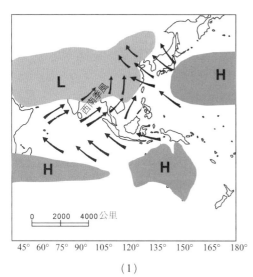
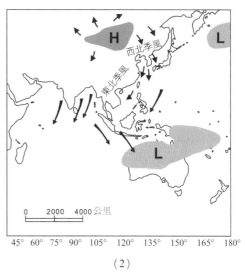

圖 6.6.4-8　亞洲地區的（1）夏季季風（2）冬季季風

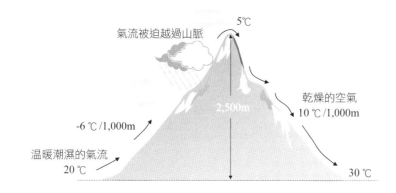

圖 6.6.4-9　焚風的成因

而在沿山坡下降時，氣溫不斷增加，而濕度下降，遂形成乾熱的焚風。

（四）氣團與鋒面

　　氣團係指溫度與溼度相近的一大團空氣，可延伸數千公里以上。形成氣團的條件是：當空氣在廣大遼闊的平坦地面或海洋上空長時間停留，逐漸具有與此地區相同的溫度與溼度特性。發展氣團的區域，稱為氣團源地。依據源地在緯度上的溫度差異，氣團可區分為：極圈（A，極冷）、極地（P，寒冷）、熱帶（T，

溫暖）、赤道（E，炎熱）。而依據源地之溼度性質可區分為：乾燥的大陸性氣團（c）及潮濕的海洋性氣團（m）。北半球冬季的氣團是極地大陸性氣團（cP）和熱帶大陸性氣團（cT），夏季則為極地海洋性氣團（mP）和熱帶海洋性氣團（mT）。西伯利亞一帶，冬季是極地大陸性冷氣團（cP）的源地，當直接迅速地南下過境台灣時，會造成寒流。夏季影響台灣的氣團，主要是源自太平洋上的熱帶海洋性氣團（mT）；此濕暖的氣團流經台灣，形成了溼熱的天氣。當氣團離開源地後，常因所經地區之性質不同，而改變其原來的特性，稱為變性氣團。若氣團本身的溫度比經過地區高時，稱為暖氣團；反之，則為冷氣團。

當冷、暖兩種氣團相遇時，在交界面上，空氣垂直運動轉劇，形成所謂的鋒（面）。鋒面帶的長度可達數百至數千公里，但寬度窄小，通常僅數十公里。鋒面依兩側冷暖氣團運動方向，可分為冷鋒、暖鋒、滯留鋒和囚錮鋒（圖 6.6.4-10）。

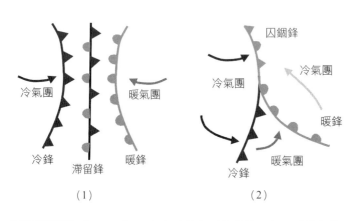

圖 6.6.4-10　鋒面示意圖（1）冷鋒與暖鋒勢均力敵形成滯留鋒（2）冷鋒追上暖鋒形成囚錮鋒

1. **冷鋒**：由冷氣團推動暖氣團時，暖氣團被急劇抬升所致。沿鋒面帶，因而常形成一系列高大的積雨雲，積雨雲內對流旺盛，常有強烈的雷陣雨發生。冷鋒過後，氣壓升高，溫度下降，風向改變，天氣轉晴，天空中僅留下少量積雲。

2. **暖鋒**：暖氣團向冷氣團方向移動，比重小的暖氣團沿緩和傾斜的鋒面，緩緩爬升至冷氣團之上。暖鋒帶涵蓋面積廣闊，以層狀雲系為主，雨勢綿延不絕。暖鋒過後，天氣好轉，氣溫上升。

3. **滯留鋒**：冷、暖氣團強度相近，鋒面無明顯移動。中國大陸華南一帶和台灣地區五、六月間的梅雨期，就是因為滯留鋒的影響，而產生陰雨綿綿的天氣。

4. **囚錮鋒**：當冷鋒趕上暖鋒，兩者合併時所形成。由於較重的冷空氣將較輕的暖空氣完全抬離地面，常常造成較大的雨勢，影響範圍最廣。若鋒後的冷空氣比

自然科學與生活科技概論

鋒前的冷空氣溫度低時，稱為「冷鋒型」囚錮鋒；反之，則為「暖鋒型」囚錮鋒。

（五）風暴

大氣中不時有猛烈的風暴發生，常常伴隨豪雨、雷電和強風，例如颱風和龍捲風。

1. **颱風**：亦稱熱帶風暴，是由熱帶海洋上空強烈的低氣壓發展而成，氣象學上稱為「熱帶氣旋」，主要特徵是螺旋狀雲帶和颱風眼（圖 6.6.4-11）。發生於大西洋和東太平洋的熱帶氣旋稱為颶風（圖 6.6.4-12），在印度洋稱為氣旋，而

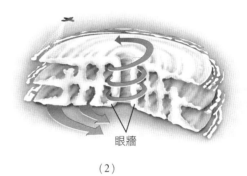

眼牆

（1）　　　　　　　　　　　　　　（2）

圖 6.6.4-11　（1）從氣象衛星所拍攝的颱風（2）颱風的垂直結構示意圖

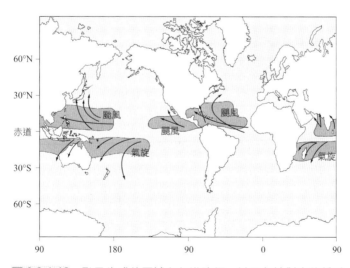

圖 6.6.4-12　颱風生成的區域和行進路徑，以及各地對它的稱呼

在西太平洋則稱為颱風。颱風最常發生於夏末、秋初時的熱帶海洋，是由熱帶大氣內的擾動發展而來。在北半球，颱風以逆時針方向旋轉；南半球的颱風則以順時針方向旋轉。海面由於受太陽日照強烈，海水平均溫度高於 26.5℃，因而產生大量蒸發，造成海面上的空氣溫度高、溼度大，於是形成熱帶低壓。加上赤道附近的風力微弱，空氣發生強烈對流，且水氣凝結釋放潛熱，使得海面溫度更高，低壓更強，對流愈加旺盛；如此正回饋作用之下，加之以科氏力作用，氣旋於是產生。愈接近中心，氣旋旋轉半徑愈小，離心力也愈大。當氣旋的中心平均最大風速超過每秒 17.2 公尺，則輕度颱風形成。若中心風速達每秒 32.7 公尺~50.9 公尺，稱為中度颱風；而超過每秒 51 公尺者，稱為強烈颱風，其暴風半徑可達四、五百公里。颱風中心的颱風眼是氣壓最低之處，離心力使得氣流無法進入，因而此處是風平浪靜的好天氣，但接近地面時，常會引起海水倒灌。颱風眼外圍對流最為旺盛，因而產生高聳的積雨雲柱，稱為眼牆或雲牆，此處降水與風速均達最強。

2. **龍捲風**：又稱旋風，是一種威力強大的風暴，風速猛烈遠高於颱風，是由天上延伸至地面的高速漩渦狀或漏斗狀的風，為巨大的積雨雲內的強烈對流所致。當潮濕的暖氣團與乾燥的冷氣團相遇，形成積雨雲後，冷空氣急速下降，熱空氣猛烈上升，水氣凝結釋出潛熱，而持續加熱雲中空氣。此時，對流愈加旺盛，冷熱空氣交替攪動，空氣於是開始旋轉，形成許多小漩渦。小漩渦逐漸擴大，便形成了龍捲風（圖 6.6.4-13）。龍捲風常發生於鋒面前端，大多數逆時鐘旋轉。發生於海上的龍捲風可將海水吸起，稱為水龍捲。龍捲風在世界各地都可能發生，美國中西部最常見，也最劇烈，平均每年發生數百起，常造成嚴重災害。通常龍捲風從形成至消失只有數分鐘，偶爾會長達數小時。直徑小者只有數公尺，可大至百餘公尺，所到之處，可將人、車、樹木和建築物等捲至空中。

圖 6.6.4-13　龍捲風

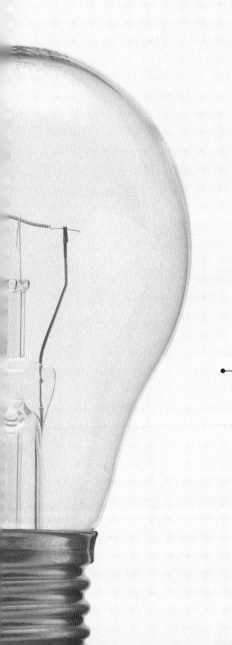

第七章

宇宙的奧祕

我們所居住的地球，在浩瀚的宇宙中，就像一粒微不足道的塵埃，它只是太陽系中繞著太陽運轉的一顆普通行星，而太陽也只是銀河系上千億個恆星中的一個；至於太陽所處的銀河系，也不過是宇宙眾多星系之一罷了。宇宙中有成千上萬個星系，星系與星系間被廣漠的太空遙遙阻隔。太空雖然空曠，但到處充滿著無數恆星釋出的光與其他輻射，藉著這些輻射，科學家得以一步步揭開宇宙神祕的面紗。

一、浩瀚的宇宙

　　廣袤無垠的宇宙容納一切，包含著有生命與無生命的物質，小到次原子粒子，大至長城（已知最大的天體結構）。可觀測的宇宙質量，主要來自恆星；無數的恆星，在宇宙的舞台上，上演著與重力場拚搏的一生。儘管宇宙含有大量的物質，但是那裡仍是非常空曠，大部分是黑暗、寒冷的空間。

7.1.1　宇宙的起源

圖 7.1.1-1　宇宙起源於一次「大爆炸」

　　有關宇宙的起源，目前最廣泛為人所接受的理論是「大爆炸」宇宙論；此為一九四〇年代，美國天文物理學家迦莫夫等人所提出。大約於一百五十億年前，現存在於宇宙的所有物質，當時全擠壓在一個緻密熾熱的奇點，聚積著極為龐大的能量，導致宇宙大爆炸的發生（圖 7.1.1-1）。大爆炸的瞬間，宇宙是一個相當高溫的原始火球。幾秒鐘內，基本粒子結合成質子、中子、電子等次原子粒子，而光由於自由電子的阻擋，宇宙是不透明的，為輻射主控時期。幾分鐘內，次原子粒子聚合為原子核，形成氫核（75%）和氦核（25%）。之後，物質與光各自散開，宇宙迅速膨脹、冷卻。一百萬年後，溫度降至 3,000K，電子與氫核和氦核結合成宇宙中含量最豐富的元素──氫原子和氦原子，宇宙於是變為透明，從此進入物質主控時代。數十億年後，恆星與星系形成，然後逐漸演化至目前的宇宙。

　　一九六四年，美國天文學家彭齊亞斯和威爾遜發現宇宙 3K 微波背景輻射，這種輻射是大爆炸產生的殘餘輻射，說明宇宙過去確實是小而高溫的，為「大爆炸」提供了有力的證據。宇宙的熱輻射已均勻、無方向性地冷卻到今天所測得的 3K；而 3K 微波背景輻射有著萬分之一的非均勻性起伏，其中蘊藏了極其豐富的早期宇宙之寶貴信息。

7.1.2　膨脹中的宇宙

　　二十世紀初期，天文學家正在發展測量遙遠恆星與星系距離的技術。二〇年代，美國天文學家哈柏完成另一個基礎性的發現；他於研究星系光譜時無意中發現，所有遠距離星系的譜線均呈明顯的紅位移狀態。根據都卜勒效應，這表示遙遠的星系正遠離我們而去。隨後，他更進一步發現紅位移的量與星系的距離成正比。也就是說，愈遠的星系，離開我們的速率愈快。

　　星系遠離的速率與其距離成正比，此種關係稱為「哈柏定律」（圖 7.1.2-1）。Vr 為星系遠離速率，d 為星系距離，H_0 為哈柏常數。

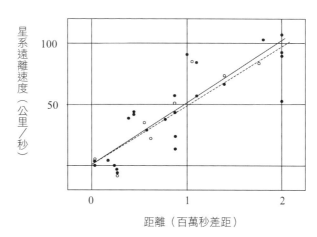

圖 7.1.2-1　哈柏定律：哈柏發現星系遠離的速率與其距離成正比

$$Vr = H_0 \times d \qquad H_0 = 50{\sim}100 \text{公里／秒／百萬秒差距}$$

　　近來，由哈柏太空望遠鏡觀測所得的資料，推算 H_0 的值約 70 公里／秒／百萬秒差距。「哈柏定律」說明了宇宙中各個方向的天體都在遠離，亦即宇宙正在膨脹中。宇宙並無中心，在任一點的觀測者，皆能觀測到同樣的膨脹情形。假設宇宙膨脹速率不變，如果將時間反推回去，宇宙大約是於一百五十億年前由一個點開始膨脹，關於宇宙起源的「大爆炸」理論即於焉產生。

7.1.3　宇宙的終結

　　對於宇宙的誕生，大多數天文學家都能接受「大爆炸」理論，但是對於宇宙終極的結局，科學家倒是有著許多不同的看法。

（一）黑暗物質的存在

七〇年代時，天文學家根據星系的旋轉速率受某些特殊而被隱藏的質量之重力影響，產生所謂「重力透鏡效應」，而推測宇宙質量中有90%以上來自黑暗物質與黑暗能量。由於黑暗物質無法直接觀測，二十多年來，科學家以各種方式，致力於發現黑暗物質的組成與性質，預測可能是微中子或「弱交互作用力重分子」（weakly interacting massive particles, WIMPs），但目前尚無定論（表7.1.3-1）。既然宇宙主要的成分是黑暗物質，進一步證實黑暗物質的組成，將有助於釐清宇宙的起源與演化。

表 7.1.3-1　科學家對黑暗物質之組成的推測

名稱	微中子	WIMPs	MACHOs	黑洞
本質	電子的親戚幾乎不和一般物質起作用	冷暗物質（WIMPs = weakly interacting massive particles）	行星・白矮星（MACHOs = massive compact halo objects）	有超強重力場，連光都無法從其表面逃離
優點	數量巨大	理論預測存在	理論簡單	廣義相對論預測黑洞存在
缺點	可能無靜態質量	純屬虛構	所需數量過大	如果是這麼大量的黑洞，早已被偵測到

（1）開放宇宙

　　　現在

-----------> 持續膨脹

（2）封閉宇宙

　　　現在

-----------> 膨脹到一定程度後收縮

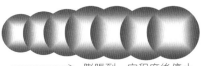

（3）平坦宇宙

　　　現在

-----------> 膨脹到一定程度後停止

圖 7.1.3-1　三種可能的宇宙模型

（二）宇宙的未來

要預測宇宙將來的演變結局，必須得先確定宇宙是屬於何種模型（圖 7.1.3-1）。究竟宇宙是永無休止地膨脹下去的「開放宇宙」？抑或是終將收縮而發生「大崩塌」（Big Crunch）的「封閉宇宙」？欲回答這個問題，必須考慮到兩個要素，即宇宙的膨脹速率和宇宙間所有物質的重力效應。重力效應會降低宇宙膨脹的速率，若是重力效應大於宇宙的膨脹速率，宇宙終將收

縮;反之,則持續膨脹。爾近,天文學家發現存在於宇宙中的龐大能量——「黑暗能量」,此種能量與重力抗衡決定了宇宙的膨脹速率。據部分科學家推測,由於黑暗能量隨宇宙膨脹持續地增加,大約在六十億年前,超越了重力,宇宙於是從那時起進入加速膨脹狀態。

開放的宇宙持續膨脹沒有終結,終將變為冰冷死寂。封閉的宇宙則將停止膨脹而轉為收縮,最後回復到原點。宇宙未來的結局究竟如何?乃取決於宇宙物質的平均密度,也就是因質量所產生的重力。一個讓宇宙停止膨脹的臨界密度ρ（10^{-29}克／立方公分）,如果宇宙的平均密度大於ρ,重力效應將大至使宇宙停止膨脹而收縮封閉;反之,則持續膨脹為開放式宇宙。目前所估計的宇宙密度相當接近臨界值,是介乎兩者之間的平坦宇宙。然而,由於「黑暗物質」的存在,如同陰影般,罩住了有效地計算宇宙的密度。因此,宇宙未來的命運仍未卜。

二、星系

星系猶如恆星聚居的島嶼。在浩瀚的宇宙中,存在著上千億個星系,平均每個星系擁有數以億計的恆星及各類天體。星系有著許多不同的型態與特徵,是宇宙結構的基本單位,我們所處的銀河系,便是眾多星系中的一個。對於星系的演化,科學家仍處於揣測中,目前尚無定論。

7.2.1 星系的分類

星系是由數百萬至數千億顆恆星、星際氣體和塵埃物質組成的龐大天體系統。最小的星系約有百萬倍太陽質量,直徑約數百光年;而最大的星系質量則有數千億倍太陽質量,直徑達三百萬光年。哈柏根據星系的形狀,將星系分為三大類型:橢圓星系、旋渦星系和不規則星系(圖 7.2.1-1)。

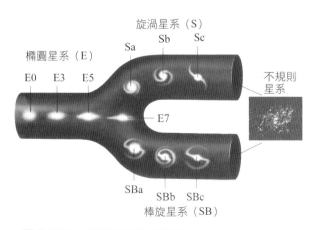

圖 7.2.1-1　哈柏的星系分類法

圖 7.2.1-2　室女座的 NGC4486 為橢圓星系中 E1 型星系

（一）橢圓星系（E）

橢圓星系具有平滑的輪廓外觀，形狀從圓形到橢圓形之間，依據其橢圓程度再細分為E0、E1……E7（極橢圓），如室女座的 NGC4486 屬 E1 型星系（圖7.2.1-2）。巨橢圓星系可能是最大的星系，矮橢圓星系則通常很小，甚至與球狀星團大小和質量相當。橢圓星系不活潑，缺乏星際氣體和塵埃，所以沒有恆星生成，絕大多數為老而質量小的紅巨星所組成。

（二）旋渦星系（S）

旋渦星系有明顯的核球和旋渦臂的銀盤結構，核球一轉動，旋渦臂即隨之而動。旋渦星系的質量和大小差別不大，約有數百億倍太陽質量，而且通常較橢圓星系亮。旋渦星系分為一般旋渦星系（S）和有一加長的棒狀橫跨核球的棒旋星系（SB）；依照核球與銀盤的相對大小和旋渦臂的捲緊程度高低，又細分為Sa、Sb、Sc 和 SBa、SBb、SBc 次型。沒有旋渦臂，介於橢圓星系和旋渦星系之間，則為 S0 和 SB0，稱為「透鏡星系」。第一個被發現的河外星系仙女座大星系，就是屬於Sb型（圖 7.2.1-3）。旋渦星系同時擁有年老和年輕的恆星，年老的恆星多分布於高密度的核球附近，而旋渦臂上則佈滿氣體、塵埃和年輕的恆星，恆星形成的情形非常活躍。

圖 7.2.1-3　距離地球只有二百萬光年的仙女座大星系（M31）是屬於 Sb 型旋渦星系

（三）不規則星系

不規則星系之形狀和結構不規則，各種恆星與豐富的星際物質混雜，不存在核球，也沒有明確的旋渦臂系統，且質量和尺度通常較小，如大、小麥哲倫星系

（圖 7.2.1-4）。

原始星系是由巨大的氣體雲組成。
旋渦星系由於自轉速率快，星系扁平，
其盤面中含有大量塵埃和氣體，以供恆
星生成；而橢圓星系則自轉速率緩慢，
其結構均勻而對稱，密度較大的雲團在
變扁之前，內部所有物質皆已形成恆
星。

圖 7.2.1-4　大麥哲倫星系是屬於不規則
星系

7.2.2　星系的分布

星系有聚集成群成團的傾向。由數十個以內的星系組成星系群，直徑有數百
萬光年；數十個至上千個星系組成了星系團，相鄰的星系團則組成更大的結構，
稱為超星系團。在可觀測的宇宙中，有數百個超星系團。本銀河系是屬於分別以
銀河系和仙女座大星系為中心，半徑約三百萬光年，包括大、小麥哲倫星系等約
三十幾個星系的本星系群。與本星系群類似的星系群，在宇宙中比比皆是，共同
的特點是結構比例不規則，主要為旋渦星系和不規則星系所構成。而多數的巨大
星系團則為略呈球形的規則星系團，主要是由橢圓星系所構成。本星系群是屬於
以室女座星系團為中心的本超星系團，直徑估計有兩億光年。

根據最新的天文觀測研究，
宇宙存在的最大尺度結構是「長
城」（Great Wall）與「空洞」
（Void）（圖 7.2.2-1）。星系集
中於狹窄的局部，有如長城般的
屏障，而空洞係指星系分布極稀
疏的地方；此般宇宙的結構狀似
海綿，稱為「泡沫狀構造」
（Bubble structure of the uni-
verse）。

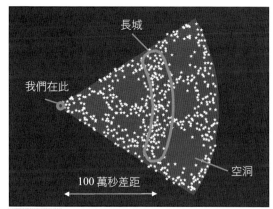

圖 7.2.2-1　星系的分布情形

7.2.3 活躍星系與特殊星系

星系基本上是恆星的集合體，正常星系發光情形類似於恆星的熱輻射，主要為可見光波段的連續光譜。所有星系都發射一定量的電磁輻射，然而，有些星系輻射的能量遠大於正常星系，除可見光的形式外，還伴以從非熱輻射、噴發或爆發過程發射而來的大量紫外線、紅外線、X射線和無線電波，稱為「活躍星系」或「特殊星系」。活躍星系通常具有極明亮的星系核，為能量發射源；其光度會起伏變化，且經常會有很強的物質噴流由星系核噴出，推測星系核可能存在巨大吸積盤。此類星系包括有類星體、西佛星系、電波星系，和蝎虎座 BL 天體。

（一）類星體（quasars）

圖 7.2.3-1　以電波望遠鏡偵測類星體

二十世紀六〇年代「類星體」的發現，是電波天文學上的重大成就之一（圖7.2.3-1）。最初偵測到的類星體是無線電波源，從可見光波段看來很像恆星，但其性質又非屬一般恆星所有，因而稱之為類星體。之後，許多類星體的發現，除了經由可見光，甚至是從 X 射線波段發現的。除了連續譜線外，類星體還具有明亮的發射光譜，與西佛 I 型星系相似。從地球上觀測，類星體狀似點光源，光度變化快。其體積僅約太陽系大小，發光強度卻相當於 100 個巨大星系的輻射能量，是宇宙中光度最強的天體；加上還有噴流，科學家推測其中央存在著超大質量黑洞。由於類星體的譜線具有很大的紅位移，顯示類星體無疑是宇宙中最遙遠的天體，且以極快的速率遠離中。有些類星體的距離，甚至有一百二十億光年之遠，幾乎是處在宇宙的邊緣。因此，類星體可說是誕生於宇宙初期的天體，由觀測類星體可以對了解宇宙演化有所助益，目前已發現數千個類星體。

（二）西佛星系（Seyfert galaxy）

西佛星系是一九四三年美國天文學家西佛（Carl Seyfert, 1911~1960）發現的

第一類活躍星系，改變了當時人們認為星系是靜態的看法。西佛星系是一種具有很小活躍星系核的旋渦星系（圖 7.2.3-2），光度強且變化極快。其星系核有著極強的發射譜線，且譜線寬度頗大，迴異於正常星系的連續譜線，此顯示核心正處於劇烈活動中。根據譜線的寬窄，分為寬線的西佛 I 型星系和窄線的西佛 II 型星系；西佛 I 型星系的 X 射線輻射往往較強，而西佛 II 型星系則是無線電波輻射較強。

圖 7.2.3-2　西佛星系 NGC 7742

（三）電波星系（radio galaxy）

從四〇年代起，當天文學家開始使用電波望遠鏡觀測星空時，陸續發現許多強大的無線電波源是距離數十億光年遠的星系，稱為「電波星系」。電波星系在可見光波段的譜線也有寬窄之別，分為寬線電波星系和窄線電波星系。迄今，絕大多數發現的電波星系是屬於橢圓星系，比一般橢圓星系有著更加明亮的核。第一個被發現的電波星系是天鵝座 A（Cygnus A），它擁有一個高能量發射的雙電波瓣源（圖 7.2.3-3）；能量是由星系

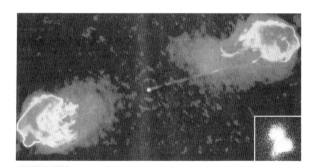

圖 7.2.3-3　第一個被發現的電波星系是天鵝座 A

中心部位射出兩束噴流所提供，噴流以高速沿路推擠周圍星系間介質來向外輸送能量，而成為電波瓣；能量在流動的終點累積，並轉化為強烈的電波輻射。中心處所發出之巨大能量，天文學家推論是由超大質量黑洞的吸積盤所噴發。

（四）蝎虎座 BL 天體（B. L. Lacestae objects，亦稱 blazars）

此類天體很像類星體，有著與類星體相似的連續光譜，但無明顯的發射譜線，並且連續光譜光度變化迅速且無規則（圖 7.2.3-4）。蝎虎座 BL 天體被認為是位於巨大橢圓星系中，擁有非常明亮且微小的核，類似點光源，目前已發現上

圖 7.2.3-4 蝎虎座 BL 天體

圖 7.2.3-5 根據統一理論，這四種活躍星系的本質相同，只是因為從不同角度和方向觀察，而呈現不同的天體影像

百個。

根據統一理論，這些特殊天體彼此間雖有許多性質不同，但是本質上是一樣的。它們都具有超大質量黑洞的活躍星系核心，只是從不同方向和角度觀察，而呈現不同的天體影像（圖 7.2.3-5）。黑洞周圍形成一吸積盤，不斷將附近物質吸入洞中，而釋出大量的電磁輻射；吸積盤中央軸心上下射出高速的雙向噴流，而吸積盤外緣則環繞著高速且高溫的濃厚塵雲，產生了遮蔽效應。非熱輻射光譜的 X 射線源自中心處附近，吸積盤表面及外緣產生可見光，無線電波則來自噴流。因此，從軸心方向看來，就像是蝎虎座 BL 天體，只見到緻密的電波源和極不穩定且快速變動的噴流；若視線角度增大時，則能見到明亮核心、吸積盤與噴流，即可看出類星體、西佛 I 型星系，或寬線電波星系；當觀測角度過於側向，以致遮住了中心區和吸積盤，則只見噴流和電波瓣，如同窄線電波星系和西佛 II 型星系的情況。

7.2.4 星系的相互作用

圖 7.2.4-1 兩個相互作用的星系

當星系相互接近時，由於引力對星際雲作用的結果，會改變恆星的分布，導致星系形狀的畸變（圖 7.2.4-1）。若大小星系相互接近，小星系會從大星系的近側拖曳出潮汐尾的物質，形成星際間的橋樑。當兩星系更貼近的相遇時，會使星系互相穿插或融合（圖 7.2.4-2）。許多外型特異的星系，其實是因為星系的碰撞所造成；

例如碰撞中的旋渦星系 NGC 2207 和 IC 2163（圖 7.2.4-3），兩星系正緩慢地將對方撕開，過程中進一步觸發年輕恆星的生成。星系的平均距離是其大小的 30 倍左右，所以星系碰撞的機會很大。當星系發生碰撞，會引發氣團間的相互衝撞，在混亂的過程中，恆星以猛烈的速率生成，即所謂「星爆活動」。

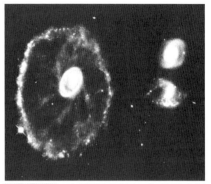

圖7.2.4-2　車輪狀星系是一個星系穿過另一個星系的結果

　　星系的碰撞有時會造成星系的合併，合併過程中引力場的劇烈變化，會使恆星的分布達到新的平衡狀態。有些擁有多重星系核的星系，可能是過去星系因碰撞而合併所產生的結果，例如具有雙核心的 M31。有跡象顯示，本銀河系過去曾合併過許多小星系，目前則似乎有吞食大、小麥哲倫星系的趨勢。

圖 7.2.4-3　碰撞中的旋渦星系 NGC 2207 和 IC 2163

　　幾乎所有大星系都擁有一個超大質量黑洞，此現象暗示了黑洞與星系的成長和演化關係之密切。由於星系間不斷地合併相食，聚集了大量物質，因而形成質量愈來愈大的黑洞。

7.2.5　銀河系

　　我們所處的這個星系稱為銀河系，包含了一、兩千億顆恆星，直徑約十萬光年，屬於中型的旋渦星系（圖 7.2.5-1）。銀河系中心為高密度橢球狀的核球，直徑約兩萬光年，是恆星分布最密集之處，主要為老年的

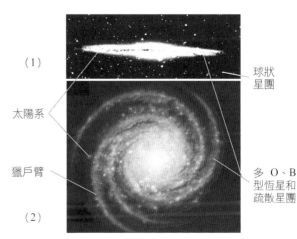

(1)

球狀星團

太陽系

獵戶臂

(2)

多 O、B 型恆星和疏散星團

圖 7.2.5-1　銀河系的構造：（1）側視（2）俯視

恆星。核球往外延伸的旋渦臂結構為銀盤，含大量星際氣體和塵埃，大多數物質分布於銀盤內；銀盤中間厚，外邊薄，平均厚度僅約二千光年。旋渦臂上多年輕明亮的大質量 O、B 型恆星、藍巨星、造父變星、疏散星團等重元素含量高的星族 I 恆星；太陽即是位於其中一條旋渦臂——獵戶臂上，距銀心約兩萬八千光年。銀盤外包圍著範圍廣大，近似球狀分布的銀暈；銀暈物質密度較銀盤低很多，散佈著黯淡年老且低質量的 M、K 型星、紅巨星、球狀星團等重元素含量低的星族 II 恆星。銀暈外圍還有銀冕，包含著大量不發光的黑暗物質。

銀河系是一個較活躍的星系，核球中心為小而緻密的銀核，發射大量的電磁輻射，此處的恆星以高速圍繞著一個不可見的中心旋轉，暗示此處有一超大質量黑洞。

太陽系以大約每秒 220 公里的速率繞銀河系中心旋轉，運行一周約需 2.5 億年。銀河系中的所有恆星都像太陽般，繞著銀河系的中心運轉，也就是銀河系也有自轉。銀河系整體運轉，而能維持旋渦結構，是由於密度波的傳遞；旋渦臂中密度較高的部分，有如波動般傳遞，且波的旋轉速率，比銀河系中心的旋轉慢很多。

三、恆星物理

夜空中的恆星，由於距離地球相當遙遠，即使以望遠鏡觀察，也不過是小小的光點；然而，這微弱的光線卻透露著恆星的祕密。一顆恆星的特徵，如顏色、溫度、大小及光度都取決於它的質量。由於恆星的質量差距很大，所以恆星的特徵亦千差萬別。對於一些基本的恆星物理特性的認識，將有助於了解恆星的演化。

7.3.1　恆星的距離

由於恆星間距離相當遙遠，因此通常採用「光年」為距離量度單位。一光年為光在真空中行走一年的距離，相當於 9.5 兆公里。例如，距離太陽最近的恆星是半人馬星座的 α 星，與地球相距 4.3 光年；天狼星則距地球 8.7 光年。測量恆星的距離，最簡易的方法為「三角視差法」（圖 7.3.1-1），是以地球公轉軌道直徑為測量基線，在地球上同一個地方，相隔半年的時間，分別觀察拍攝同一顆星；在以更遠的恆星為背景上，此恆星的位置必有所移動，此移動的角度即為恆星的

視差角。求得視差角後，地球公轉直徑為已知，於是可利用三角公式求得恆星的距離。天文學上常使用秒差距（parsec, 簡稱pc）來描述星體之間的距離，1 pc 定義為當星體的視差角為 1 角秒的距離，亦即相當於 3.26 光年。

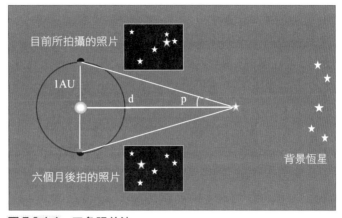

目前所拍攝的照片

1AU

d

p

背景恆星

六個月後拍的照片

圖 7.3.1-1　三角視差法

$$恆星的距離 d，\tan p \sim p = 1/d$$
$$1\ AU = p \times d$$

p 的量度單位為徑度（radian），而 1π 徑度 $= 180 \times 60 \times 60$ 角秒，所以 1 徑度 $= 206,264.806$ 角秒。如以角秒來量度視差角 p，則恆星與地球的距離為

$$d = 206,265.806/p（AU）$$

天文學中把 206,265.806 AU 定為 1 秒差距，而稱能造成視差角為 1 角秒的距離為 1 秒差距。1 秒差距 $= 206,265.806$ AU $= 3.26$ 光年。

　　愈遠的恆星，其視差角愈小，因而視差法只能測量較近的恆星距離。地面觀測受大氣擾動的限制，有效的觀測距離約為 100pc；在地球大氣層外的 Hipparcos 衛星與哈柏望遠鏡，能用視差法量測更遠的恆星，範圍可延伸至 1,000 pc。對於距離地球更遠的恆星，就必須利用恆星的絕對星等來測量。對星體而言，只要測定其光譜，即可知道它的光度與絕對星等；再根據亮度和距離平方成反比的關係，便能求出恆星的距離。

7.3.2　恆星的亮度

　　恆星的亮度與溫度有著密切的關係，係恆星所發出的輻射強度，其可見光的亮度可用星等來測量。兩千多年前，希臘天文學家希巴卡斯（Hipparchus，西元

前 190~120）將肉眼可視的星球，依照亮度分為六個等級，稱為「視星等」。視星等中一等星最亮，而六等星最暗；相鄰星等間的亮度相差約 2.5 倍，一等星的亮度則是六等星的 100 倍。在望遠鏡發明以後，觀察到許多暗淡的恆星，於是利用儀器測量星球的亮度，並將亮度的等級劃分擴大到小數和負數的範圍（圖 7.3.2-1）。按照這種等級劃分，最亮的天體太陽，其星等為-26.5，滿月的星等可達-12.5，天狼星的星等是-1.46，最暗的帆船脈衝星為 26 等星。

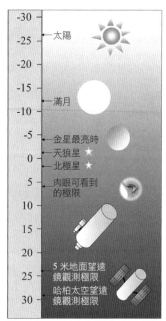

圖 7.3.2-1　常見星體的視星等

星球的視星等取決於星球的距離與其本身的實際光度。有些看來極亮的星體，其實是因為距離地球很近的緣故，因此，視星等並無法衡量恆星真正的發光能力。為了比較星體本身發出的光度，將距離恆星為 32.6 光年（10 秒差距）處的星等，定為「絕對星等」。按絕對星等來計算，太陽不再是最明亮的恆星，其星等僅為 4.8，而天狼星的星等則為 1.4（表 7.3.2-1）。

表 7.3.2-1　全天最亮的 20 顆恆星

排名	恆星	恆星名	距離（ly）	視星等	絕對星等
1	大犬座 a A	天狼 Sirius	8.7	-1.46	+1.4
2	船底座 a	老人 Canopus	74	-0.72	-2.5
3	牧夫座 a	大角 Arcturus	34	-0.04	+0.2
4	半人馬 a A	南門二 Rigil Kentaurus	4.3	-0.01	+4.4
5	天琴座 a	織女一 Vega	25	+0.03	+0.6
6	御夫座 a AB	五車二 Capella	41	+0.08	-0.4
7	獵戶座 b A	參宿七 Rigel	815	+0.12	-8.1
8	小犬座 a A	南河二 Procyon	11	+0.38	+2.7
9	波江座 a	水委一 Achernar	69	+0.46	-1.3
10	獵戶座 a	參宿四 Betelgeuse	500	+0.50	-7.2
11	半人馬 b AB	馬腹一 Hadar	320	+0.63	-4.4
12	天鷹座 a	河鼓二 Altair	16	+0.77	+2.3
13	金牛座 a A	畢宿五 Aldebaran	60	+0.86	-0.3
14	天蠍座 a A	心宿二 Antares	520	+0.92	-5.2
15	室女座 a	角宿一 Spica	220	+1.00	-3.2
16	雙子座 b	北河三 Pollux	35	+1.14	+0.7
17	南魚座 a	北落師門 Fomalhaut	22.6	+1.16	+2.0

（續下頁）

排名	恆星	恆星名	距離（ly）	視星等	絕對星等
18	天鵝座 a	天津四 Deneb	1500	+1.25	-7.2
19	南十字座 b	十字架三 Becrux	460	+1.28	-4.7
20	獅子座 a A	軒轅十四 Regulus	69	+1.35	-0.3

7.3.3 恆星的顏色與溫度

恆星除了有亮星和暗星的區別外，顏色上也有差異，有紅、黃、藍等多種顏色。恆星之所以會有顏色上的差異，是由於星體表面溫度不同所致。與火焰的溫度和顏色情況類似，恆星也會隨著溫度增加，顏色由紅橙轉為藍白。藍色恆星的表面溫度最高，在11,000℃以上，如參宿七和軒轅十四；白色恆星的溫度在7,500℃~11,000℃，如天狼星、織女星、牛郎星和天津四；黃色恆星的溫度則介於5,000℃~6,000℃，如太陽；而紅色恆星的溫度最低，在2,500℃~3,500℃之間，如心宿二和參宿四。

7.3.4 恆星的大小

平常所見的恆星不過是一顆顆小亮點，其實恆星的體積大小相差極為懸殊，在恆星的世界存在著巨星和矮星。太陽的直徑約一百四十萬公里，屬中等大小的恆星；恆星中有比太陽直徑大上千倍、萬倍的巨星和超巨星，也有為數更多的紅矮星和白矮星，其直徑是太陽的數十分之一或數百分之一。

恆星距離地球非常遙遠，即使是特大的巨星，在精密的望遠鏡下，也不過是一顆顆小光點，欲直接測量恆星的大小實屬不易。天文學家通常採用干涉法，計算出恆星的角直徑，再求得恆星的線直徑。除此以外，根據蝕雙星的亮度曲線和軌道運動資料，也可得出恆星的直徑。

7.3.5 恆星的質量

恆星的質量可以衡量其所含物質的多寡，通常以太陽質量為單位。從觀測雙星系統的軌道運動，應用萬有引力定律和行星運動定律，即可計算出恆星的質量。恆星間質量的差異並不很大，約介於 0.1 到 100 個太陽質量之間。如果恆星的質量過大，會很不穩定，易分離瓦解；反之，恆星的質量太小，內部無法產生核融合反應，以提供能量。

得知了恆星的質量和體積後，就能計算其密度。一般的恆星，其密度差異不大，主序星中太陽的平均密度是 1.4g/cm³。至於巨星和矮星，其密度的差異卻是相當驚人。巨星密度是太陽的百分之一到千分之一，超巨星密度甚至僅為太陽的億分之一，而白矮星的密度則高達太陽的數萬倍至數十萬倍。

7.3.6 恆星的運動

由於恆星距離地球極為遙遠，因此，恆星的位置變化非常小，需較長的時間間隔，方能檢測出位移量。一七一八年，英國天文學家哈雷將一七一二年所編的星表與托勒密所測定的恆星位置進行比對，發現天狼星、大角星、參宿四等亮星的位置有了變化，亦即發現了恆星的運動，後經多位天文學家測量所證實。自從照相術用於天文之後，測定恆星的位置變化就顯得容易許多。

恆星在天球上位置的移動，稱為「自行」（單位：角秒／年）。恆星的空間運動，可以分解為與視線平行的徑向運動，以及與視線垂直的橫向運動（圖7.3.6-1）。徑向運動可判斷恆星是趨近或遠離地球，但對於天球中運行的恆星，只能辨認出橫向運動，也就是自行。迄今為止，擁有最大自行運動的恆星是巴納德星，每年移動約 10.3 角秒。除自行外，恆星本身也在自轉。

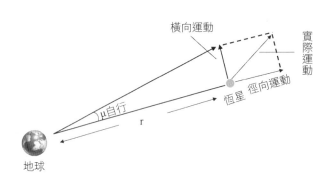

圖 7.3.6-1　恆星的運動情形

每顆恆星都有自己的運動速率與方向，例如牛郎星和織女星，它們分別以每秒 26 公里和 14 公里的速率朝地球飛來；另外，太陽則帶著太陽系全體成員，以每秒 20 公里的速率朝武仙座方向運動。

7.3.7 恆星光譜分類

藉由恆星的顏色，可以測量溫度，而更精確的方法是採用光譜分析。恆星的表面溫度愈高，光譜能量分布側重波長較短的輻射，因而顯得較藍；反之，表面溫度愈低，在較長的波長處有較強的輻射能力，所以呈紅色。溫度相近的恆星，

有類似的光譜，光譜中的譜線也與恆星大氣中元素的含量有密切關聯。二十世紀初，美國哈佛大學天文台在台長皮克林（Edward Pickering, 1846~1919）的帶領下，對數十萬顆恆星進行光譜分析研究，並根據恆星的光譜特徵進行分類。依照恆星表面溫度由高到低，分類為 O、B、A、F、G、K、M 七種主要光譜類型（表 7.3.7-1），每一光譜型再細分為 0~9 次序列。例

表 7.3.7-1　恆星的光譜分類

光譜型	顏色	實例	表面溫度（K）
O	藍	獵戶座伐三	＞ 25,000
B	藍白	室女座角宿一、獵戶座參宿七	11,000~25,000
A	白	大犬座天狼星、天琴座織女星	7,500~11,000
F	黃白	小犬座南河三、船底座老人星	6,000~7,500
G	黃	太陽、御夫座五車二	5,000~6,000
K	橙	牧夫座大角星、金牛座畢宿五	3,500~5,000
M	紅	獵戶座參宿四、天蠍座心宿二	＜ 3,500

如太陽的光譜型為 G2，天狼星則屬於 A1 型。九○年代末期，天文學家甚至將恆星光譜擴展到溫度更低的 L 和 T 型。

　　隨後，丹麥天文學家赫茨普龍和美國天文學家羅素，根據光譜與光度的關係，建立起著名的「赫羅圖」（圖 7.3.7-1）。按照恆星的光度，分類為 I、II、

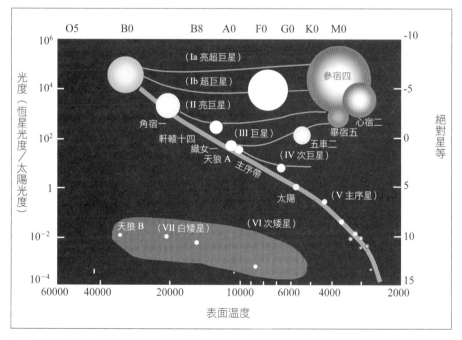

圖 7.3.7-1　揭示恆星生命史的「赫羅圖」

III、IV、V 、VI、VII 型，依次稱為超巨星（Super Giant）、亮巨星（Bright Gi-ant）、巨星（Giant）、次巨星（SubGiants）、主序星（Main Sequence，矮星，Dwarfs）、次矮星（Subwarfs）、白矮星（White Dwarfs）。太陽是一顆主序帶上的矮星，它的光譜型全名為G2V。從「赫羅圖」中，顯示出恆星主要群集於三個區域，意味著天空中主要存在著三類不同的恆星。大多數恆星分布於圖的左上方至右下方的帶狀區域上，稱為主序帶；位於主序帶上的恆星，稱為主序星。主序帶右上方的恆星是表面溫度低、光度高、表面積大的巨星。而位於主序帶左下方的恆星，光度相對的較弱，表面溫度則相當高，為小體積的白矮星。

恆星的顏色由表面溫度所決定，而恆星的光度，則由表面溫度和表面積所決定。恆星光譜分類，實際上歸納了恆星大氣的化學組成與溫度、壓力、大小、亮度、質量、密度、體積、距離，以及空間運動和自轉運動等一系列重要的物理性質。因之，「赫羅圖」是研究恆星的重要工具之一，除了有助於將恆星分類之外，更進一步揭示了恆星的生命史。

四、恆星的世界

繁星點點，如恆河沙數，宇宙中恆星家族是極其龐大的。恆星是自行發光發熱的天體，為內部進行核融合反應的巨大氣體球。由於重力場的作用，恆星從氣體雲團中誕生；之後，進入中年，再逐漸走向老化與死亡。恆星的演化有如一段樂章，在宇宙中不斷地重複演奏著。

7.4.1 星雲與星際物質

恆星之間的區域裡充滿了星際物質，其主要的成分是氫氣和氦氣，兼有少量其他氣體、微量塵埃，及恆星風的粒子流和死亡恆星噴出的物質。一般而言，星際物質極稀薄，銀河系中星際物質的平均密度約為每立方公分有一個原子。由於星際物質在分布和溫度上並不均衡，有的區域星際氣體和塵埃比較密集，因而形成了各式各樣的雲團，稱為星雲。

星雲沒有明顯邊界，平均直徑數十光年，形狀並不規則，質量小者有數十個太陽質量，大者可達數十萬個太陽質量，平均密度每立方公分有 10~100 個原子；就其發光性質而言，可分為發射星雲、反射星雲和暗星雲。(1)發射星雲：與反射

星雲均為明亮星雲，是新生恆星的搖籃。發射星雲是由於吸收內部灼熱的初生恆星的能量，使其溫度升高而發光，如著名的獵戶座大星雲（圖 7.4.1-1）和射手座的三葉星雲（圖 7.4.1-2）。(2)反射星雲：則是因散射周圍恆星的光而發亮，如包圍金牛座昴宿星團的星雲和麒麟座的薔薇星雲（圖 7.4.1-3）。(3)暗星雲：並不發光，是低溫星際雲團，因其遮住了後方恆星或明亮星雲的光時，而顯現出黑影般輪廓的星雲，如獵戶座馬頭星雲和巨蛇座天鷹星雲（圖 7.4.1-4）。一九六○年代起，天文學家在暗星雲中發現了許多星際分子，因而又稱之為分子雲。分子雲的密度大，溫度只有5~10K。銀河系中的巨大分子雲很多，總數達四、五千個以上。

當超新星爆炸產生的衝擊波通過雲團，或雲團受外力壓擠，巨大的分子雲由於重力塌縮，使密度不斷增高，中心的溫度亦隨之增加，造成氣體膨脹。當氣體的熱膨脹張力與重力收縮達平衡，則分子雲處於原恆星（胎星）狀態。原恆星是看不見的，被包裹在暗星雲中，形成「星繭」。在重力塌縮的能量使得中心溫度上

圖 7.4.1-1　相當活躍的獵戶座大星雲屬於發射星雲，是新星的搖籃

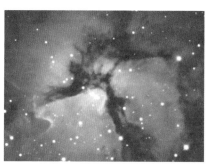
圖 7.4.1-2　射手座的三葉星雲是發射星雲

圖 7.4.1-4　哈柏太空望遠鏡所攝天鷹星雲中可見的暗星雲柱列，是恆星誕生的溫床

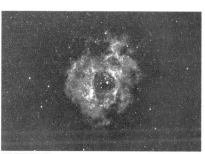
圖 7.4.1-3　麒麟座的薔薇星雲屬於反射星雲

升至足以點燃核融合反應時（約 10,000,000℃），恆星於焉誕生。接著，恆星風吹走周圍繭狀的星雲，顯露出新生的恆星。之後，新星又會連鎖引發其他恆星的誕生。

7.4.2 恆星生命史

核融合反應產生的巨大能量，使恆星發出光與熱，為恆星的能量來源。若原恆星的質量小於太陽的十分之一，由於壓力不足以造成核反應，原恆星便演化成棕矮星。棕矮星只能靠引力收縮來產生能量，因而將慢慢冷卻並走向死亡。新生的恆星在經過一段不穩定期後，當核反應產生的熱膨脹張力與重力的收縮壓力大致平衡時，恆星於是趨於穩定，並步入主序星階段。

恆星一生中約有 85%的時間在主序星階段中平穩地度過，於此階段，恆星核中的氫融合為氦。隨著氦含量的增加，氣壓逐漸降低，於是，重力將核壓縮，致使核心溫度上升，從而加速氫融合反應，產生更多的能量，因之恆星的亮度增高。隨著增加的能量向外傳遞，恆星外層的壓力持續增大，導致外層擴張而表面溫度下降。因此，恆星在進入主序帶後，隨著星齡的增加，體積會緩慢增加，亮度則逐漸增高，但是表面溫度反而下降。

質量愈大的恆星，其核反應速度愈快，更加速演化的步伐；反之，質量愈小的恆星，演化的速度愈慢，生命期愈長。於是質量的大小，決定了恆星的演化歷程（圖 7.4.2-1）。大質量的恆星，表面溫度與亮度較高，為「赫羅圖」中主序帶左上方的高溫主序星，只存在數百萬年；而小質量的恆星，表面溫度與亮度低，形成主序帶右下方的低溫主序星，有的甚至可持續發光達數百億年。

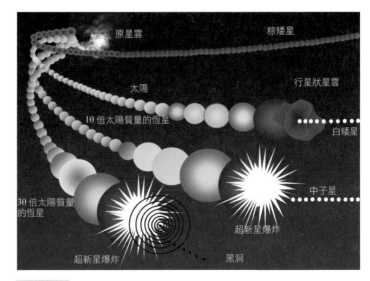

圖 7.4.2-1　不同質量恆星的生命史

自然科學與生活科技概論

（一）小質量恆星的末期演化

質量小於 8 倍太陽質量的恆星，即所謂「太陽型恆星」，在主序帶上度過長達百億年後，一旦耗盡核心中的氫，恆星於是離開主序帶，往「赫羅圖」右方的巨星演化（圖 7.4.2-2）。此時，氦核開始收縮並升溫，於是點燃外殼層的氫，進行核融合；因此，造成星球擴張，表面溫度下降，星球表面從橙色變為紅色，而成為紅巨星。紅巨星時期的恆星並不穩定，核心處的氦核持續收縮，溫度並隨之升高，星體時而膨脹時而收縮，恆星發光強度不穩定，稱為變星，例如著名的造父變星。對於較大質量的恆星，當溫度上升至引起核反應，迅速將氦開始融合為碳（稱之為氦閃）時，會放出比氫融合反應更巨大的能量，造成恆星的急速膨脹，而成為一顆特大的紅色超

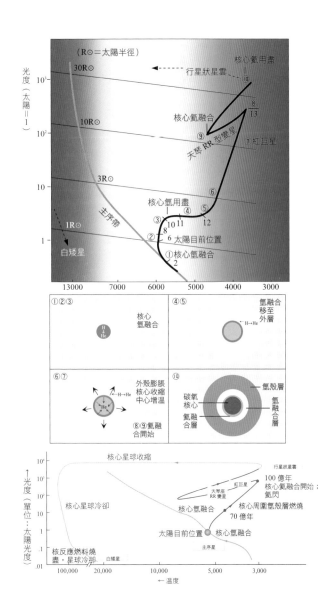

圖 7.4.2-2　太陽型恆星在赫羅圖上的演化痕跡

巨星。當氦融合結束後，強勁的恆星風將外層大氣吹離，拋至外太空，形成行星狀星雲（圖 7.4.2-3）；而星核則進一步塌縮，最後露出一顆熾熱緻密的白矮星。白矮星日趨冷卻黯淡，最終成為不發光的黑矮星，消失於無邊的宇宙中。

（二）大質量恆星的末期演化

質量大於 8 倍太陽質量的恆星，在短暫的主序帶時期之後，很快地演變為一

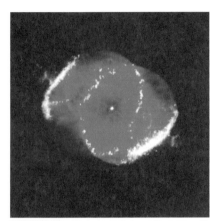

圖 7.4.2-3　貓眼星雲為行星狀星雲，其中央有一顆白矮星

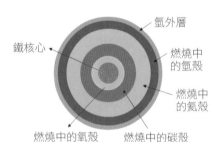

氫外層

鐵核心

燃燒中的氫殼

燃燒中的氦殼

燃燒中的氧殼　燃燒中的碳殼

圖 7.4.2-4　大質量恆星演變為超巨星，其核心融合成一系列加重的元素

圖 7.4.2-5　著名的金牛座蟹狀星雲是超新星爆發的遺跡

顆超巨星。在超巨星的核心中，數十億度的高溫下，迅速融合成一系列不斷加重的元素（圖 7.4.2-4）。在氦燃盡後，重力持續收縮，溫度升高至碳融合反應，形成碳-氧核心。每次反應的殘留物繼續反應，以釋放能量。核心收縮、增溫、點燃核反應，同樣情形反覆循環，接著產生氖和鎂，然後是矽和硫，直至最終成為鐵核為止。鐵核繼續收縮，但無法再引發核反應，數秒之內體積縮小一百倍。重力塌縮之後，強大的壓力將電子與質子擠壓合成中子和微中子，形成簡併核心。核心急遽塌縮並釋放出大量能量，而後發生超新星爆炸。爆炸過程拋出恆星大部分物質，擴散至星際空間，形成超新星遺跡（圖 7.4.2-5）。爆發後殘留的核心，若介於 1.4 至 3 倍太陽質量，則經重力塌縮為中子星，終其一生；若殘餘質量大於 3 倍太陽質量，將進一步塌縮成為黑洞。

7.4.3　恆星的分類

宇宙中，閃爍著數以億萬計的恆星。除了少數像太陽這種孤獨地在太空中釋放穩定光芒的恆星外，多數的恆星並不單獨存在。此外，還有會改變光度的恆星、演化末期與死亡的恆星。

（一）雙星和聚星

太陽是少數的單獨恆星，宇宙中大部分的恆星是由雙星和聚星構成；具有三顆

聚星稱為三合星,四顆是四合星,依此類推。雙星一般可分為光學雙星及物理雙星兩種。

1. **光學雙星**:兩顆星其實相距遙遠,但因位於同一方向,遠看時彼此很靠近,但僅是視線上的重合,彼此間沒有力學的關係。

2. **物理雙星**:兩顆星實際距離很近,由於彼此引力的作用,兩者繞著共同質心運轉,為真正的雙星系統。藉由測知週期與彼此相隔距離,即可算出星球質量。雙星中亮度較高的為主星,較暗者為伴星。從視覺上可以觀測到雙星相互繞轉者,稱為「目視雙星」,如天狼星。有些雙星距離太近,以致無法分辨,可藉由分析其光譜的都卜勒位移而辨識者,稱為「分光雙星」,如角宿一。而「蝕雙星」則是相互遮掩的雙星,造成「蝕」的現象,如參宿三。若雙星十分接近,而產生物質交換的情形者,則稱為「密近雙星」。

(二)變星

有些恆星的光度會隨時間而變化,稱為變星,主要分為三類:蝕變星、脈動變星和爆發變星。

1. **蝕變星**:在蝕雙星系統中(圖 7.4.3-1),由於伴星遮住主星的光,而使光度有週期性變化,如英仙座的大陵五。

2. **脈動變星**:由於星球本身週期性的膨脹和收縮,也就是所謂脈動現象,而引起光度出現相應的變化。最有名的脈動變星是造父變星(圖 7.4.3-2),如仙王座 δ 星,是測量宇宙距離的重要尺標之一。光變週期愈長的變星,其發光強度愈大;因此,只要測量變星的週期,即能得知其絕對星等,再與其視星等比較,便

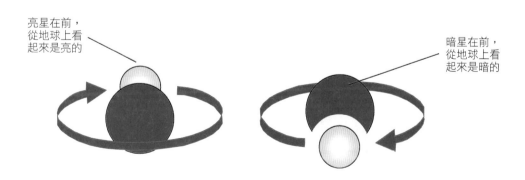

亮星在前,從地球上看起來是亮的

暗星在前,從地球上看起來是暗的

圖 7.4.3-1　蝕雙星系統

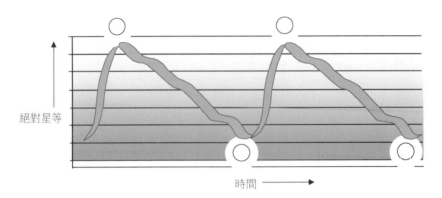

圖 7.4.3-2　亮度隨時間週期性改變的造父變星

圖 7.4.3-3　新星通常屬於密近雙星，由於伴星白矮星吸收主星外圍的氣體和物質，積聚的熱一旦點燃核反應，白矮星的亮度在短時間內（幾小時至幾天）突然劇增，然後緩慢減弱

白矮星
紅巨星

圖 7.4.3-4　發現於 1987 年的超新星 1987A，源自大麥哲倫星系的蜘蛛星雲，屬於 II 型超新星

可得出變星的距離。

3. 爆發變星：由於星球內部爆發出物質，而產生亮度瞬間爆發似的變化。小規模的爆發變星是新星，而大規模的爆發變星為超新星。新星通常屬於密近雙星，有一巨星為主星，和一體積小、重力強大的白矮星為伴星。由於伴星持續吸收主星外圍氣體和物質，積聚的熱量一旦點燃核反應，即引發爆炸，使白矮星成為新星，亮度瞬間增加百萬倍（圖 7.4.3-3）。待數天至數年能量耗盡後，伴星便回復原來狀態。新星的爆炸並不只限於一次。另外，大質量恆星到了演化末期，所發生的超新星爆炸，爆發時會在很短的時間內，釋出極耀眼的光芒，其亮度與整個星系相當，是宇宙中最璀璨的天文景觀。超新星爆炸會散失極大量的物質，恆星一生中最多只能發生一次。在一段時間內，超新星似一顆極其明亮的新星。爆炸後的殘餘核心，依其質量大小而演變為中子星或黑洞。超新星按照其光譜特色，可分為 I 型和 II 型

超新星（圖 7.4.3-4）；I 型超新星光度大且相近，常作為量測星系距離的尺標。

（三）死亡的恆星

1. 白矮星：在白矮星中，重力由電子的簡併壓力所平衡，無法再進一步地收縮增溫以點燃核融合反應。典型的白矮星溫度約攝氏數萬度，質量少於 1.4 倍太陽質量，體積約為地球大小，密度卻高達每立方公分 0.1~10 噸。由於白矮星的表面積小，光度低，所以輻射能量少，冷卻緩慢。

2. 中子星：由簡併態中子所構成，半徑約 10 公里，其密度是白矮星的數百萬倍。中子星以極快的速率旋轉，典型的自轉週期為數十分之一秒，且擁有極強的磁場，約是地球磁場強度的 10^8 至 10^{15} 倍。由於中子星的自轉軸和磁軸並不一致，因此會從兩極發射出強烈的無線電波（圖 7.4.3-5），有的甚至還發出可見光和 X 射線。這些輻射隨中子星自轉，有如燈塔般，規律地在空中掃過；當它掃過地球，在地球上可以收到相當規則的無線電波脈衝訊號，此即為脈衝星，或稱波霎。一九六七年，當電波天文學蓬勃發展之際，英國天文學家<u>休伊什</u>等人首次發現脈衝星。

3. 黑洞：在黑洞中，星體的重力完全克服了核中被壓縮物質的向外輻射壓力，星體持續塌縮至它的重力半徑（又稱「史瓦茲半徑」），使得質量與密度都相當大。黑洞的中心有一個體積為零但密度無窮大的奇點，在半徑 3 公里範圍內的封閉視界，重力大至所有物質，甚至連光都無法逃逸。根據<u>愛因斯坦</u>的「廣義相對論」，重力會使時空扭曲，而黑洞為時空扭曲的洞（圖 7.4.3-6）。任何物質經過黑洞附近，都會被捲進漏斗狀的無底深淵。黑洞是一個時空的黑暗區，所能偵測的，是高熱的天體被

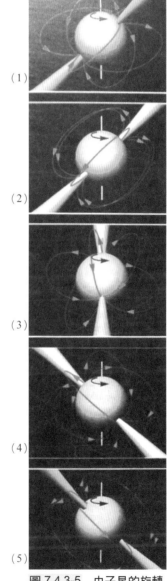

(1)

(2)

(3)

(4)

(5)

圖 7.4.3-5 中子星的旋轉

圖 7.4.3-6　黑洞的時空拖曳和兩極噴流現象示意圖

吸入黑洞的過程中所發出的強烈 X 射線。一九六〇年代，美國發射的人造衛星偵測到雙星系統的天鵝座 X-1 為強大的 X 射線源，研判是一黑洞。一九九四年，透過哈柏太空望遠鏡的太空探索，對黑洞的存在有進一步的證據。在室女座星系團 M87 星系中央所偵測到的高密度、大質量及高能噴射流現象，科學家推斷是一數百萬倍太陽質量的超級大黑洞。

7.4.4　星團

　　星團是被彼此重力吸引所束縛的恆星集團。處於同一星團的恆星，都是由同一星雲中誕生的；因此，它們都具有類似的年齡和組成成分。星團可分為兩種類型：疏散星團和球狀星團。

（一）疏散星團

圖 7.4.4-1　金牛座昴宿星團是著名的疏散星團

　　疏散星團是由年輕的恆星所組成，恆星的數量在數千顆以下，分佈較疏散，形狀不規則，星團的尺度少於 100 光年。在我們的銀河系中，已發現 1,200 個左右的疏散星團，幾乎全位於銀河的盤面上；如著名的金牛座昴宿星團（圖 7.4.4-1）和畢宿星團，就是距離地球最近的兩個疏散星團。由於彼此引力較微弱，疏散星團內的恆星最終會受其他天體的引力干擾，而發生解體。

（二）球狀星團

　　球狀星團是由年老的恆星所組成，含有數十萬到數百萬顆恆星，緊密分佈於球狀區域內，且大多集中於星團中心，被彼此的重力緊緊束縛住，星團直徑從數十到數百光年。目前銀河系所知的球狀星團約有 150 個，通常位於環繞銀河系核

心的球形銀暈中。例如武仙座 M13 星團
（圖 7.4.4-2）和天蝎座 M80 星團，都是
有名的球狀星團。

　　從星團的赫羅圖，可以推斷星團的年
齡；而比較不同年齡星團的演化，可以看
出恆星演化的必然性。

7.4.5 星座

　　夜空中繁星密佈，一
年四季裡，肉眼視力可及
的星星約有五、六千顆；
而在同一時刻，有一半的
星星位於地平面以下，是
無法見到的。早在遠古時
代，巴比倫人從一群群星
星中觀察出許多想像出來
的形象，並以神話中的
人、神、生活用具，以及
動物的名稱來命名，稱之
為「星座」（圖7.4.5-1）。

圖 7.4.4-2　武仙座的球狀星團 M13

星空中的獵戶座　　　　獵戶座立體示意圖

圖7.4.5-1　人類在幾千年前就開始觀察星星，並運用想像
力將一群星星連成星座

因此，許多星座都帶有傳奇神話色彩。之後，經埃及、希臘等古文明的洗禮，又
添加了一些星座。十六世紀以後，由於航海技術發達，得以開拓南半球，因而陸
續加入了南天的星座。在中國古代，將星座稱為星官，把全天的星星劃分為三垣
四象二十八宿。自從伽利略發明望遠鏡以來，如今可以看到數以百萬的星星。目
前，國際公定將全天共劃分為八十八個區域，每個區域包含一個星座。星座中恆
星的名稱，依亮度大小順序以希臘字母 α、β、γ……命名，當希臘字母不夠用時
則以數字來表示。有了星座的劃分，找起星星來，就方便多了。

（一）天球座標

　　從地球上觀察，星星似鑲嵌在一空球的內層，繞著地球由東向西旋轉，此空

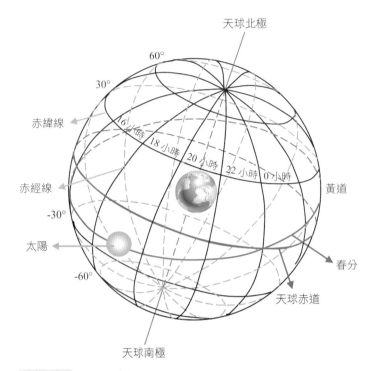

圖 7.4.5-2　天球座標

球稱為「天球」。實際上，此球體並不存在，是由地球的自轉所假想出來的。此種模型對描述宇宙中星體的位置，頗有助益。天球與地球共心，有著相同的旋轉軸，及相對應的兩極。天球北極位於小熊座內（北極星附近），天球南極則位於南極座內。將地球赤道平面延伸到天球上，即為天球赤道。天球的赤經和赤緯，分別為地球經線和緯線在天球的投影（圖 7.4.5-2）。赤緯以赤道為 0°，北天球的緯度由 0°到+90°，南天球的緯度為 0°到−90°，每度分為 60 分，而 1 分再細分為 60 秒。赤經則選定春分當天中午 12 時（格林威治時間），格林威治上方的天球子午線為 0 時，往東每隔 15°增加 1 小時，共分為 24 小時，每小時分為 60 分，每分再細分成 60 秒，也就是以「時間」來表示赤經座標。

（二）星星的視運動

　　天上的星星因地球自轉的緣故，對地面的觀察者而言，會有東昇西落的周日運動（圖 7.4.5-3）。由於地球每 24 小時自轉一周，所以星星每小時由東向西移動 15°。又因為地球的公轉運動，造成星星每日向西移動

圖 7.4.5-3　星星的周日運動

1°，一年便繞行一周，稱之為星星的周年運動。因此，星星的視運動包含了周日和周年運動。古人於是依照星星的視運動，來繪製星表與星圖，並劃分時辰、季節，和制定曆法。

（三）季節與星座

由於周年運動的緣故，星座大約每日提前 4 分鐘昇起，也就是每月約提早兩小時。因此，同一時刻星座出現的位置，會隨季節不同而有變化。當太陽完全沉落以後，從東方昇起的星座，即為該季節的星座。

1. **春季的星座**：位於大熊座的北斗七星，斗柄指向東方（圖 7.4.5-4）。從斗柄自然延伸出去，可看到牧夫座，其主星為大角星。在北斗七星北方閃爍著北極

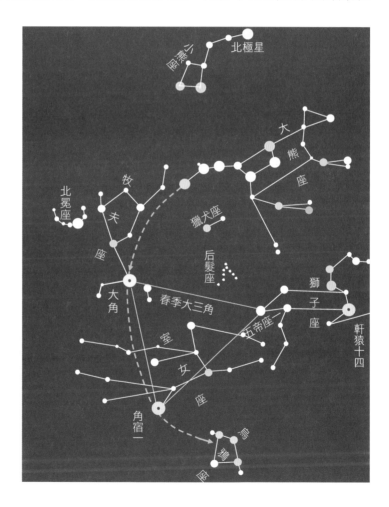

圖 7.4.5-4　春季的星座

星，位於小熊座的一端，幾乎固定於正北方，為重要的方向指標星。在北斗七星南方的是獅子座，主星是藍白色一等星軒轅十四。牧夫座的下方是室女座，主星為角宿一，與獅子座的五帝座一和大角，連結成「春季大三角」。

2.**夏季的星座**：夏季的亮星很多，也是那燦爛的銀河最美麗的時候，此時，北斗七星的斗柄指向南方。銀河西岸的織女星是天琴座的一等星，而與織女星隔著銀河相望的是天鷹座的牛郎星（又名河鼓二）（圖 7.4.5-5）。天鵝座則位於北方天空的銀河裡，當中 7 顆星，排列成十字形，是著名的「北十字」。而最引人注目的，莫過於是大 S 形的天蝎座，為夏夜星空的代表。天蝎的心臟，是著名的紅色

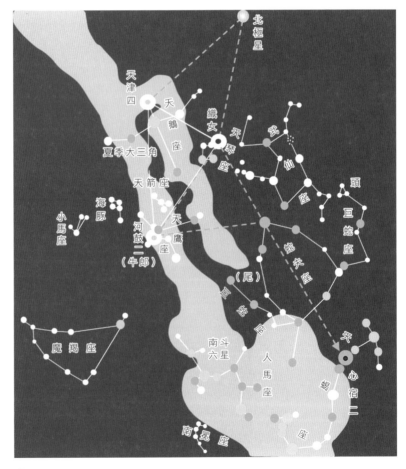

圖 7.4.5-5　夏季的星座

一等星心宿二。牛郎、織女與天鵝座的主星天津四，形成著名的「夏季大三角」。

3. **秋季的星座**：秋天的夜空少亮星，是靜寂的季節，此時，北斗七星已來到北方低空。W形的仙后座，與北斗七星分別位於北極星的兩邊，可作為尋找北極星的指標。仙后座的西北方是仙王座，而南方是仙女座，當中有著名的仙女座星系（M31），而仙女座東北方則有英仙座（圖7.4.5-6）。秋夜的星空中心是飛馬座，飛馬座的南方有雙魚座和寶瓶座；飛馬座的 α、β、γ 星與仙女座的 α 星構成了「秋天四邊形」。

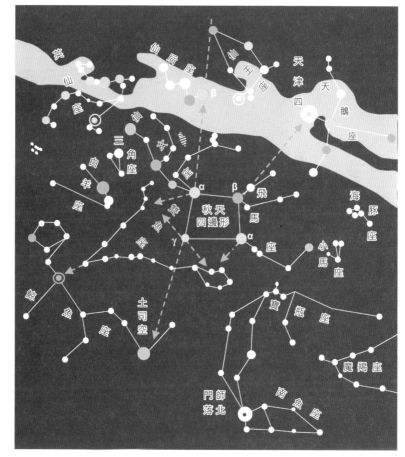

圖 7.4.5-6　秋季的星座

4. **冬季的星座**：這個季節的夜空，最是星光燦爛，亮星特別多。冬季夜空的代表星座是獵戶座，由七顆亮星組成，腰帶的參宿一、參宿二和參宿三，總稱「獵戶三星」（圖 7.4.5-7），附近有獵戶座大星雲。獵戶座右肩有紅色一等星參宿四，左膝蓋上有藍色一等星參宿七，是唯一擁有兩顆一等星的星座。獵戶座的東方和東南方，分別有小犬座和大犬座；大犬座上有全天最亮的恆星天狼星，與參宿四和小犬座的主星南河三，構成著名的「冬季大三角」。獵戶座的東北方是雙子座，雙子座的西邊有金牛座，當中擁有兩個疏散星團，主星畢宿五是一顆橙色的一等星。

328

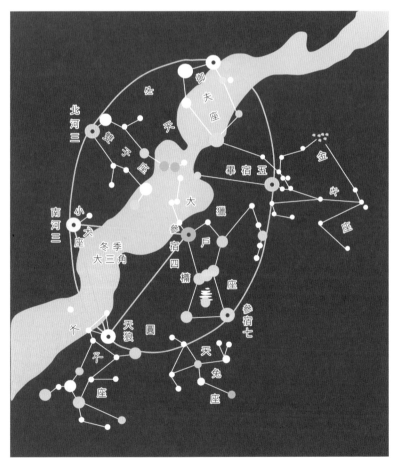

圖 7.4.5-7　冬季的星座

（四）黃道十二宮

從地球上觀察，太陽會以圓周的方式在天球上繞行，繞行的軌道，稱為「黃道」。黃道的兩側各延伸九度，形成黃道帶。一年當中，有十二個星座通過黃道帶，稱為黃道十二宮（圖 7.4.5-8），是最早定名的星座。每個月太陽會經過一個宮，古人於是藉此推算四季的變遷，日、月蝕的發生和其他天象。

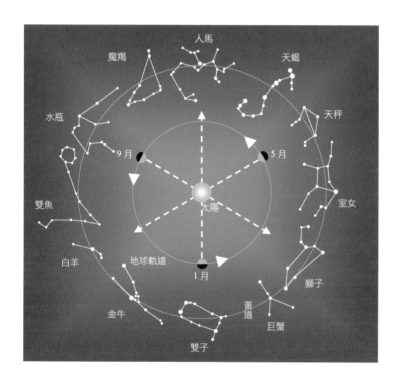

圖 7.4.5-8　黃道十二宮

五、太陽系

太陽是宇宙中的一顆恆星，其周圍有許多被太陽引力場作用的天體，形成了一個以太陽為中心的天文體系——太陽系（圖 7.5）。這些天體除了包括依循固定軌道繞太陽運行的九大行星及其衛星、小行星、彗星之外，還有流星體及星際氣體和塵埃。時至今日，天文學家已經發現上百個日外行星系統。

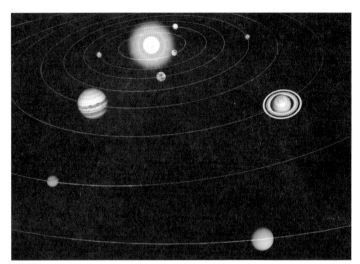

圖 7.5　太陽系

7.5.1　太陽系的起源

　　根據「星雲說」的理論（圖 7.5.1-1），太陽系誕生於銀河系中一團收縮旋轉的星際雲氣，星際雲氣有 92% 是氫，7.8% 是氦，以及少量的超新星爆炸遺留的微塵。大約四十六億年前，一團由星際氣體和塵埃所構成的星雲，由於銀河系中某處發生了超新星爆炸，所產生的衝擊波，促使雲氣因重力的作用而收縮凝聚且溫度升高，同時以加快的速率繞著中心軸旋轉，並吸積物質，形成中間略厚的圓盤狀旋轉星雲，稱為原太陽星雲。中央部分因收縮凝聚，密度增加和溫度升高的結果，導致核融合反應的發生，

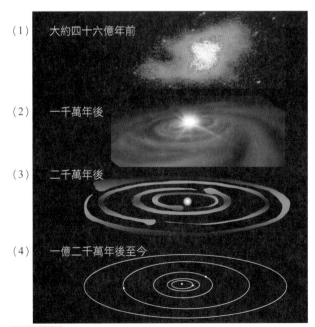

（1）大約四十六億年前

（2）一千萬年後

（3）二千萬年後

（4）一億二千萬年後至今

圖 7.5.1-1　太陽系起源的「星雲說」

此時便形成了恆星——太陽。

　　原太陽星雲逐漸冷卻後，旋轉盤面的微塵彼此凝聚成微行星。微行星藉重力不斷互相碰撞，而聚合成原行星及其衛星。由於靠近原太陽附近區域的溫度較高和太陽風的影響，盤上的氣體和揮發性物質大量飛散，形成金屬岩石質的類地行星。在遠離原太陽處則因溫度較低，盤中的物質損失較少，由塵埃顆粒集聚而成的引力中心可以吸積較多密度小的氣體物質，而形成具有大體積和質量的氣態類木行星。在整個太陽系誕生過程中所殘存的物質，則散佈於太陽系中成為小行星、彗星，以及流星體。於是，形成了太陽系。

7.5.2　太陽系的結構

　　太陽系的主體是太陽，其質量佔據該系統總質量的99%以上，其餘大部分為木星的質量。太陽系主要的天體都是在橢圓軌道上繞太陽運行，軌道面大致分佈於黃道面上。地球與太陽的平均距離 1.5×10^{11} 米，稱為一個天文單位（1AU）。行星軌道橫跨了直徑約 80AU，而彗星的軌道又使該系統的直徑擴大至約 200,000AU。

（一）太陽

　　太陽是主宰著太陽系的恆星，為氫氣和氦氣所構成的球體。它是最接近地球的恆星，直徑約一百四十萬公里的G2型主序星，大小和亮度屬於中等，是一顆很典型的恆星，有磁場和自轉現象。

　　太陽內部的結構由內向外依序是核心、輻射層和對流層（圖7.5.2-1）。太陽活動的能量來源於核心部分，佔太陽半徑 10%；核心溫度高達 1,500 萬℃，密度150g/cm³，壓力超過地球的 340

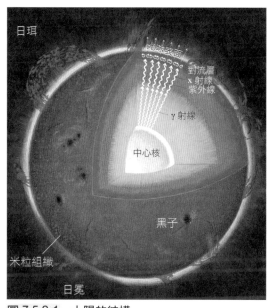

圖 7.5.2-1　太陽的結構

億倍，處於核融合反應中，將氫融合成氦；每秒鐘有六億多噸的氫被轉化成氦，約有四百萬噸的淨能量被釋放。核心所產生的γ射線和X射線向外輻射，經過輻射層，不斷地與該層的物質粒子互相碰撞後，再傳到對流層。然後，以對流方式，將能量傳遞至太陽的大氣層。愈往外，溫度遞減，到達表面時，溫度約為6,000℃。由於來自核心的能量主要以可見光的形式傳達至太陽表面，因而使太陽發光，是太陽系中其他天體光和熱的來源。

太陽核心的能量需兩百萬年的時間到達表面，在太陽表面以光和熱的形式散發出來，而只要八分二十秒即可到達地球。太陽是氣態球體，因而沒有明確的界限，但是卻有個相對清晰的輪廓，稱為光球層。光球層是一層不透明的氣體薄層，厚度達數百公里，輻射出太陽大部分能量，被視為太陽的表層。光球層上間雜米粒組織，直徑一千公里左右，形狀為不規則多邊形；其中心是對流層上升而來溫度較高的氣體，溫度比周圍下降的較暗氣體高約300℃。米粒組織在數分鐘內形成、消失、再形成，如此循環擾動不已。出現於太陽表面的黑色斑點，稱為太陽黑子，是由黑色的本影和其周圍灰黑色的半影組成，形狀和大小變化很大，常成群出現。黑子的壽命與其大小有關，最大的黑子可以維持三個月之久，多數黑子的壽命則不到一天。黑子的溫度約4,000℃，比周圍低2,000℃左右，所以看起來呈黑色。黑子的另一重要特徵是具有強大的磁場，黑子愈大，磁場愈強。太陽的自轉週期為25.38地球日，自轉造成了磁場，由於在赤道區域比兩極處旋轉速度快，造成磁力線糾結於太陽內部。磁力線一旦斷裂，穿越太陽表層，就會帶來太陽活動，如太陽黑子、日珥以及閃焰耀斑的現象。太陽黑子活動呈週期性出現，週期為11年，在同一週期中，黑子如蝴蝶狀分布。在太陽活躍期，太陽的表面經常有為數眾多的黑子和爆發活動，發出的輻射和帶電粒子會與地球的磁場和電離層相互作用，干擾地球的無線電通訊，並出現極光現象。

光球層之上是色球層和日冕，共同組成太陽的大氣層。

1. **色球層**：在光球層之上約數千公里厚的內層大氣，溫度隨高度遞增，頂部溫度可達攝氏數萬度。色球層亮度只有光球層的萬分之一，所以平常無法看見；可以在日全蝕時，看到色球層發出的玫瑰色光芒，或利用日冕儀來進行觀測（圖7.5.2-2）。劇烈的太陽活動中，在太陽黑子附近的色球層中常有日珥和閃焰耀斑發生。日珥是溫度較低的電漿，受太陽黑子附近的弧形磁場牽引而突出日面邊緣。環形日珥像巨大的拱橋綿延數十萬公里，可持續數週。當繃緊的磁力線爆

開，而釋放巨大的磁能時，類似於數十億顆百萬噸級的氫彈爆炸的現象，遂發生閃焰耀斑，往往延續數小時。

2. 日冕：色球層之上向外延伸數百萬公里之極稀薄的高溫大氣，溫度達攝氏數百萬度，亮度不及光球層的百萬分之一；因此，只有當日全蝕時或利用日冕儀方可觀測到（圖 7.5.2-3）。日冕中的物質呈電漿態，有時會脫離太陽高速離去，形成太陽風。

圖 7.5.2-2　日全蝕時可看到色球層發出的玫瑰色光芒和日冕

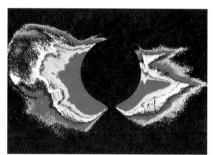

圖 7.5.2-3　利用日冕儀所拍攝的日冕

（二）九大行星及其衛星

太陽系有九大行星繞太陽公轉，依物理性質的差異，除了冥王星之外，可分為「類地行星」和「類木行星」。類地行星為與地球性質類似的行星，有水星、金星、地球和火星，是有「陸地」的行星。它們的自轉速率慢，而且體積小、質量小、密度大，以岩石成分為主。由於質量小，且靠近太陽，在行星誕生時期碰撞頻繁，所以周圍不容易有衛星圍繞。類木行星則為與木星性質類似的行星，有木星、土星、天王星和海王星。它們的自轉速率快，而且體積大、質量大、密度小、沒有陸地，以氣體成分為主。由於質量大、距離太陽遠，且溫度低，能保留住比較輕的氣體，因此類木行星具有厚重的大氣層，以及為數眾多的衛星（表7.5.2-1）。

1. 水星：是最靠近太陽的行星，由於擁有巨大的金屬鐵核心，平均密度僅次於地球。水星是太陽系中第二小的行星，直徑是月球的 1.4 倍，沒有衛星。它的表面酷似月球，佈滿了隕石坑和陡坡，沒有大氣和海洋，日夜溫差大（430℃～-180℃），且一片荒涼（圖 7.5.2-4）。陡坡為水星特有的地形，是在水星形成時，因冷卻收縮，而造成的皺褶。水星和金星同屬地內行星，因此，從地球上觀察，有如月球般的盈虧變化，常被稱為「昏星」或「晨星」；而且，當它們行至太陽和地球之間時，會發生凌日現象。

表 7.5.2-1　九大行星的物理性質

行星	水星	金星	地球	火星	木星	土星	天王星	海王星	冥王星
赤道半徑 公里	2,439	6,052	6,378	3,308	71,494	60,330	25,559	24,750	1,151
赤道半徑 （地球＝1）	0.382	0.95	1	0.53	11.2	9.42	4.01	3.93	0.18
質量 （地球＝1）	0.0558	0.815	1	0.1075	317.83	95.147	14.54	17.23	0.0022
平均密度 g/cm³	5.44	5.24	5.497	3.94	1.34	0.69	1.19	1.66	2
表面重力 （地球＝1）	0.378	0.903	1	0.379	2.54	1.16	0.919	1.19	0.06
自轉週期 恆星日	58.646d	243.01d (R)	23h 56m 04.1s	24h 37m 22.6s	09h 50m 30.0s	10h 13m 59.0s	17h 14m 00.0s (R)	16h 03m 00.0s	6.4d (R)
公轉週期 （年）	0.24084	0.61515	1	1.8808	11.867	29.461	84.013	164.793	247.7
公轉週期 （日）	87.969	224.68	365.26	686.95	4334.3	10,760	30,685	60,189	90,465
赤道面傾 角度分	00°00'	177°00'	23°27'	23°59'	03°05'	26°24'	97°55'	28°48'	122°00'
表面特性	氧化矽	玄武岩 花崗岩	玄武岩 花崗吾 水	玄武岩 黏土 冰	無	無	？	？	甲烷冰
大氣成分	微量鈉 蒸氣	97%CO$_2$ 90 巴	78%N$_2$、 21%O$_2$、1 巴	95%CO$_2$、 0.007 巴	H$_2$、He、 CH$_4$、NH$_3$	H$_2$、He、 CH$_4$、NH$_3$	H$_2$、He、 CH$_4$、NH$_3$	H$_2$、He、 CH$_4$、NH$_3$	微量 CH$_4$

　　2. 金星：是從太陽起第二顆行星，它最接近地球，且沒有衛星。金星與地球的大小和密度相似，常被當作是地球的姊妹行星。它的表面為濃厚的淡黃色雲層所籠罩（圖 7.5.2-5），厚雲的主要成份為硫酸，風速高達每小時 360 公里；這些雲反射了大量陽光，使金星成為除了太陽和月亮外，肉眼所見最亮的天體。金星

圖 7.5.2-4　水星

圖 7.5.2-5　金星

的大氣由於 90%以上為二氧化碳，還含有大量二氧化硫，所造成的溫室效應，使其表面溫度達 480℃，大氣壓則是地球的 90 倍。金星上沒有海洋，其表面乾燥多塵，大部分是平坦的地形，有高地、火山，和火山熔岩所覆蓋的衝擊坑，顯示出金星的地質構造曾經很活躍。

3. **地球**：是自太陽起的第三顆行星，為四顆內行星中體積和密度最大的。地球是目前唯一已知有生命和液態水存在的行星，這兩個因素使地球從原始行星，逐步演化成今日生動的風貌。地球的構造分為地核、地函和地殼；外地核為熔融態的鐵鎳物質，因具流動性而使地球產生磁場，形成磁層延伸入太空。地表 71%為海洋，有山脈、沙漠、盆地、峽谷等豐富地形景觀。地球的大氣層提供生物呼吸的空氣，屏蔽掉來自宇宙的有害射線和隕石的襲擊，以及具保溫作用，使地表維持適宜的溫度。地球自轉與公轉的結合，產生了晝夜交替和四季變化。月球是地球唯一的天然衛星，直徑約為地球的四分之一，重力是地球的六分之一，是個相當大的衛星（圖7.5.2-6）。地球上的海水受月球引力的影響，而有週期性的潮汐現象。月球自轉和繞地球公轉的週期大約相同（27.3 天），所以永遠以同一面對著地球。月球的日夜溫差變化大（120℃~-120℃），是個沒有生命、沒有大氣、沒有水、多塵粒的岩石世界；此外，月球表面佈滿了隕石坑，有山脈、火山口，以及被火山熔岩所填平的「月海」。

(1)

(2)

圖 7.5.2-6　（1）地球（2）月球

4. **火星**：為太陽外的第四顆行星，直徑是地球的一半，質量約地球的十分之一。火星有許多特徵與地球相似，一天均約為 24 小時，以及相似的公轉軌道面和傾斜的自轉軸，所以火星也有四季變化。火星的大氣非常稀薄，95%是二氧化碳及少許的水蒸氣，表面氣壓只有地球的百分之一，平均溫度為-23℃，晝夜溫差達 130℃左右。火星的土壤含有大量的氧化鐵，以及大氣中懸浮的微塵，使得火

圖 7.5.2-7　火星

星看起來呈紅色，因而被稱為「紅色行星」（圖 7.5.2-7）。火星上多火山和坑洞，有薄雲、峽谷、河床、沙漠、熔岩平原和隨季節變化的白色極冠（乾冰所構成）；地表多土壤和岩石，常有大規模塵暴發生。火星中有許多巨大火山，其中奧林帕斯山底部直徑長達 600 公里，高度 24 公里，是太陽系最大的火山。火星有兩個小衛星——弗柏斯（Phobos，火衛一）和迪摩斯（Deimos，火衛二），直徑分別是 27 公里與 15 公里，似馬鈴薯形；其表面佈滿隕石坑，很可能是被火星的引力所捕獲的小行星。

5. **木星**：是太陽外的第五顆行星，在行星中體積和質量為最大；其體積是地球的 1,300 倍，質量為所有行星總和的二倍半。木星的核心為一石質核，溫度高達 30,000℃，為金屬氫組成的內地函所包圍，外地函的成分為液態氫和氦；之外是氣態的大氣層，平均溫度約 -120℃，除由氫氣和氦氣組成外，還有微量的甲烷、氨和水蒸氣。木星的快速自轉使其大氣圈中的雲層形成了與赤道平行的帶狀

圖 7.5.2-8　木星

和區層（圖 7.5.2-8），是由於大氣的對流而產生；大紅斑和白斑則是亂流引起的巨大風暴，有強烈的閃電現象。木星有很強的磁場，表面的磁場強度約為地表的十倍。木星有一圈不明顯的薄環，是由大量微小的塵粒所組成的。木星與 16 個已知的衛星，組成了木星系；其中伊奧（Io，木衛一）、歐羅巴（Europa，木衛二）、加尼美得（Ganymede，木衛三），和卡利斯托（Callisto，木衛四）是四個最大的衛星，由伽利略發現，稱為「伽利略衛星」，大小與月球相似（圖 7.5.2-9），而其餘的衛星則都很小。伊奧是太陽系內最活躍的衛星，有火山活動，且充滿岩石和豐富矽酸鹽。除了伊奧之外，其他三個衛星都有由水、二氧化碳和氨凝結而成的冰狀表面。科學家認為歐羅巴衛星很可能有液態水存在，也許會有生命跡象。

圖 7.5.2-9　各行星的代表衛星

　　6.土星：為太陽外第六軌道上的美麗行星，體積略小於木星，但質量卻不及木星的三分之一。它的平均密度僅為水的 0.7 倍，是太陽系中唯一一顆密度比水小的行星。土星由於自轉迅速，赤道凸出為扁球形；其內部構造與木星類似，外部大氣也有如同木星的帶狀和區層與紅斑和白斑的風暴系統（圖 7.5.2-10）。土

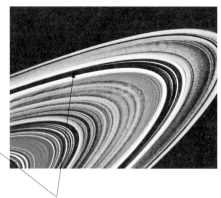

卡西尼環縫

圖 7.5.2-10　土星與土星環

星有耀眼的光環，是由無數大小不等，直徑從數公分至數公尺的冰塊組成，且以高速圍繞土星運轉。土星環可分為A、B、C、D、E、F、G等七個主環，顏色和亮度不一，各主環是由上千個細環所組成。其中 A、B、C 環最亮，可以雙筒望遠鏡觀察到，A環和B環之間是著名的卡西尼環縫。土星是太陽系中衛星數目最多的一顆行星，目前已發現 20 顆以上；其中，有一些是在環內運行，還有一些衛星是同軌道的。泰坦（Titan，土衛六）是最大的衛星，直徑比水星和冥王星還大，具有濃厚的大氣，主要組成為氮氣，還有氬氣、甲烷和微量碳氫化合物；它是唯一有大氣存在的衛星，與地球早期情況相似，天文學家認為可能會有生命跡象。除泰坦外，其餘多為冰所構成的中、小型衛星，表面大都坑洞密佈。

7. **天王星**：是太陽外第七顆行星，直徑為地球的四倍，是一顆外表幾乎無特色的藍色星球。一七八一年，英國天文學家赫歇爾經由自製望遠鏡偶然發現了天王星。天王星由於自轉快速，表面也有帶狀物；其大氣主要成份為氫、氦和甲烷，雲頂溫度約為-210℃。由於甲烷吸收了紅光和黃光，使天王星呈現特殊的藍綠色（圖 7.5.2-11）。天王星也有環系統，可分為 11 條細環，多數狹窄，是由太陽系內最暗的物質所形成，如碳粒石或岩石粒，所以非常黯淡。目前已發現的天

圖 7.5.2-11　天王星

圖 7.5.2-12　海王星

王星之衛星有 20 個以上，均由黑色的冰和岩石構成；其中，有 5 個衛星較大，其餘的直徑皆小於 160 公里。

8. **海王星**：是太陽系的第八顆行星，大小和結構與天王星相似。海王星的發現是牛頓天體力學的輝煌成就；在天文星被發現後，法國天文學家李佛瑞注意到天王星的軌道總是偏離天體力學計算的軌道，於是推測可能是受到另一顆行星的影響，並推算出此攝動行星的質量和軌道。一八四六年，由柏林天文台台長伽勒在其預測的位置處，發現了海王星。海王星除了結構與天王星相似外（圖7.5.2-12），海王星表面還具有巨大氣旋系統的大暗斑、小暗斑和斯克特卷雲；雲團以每小時2,200公里

的速度向西吹遍整個行星，是太陽系中最劇烈的風。海王星也有環，分為四條稀薄黯淡的環，由黑色的甲烷冰所組成。海王星有13個衛星，最大的特里頓（Triton）衛星以逆時針方向公轉，與海王星自轉的方向相反，稱為「逆行衛星」。

9.**冥王星**：為太陽系最外的一顆行星，比月球小，是最小的行星。冥王星的表面溫度-220℃左右，有由甲烷和氮氣組成的稀薄大氣，是一個岩石和冰塊構成的寒冷黑暗世界（圖 7.5.2-13）。冥王星有一顆衛星——夏龍（Charon），與冥王星相當接近，直徑是它的一半，因週期與冥王星相同，而成為雙行星系統。由於冥王星許多不尋常的特徵，許多科學家推測它也許是海王的衛星，或是一顆巨型小行星。〔備註：在 2006 年 8 月 24 日於捷克首都布拉格舉行的第 26 屆國際天文學聯合會大會（International Astronomical Union, IAU）上，通過了新的行星定義，即環繞太陽運轉的天體、質量大至其自身引力足以克服剛體結構強度而呈圓球狀、其軌道與鄰近天體明顯區分。冥王星由於體積太小，加上運行軌道與海王星有交叉重疊，而遭除名，降級為「矮行星」（dwarfplanets）。而太陽系的八大行星則被加上「傳統」二字，成為傳統行星。〕

圖 7.5.2-13　冥王星

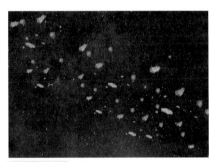

圖 7.5.2-14　小行星

（三）小行星

在火星和木星的軌道之間，存在著數十億顆的小行星，稱為小行星帶（圖 7.5.2-14）。它們是大小不一的碎石塊，直徑最大（穀神星，Ceres）約一千公里，有的甚至不足一公里；其成分有含碳、石質或金屬的。大部分的小行星在小行星帶中繞太陽運行，有一些則沿不同軌道運行，如特洛依群小行星是沿木星軌道運行（圖 7.5.2-15）。關於小行星的成因，科學家認為在太陽系形成時，小行星本應聚合成一顆大行星，然由於來自木星強大的引力場所阻止，而未能形成。

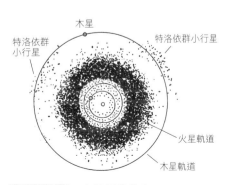

木星

特洛依群小行星

特洛依群小行星

火星軌道

木星軌道

圖 7.5.2-15　小行星的分布

圖 7.5.2-16　哈雷彗星

圖 7.5.2-17　劃過天際的流星

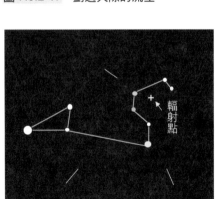

圖 7.5.2-18　流星雨是根據其輻射點所在
區域的星座命名，此圖為獅子座流星雨

輻射點

（四）彗星

　　彗星是太陽系中最特殊的天體，它們的
軌道多數是拋物線，少數是極為狹長的橢圓
或雙曲線；具有橢圓軌道的彗星，會週期性
地在太陽附近出現。彗星一般分為長週期和
短週期，週期少於 200 年者為短週期彗星，
最有名的當屬每隔 76 年出現一次的哈雷彗
星（圖 7.5.2-16），此類彗星的軌道大多與
太陽系同一平面。彗星有一個由冰和塵埃所形成的彗核，直徑數十公里以內。當
彗星接近太陽時，彗核會發生氣化，形成明亮的彗頭（彗核＋彗髮）和長長的彗
尾。由於太陽風吹向彗頭，因此，彗尾會朝太陽的反方向伸展。科學家認為彗星
的供給源可能來自太陽系外圍的冰窟——歐特雲（Oort cloud）和柯伊伯帶
（Kuiper Belt），當中的彗核在某種作用下，進入了太陽軌道。由於彗星與太陽
系形成於同一時期，因此，探索彗星將
有助於了解太陽系的起源。

（五）流星體

　　流星體為太陽系中的岩石碎片和塵
埃，主要來源是彗星和小行星。彗星接
近太陽時發生氣化，還有小行星之間的
碰撞，都會產生塵埃和碎片。它們一旦
進入大氣層，流星體與氣體分子摩擦而
燃燒，產生一道短暫的明亮光痕，稱為
流星（圖 7.5.2-17）。較大的流星體在
尚未燃盡前，到達地面者，稱為隕石。
流星雨是由一輻射點，發射而出的流星
群，流星雨的名稱即是根據其輻射點所
在區域的星座而命名（圖 7.5.2-18）；
其形成是由於地球運行至彗星軌道附
近，彗星殘留的塵埃受地球的引力所

致。隕石可分為三種類型：石質、鐵質和石鐵混合；當大的隕石撞擊地面，會形成隕石坑（圖7.5.2-19）。

圖 7.5.2-19　隕石坑

7.5.3　太陽系的運動

　　整個太陽系受到太陽引力的作用，所有天體都以各自的速率沿著橢圓形軌道繞太陽公轉。除了冥王星外，所有行星的軌道幾乎在同一平面（黃道面）上，而太陽則接近這些軌道的中心。太陽的自轉軸相對於黃道面傾斜 7.2°，佔總角動量的 0.5%。在行星圍繞太陽運行的同時，整個太陽系也以每秒約 220 公里的速率繞著銀河系中心運動。據估計，迄今為止太陽系已運行了 15 至 20 個週期。

　　十七世紀時，克卜勒發現「行星三大運動定律」：(1)行星的軌道是以太陽為一焦點的橢圓形；(2)行星與太陽的連線，在相同時間內掃過相同的面積（圖7.5.3-1）；(3)行星圍繞太陽的平均距離與公轉週期有特定關係，即公轉週期的平方與平均距離的三次方成正比。後來，牛頓發現了萬有引力定律之後，更加解釋了行星繞行太陽的運動現象。

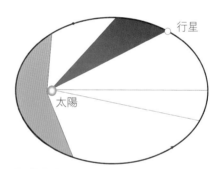
圖 7.5.3-1　克卜勒的行星第二運動定律：行星與太陽的連線，在相同時間內掃過相同的面積

　　行星的日、年及季節，是以它們的運行以及與太陽的相對位置來確定的。一個行星日，就是其自轉一周的時間；一個行星年，就是其公轉一周的時間；而行星的季節則是依據其在一年中，傾斜的軸相對於太陽的關係來劃分的。例如，地球自轉一周為一天（24 小時），又稱一「地球日」；公轉一周為一年，一年有365.26 天；夏季時，地球傾斜的軸面向太陽，冬季則傾斜的軸背向太陽。

　　所有太陽系內的行星以相同方向繞日公轉，此方向與太陽自轉方向一樣（從北極上方看去為逆時針方向）。此外，愈內側的行星，公轉的速率愈快。在行星中，水星公轉的速率最快，週期為 88 地球日；但水星自轉速率很慢，週期為 58.6

地球日；因而，水星上一天（兩次日出的間隔）為 176 地球日，約是水星一年（88 地球日）的兩倍。金星繞太陽公轉的同時，也緩慢地朝反方向自轉，於是使它成為太陽系中自轉週期最長的行星，約需 243 地球日，比公轉週期 224.7 地球日還長。因為離太陽較遠，火星公轉一周需 687 天，自轉週期 24.6 小時，傾斜軸與黃道面交角約為 24°，與地球有類似的四季變化。木星公轉一周約 12 年，是自轉最快的行星；它在不同緯度自轉週期不同，大致上自轉一周約需 9 小時 50 分。土星則公轉一周約 29.5 年，自轉週期在赤道區為 10 小時 14 分；它的自轉軸傾斜 26.5°，也有季節變化。天王星的公轉週期為 84 年，自轉是逆向的，週期為 17 小時 14 分；它的自轉軸傾斜 98°，幾乎是橫躺著繞太陽公轉，因此，晝夜交替和季節變化十分奇特。海王星的公轉週期約 165 年，自轉週期為 16 小時 3 分。冥王星的自轉是反向的，週期為 6.4 天；與其他行星相比，冥王星的軌道更傾斜黃道面且呈離心率大的橢圓形，所以在它 248 年的公轉期間中，有 20 年的時間位於海王星軌道內側，比海王星更接近太陽。

7.5.4 太陽系的未來

原始太陽形成之初，並不穩定，由於重力收縮與熱膨脹相互抗衡，使其體積收縮不定。當兩者達平衡時，太陽即進入穩定期，開始穩定地發出光與熱，成為一顆黃色的主序星，可以持續達一百億年之久。根據太陽質量與核融合反應速率，太陽已經平穩地演化了四十六億年，目前約處於生命的中年期。大約在五十幾億年之後，太陽內核中的氫會完全轉化為氦，核心區域收縮的熱，開始燃燒外圍的氫球層，此將導致太陽外層的膨脹、變冷，並改變顏色，朝紅巨星方向演化；其體積膨脹為目前的數萬倍，進入了太陽的老年期。

紅巨星時期的太陽並不穩定，核心處的氦核持續收縮，溫度並隨之增加。當溫度上升至引起核反應，將氦開始轉化為碳時，會放出比氫融合反應更巨大的能量，造成太陽的急速膨脹，而成為一顆特大的紅色超巨星；屆時，其體積會是目前的數百萬倍，將包含地球在內的三顆內行星吞噬，人類終將無法在太陽系生存。之後，太陽的外層部分被拋至外太空，成為行星狀星雲；太陽的內層則經重力塌縮，而成為一顆日趨黯淡的白矮星。

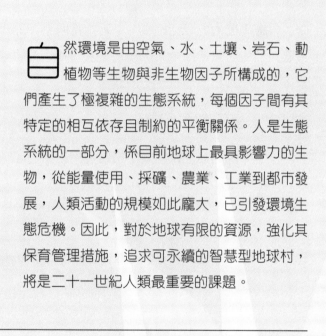

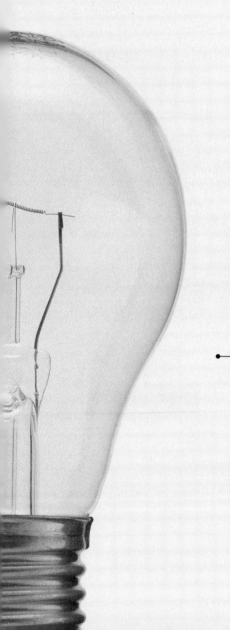

第八章

環境保育

自然環境是由空氣、水、土壤、岩石、動植物等生物與非生物因子所構成的，它們產生了極複雜的生態系統，每個因子間有其特定的相互依存且制約的平衡關係。人是生態系統的一部分，係目前地球上最具影響力的生物，從能量使用、採礦、農業、工業到都市發展，人類活動的規模如此龐大，已引發環境生態危機。因此，對於地球有限的資源，強化其保育管理措施，追求可永續的智慧型地球村，將是二十一世紀人類最重要的課題。

一、生態圈

生態圈是指地球上生物有機體存在且彼此互動、及與周遭非生物環境互動的部分，其範圍涵蓋了大部分的水圈、上部岩石圈，以及低層大氣層。生態圈由多種類型的生態系統所組成，如森林、草原、沙漠、海洋、溼地等，每個生態系統各具特色，當中的生物與非生物的成分透過物質循環和能量流動彼此依存；而各種類型的生態系統，也為不同的生物提供著獨特的生存和繁衍的條件。

8.1.1 生態系統的組成

生態系統由數個互相關聯以維持整個系統運轉的部分所組成，是自然界生物群落與環境之間進行物質與能量交換的基本功能單位。不論是陸地或水域生態系統，其組成均可概括為非生物和生物兩大部分（圖 8.1.1-1）：

（一）非生物組成

生態系統的非生物組成是指環境中的物理和化學因子及氣候條件等，主要為

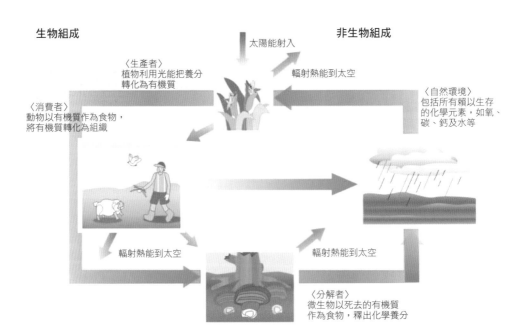

生物組成　　　　　　　　　　　　太陽能射入　　　非生物組成

〈生產者〉
植物利用光能把養分
轉化為有機質

輻射熱能到太空

〈自然環境〉
包括所有賴以生存
的化學元素，如氧、
碳、鈣及水等

〈消費者〉
動物以有機質作為食物，
將有機質轉化為組織

輻射熱能到太空

輻射熱能到太空

〈分解者〉
微生物以死去的有機質
作為食物，釋出化學養分

圖 8.1.1-1　生態系統包含生物組成和非生物組成

陽光、水、大氣、溫度、土壤等。

1. **物理因子**：包括太陽光的照射量、降雨量、風、溫度、溼度、水流和水質、氣壓、地形、土壤特性等。

2. **化學因子**：包括大氣的組成、水中的酸鹼度、水中溶氧量、水中含鹽量、土壤中有機物含量、土壤含水量與通氣度、土壤的酸鹼度與鹽度等。

（二）生物組成

依照生物在生態系統中的作用和地位，生物組成分為三大功能類群：生產者、消費者和分解者。這三大功能類群，通過物質循環和能量流動而彼此緊密聯繫起來，構成一個生態系統的功能單位（圖 8.1.1-2）。

1. **生產者**：亦稱為自營生物，能自行將其週遭環境所獲得之簡單無機物製造合成為複雜的有機養分，以生產自身所需之食物。在陸地生態系統中，綠色植物為生產者；在水域生態系統中，生產者是藻類（浮游植物）和某些特化的細菌。地球上主要的生產者（綠色植物）捕捉太陽能以進行光合作用，將環境中得到的二氧化碳和水，合成碳水化合物，儲存於體內；除了為本身提供生長和繁殖所需的

圖 8.1.1-2　簡化的湖泊生態系統

營養物質和能量，其所製造的有機物亦成為消費者和分解者生命活動中唯一的能量來源。因此，生產者是地球上最主要和最基本的能量供應者，太陽的輻射能唯有透過生產者，方能綿延不斷地輸進生態系統中轉化為化學能。

2. **消費者**：屬於異營生物，它們無法自行製造食物，而必須直接或間接取食於生產者所製造的有機物質。根據食性，消費者可區分為草食動物、肉食動物、雜食動物和腐食動物。草食動物為一級消費者，牠們直接攝食植物以得到所需的食物和能量，包括某些昆蟲、齧齒類以及有蹄動物牛、羊、馬、鹿等。肉食動物以其他動物為食，又可分為以草食動物為食的二級消費者，如吃食昆蟲的鳥類、以蚜蟲為食的瓢蟲；和以其他肉食動物為食的三級（高級）消費者，如獅、虎、豹、鷹等猛獸猛禽。雜食動物則既食植物，又捕食動物，如人類。腐食動物專門以動植物遺骸和排泄物為食物來源，一方面從攝入的遺骸中獲得養分，另一方面所遺留的碎屑則便利細菌和黴菌進行分解作用，故亦稱為清除者，如兀鷹、甲蟲、白蟻、蚯蚓、馬陸、蝸牛等。

3. **分解者**：亦稱為還原者，是回收生態系統中有機物質的異營生物，包括細菌和真菌。分解者藉由分解死亡生物之有機物質或動物的排泄物以獲得養分，而連續的分解作用能將複雜的有機物質逐步分解為簡單的無機化合物，可供生產者再重新吸收利用。因為分解過程對於物質循環和能量流動具有極為重要的意義，因此，分解者是任何生態系統中不可或缺的組成。

8.1.2 生態系統的營養結構與能量流動

不同等級的消費者從各種不同生物中得到食物，於是形成了「營養級」；而伴隨食物的能量，在各營養層級間進行流動。營養級是由該生物屬於生產者抑或消費者，以及由該生物所攝食或分解的對象來決定。生產者屬於第一營養級，一級消費者為第二營養級，二級消費者則為第三營養級。有些動物因捕食範圍甚大，橫跨了數個營養級，所以各營養級之間的界限並不明顯。

（一）食物鏈

食物鏈決定生態系統中能量如何從一生物流向另一生物，是自然界中食物供求的關係鏈。由於能量於流動過程中的損失，所以食物鏈通常不會超過六個物種。在不同生態系統，食物鏈的結構亦不同。依照生物間營養層級的關係，可分

為以下三類：

　　1. 捕食食物鏈：以活體植物為起點，其後是小動物，漸至較大的動物，後者以捕食前者為食，亦稱為牧食食物鏈。例如草原上，以青草－野兔－狐狸－野狼的捕食方式。

　　2. 碎屑食物鏈：以被分解為碎屑的植物和動物遺骸或排泄物為起點，然後由細菌和真菌所作用，再被蚯蚓或蝦蟹等食碎屑者食用（圖8.1.2-1）。例如，水中的有機沉積物或是土壤中，皆可發現以碎屑方式在進行。

　　3. 寄生食物鏈：是由較大的動物開始，而漸至較小的生物，後者乃寄生於前者身上，如鳥類－跳蚤－原生動物－細菌。

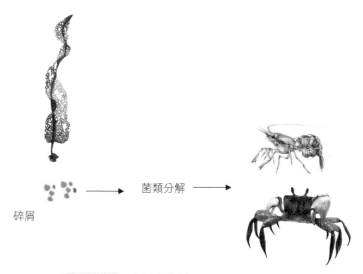

碎屑　　　菌類分解

圖 8.1.2-1　碎屑食物鏈

（二）食物網

　　在生物系統中，每個物種往往同時屬於數條食物鏈，因此，不同的食物鏈乃互相連接，形成一個複雜的攝食關係網絡，稱為食物網（圖8.1.2-2）。食物網從形象上反映了生態系統內生物有機體之間的營養層級和相互關係。愈複雜的食物網，生態系統抵抗外力干擾能力愈強，因而也就益加穩定；反之，簡單的食物網，生態系統安定性低，容易造成波動和崩潰。

（三）能量的形式與流轉

　　生態系統的能量根本來源為太陽光，生產者藉光合作用將光能轉變為化學能，儲存於植物體內；消費者取食植物後，能量由植物流轉至動物體內；當動物

348

圖 8.1.2-2　食物網

繼續被攝食時，能量隨之傳遞（圖 8.1.2-3）。能量單方向一次性地流經生態系統，是不可逆變化，而且在各營養層級傳遞間不斷地被降解並釋出廢熱；因此，生態系統需要持續地由太陽補充能源。而在每一次能量移轉過程中，會有 90% 的能量散失，故能量傳遞的生態效率僅為 10%。

（四）生態金字塔

　　生態系統中的營養結構往往呈現金字塔的形式，稱為「生態金字塔」（圖 8.1.2-4）。各營養層級中，生物的數量、生物量（質量）或所含的能量，層層遞減，由低到高排列，成為金字塔型，分別稱為數量金字塔、生物量金字塔與能量金字塔；而數量金字塔和生物量金字塔亦稱為食物金字塔（圖 8.1.2-5）。

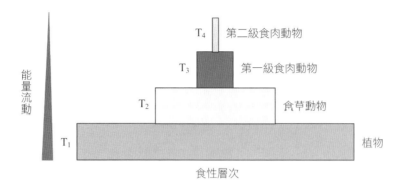

圖 8.1.2-3　能量隨營養層級的流轉而逐漸散失

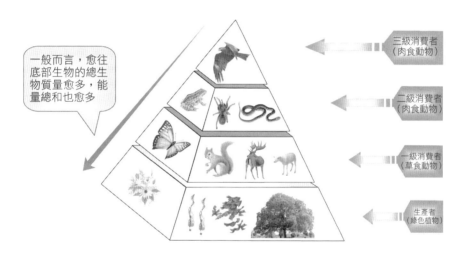

一般而言，愈往底部生物的總生物質量愈多，能量總和也愈多

三級消費者（肉食動物）

二級消費者（肉食動物）

一級消費者（草食動物）

生產者（綠色植物）

圖 8.1.2-4　生態金字塔

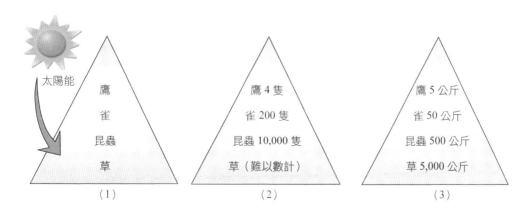

圖 8.1.2-5　（1）能量金字塔（2）數量金字塔（3）生物量金字塔

8.1.3　生態系統的物質循環

生態系統中的生物依賴太陽能並共享有限的營養物質，這些營養物質是由元素所構成，主要包括碳、氫、氧、氮、磷、硫。這些元素從無機的環境進入生物體內，隨著食物鏈，往返於生物體與環境之間，週而復始地不斷循環，稱為營養循環，或生物地球化學循環。物質循環使生態系統成為穩定而自給自足的體系。

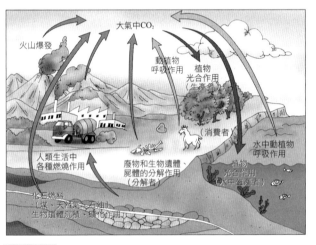

圖 8.1.3-1　碳循環

（一）碳循環

氫和氧元素與碳元素共同參與循環，所以統稱碳-氫-氧循環，或簡稱碳循環。碳元素以有機碳形式存在於生物體內，亦以無機碳（二氧化碳和碳酸鹽）存在於大氣與岩石中。碳循環從光合作用固定大氣中的二氧化碳起始（圖 8.1.3-1），碳被轉換為有機形式的碳水化合物；然後在呼吸和腐敗作用中，以二氧化碳形式返回大氣。最大量的碳被固結於岩石圈的岩石和化石燃料中，藉助於岩石的風化和溶解、化石燃料的燃燒和火山爆發，岩石圈的碳重回到大氣圈和水圈。在海洋的碳循環中，二氧化碳溶於海水，有些蒸發後返回大氣，而另一些則為海洋生物吸收，生成碳酸鹽外殼，沉積於海底。

（二）氮循環

氮氣雖約佔大氣組成的 78%，但是無法為動植物直接利用以作為養分。土壤中的固氮細菌、水中的藻類、豆科植物的根瘤菌、或閃電，經固氮作用，將大氣中的氮轉變為植物可利用的銨鹽和硝酸鹽（圖 8.1.3-2），進而合成植物體中的核酸、蛋白質，以及其他含氮養分；動物則藉由攝食植物或草食動物而取得氮素。

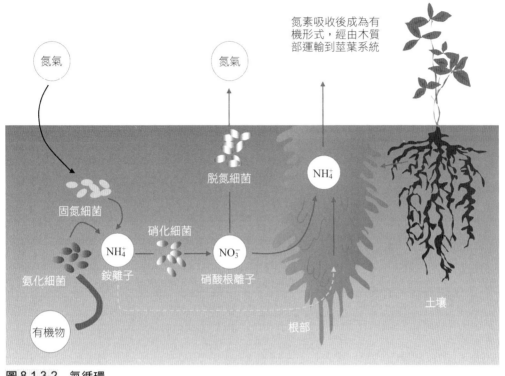

氮素吸收後成為有機形式，經由木質部運輸到莖葉系統

氮氣

氮氣

脫氮細菌

固氮細菌

硝化細菌

NH_4^+

氨化細菌

NH_4^+
銨離子

NO_3^-
硝酸根離子

有機物

土壤

根部

圖 8.1.3-2　氮循環

動植物的遺體和動物的排泄物被土壤和水中的細菌分解，產生氨，溶於水形成銨鹽，為植物吸收；土壤中的硝化細菌進一步將銨鹽轉變為硝酸鹽，部分為植物吸收，其餘則經脫氮細菌還原為氮氣，返回大氣中。

（三）磷循環

　　磷是構成生物體中核酸和脂質的重要元素，自然界中主要以磷酸鹽形式存於地殼岩石中，在岩石經風化和侵蝕作用後，進入地表土層和河流（圖 8.1.3-3）。生產者吸收土壤或水中的無機磷，轉變為有機磷，隨著食物鏈在各級動物中傳遞；最後經動植物的屍體和排泄物，由微生物分解為磷酸鹽回歸到環境中。

（四）硫循環

　　硫是組成蛋白質的主要成分之一，自然界中大部分的硫存在於岩石中，經由

圖 8.1.3-3　磷循環

Text in figure:

磷酸鹽在陸地岩石中
地層隆起
磷酸鹽沉積在海底形成岩石
消費者
細菌、真菌分解者
岩石因風化作用及雨水侵蝕，磷酸鹽溶於水中
生產者
磷酸鹽存在於土壤及水中

352

火山噴發，以硫化氫和二氧化硫的形式進入大氣（圖 8.1.3-4）。隨著降雨，這些硫化物進入土壤，形成硫酸鹽為植物吸收，再經由食物鏈，進入動物體中。最後，動植物的遺骸和排泄物，經微生物分解，將有機硫轉化為無機硫返回環境中。

8.1.4　族群和群落

　　自然環境中，生物個體通常不會單獨生活。在特定的時間，生活於一特定的區域中，由同物種的個體組成的生物群體，稱為「族群」。在自然情況下，單一族群無法單獨存在於一環境中，必定有多種不同生物族群同時存在，而各種生物族群彼此相關，組成了一個生命共同體，稱為「群落」或「群集」。

（一）族群

　　同一族群的個體所共同棲息的生態環境，稱為棲地；個體分享相同的食物來

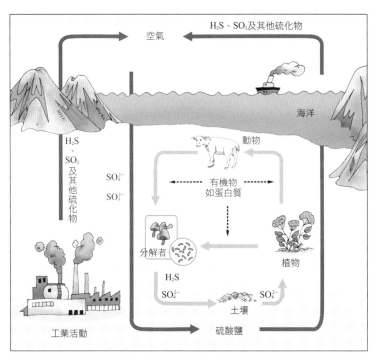

圖 8.1.3-4 硫循環

源,由於具特定的遺傳組成,彼此間可進行繁殖,並產生有生殖力的後代。族群是一種動態的群體,其大小、年齡結構、密度,與基因組成,都會隨環境條件的改變而發生變化。族群還具有自我調節的能力,在不被過分干擾下,可以與環境維持機動的平衡狀態,藉由出生率、死亡率、遷移、年齡結構、密度、食物和疾病等多項因素來調節。

　　1. **生態位**:各物種在生態系統中有其特殊的地位和功能角色,並佔有特定的棲地,此即為該物種的「生態位」,無法被其他物種所完全取代。生態位不僅是指某一族群在環境中的地位,亦包括此族群與其他生物與非生物部分的交互作用。

　　2. **種內關係**:同一族群的個體之間必然發生一定的聯繫,因此,存在了許多形式的種內關係。種內關係在動植物族群中都有所表現,例如,植物族群內的個體為爭取環境中的營養素、水分,及陽光的利用,會使它們彼此之間發生競爭,利用分泌某些有害化學物質,以抑制其他個體的成長,稱為剋生作用。而動物族群內的個體為了生存而合作捕食、育幼、共同禦敵的現象,以及爭奪食物、棲地、

配偶等，均屬種內關係的範疇。

（二）群落

生物群落為特定的生境中，具有一定的生物組成，以及其與環境之間互動而產生的特定外貌和結構，包括形態結構、生態結構和營養結構，並具有特定功能的生物集合體。換句話說，群落是生態系統中具生命的部分。生物群落對其所居住的環境產生極重大的影響，並且形成群落環境。群落中往往具優勢種，影響整個群落的特性；群落也會隨著時間的推移，而有晝夜變化、季節動態、年際波動及演替現象。

1. 生物多樣性：是指一地區中，生物之間的多樣化和變異性，以及物種生境的複雜性。生物多樣性包括遺傳多樣性、物種多樣性和生態多樣性。

(1)遺傳多樣性：是指單一物種的個體之間遺傳性的差異；差異度愈大，基因的組合愈多，就可產生更多不同性狀的個體，對環境變遷的適應力愈強。

(2)物種多樣性：係指群落中物種間的差異，亦即物種的豐富度；物種的種類愈多，食物網愈複雜，生態系統愈穩定。

(3)生態多樣性：是指一地區中，生物群落之間、物種生境與生態過程的差異，亦即生態系統的多樣化；生態系統愈多樣，則物種愈豐富，更有利於生態平衡的維護（圖 8.1.4-1）。

（1）

（2）

圖 8.1.4-1　森林的生態多樣性通常大於草原，因而較易維持生態平衡：（1）森林（2）草原

自然科學與生活科技概論

2. **種間關係**：生物群落中的各類物種相互作用，影響著族群的生存和發展，並將各族群連接為複雜的生命之網，決定著群落和生態系統的穩定性。種間關係的類型，往往取決於物種自身的特性和個體在環境中所處的位置；對任一族群而言，可能會因此種相互關係而受害、受益或不受影響，包括有掠食、種間競爭、寄生、互利共生，和片利共生。

(1)掠食：一物種個體（掠食者）捕食他種生物個體（獵物），以取得生存所需的物質。掠食關係能調節獵物族群的大小和質量，以降低獵物在食物、空間的競爭，而留下較能適應的個體，例如獅子（掠食者）與斑馬（獵物）。

(2)種間競爭：兩物種之間因共同所需的資源（食物、棲地、陽光或水分等）不足，而發生爭奪的現象。兩物種的生態位愈相近，生態需求重疊就愈多，競爭也就益加激烈。競爭對個體雖然殘酷，但是留下能適應的個體，對該族群長遠來看是有利的。

(3)寄生：一物種個體（寄生者）寄居於另一物種（宿主）的體內或體表，以攝取宿主的營養物質而生存的行為，如菟絲子與植物、跳蚤和狗。

(4)互利共生：兩物種以雙方互利的方式生活在一起，彼此只是一種暫時的合作關係，不是固有的聯繫方式，例如小丑魚和海葵（圖 8.1.4-2）、豆科植物與根瘤菌等。

(5)片利共生：兩物種以對一方有利，而另一方無害的方式生活在一起，例如，蘭花附生於樹皮、鮣魚吸附於鯊魚或海龜體表。

3. **群落的結構**：包含了群落的物種結構和空間結構。

(1)物種結構：群落中物種的種類和數量是區別不同群落類型的首要特性，亦是量度物種多樣性的基礎；而群落中的優勢種，可產生控制和主導群落的作用，對群落結構和群落環境的形成影響最大，所以常以群落中的優勢種來命名該群落，如「冷杉林帶」（圖 8.1.4-3）。

圖 8.1.4-2　小丑魚和海葵的互利共生

圖 8.1.4-3　台灣 2,800 公尺以上的高海拔森林主要為「冷杉林」帶

(2)空間結構：群落中各生物在空間的分布狀況，通常從垂直結構和水平結構來考量。垂直結構主要所指的是群落的分層現象，包含地上分層和地下分層。分層結構可以提高物種利用環境資源的能力，如陸生植物群落之分層與陽光的利用相關，而動物群落之分層現象主要是和食物有關。分層現象在溫帶森林中表現最為明顯（圖8.1.4-4），例如溫帶落葉闊葉林可清晰地分為地下層、地被層（苔蘚、地衣）、草本層、灌木層、喬木層。在水平結構上，由於環境因子在群落內不同地點上分佈不均勻，群落中各物種常形成斑塊狀鑲嵌的小群落。多數情況下，不同群落之間存在過渡帶，稱為群落交錯區，此處常常表現出一種「邊際效應」，即交錯區的物種多樣性特別高，包含了兩鄰近區域的物種，以及交會區特有的物種。

圖 8.1.4-4　森林的分層

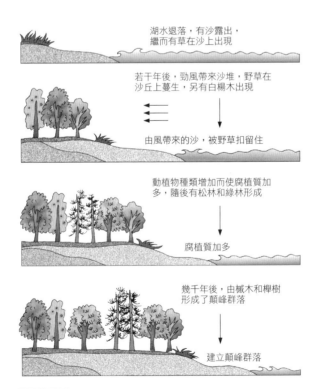

湖水退落，有沙露出，繼而有草在沙上出現

若干年後，勁風來帶沙堆，野草在沙丘上蔓生，另有白楊木出現

由風帶來的沙，被野草扣留住

動植物種類增加而使腐植質加多，隨後有松林和綠林形成

腐植質加多

幾千年後，由槭木和櫸樹形成了顛峰群落

建立顛峰群落

圖 8.1.4-5　由湖泊演替至形成陸地與植物之過程

4. **群落的演替**：是指一個群落被另一個群落所取代的過程（圖8.1.4-5）。演替過程中，能夠使一個不成熟且不穩定的群落，逐漸演變為成熟穩定且能自我永續的群落；當中所

經過的各個階段，稱為系列群落；而演替最終的結果，所形成一個長時間穩定的群落，稱為巔峰群落。從原先荒蕪沒有生命的地區，開始群落的發展，是為初級演替；而發生於原有群落被破壞後，群落又重新開始的演替，則為次級演替。

群落的演替為群落內部關係和外界環境之各種生態因子綜合作用的結果。不同群落的演替各有特點，大多數群落的演替過程中，通常不僅有生物量的增加，而且群落也在加高和分層，因而結構趨於複雜化、生產力增加、對環境影響增大；此外，土壤的發育、循環養分的儲存、物種多樣性、優勢種的壽命，以及群落的相對穩定性均逐漸增加。在自然情況下，群落的演替過程往往歷時長達數十年，甚至數百年，才能達到穩定狀態的巔峰群落。

8.1.5 生態平衡

群落的演替到達穩定的巔峰群落階段時，整個生態系統的結構和功能、能量流轉和物質循環，均可維持長時間的動態平衡，此種狀態稱為「生態平衡」。在自然條件下，生態系統總是朝著種類多樣化、結構複雜化和功能完善化的方向發展，直到使生態系統達到成熟的最穩定狀態。此時的生態系統能自我調節，以維持正常功能，即使受到外界的干擾，也能夠在一定的限度內恢復為原來的穩定狀態。

當一個生態系統中的生物種類愈多，會形成一個穩定不易瓦解的食物網，因而其自動調整以達物質與能量平衡的能力就愈強，生態系統就愈容易保持穩定。當環境的變動大於生態系統自我調節的能力時，平衡狀態就會被破壞，從而引起生態失調，甚至導致生態危機。

二、自 然 資 源

地球上的資源是自然環境的重要組成部分，亦是人類賴以生存的基礎。隨著社會的發展與技術、經濟的進步，人們不斷擴大資源利用的範圍，並尋求和開發新的資源，以滿足人口日益增加的需求，於是使地球上有限的資源變得極度吃緊。而資源的過度開發，所引起環境生態的破壞，已嚴重威脅到人類的生存。

8.2.1 資源的種類

人類從自然界獲得了許多資源，用於生活與生產所需的物質與能量。自然資源包含著多種形態和性質不同的物質和能量，按其特性可分為下列幾類：

圖 8.2.1-1　風力為再生性資源

圖 8.2.1-2　森林是可更新資源

圖 8.2.1-3　火力發電使用不可再生性資源的化石燃料

（一）再生性資源

這類資源的生成速率大於其被消耗速率，是取之不盡、不會枯竭的自然資源，並不受人類活動的影響，如太陽能、風力（圖 8.2.1-1）、潮汐、流水、海浪、地熱等。

（二）可更新資源

此類資源可藉自然的過程，不斷地更新。若能合理利用與適當管理，便能取之不盡、用之不竭，成為再生性資源。萬一使用不當，使資源受到損害，破壞其更新循環過程，則會改變可更新資源而成為不可再生性資源，最終造成資源耗竭，如生物資源、土壤、空氣、森林，以及地區性水資源等（圖 8.2.1-2）。

（三）不可再生性資源

這類資源是在地球演化過程中之不同時期所形成，以固定蘊藏量存在於地表，其被消耗速率遠大於生成所需的時間。其中某些資源可藉助於再循環而被回收，得到重新利用，以增加供給面，如金屬礦物和多數非金屬礦物；其餘的資源則是一次消耗性的，無法回收再利用（圖8.2.1-3），主要為煤、石油、天然氣、鈾等能量資源，以及少數非金

屬礦物。

8.2.2 資源耗竭與環境破壞

　　生物之間的生存消長受限於地球自然資源的「有限性」，它們彼此的動態關係決定了地球上的自然資源是否合理運轉。近百年來，由於人口的急速增加與需求無限擴張的結果，使得蘊藏有限的自然資源被過度開發與大量耗用，而資源依循物質不滅定律，在生產和用過後必定會產生廢棄物，成為環境中的污染源。於是，自然環境逐漸失去自然運轉和自我癒合的能力，終究導致資源耗竭和環境破壞的危機。

　　根據二〇〇二年「世界自然基金會」整合來自世界各國科學統計資料，所發表的報告指出：人類消耗地球資源的速率已超過地球的承載能力，過去三十年間已有逾三分之一的自然界被人類摧毀，地球資源將面臨耗竭；地球生態系統迅速衰竭，森林面積縮小 12%，海洋生物多樣性減少三分之一，淡水生態系統甚至銳減 55%。至於其他自然資源方面，資源耗竭的危機則迫在眉睫（圖8.2.2-1）；依照專家的說法，地球上的重要化石能源與礦藏如果按其蘊藏量與消耗量來估算，大概石油再經過五十年、天然氣六十年、煤一百七十年即將枯竭，而目前大量使用的所有金屬礦物也將在數十年內面臨耗竭。在資源耗竭之際，若無法適時出現替代手段，則將引發經濟和政治的動盪，而人類的文明勢必停滯甚至倒退數百年。

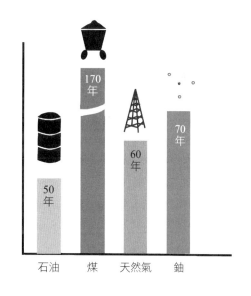

圖 8.2.2-1　世界耗竭性能源的預估蘊藏量

三、環境污染

　　由於工商業的發達，人類對於能量和其他資源的消耗急遽上升，所產生的污

染物，已超出大自然之淨化能力，而使得環境遭受到污染。汽機車和發電廠的廢氣排入空氣中、農藥肥料與工業廢水侵害土壤和河流、油輪漏油危及脆弱的海洋棲地等，這些來自化石燃料、工業，以及農業的污染，無一不在毒害人類與其他生物共享的空氣、水和土壤。

8.3.1 空氣污染

當空氣中滯留之氣體、落塵或懸浮微粒等化學物質的含量，高於背景濃度，且對人體健康或環境產生不良影響時，稱為「空氣污染」。許多都市地區由於人口密集、工業發達，造成空氣惡化，導致生活品質降低。

（一）空氣污染的來源

包括天然污染源和人為污染源，天然空氣污染來自火山爆發、塵暴、花粉等自然現象；而人為污染源為空氣污染的主要原因（圖 8.3.1-1），是由於人類從事各種文明活動所造成，可分為固定源和移動源。固定源主要包括焚化爐、工廠、發電廠、家庭燃燒化石燃料，以及農業所噴灑的農藥和採礦時揚起的粉塵等（圖8.3.1-2），移動源則有汽機車（圖 8.3.1-3）、飛機和船舶所排放的廢氣。

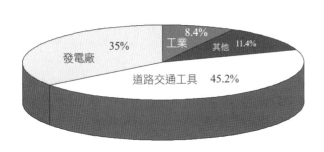

圖 8.3.1-1　空氣污染的主要人為來源

圖 8.3.1-2　農藥噴灑是空氣污染的固定源

圖 8.3.1-3　汽機車是空氣污染的移動源

自然科學與生活科技概論

（二）空氣汙染物的成分

主要包括一氧化碳、二氧化硫、氮氧化物、臭氧、揮發性有機化合物等氣態污染物，以及非氣態的懸浮微粒（圖 8.3.1-4）。

1. **一氧化碳**：是由於燃燒化石燃料（石油、天然氣和煤）不完全所致，排放來源有交通工具、石化工廠、煉油廠、金屬冶煉廠等。

2. **二氧化硫**：是因燃燒含硫的化石燃料所產

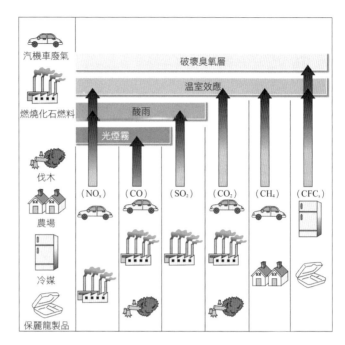

圖 8.3.1-4　空氣污染源的成分及其引發的環境問題

生，主要來源有火力發電廠、煉油廠、柴油車，以及金屬冶煉廠和硫酸工廠；天然來源則有火山爆發、動植物死亡分解等。

3. **氮氧化物**：其形式有一氧化氮、二氧化氮和一氧化二氮。人為的氮氧化物是空氣中的氮在高溫狀態下氧化產生，如汽機車和飛機的引擎、工廠鍋爐、發電廠等；天然來源則有閃電或閃電所引起的森林大火。

4. **臭氧**：近地面的臭氧是由氮氧化物、揮發性有機化合物經日光照射後所產生的二次污染物。

5. **揮發性有機化合物**：VOCs，如甲烷、苯、甲醛等。主要是由工業活動以及汽機車加油過程所洩溢至大氣中，如工業塗料蒸發、工業溶劑等。

6. **懸浮微粒**：人為來源包括工業生產（煉鋼廠、水泥製造廠等）所排放之飛灰、化石燃料燃燒不完全（如引擎、鍋爐運轉或焚化廢棄物）而排放的含碳微粒，以及營建施工、車輛活動、農地耕作與礦場的揚塵。

（三）光化學煙霧

由污染源直接產生的污染物，稱為「一次污染物」，如懸浮微粒、一氧化

圖 8.3.1-5　光化學煙霧

碳、氮氧化物、硫氧化物、碳氫化合物等。一次污染物進入大氣後，可能因環境因素而發生變化，所產生新的污染物，稱為「二次污染物」，如臭氧。空氣中的氮氧化物經陽光照射，引起光化學反應後，產生臭氧；臭氧與碳氫化合物作用後，生成甲醛和過氧硝酸乙醯酯（PAN），這些混合的高氧化物呈現煙霧狀，即所謂「光化學煙霧」（圖 8.3.1-5）。

（四）空氣污染指標（pollutant standards index，簡稱 PSI）

　　為了讓民眾能快速知悉空氣品質狀況，環保署便依據監測站儀器所測量五種主要指標污染物的濃度，建立了「空氣污染指標」。以 0~500 的數值來表示空氣污染之程度，其中決定 PSI 的污染物有懸浮微粒、二氧化硫、一氧化碳、臭氧及二氧化氮，將監測各指標污染物所得的濃度，換算成對應的 PSI 副指標值，當中最大值，即為當地當日之 PSI 指標（表 8.3.1-1）。PSI 指標值依照對健康影響程度，而區分為良好、普通、不良、非常不良、有害等五個等級（表 8.3.1-2）。

表 8.3.1-1　各污染物濃度與污染副指標值對照表

PSI 值	PM10 日平均值 ($\mu g/m^3$)	SO₂ 日平均值 ppb	CO 八小時平均之最大值(ppm)	O₃ 小時之最大值(ppb)	NO₂ 小時之最大值(ppb)
50	50	30	4.5	60	-
100	150	140	9	120	-
200	350	300	15	200	600
300	420	600	30	400	1200
400	500	800	40	500	1600
500	600	1000	50	600	2000

表 8.3.1-2　PSI 值與健康影響關係

空氣污染指標	0~5	51~100	101~199	200~299	300 以上
對健康的影響	良好	普通	不良	非常不良	有害
	Good	Moderate	Unhealthful	Very Unhealthful	Hazardous
狀態圖示	😃	🙂	😦	😵	😷

（五）室內空氣污染

主要是由室內建材釋放的污染物和室內成員活動所產生，室內污染物濃度往往高於戶外，主要有香菸燃燒產物、油煙、石綿、一氧化碳、放射性氡、甲醛等揮發性有機物及空氣過敏原（圖 8.3.1-6）。香菸燃燒的產物可多達數千種，主要有害物包括一氧化碳、二氧化碳、尼古丁、甲醛、苯及多環芳香烴族碳氫化合物（PHAs）等；這些化學物質有的具有毒性，會刺激人體組織，甚至致癌。一般家庭炒菜的油煙，含有多量致癌的 PHAs。石綿廣泛使用於地磚、水泥、吸音和隔熱材料中，而石綿纖維易脫離原製品，吸入過量石綿易引起矽肺症和肺癌。室內空氣中一氧化碳的來源，是因瓦斯爐、熱水器和火爐內的含碳物質不完全燃燒所致。放射性氡對人體危害甚大，建築石材（尤其是花崗岩）中會釋出放射性

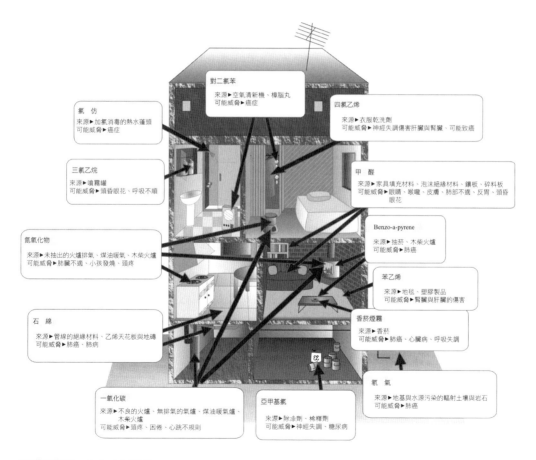

圖 8.3.1-6　室內空氣污染

氡，而影響神經系統和呼吸系統，及易致癌。從家具、窗簾、地毯、裝潢板材、樹脂，及有機塗料中，會釋放出揮發性有機物，尤其是甲醛，對神經系統、免疫系統、肝臟等都有毒害，甚至致癌。空氣過敏原則有人和動物的毛髮、皮屑、花粉、細菌、病毒、黴菌、塵蟎等，主要來自於床褥、枕頭、地毯、家具裝飾、有毛玩具，和潮濕不通風的影響，易造成過敏性呼吸疾病。

著名的「病態大樓症候群」和「退伍軍人症」即是由於室內空氣污染所引起的。病態大樓症候群是因建築物內空氣污染導致人體異常症狀，如神經毒性症狀（含頭暈、頭痛、疲倦、注意力無法集中）、黏膜刺激症狀（含眼、鼻、喉感到刺激）、皮膚敏感等；退伍軍人症則是由於大樓的空調冷卻水塔中易滋生退伍軍人菌，經由水蒸氣進入空調系統，吸入人體後，會降低免疫力，引起發燒、發冷、肺炎、頭痛和肌肉痠痛等症狀。

（六）空氣污染的影響

長期暴露在空氣污染下，對人體和動物（圖 8.3.1-7）、植物、物質材料、大氣等均會造成很大的傷害。

圖 8.3.1-7　空氣污染對人體健康的危害

1. **對人體和動物的影響**：一氧化碳會降低血液的攜氧能力，導致頭痛、暈眩、衰弱、嘔吐、降低知覺，甚至死亡。二氧化硫、氮氧化物和懸浮微粒易造成呼吸道疾病，如支氣管炎、氣喘等，甚至肺癌。臭氧引起的光化學煙霧對人體的眼睛、皮膚、喉嚨及呼吸道皆有很強的刺激性，亦會導致頭痛、流淚、咳嗽、反胃，甚至肺氣腫和氣喘。許多揮發性有機物（如甲醛、苯、三氯甲烷），具有毒性和致癌性。

2. **對植物的影響**：空氣污染下的樹葉，其表面的蠟質保護層會受破壞，而導致水分散失，使樹木因蟲害、乾旱或霜害而受損傷。空氣污染物還會干擾光合作用，進而影響植物生長，使樹葉枯黃、掉落。

3. **對物質材料的影響**：硫氧化物和氮氧化物等酸性污染物，會造成金屬與建築材料的腐蝕，及破壞大理石雕像、汽車和房屋的外表塗裝。臭氧則會侵蝕橡膠、油漆等人造材料。

4. **對大氣的影響**：空氣中懸浮的微粒和光化學煙霧，會降低能見度，影響交通安全。過多的二氧化碳會導致「溫室效應」，改變全球氣候。由於大城市內大樓林立，嚴重的空氣污染，將使得廢熱不易擴散，造成「熱島效應」（圖8.3.1-8）。硫氧化物和氮氧化物，在隨雨水降下時，會產生「酸雨」。而氟氯碳化合物的污染，則會破壞臭氧層。

圖8.3.1-8　高樓林立的大城市易因空氣污染而造成「熱島效應」

8.3.2　水資源污染

　　水資源係指所有可供人類開發利用之水圈中的水源，有河川、湖泊、水庫、地下水與海洋。水資源污染主要是經由人為因素直接或間接將污染物置於水體後，變更其物理、化學或生物特性，以致水資源無法有效利用或因而危害健康及生態環境。

（一）水資源污染的來源

　　包括天然污染源和人為污染源。天然污染源是由於市鎮的暴雨逕流，將空氣

中的污染物，和地面的污泥、土中的泥沙、農藥與有機物等污染物質帶入水體，而造成污染。人為水資源污染之所以形成，主要是因為污染物未經妥善處理即被排放入水體，導致其污染負荷超過自然界的淨化能力，而影響水質。一般的人為污染源主要有：

1. **生活污水**：家庭、商業、機關團體、學校、醫院所排放的廢水中，含有糞便、油脂、清潔劑、廚餘、化學藥劑等，其中大量的病菌和有機物是主要的污染物。

2. **工業廢水**：工業生產過程中所產生的廢液，常含有多種毒性的有機溶劑和重金屬等化學物質；進入水體後，嚴重危害環境，其中以染整、製革、石化、造紙、電鍍、食品等工業污染性最高。

圖 8.3.2-1　農畜牧污水中常含有毒性物質與大量的病菌和有機物

3. **農畜牧污水**：農業活動中的農藥和化學肥料，與畜牧活動中大量的家禽牲畜排泄物，未經處理直接排放，當中含有毒性物質與大量的病菌和有機物（圖 8.3.2-1），易導致水質優養化。

4. **垃圾滲出水**：垃圾掩埋場滲出的水含有高濃度的有機質及大量的毒性物質和重金屬，其濁度和色度相當高，進入地下水含水層，會造成嚴重污染。

5. **發電廠冷卻水**：發電廠所排放的冷卻水往往導致附近水域的溫度升高，破壞水體的生態系統。

其他還有船隻航行和油輪漏油、森林採伐、礦場的有毒廢水、集水區的遊樂設施、山區濫墾濫葬、河道砂石採取，與地下水過度開發等，都會造成水質污染。

（二）水資源污染物的成分

水資源污染物的種類繁多，常見的有以下幾種：

1. **需氧性廢棄物**：為能被耗氧細菌分解的有機廢棄物，由於此種廢棄物供給大量的耗氧細菌生存，因而耗盡水中的溶氧，導致水質惡化，造成魚類及其他需氧的水中生物死亡。需氧性廢棄物主要來源為生活污水、農畜牧污水、食品與造

紙等工業廢水。

2. **致病媒介**：致病微生物是重要的生物污染源，包括細菌、病毒、原生動物與寄生蟲。生活污水與畜牧污水中的人畜排泄物若處理不當，易經由飲用水傳染疾病，如痢疾、霍亂、傷寒等，是低開發國家主要的致病和致死原因。由於致病微生物難以直接偵測，因而以大腸桿菌群數目當作生物污染的指標。

3. **營養鹽**：主要為水溶性的硝酸鹽類和磷酸鹽類，其來源包括肥料、清潔劑、農畜牧污水等。由於水中高濃度的氮和磷會加速藻類與其他水生植物生長，因而造成水質優養化、溶氧減少、魚類等水生動物死亡。

4. **有機化學物質**：主要為石油、塑膠、殺蟲劑、有機溶劑、農藥、清潔劑等，這些污染物質來自船隻與油輪漏油、工業廢水、農業污水與家庭污水，會造成水質惡化與生物慢性和急性中毒，而影響生態環境。

5. **無機毒性物質**：包括有重金屬、氰化物、氟化物、酸鹼液，其來源為採礦、冶金廢水、工業廢水，會導致生物慢性和急性中毒。

6. **沉澱物或懸浮物質**：細砂、泥土、淤泥等不可溶的岩石碎屑，主要來自營建、採礦、農業和林務開發活動的土蝕，會使水變混濁而阻礙水生植物進行光合作用，並造成湖泊、河道與水庫的淤積，因而降低水資源的品質。

7. **放射性物質**：由核電廠、醫院和研究單位的廢水或鈾的開採中，產生的水溶性放射性物質，可經由食物鏈而累積於生物體中，會導致基因突變和癌症。

8. **廢熱**：發電廠和工業冷卻水所排放的廢熱，造成水溫上升，稱為「熱污染」。這些廢熱會降低水中溶氧量，並減低部分水中生物的抵抗力，導致水中生態遭到破壞。

（三）水質優養化

優養化係水體所含的養分與時俱增的過程，原是發生在自然水體中自然的演替現象。當自然水體中的藻類，因養分來源充分，而大量繁殖；在藻類死亡後，沉澱於水體底部；而後泥沙淤積，水體逐漸演變為沼澤，最終完全消失。此過程動輒需千百年以上，但由於人類活動的干擾，來自農耕、民生活動、工業廢水的排放，使得水體中含有過量養分（氮和磷），於是加速了優養化的進行，此現象稱為「人為優養化」。水質優養化會使藻類過度繁殖（圖8.3.2-2），其遺骸為細菌所分解，並耗盡水中的溶氧，導致水中生物大量死亡。

圖 8.3.2-2　水質優養化會造成藻類過度繁殖

（四）生化需氧量（biological oxygen de-mand, BOD）

水中需氧性廢棄物的多寡可以 BOD 來量度，其定義為：在 20°C 下，一公升的水中，微生物經過五天所消耗的溶氧量（以毫克計）。BOD值愈高，表示廢水有機污染程度愈高。

（五）水質指標

對水質的要求視水的用途而異，通常飲用水的水質要求最高；而水質的好壞，則可以水質指標來評量。水質指標可用來指示水污染程度，依照性質指標可分為物理性（例如，外觀、水溫、臭味、色度和濁度等）、化學性（如酸鹼度、溶氧量、BOD、重金屬含量、各種鹽類濃度、氮和磷的含量等）及生物性（如大腸菌群數、優養生物、水生生物種類等）三類指標。

（六）水資源污染的危害

水質受到污染，會影響其正常用途，甚至某些污染物具有生物累積性，會經由食物鏈產生生物放大效應（圖 8.3.2-3），對生態系統的影響極為深遠。各種污染物所造成的危害，茲分述如下：

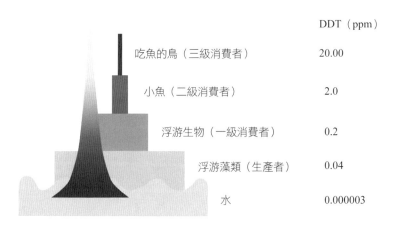

	DDT（ppm）
吃魚的鳥（三級消費者）	20.00
小魚（二級消費者）	2.0
浮游生物（一級消費者）	0.2
浮游藻類（生產者）	0.04
水	0.000003

圖 8.3.2-3　生物放大效應，DDT 的濃度在各營養層級流轉中，濃度逐漸增大

自然科學與生活科技概論

1. **人體健康**：由於飲用水受到污染，致病媒介所引發的傳染病，如霍亂、痢疾、傷寒等，每年奪走千萬條性命。此外，重金屬污染，會造成中毒，如砷會引起烏腳病、鎘會造成痛痛病、汞會導致水俁病。而許多化學物質如DDT、多氯聯苯、戴奧辛、硝酸鹽類等，會使人致病致癌。

2. **農作物**：由於引用污染水源灌溉，或污染物直接侵入農田，會導致農作物品質低劣、枯萎或減產，甚或土質惡化造成農地廢耕等。

3. **水中生物**：工業廢水中的毒性污染物，往往引發水中生物大量死亡或中毒，造成養殖漁業的損害（圖 8.3.2-4）。此外，需氧性廢棄物和營養鹽會導致水質優養化，使魚群無法生存。

4. **遊憩功能**：水質污染會影響海洋、河川、湖泊、水庫等遊憩風景區的景觀，並降低休閒娛樂功能，損及生活環境品質。

圖8.3.2-4　水污染造成水中生物大量死亡

8.3.3　土壤污染

隨著經濟快速成長，各種污染物質經由不同途徑與媒介累積於土壤中，使原有土壤的自淨作用遭受破壞，承載污染物能力降低。「土壤為大地之母」，土壤具有孕育萬物的能力；土壤受到污染，就如同母親的乳汁受到污染，萬物如何能安然成長?!

（一）土壤污染的來源

造成土壤污染的物質，大部分是經由水、空氣的傳送而進入土壤中。工業廢水、農畜牧污水與生活污水所導致的水污染，和空氣污染所引起的酸雨，是造成土壤污染的主要來源，其次則是廢棄物、農藥與肥料的污染。

（二）土壤污染的影響

污染物一旦滲入土壤，將影響土壤正常功能，不僅土壤品質惡化，根著其上的作物亦隨之遭殃，且隨著食物鏈擴散至其他生物，危害整個生態環境。此外，

圖 8.3.3-1　工業廢水中多含有重金屬和有機溶劑，會造成土壤缺氧現象，使植物生長受阻

甚至可能波及地下水源，而影響到飲用水的安全。

　　工業廢水常會造成土壤缺氧現象，並降低土壤對水及空氣的通透性，使作物生長受阻（圖8.3.3-1）；其中所含的重金屬和某些化學物質（如多氯聯苯和戴奧辛），經過食物鏈的作用，會造成糧食污染，如鎘污染水稻的情形；而過量的酸鹼進入土壤，使土壤喪失緩衝能力，導致作物無法生長。畜牧與生活污水中高濃度的有機廢水，會消耗大量的氧氣，使土壤呈缺氧狀態，植物根部則因缺氧而死。酸雨使土壤酸化，礦物質流失，減緩作物之生長，並使其更容易受乾旱與病蟲害的侵襲。汽機車排放的廢氣若含有鉛，將透過雨水沉積於土壤中，而造成鉛污染。廢棄物之任意傾倒和不當掩埋，可能導致其中的毒性物質或放射性物質污染土壤。化學農藥與肥料流入土壤，會造成土壤酸化與鹽化，進而影響農作物生長；若當中的毒性物質為作物所吸收，將造成糧食污染；除此之外，化學肥料會減少土壤中的有機物質，以及降低土壤的保水能力，土壤於是變為密實，不適合作物生長。

8.3.4　固體廢棄物污染

　　由於民生消費量及工業生產量的增加，固體廢棄物產生量快速成長，而使垃圾處理和有害事業廢棄物違法傾倒的問題持續惡化（圖8.3.4-1），造成嚴重的固體廢棄物污染。

圖 8.3.4-1　隨著民生消費量及工業生產量增加，固體廢棄物污染日益嚴重

（一）固體廢棄物的種類與來源

　　固體廢棄物的種類通常包含廚餘、一般垃圾、灰渣和特殊廢棄物。

　　1. 廚餘：是指廚房所產生的剩餘有機物垃圾，包括剩菜、剩飯、菜葉、果皮等，為含大量水分，可被微生物分解的有機物。

　　2. 一般垃圾：為來自家庭、商店、機關、學校等非事業機構的可燃與不可燃垃圾。可燃

垃圾如紙類、木材製品、纖維類、塑橡膠、皮革、殘枝落葉等，不可燃垃圾則包括金屬、玻璃、陶瓷、磚石與土砂等。

3. **灰渣**：為燃燒物質所產生的灰燼，主要來自工廠、住家、商店與機關等。

4. **特殊廢棄物**：包括動物屍體、糞屎、農工礦廠廢棄物、營建廢棄物、溝渠清掃物、空氣或污水處理設備所產生的廢棄物、爆炸物，與有害廢棄物等。

（二）固體廢棄物污染的影響

大量的固體廢棄物除與人爭地外，還會污染環境，造成空氣污染、水資源污染與土壤污染，導致生態平衡的破壞。除此，垃圾往往會滋生病媒，引起疾病。有害廢棄物則會產生有毒化學物質或具有放射性，對人體和環境威脅重大。

8.3.5 噪音污染

噪音是指令人刺耳、不悅、厭煩的聲音。噪音污染的程度有一測量標準，以音量來量度，單位為分貝；超過 70 分貝的聲音，皆可視為噪音（圖 8.3.5-1）。隨著近代的交通運輸、城市建設、工廠生產，噪音污染日益嚴重。噪音雖然無形，但對人體之傷害卻是直接的。

圖 8.3.5-1 噪音來源的聲強級（單位為分貝）

（一）噪音污染的來源

可分為固定噪音源和移動噪音源（圖 8.3.5-2）。固定噪音源包括工廠、娛樂場所、營建工程、營業場所、廟宇、家庭等的噪音；移動噪音源主要指車輛引擎、喇叭聲等交通噪音。

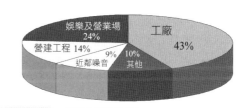

圖 8.3.5-2 噪音來源分析

（二）噪音污染的影響

　　長期暴露於噪音中，會傷害聽覺，使人情緒緊張、煩躁、注意力無法集中、神經衰弱、影響思考、工作效率降低、血壓上升、消化不良，甚至頭痛、疲倦、失眠、疲勞與易怒等，對生理與心理的影響甚深。

8.3.6　輻射污染

表 8.3.6-1　輻射污染造成的疾病

名稱	疾病種類
γ 射線	癌症、白血病
X 射線	癌症、白血病
紫外線	白內障、皮膚癌
紅外線	白內障
微波	白內障、精子數量過少症

　　輻射（亦稱電磁波）污染在生活中極為普遍，由於輻射是無形的，往往為人所忽視。此種污染涉及各種頻率與波長的電磁波，從無線電波、微波、紅外線、可見光，到紫外線、X 射線和 γ 射線（表 8.3.6-1）。紫外線、X 射線和γ射線擁有高頻率和高能量，足以從原子中撞擊出電子，使原子成為帶正電的離子，稱為游離輻射；所造成之具有高反應性之電子與離子會破壞生物細胞、干擾生理作用，並引發疾病。其他電磁波因能量不足而不具形成離子的能力，但會使物體溫度升高，稱為非游離輻射。有科學家甚至認為，地球上電磁波污染的問題比全球溫暖化更形嚴重。如今社會上對於電磁波的污染毫無對策，甚至連共識也無法達成。

（一）輻射污染的來源

　　可分為天然輻射源和人為輻射源，天然輻射包括來自外太空、地表、陽光、空氣、水、食物與人體中自然發生的輻射，每人每年所受到的天然輻射劑量約為 2 毫西弗。輻射污染的來源主要為人為污染源，有醫療照射、核武試爆落塵、核能電廠、輻射職業暴露、輻射屋等屬於游離輻射污染源。自從無線電科技發展以來，非游離輻射污染源便無所不在，舉凡電視廣播發射塔、雷達站、通信發射台、手機等，以及變電站、高壓電線，還有電腦、電視、微波爐、電磁爐、吹風機等電器。

（二）輻射污染對人體的危害

　　電磁輻射對人體的影響程度，與輻射強度、頻率、時間和環境因素有關。每

個人對電磁波的敏感度和承受能力不同，體質虛弱者、老人、嬰幼兒與孕婦是對電磁波較敏感的一群，而心臟、眼睛與生殖系統是屬於對電磁波敏感的器官。對於電磁波敏感或長時間暴露於一定強度的電磁波環境下，普遍徵候有失眠、頭痛、暈眩、噁心、記憶力退化、注意力分散、煩躁、嗜睡、疲倦、胸悶、神經衰弱、心悸、眼後壓迫感、口乾舌燥、盜汗、發燒、高血壓、肌肉痙攣、發抖、關節疼痛、耳鳴及嗅覺減退等。游離輻射還會引起眼睛及生殖系統的損傷，甚至致癌致畸。除了對人體的危害外，許多野生鳥類被無線電塔台所誤導，失去方向感而大量致死；有些牛隻則發生死胎、自然流產、畸胎、行為失常以及原因不明的健康失常。

四、地球的環境問題

　　科技與經濟的高度發展，引爆地球人口的快速成長，光是上一世紀的一百年中，世界人口便由 16 億增加至 61 億，足足成長了 3.8 倍（圖 8.4）；人口的成長增加了對糧食與資源的需求。自從一九五〇年來，迄今全球的經濟輸出已增加了五倍，其結果使得人類正面臨著環境污染、資源枯竭、生態失衡的浩劫。

373

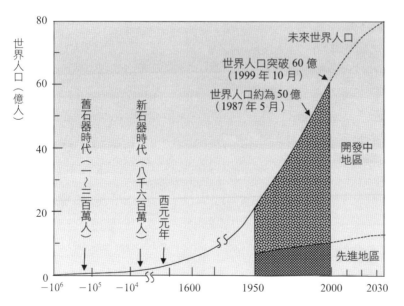

圖 8.4　工業革命後，世界人口快速增加，如今已突破六十億

8.4.1 臭氧層的破壞

臭氧層位於平流層中，離地面約 20~30 公里，分布並不均勻，宛如地球的遮陽罩，能過濾掉太陽光中的有害紫外線，保護地表生物不至於受到侵害，但因種種原因，使臭氧層遭受破壞，產生了破洞。

（一）臭氧層破壞的成因

人工合成的化學物質——氟氯碳化合物（CFCs，俗稱氟利昂），是破壞臭氧層的元兇。氟氯碳化合物有許多種類，化學性質相當穩定、無臭、無毒、不具腐蝕性、受到壓力的作用後易於氣化，而且製造費用低廉，因而在日常生活用品與工業上被廣泛使用，如空調系統與冰箱的冷媒、噴霧罐的推進劑、泡棉起泡劑、隔熱板材料、電子零件的清洗劑，及滅火器等。CFCs 自從一九七○年開始大量使用，在一九八八年產量高達 120 萬噸。其中約有 70% 的量，散佈至大氣中，經由對流層的空氣對流作用，緩慢上升至平流層。CFCs 到達臭氧層後，受到高能量的太陽紫外線影響，產生光化學反應，初步分解而釋出氯原子（圖 8.4.1-1）；氯原子會加速臭氧分解成 O_2 和 O，導致臭氧以高於其形成的速率被破壞，而且每個氯原子可破壞臭氧分子達萬個以上，臭氧遂逐漸消失中。因而使得目前極地上空每年春季出現的臭氧洞，有逐年擴大的趨勢

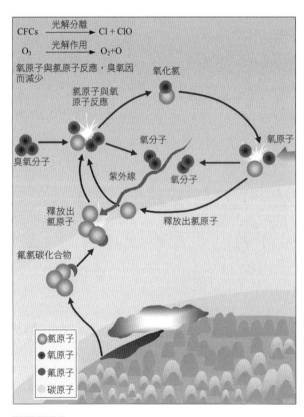

圖 8.4.1-1 氟氯碳化合物破壞臭氧層的機制

（圖 8.4.1-2）。

（二）臭氧層破壞的影響

紫外線會造成生物表面組織中蛋白
質及 DNA 分子的損傷，失去臭氧的保
護，將導致皮膚癌、白內障罹患率大幅
提高；使動物免疫系統受到抑制，而易
生病變；海洋生態系統中的淺海浮游生
物受到致命威脅，破壞生態平衡；農作
物生長遲滯、出現各種病症，導致產量

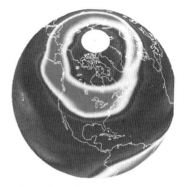

圖 8.4.1-2　南極上空觀測到的臭氧層破洞

減少。此外，還將引發全球性的氣候改變、加強溫室效應，間接造成海平面上升。

（三）保護臭氧層

臭氧層的破壞引起全球性的環境變化，危及全人類共同的未來。為了保護臭
氧層免於惡化，除了政府應加強管制 CFCs 的製造與使用，業界亦應積極尋求替
代品，並確實做到減量、回收再利用的削減政策。

拯救臭氧層已是全球民眾的共識，國際間於一九八七年簽署了「蒙特婁議定
書」（Montreal Protocol），協議減產 CFCs，並發展代替品。之後，有鑑於臭氧
層破壞比預期嚴重，為此，93 個國家代表於一九九〇年的倫敦會議和一九九二年
的赫爾辛基會議中修正協定，決議加速 CFCs 管制時程，提前逐步禁產各類
CFCs。

8.4.2　溫室效應

「溫室效應」是地球大氣層的一種物理特性，由於大氣中溫室氣體的存在，
得以維持地球表面的平均溫度為合宜的 15℃，否則將會是冰冷的-18℃。太陽的
短波輻射通過大氣層後（圖 8.4.2-1），一部分反射回外太空，其餘則經地表吸收
後，產生熱輻射，以長波輻射的形式穿過大氣層至外太空；而大氣中的溫室氣體
（CO_2、CH_4、N_2O、CFC_s、O_3、H_2O）吸收了部分來自地表的長波輻射，再返回
地面，藉此種天然的溫室效應，來維持地表的溫度。

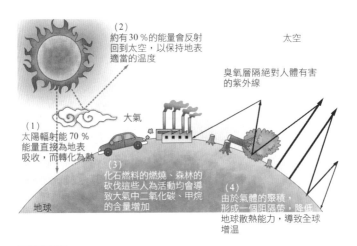

（2）
約有 30 % 的能量會反射
回到太空，以保持地表
適當的溫度

太空

臭氧層隔絕對人體有害
的紫外線

大氣

（1）
太陽輻射能 70 %
能量直接為地表
吸收，而轉化為熱

（3）
化石燃料的燃燒、森林的
砍伐這些人為活動均會導
致大氣中二氧化碳、甲烷
的含量增加

（4）
由於氣體的聚積，
形成一個阻隔帶，降低
地球散熱能力，導致全球
增溫

地球

圖 8.4.2-1　溫室效應的成因

（一）溫室效應的成因

　　自從工業革命以後，人類經濟活動快速成長，所製造的空氣污染，正以空前未有的速度，改變大氣的組成。目前大氣中溫室氣體（H_2O 除外）的濃度持續增加中，尤其是二氧化碳，濃度已由背景濃度 270ppm 增加至 340ppm（圖8.4.2-2），導致人為的溫室效應，使得地球暖化。造成溫室氣體增加的主要原因是由於大量燃燒化石燃料和大規模砍伐森林，使二氧化碳濃度快速增加（圖8.4.2-3）。

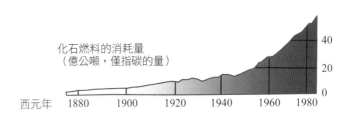

化石燃料的消耗量
（億公噸，僅指碳的量）

40

20

0

西元年　1880　　1900　　1920　　1940　　1960　　1980

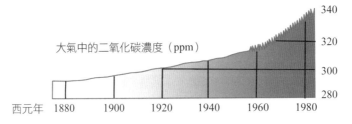

大氣中的二氧化碳濃度（ppm）

340

320

300

280

西元年　1880　　1900　　1920　　1940　　1960　　1980

圖 8.4.2-2　由於化石燃料的消耗量大增，使得大氣中二氧化碳的濃度快速上升

人類活動	產出氣體
石油、煤等化石原料的燃燒	二氧化碳（CO_2）
農業活動	甲烷（CH_4）、氮氧化合物（N_2O）
工業製成品	氟氯碳化物（CFCs）
物質燃燒	氮氧化合物（N_2O）
工廠、汽車排放之氮氧化合物及碳水化合物經過光所合成	臭氧（O_3）

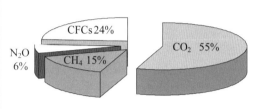

圖 8.4.2-3　溫室效應氣體的來源

（二）溫室效應的影響

　　自一八六〇年起，如今全球平均溫度上升 0.4~0.7℃，若不採取任何防治措施，至二一〇〇年時，地表溫度將較目前升高 1~3.5℃；屆時部分冰川溶解，海平面上升 15~95cm，對於全球氣候及整個生態環境將造成極大的負面影響。氣溫的上升會導致氣候和海流的邊變、雨量減少、乾旱地區進一步擴大、農牧地區減少，加之以高溫引起的病蟲害影響農作，將造成糧食危機。海平面的升高使沿海城市和海島大片被淹沒，全球 1/3 居住於海岸邊緣的人口將遭受威脅，導致社會、經濟與政治的動盪不安。全球暖化還會引發傳染疾病的擴大蔓延、沿海漁獲量銳減、水資源供應減少，以及電力需求大增等不良影響。

（三）溫室效應的防制

　　有鑑於地球溫室效應日益嚴重，國際間於一九九二年簽訂「氣候變遷綱要公約」（FCCC），協議減量全球溫室氣體的排放，以防制溫室效應。之後，由於全球二氧化碳濃度仍持續上升，原公約減量目標並未被會員國確實執行。因而，在一九九七年十二月日本京都的「第三次締約國大會」（COP3）中，簽署了具有法律效力的「京都議定書」，規範各工業國家未來之溫室氣體減量責任。

　　為配合全球削減溫室氣體的行動，可採行的措施有：(1)調整能源及電源結構，提高化石燃料之使用效率，並積極開發乾淨能源。(2)調整產業結構，鼓勵發展低耗能、低污染產業。(3)積極發展大眾運輸系統，以節約能源及減輕空氣污染。(4)擴大綠化、保護森林、加強植樹造林。(5)改變生活型態，以降低能源的使用量及提高能源的使用效率。

8.4.3　酸雨

　　由於大氣中存在二氧化碳，故正常的雨水略帶酸性，pH 值約為 5.6。然而，大氣中尚有其他微量酸性物質，因此，定義當雨水的 pH 值低於 5.0 時，稱之為「酸雨」。

（一）酸雨的成因

　　酸雨為空氣污染的副產品，主要的形成物質是硫氧化物和氮氧化物。由火力發電廠、煉油廠、冶金廠等釋放的硫氧化物，與汽機車、工廠鍋爐、燃燒爐等排出的氮氧化物，進入大氣中後，經光化學反應生成硫酸與硝酸等二次污染物（圖8.4.3-1）。最後，這些氣態或懸浮微粒的酸性物質，以降水型態落至地面者，稱為濕沉降；或以乾燥的落塵形式，則稱為乾沉降。此二者通稱為酸性沉降，也就是酸雨。

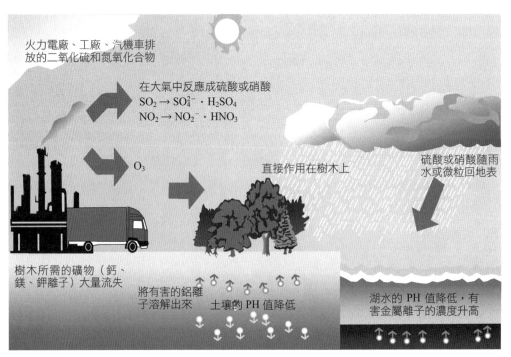

火力電廠、工廠、汽機車排放的二氧化硫和氮氧化合物

在大氣中反應成硫酸或硝酸
$SO_2 \rightarrow SO_4^{2-} \cdot H_2SO_4$
$NO_2 \rightarrow NO_2^- \cdot HNO_3$

O_3

直接作用在樹木上

硫酸或硝酸隨雨水或微粒回地表

樹木所需的礦物（鈣、鎂、鉀離子）大量流失

將有害的鋁離子溶解出來

土壤的 PH 值降低

湖水的 PH 值降低，有害金屬離子的濃度升高

圖 8.4.3-1　酸雨的形成與危害

自然科學與生活科技概論

（二）酸雨的影響

　　污染物隨著大氣流動，往往被風攜帶至離源地數百公里處，始形成酸雨降下，因而成為越境污染。尤其是歐美工業先進國家，因大量燃燒化石燃料，酸雨的危害相當嚴重。酸雨會造成湖泊酸化，溶解湖底重金屬，造成湖中生物死亡，最終變為死湖；土壤酸化和酸雨侵蝕葉面，嚴重危害農作物，且使森林凋萎。此外，酸雨會刺激人的眼睛、皮膚、毛髮、呼吸道及肺部，也會腐蝕建築物、破壞雕像、金屬和汽車表漆等，造成人類經濟財物和文化遺產的損失。

（三）酸雨的防制

　　酸雨所造成的危害是長期且全面性的環境問題，應加強國際合作，共同研議防制對策，方能根本解決。一九七九年，聯合國歐洲經濟委員會簽訂了「長距離越境大氣污染公約」；此後，於一九八五年國際間又締結了「赫爾辛基條約」，目的皆在於解決歐洲日益嚴重的酸雨問題。美國與加拿大、亞洲各國也都分別推動防制酸雨的國際合作計畫。

　　政府為減輕酸雨對環境的危害，削減硫氧化物和氮氧化物的排放量，推動低硫油政策、嚴格管制工廠與汽機車的廢氣排放標準、強制污染源採行排煙脫硫及排煙脫硝的設備（圖 8.4.3-2）、開發低污染之新車及替代燃料等。民眾除了積極配合外，也應養成節約能源的習慣，多搭乘大眾運輸工具及節約用電，除能減輕空氣污染，更可降低酸雨的產生。

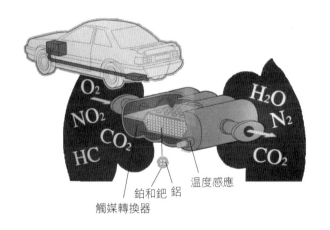

圖 8.4.3-2　利用觸媒轉換器可使汽機車排出的有害廢氣轉化成無害物質

8.4.4　熱帶雨林消失

　　森林是人類最珍貴的綠色寶庫，若能永續利用，森林會是一種再生性資源

圖 8.4.4-1　森林是人類最珍貴的綠色寶庫

（圖 8.4.4-1）。然而，全球各地的森林，正以驚人的速度在逐漸消失或被破壞中，尤其是熱帶雨林。熱帶雨林主要分布於南北緯各十度之間的高溫多雨地區，涵蓋了南美洲的亞馬遜河流域、非洲的剛果河流域及東南亞等，約佔地球陸地面積 6%、所有森林面積的 44%，是目前全世界最受關注的環境區域。

（一）雨林的功能

　　熱帶雨林是地球上生物多樣性最豐富的地區，為地球半數以上的物種提供棲息和生存地。雨林具有涵養水源、保護土壤的功能，是天然的綠色水庫。而且，雨林提供了大氣層 40%氧氣的來源，並大量吸收二氧化碳，減低溫室效應，具有調節全球氣候和氣溫的作用。除此，雨林為人類提供了豐富的食物與原料，如咖啡、可可粉、巧克力、茶葉、水果、橡膠、染料、木材和燃料等。雨林更是一座天然藥庫，提供了治療許多疾病的處方藥，如古柯鹼（麻醉劑）、奎寧（治瘧疾）、青黴素（抗生素）、可待因及嗎啡（止痛劑），及紫杉醇等多種抗癌藥品。

（二）雨林消失的原因

　　熱帶雨林正快速地消失中，在過去五十年，超過 40%的熱帶雨林被摧毀，15%已告消失。大約每秒鐘消失一公頃，相當於兩個標準足球場大；每天則消失8.6 萬公頃，比紐約市還大。以此種速率，熱帶雨林在本世紀結束前，即將被摧毀殆盡。熱帶雨林所在的國家多屬開發中國家，人口成長與貧窮、加上政府鼓勵森林濫伐，大規模破壞了熱帶雨林。為了維持生計，當地居民不當地過度火耕（是一種原始的耕作法，先挑選林地，直接放火燒地，將一切野生動植物燒盡，之後才耕作）與輪墾、種植經濟作物、過度放牧、過度取用柴薪，和不當砍伐商業用材（圖 8.4.4-2）；而政府則為了刺激經濟發展，在熱帶雨林中修築道路、採礦、伐木、鑽油以及建造水壩。凡此種種因素，造成了雨林快速消失。

（三）雨林消失的影響

　　熱帶雨林遭到破壞，是近年來生態發展所遭遇到最嚴重的問題。由於熱帶雨

(1)

(2)

圖 8.4.4-2　造成熱帶雨林消失的主要原因：（1）濫伐森林（2）人為破壞森林

林的消失，直接造成大量物種滅絕，破壞生物的多樣性，使得整個生態系統變為簡單和不穩定。再者，雨林的消失導致大氣中二氧化碳大量增加，而引起全球性氣候的變化。雨林的砍伐使土地缺乏林木保護和失去吸收水分的功能，遂引起土壤侵蝕、土質沙化與乾旱，使綠洲變沙漠，或造成水土流失，導致洪水氾濫，使居民的生命財產都受到威脅。雨林的消失更使得資源遽減，造成食物、原料和藥品的短缺。此外，雨林的摧毀迫害了世界遺存的部落人民，及其部落文化和風俗。

（四）保護雨林

　　環保學家呼籲需解決人口成長及貧窮問題，以挽救熱帶雨林。亦有人倡議運用經濟政策以保護熱帶雨林，例如要求國際貸款組織不貸款予任何破壞雨林的計畫。或協助當地居民學習永續農業的方式，以取代火耕與輪墾。還可運用債務轉換自然交易以及保育地役權，以金援補償或債務減免方式，換取當地國的雨林保護權；再藉由積極造林及復育，以恢復遭破壞之熱帶雨林與集水區。

8.4.5　地球沙漠化

　　「沙漠化」是指土地的生產力下降，逐漸乾涸演變為沙漠的現象（圖8.4.5-1）。目前全球許多地區正面臨沙漠化的困境，形成另一種生態危機。

圖 8.4.5-1　土地沙漠化現象

（一）沙漠化的原因

　　沙漠化是由於氣候改變和人為活動，所導致乾燥與半乾燥土壤的退化。長期缺水所引起的乾旱，是導致沙漠化的氣候因素。然而，沙漠化的現象多半是由於人類活動所造成的，如過度耕作、過度放牧、森林濫伐、露天採礦、建築等，都會加速土地上植被的流失（圖 8.4.5-2）；隨著風化與氣候改變，使土壤侵蝕加劇，最後形成沙漠化地帶。這些人為因素都與人口快速成長、貧窮與土地管理不當有密切關係。

（二）沙漠化的影響

　　聯合國環保計畫估計全球有 63%的草原地、60%的旱地，以及 30%的灌溉農田受到沙漠化威脅，最嚴重的地區為非洲撒哈拉沙漠外圍邊緣的游牧地區。沙漠化的結果會造成乾旱更加惡化、耕地流失、饑荒、生活水準降低，不斷惡性循環下，使得沙漠地帶擴張，影響該區的糧食供應和經濟發展。以衣索匹亞為例，在過去四十年內，植被面積由 40%降至約 1%，加上長期的乾旱使土地急速變為廢地，已導致饑荒成為國家的代名詞，內戰和動亂更毀掉這個擁有光榮歷史的國家。另外，當土壤侵蝕極度惡化，沙漠化情形日益嚴重，在強烈的風力襲擊下，大規模地帶走被侵蝕的表土，形成了沙塵暴，對於人體健康威脅甚大。

圖 8.4.5-2　造成沙漠化的主要原因：（1）過度放牧（2）過度開發森林

（三）防止沙漠化

　　全球有超過 100 個國家、逾 9 億人口受沙漠化影響，因此解決地球沙漠化的現象，已成為全球性的問題。目前聯合國相關單位都已投入研究，並制定了「防治沙漠化」公約。而根本解決之道，便在於藉由保持耕地與土壤保育政策的落實以減緩土壤侵蝕，如恢復植被、種植防風林，以阻擋風力的侵蝕，並可提高空氣與土壤的溼度；另外，進行保育整地耕作，在種植農作物時盡量減輕對土壤的破壞；以及按環境負荷能力，控制牧畜數量等。

8.4.6　野生物種的滅絕

　　雖然物種滅絕是自然的演替過程，然而人為活動卻是造成愈來愈多的物種加速提前滅絕的主要因素。平均每天約有數十種的物種滅絕，目前更有數萬種以上的野生動植物正面臨滅絕的威脅，甚至瀕臨滅絕（圖 8.4.6-1）。此種生物多樣性消失的速率正急速上升中，保育學家指出，若人類不採取任何措施的話，則在今後的五十年內，將有近半數的物種滅絕。

圖 8.4.6-1　許多瀕臨滅絕或已滅絕的野生物種

（一）野生物種滅絕的原因

造成野生物種提前滅絕的人為因素，主要包括有：⑴棲地的破壞，如森林的砍伐、溼地的開發、草地的耕作等；⑵環境的污染，食物、空氣、土壤、水中的污染物，毒害野生物種；⑶商業性打獵，濫捕亂殺野生動物販售，以獲取利潤；⑷外來物種的引進，毀掉了原有的生態系統。

（二）野生物種滅絕的影響

野生物種的快速滅絕，直接攸關人類生存與生活福祉。人類的糧食、醫藥、建材及工業原料等，絕大部分源自於各類野生物種；它們同時也提供重要的環境服務，諸如維持土壤肥沃、保護水源、調節地球氣候、儲存太陽能、提供物種進化的動力、分解有機廢物、控制可能的農作蟲害、去除污染物與毒性物質等。此外，野生物種還有其他如科學、美學、娛樂、文化等等許多不可估算的價值。因此，物種的滅絕，是人類一項不可逆、無法復原的重大損失（圖 8.4.6-2）。同時，物種間的關係環環相扣，任何物種毀滅，其他物種會直接或間接牽連受害。因而，野生物種的提早滅絕，將造成生物多樣性的迅速消失，破壞食物網，導致嚴重的生態失調，使得整個生態系統變得脆弱、不穩定，甚至引發生態危機，人類終將無法生存。

圖 8.4.6-2　野生物種的滅絕是人類的重大損失

（三）保護野生物種

所有的物種都有其在維持複雜的生物網中所扮演的角色。任何物種都是獨特的，是經過數百萬年的演化所形成不可取代的產物，具有天生的權利在地球上繼續演化。讓每一物種生存下來，以保育生物多樣性，為人類留下極重要的遺傳基因庫，是提供未來人類永續生存的資源。

為呼籲全球共同重視保育瀕臨絕種的野生動植物與維護生物多樣性，國際間於一九七五年和一九九二年分別簽署「華盛頓公約」與「生物多樣性公約」，來推動世界保育工作。除了利用公約與法律來保護瀕臨絕種的野生物種，還有三種

基本方式可以用來管理野生動物和保護生物多樣性，包括就地保育、移地保育和復育。就地保育是指保障物種的棲息地，建立合法保護的野地和野生動物的保留區，並去除非原生物種，如國家公園、自然保留區、野生動物保護區等。移地保育則是當自然棲息地無以為繼時，利用人為的技術與方式，將物種引入另一適合的環境中管理並使其有效繁殖，如動物園和植物園。而復育是引進生態系統中消失的物種，將破壞的生態系統復原。

保護野生物種免於滅絕，最關鍵的莫過於透過環境生態教育的落實，將保育觀念深植於社會大眾的心中；徹底改變人們的價值觀，尊重關懷所有與人類共處於這個地球上的生命。

8.4.7 環境荷爾蒙

有些體外化學物質經環境介質進入生物體，會產生類似荷爾蒙的作用，因而干擾內分泌系統之原本機制，造成內分泌失調，此類化學物質統稱內分泌干擾物質，俗稱「環境荷爾蒙」。

（一）環境荷爾蒙的來源

至少有 70 餘種工業與農業的有害廢棄物，如戴奧辛和呋喃、多氯聯苯、有機氯農藥（如DDT）、塑膠製造添加之塑化劑——鄰苯二甲酸酯類化合物等，這些環境中殘留的微量化學物質（表 8.4.7-1），藉由空氣、水、土壤、食物直接或間接的途徑進入生物體，佔據細胞中正常荷爾蒙的位置，形成假性荷爾蒙，而干擾原有內分泌系統之荷爾蒙分泌、合成、代謝，及與受體結合。這些化學物質通常具有化學、物理及生物穩定性高、不易分解的特性，可長距離傳播，或經由食物鏈累積於生物體中，產生極大的危害。

表 8.4.7-1　環境荷爾蒙的主要來源

化學物質	用途	存在狀況
戴奧辛	於化學物質合成過程，廢棄物焚化後的冷卻過程中非特意生成	底泥、魚類、大氣
多氯聯苯（PCB）	熱媒，不結碳紙（noncarbon paper）	底泥、魚類等
DDT	有機氯系殺蟲劑	底泥、魚類等

（二）環境荷爾蒙的危害

　　由於環境荷爾蒙作用於生物體的內分泌系統，只要極微量就會產生影響。通常在我們尚未察覺的情況下，已逐漸危害健康，尤其是對懷孕初期胚胎造成生育缺陷。環境荷爾蒙阻礙生長和發育，破壞生物體的生殖、神經和免疫系統，而造成器官和發育障礙、生殖機能損傷、免疫力降低，甚至導致不孕、雌性化、智能降低、內分泌相關癌症等。基於環境荷爾蒙牽涉到生物的健康與物種的延續，所以環境荷爾蒙對生物之潛在危害實不容忽視。

圖 8.4.7-1　垃圾經不當的焚化處理會產生戴奧辛

（三）環境荷爾蒙的管理

　　許多塑膠製品、保麗龍等廢棄物，若經不當焚化處理會產生戴奧辛等有毒氣體（圖 8.4.7-1），可以透過環境介質轉移他地，並蓄積於該處的陸地和水域生態系統，成為越境污染；因此，環境荷爾蒙的危害已是全球性的問題。一九九七年，環境荷爾蒙問題由日本搬上國際環保舞台。為保護人類的健康和環境，消除包括戴奧辛和多氯聯苯在內的 12 種持久性有機污染物，各國於二〇〇一年簽署了「斯德哥爾摩公約」。

　　環境荷爾蒙為人類永續發展的殺手。我國政府以「毒性化學物質管理法」管制毒化物，對疑似「環境荷爾蒙」物質之毒理特性，如依「毒性物質篩選作業原則」確定相關危害性，則予以公告列管，同步維護國人之健康。目前被日本環境廳列為環境荷爾蒙的化學物質有 70 種，其中 21 種已被環保署公告列管為毒性化學物質，禁止製造、輸入、販賣及使用等商業行為；另外，尚有 20 種亦已列入毒化物篩選列管名單。目前國內正著手建立本土性環境背景資料庫，並針對優先管制的毒化物進行環境流布的調查，俾據以提供相關健康或生態風險評估計畫之參考。

五、環境倫理與永續發展

　　人類盲目活動而導致局部地區甚至整個生態圈結構和功能的失衡，從而威脅到人類自身的生存。為了正確處理人與環境的關係，我們必須認識到：整個人類賴以生存的自然界和生態圈是一個高度複雜，且具有自我調節功能的生態系統，維持地球生態系統結構與功能的穩定是人類生存與發展的基礎。因此，人類的活動除了要講究經濟和社會效益外，還必須特別重視環境倫理，人類的永續發展才有可能。

8.5.1　人與環境之關係

　　人生存於自然環境當中，是自然環境的成員，與自然環境相互依存。隨著文明的發展演進，人與環境之間的互動關係，可分為三階段：

（一）狩獵與採集的社會

　　人類社會存在的四萬年當中，前四分之三的期間，是以狩獵－採集者的身分，利用身邊的環境而生存。他們是所謂大地的子民，十分崇敬自然，且深具利用地球的智慧，藉由學習與大自然以及其他生物個體一起合作，而得以生存。他們依賴那些可重新再利用的資源，對環境的衝擊很小，符合永續發展原則。

（二）農業社會

　　距今大約一萬至一萬二千年前發生了農業革命，人類的生活型態從此逐漸脫離自然，藉由馴養野生動物和耕種野生植物來維生，並嘗試馴服和控制大自然，使其為人類所用。早期自給自足的耕作方式，對環境的衝擊較小（圖 8.5.1-1）；後期因大量生產，形成人口成長與人口集中的都市化現象，商業活動促使自然資源利用率增加，對環境的衝擊加大。

（三）工業社會

　　開始於十八世紀中葉的工業革命，人類大量依賴不可再生性資源，從事大規模的機械生產，加速了人類改造自然及促進經濟成長的能力。工業化與都市化的

圖 8.5.1-1　原始農業社會的人類以自給自足的耕作方式，對環境的衝擊小

結果，導致人口急速成長、資源耗竭、環境污染與生態破壞日漸加劇，使更多的人孤立於大自然之外，並且對於自然所能提供的服務變得更為無知。

當前，人類面對臭氧層破壞、氣候變遷、物種滅絕及資源超限使用等全球環境問題時，國際社會已激起「地球太空船」之危機意識，咸認應建立國際環保規範與形成共識，以延續全球人類與環境之共存與共榮。

8.5.2　環境倫理

環境倫理是人與自然環境關係的道德原則與行為規範，涵蓋了人對待自然、宇宙，以及所有生物應有的態度、行動，及立場，可稱為環境典範。一九八〇年聯合國環境規劃署（UNEP）、國際自然保育聯盟（IUCN）和國際自然基金會（WWF）共同出版《世界保育方略》一書，強調由於人口與消費不斷增加，對地球的需求日益加重，造成人類與生態圈的關係日益惡化；除非能達成一種新的國際經濟秩序，採用一種新環境道德觀，永續發展方能實現。此處所指的新環境道德觀，為依循自然規律與遵從生態法則行事，亦即建立在「以生態為中心」的環境倫理。

工業消費社會中「以人類為中心」的環境世界觀，認為人類是地球上最重要的物種，亦是大自然的主宰者，大自然淪為只具資源與應用的附加價值之對象。人們因而企圖支配和改造自然以供己用，想要在有限的地球上，追求無限的經濟成長。此種物盡其用、功利主義導向的價值觀，是造成今日環境問題的元兇。一

九七〇年代起，深層生態學者主張「以生命為中心」的環境世界觀，認為所有生物均具有「天賦生存權」，應當被納入道德規範的考量範圍。地球上所有生命體皆有其固有價值，不能僅以其工具性和實用性看待；而生命形式的多樣性，有助於生命價值的實現。現今「動物保護」、「動物權」等均屬此倫理的具體實現。一九九〇年代時，浮現了新的環境典範，稱為「以生態為中心」的全球環境倫理之概念。此種倫理信念重視生態系統的整體價值，認為生態系統的平衡和穩定重於個體生命之生存，所有生物都是整個自然生態社區相互依存的成員，這個社區將人類社會和自然聯成一體。於是，人必須與自然和平共處，並致力於保護地球上的生物多樣性和生態完整性。

「以生態為中心」的環境典範，為永續的環境生態倫理觀，是建立在人類自覺為整個生態體系的一份子之基礎上，體驗人與環境和諧關係的重要性。所以，人類在與自然的互動中必須受到制約，避免破壞地球的生命維持系統。因此，唯有當尊重自然、關懷生命、愛護環境，與維持生態平衡成為人類的基本責任時，方能使地球上的生態永續發展。

8.5.3 永續發展

「永續發展」（sustainable development）概念係由聯合國「世界環境與發展委員會」（WCED），在針對全球日益嚴重的人口、資源和環境問題研究和審議後，於一九八七年發表了《我們共同的未來》一書中所提出，其基本意涵為「能滿足當代的需要，同時不損及未來世代滿足其自身需求的發展」。此概念提出後，立即成為世界各國及國際性組織在面對全球環境變遷及環境問題的最高指導原則，並直接促成一九九二年聯合國在巴西里約舉行的「地球高峰會議」（Earth Summit）。其間簽署了「里約宣言」、「二十一世紀議程」（Agenda 21）、「森林原則宣言」、「氣候變遷綱要公約」及「生物多樣性公約」等重要文件，全面展現人類對於「永續發展」之新思維及努力方向。當中，「二十一世紀議程」呼籲各國制定並實施永續發展策略，且同時加強國際合作以共謀全球人類之福祉。爾後十年來，由於資訊科技急速創新，揭開知識經濟時代的序幕，衝擊全球的經濟與社會結構，亦影響永續發展的落實方式與成效。而有鑑於國際情勢的不變，資源耗損型發展仍在大多數國家持續進行，聯合國於二〇〇二年九月初，在南非約翰尼斯堡召開「永續發展世界高峰會」（WSSD），並發表全球性「永續發展

（六）優先預防原則：當發展的行為，因其對環境可能有重大的、不可逆轉的風險，而與環境的考慮發生無法解決的衝突時，應以環境的考慮為優先。

（七）植根社會原則：永續發展的精神要深植社會，必須決策與教化並重，導引國民對生態與環境的重視，走向永續的消費型態，提升文化與生活品質，顧及弱勢族群團體，並追求健全的城鄉均衡發展。

（八）廣面參與決策原則：永續發展的決策應在充分與透明的資訊流通，並且匯集社會各層面期望與智慧的原則下制定。

（九）國際化原則：盡國際社會一份子的責任，借鏡環保先進國家的作法，並將環保的工作列入外援的重點項目。

8.5.5　綠色新時代——以綠建築為例

自一九九〇年代以來，綠色風潮席捲全球，環保意識風起雲湧。台灣亦順應此股綠色潮流，以綠色科技作為解決經濟與環境協調發展的途徑、發展與環境友善的綠色產業、從事無害於環境的清潔生產，並推動保護環境的綠色消費。

在國家永續發展委員會成立後，行政院經建會特別將「綠建築」納入「城鄉永續發展政策」之執行重點，內政部營建署及環保署也分別透過「營建白皮書」

圖 8.5.5-1　德國太陽能綠建築

與「環境白皮書」正式宣示將全面推動綠建築政策。根據我國內政部建築研究所二〇〇三年最新的定義，所謂綠建築，為符合「生態、節能、減廢、健康」（EEWH）的建築物。歐洲稱為「生態建築」或「永續建築」（圖8.5.5-1），強調生態平衡、保育與物種多樣化、資源回收再利用、再生能源及節能。日本則通稱「環境共生建築」，重點放在減低環境衝擊、自然調和，以及健康與舒適三大特性。美國的「綠建築」講求能源效率與節約、室內空氣品質、資源與材料效率、環境容量等特性。

幾乎所有人造建材都是高耗能、高污染產物，建築相關產業所排放的二氧化碳，竟佔全台灣的二氧化碳排放量 24.3％，影響環境至鉅。根據統計，台灣每人水泥消耗量為 1,258 公斤，大約為日本的兩倍、美國的四倍、世界平均值的 5.22

倍。二〇〇〇年時，台灣每人水泥消耗量達到世界第二，因而造成我國砂石供應嚴重短缺的現象。究其原因，主要是台灣的建築物八成以上為鋼筋混凝土構造，而且建築物平均四、五十年的生命週期較歐美其他國家動輒百年以上短很多。

綠建築是以人類健康舒適為前提，追求與地球環境共生共榮及人類生活環境永續發展的建築設計。節約能源進而維護生態之平衡發展，即為綠建築節能規劃時的最大目的。過去的建築物多為能源效率不良的機器，故尚有很大的改善空間，只要適度利用建築規劃設計的手法，有效地利用各項環境因子，即可輕鬆達到可觀的節約能源效果。此外，還能塑造合乎健康、環保的舒適環境，因此，可以說「建築節能是節能政策最有潛力的一環」。

「綠建築推動方案」業已納入行政院「挑戰二〇〇八：國家發展重點計畫」中。據經建會表示：「綠建築推動方案」是以綠色矽島為總目標，積極推動維護生態環境的綠建築，達成建築與環境共生、建築節能、建築廢棄物減量、資源有效利用、提升室內環境品質等目標。內政部建築研究所以台灣亞熱帶氣候條件為

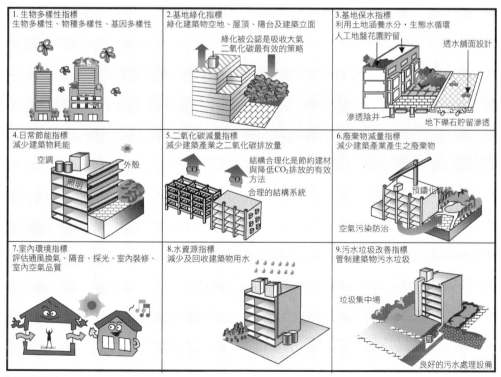

圖 8.5.5-2　綠建築依生態、節能、減廢、健康等四大指標群之方向，分為九大指標來評估

圖 8.5.5-3　綠建築標章

基礎，充分考量台灣建築物之耗能、排廢及環保等特性，訂定綠建築評估指標系統，包含有「生物多樣性指標」、「基地綠化指標」、「基地保水指標」、「日常節能指標」、「二氧化碳減量指標」、「廢棄物減量指標」、「室內環境指標」、「水資源指標」，以及「污水垃圾改善指標」等九大指標（圖 8.5.5-2）。自二○○二年起，工程總造價 5000 萬元以上之公有新建築物，須通過「日常節能指標」與「水資源指標」的檢驗，而其他七項得自選至少兩項接受檢驗，合於標準者授與候選綠建築證書，始可申請核發建造執照；而已取得使用執照或既有合法公有建築物，若合於綠建築評估指標標準則頒授「綠建築標章」（圖 8.5.5-3）；期以公家機關為表率，帶領出綠建築的風潮。

　　未來台灣地區將持續辦理「綠建築推動方案」，以綠建築為基礎，透過綠建築法制化與建築界共同推動，擴大至「綠社區」。再進一步藉由持續的教育宣導與全民參與，建構永續生態環境之「綠都市」，逐步邁向綠色矽島之建設目標。

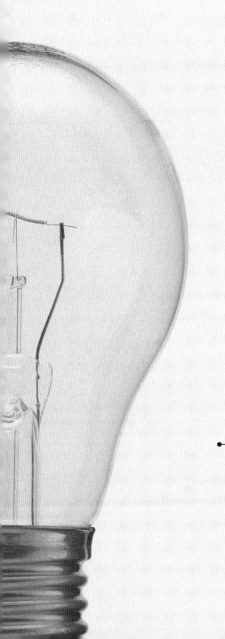

第九章

科技新生活

我們的生活隨時隨地都在接觸科技的產品，科技也無時無刻在方便我們的生活。在科技的世界裡，人類只要發揮想像力，科技的威力似乎能毫無止盡地實現夢想。許多科學家預告了二十一世紀是 IBN 的世紀，IBN 是指資訊科技（Information Technology，簡稱 IT）、生物科技（Biotechnology），和奈米科技（Nanotechnology）。知名經濟學者 Gates（1999）也指出，二十一世紀所有的科技及其運用，均來自於量子、電腦及分子生物科技革命，這三項革命將是推動經濟繁榮的引擎。本章就讓我們進入這三大科技領域一探究竟！

一、資訊科技新時代

二十世紀下半葉，由於電腦和通訊技術的發展，引發第三次工業革命，將人類從工業社會帶進高效能的資訊社會。九○年代起，隨著電腦和網路科技的一日千里，更加速了資訊的傳遞及交流，因而打造了知識經濟時代。資訊科技徹底瓦解時間和空間的限制，對於 e 世代人類的思惟模式、生活及社會結構均產生巨大的變革，促使人類文明空前的繁榮與進步。

9.1.1　資訊科技的內涵

「資訊科技」（IT）是結合電腦、通訊與網路所組成的技術，以進行資訊的蒐集、處理、儲存、檢索、傳送、控制及應用。論及「資訊」一詞，可以表現在資訊內容、資訊處理和資訊系統三個面向：

（一）資訊內容

資訊是有關人、事、物或地的資料或訊息，廣義的資訊包含了資料、資訊、知識和智慧（圖 9.1.1-1）。

1. **資料**：從觀察、調查或研究所顯示的事實，通常是未經整理的文字、數據、符號、圖片、影像或聲音。

2. **資訊**：資料經過有目的地整理、分析後，成為有組織與結構的內容，以傳達意圖或想法。

3. **知識**：許多資訊在經過比較、綜合與整理後，再加入自身的經驗與判斷，以掌握先機。資訊於是發展為知識，成為開創價值所需的直接材料。

4. **智慧**：以知識為基礎，透過個人的行動能力、應用能力，與價值判斷能力，來創造價值。

資料、資訊和知識可以被記錄下來，能藉由科技加以保存或流傳，因而每個人都可以共同使用，較容易管理。智慧則以人為載體，有賴各類知識的蓄積與蘊育，並在直接行動與應用的過程，才能加以外顯化，變成可以解決問題的資訊。在知識經濟的時代，資訊無遠弗屆地自由流通，資訊量膨脹的速度遠快於人們吸收的速度，如何將資訊轉化為有價值的知識和智慧，成為最重要的課題。

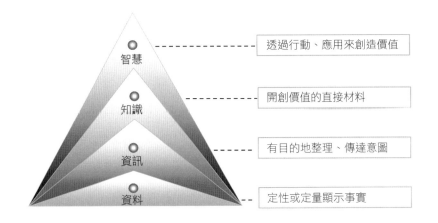

圖 9.1.1-1　資訊內容轉化的四階段

智慧 ------- 透過行動、應用來創造價值

知識 ------- 開創價值的直接材料

資訊 ------- 有目的地整理、傳達意圖

資料 ------- 定性或定量顯示事實

（二）資訊處理

　　過去沒有資訊科技的時代，人類的社會資訊是經由「原子」的形式來傳遞，如報紙、雜誌、書籍等，過程辛苦而緩慢。而在「數位革命」的資訊時代，訊息的傳送轉換為 0 與 1 的數位資訊，也就是以「位元」取代原子來傳遞資訊。數位化資訊具有易於處理、保存與複製，以及光速傳送和超高容量的特性，因而使資訊的流通更有效率。

　　知名的美國 MIT 電腦科學實驗室主持人 Michael Dertouzos（1997）在其所著的《資訊新未來》（*What Will Be*）一書，論及資訊時代的基底是由五大支柱構成：

　　1. 數字被用來代表所有的資訊；

　　2. 這些數字是以 1 和 0 表示；

　　3. 電腦針對這些數字做算術運算，轉化資訊；

　　4. 通訊系統藉傳輸這些數字而傳輸資訊；

　　5. 電腦和通訊系統結合起來，形成電腦網路。電腦網路是明日資訊基礎建設的根本，而資訊基礎建設是資訊市集的根本。

　　資訊處理是一種手段、一種過程，將原始形式的資料轉換成有意義的資訊，其目的在於提供決策之用。以電腦進行資訊處理的設備及流程為：(1)輸入：接收外界資料並將之傳送至電腦中處理，一般輸入設備有滑鼠、鍵盤、掃描器、數據機、數位相機、磁碟機、條碼閱讀機、麥克風、手寫板、搖桿等（圖 9.1.1-2）。(2)處理：輸入的資料由中央處理器負責執行算術與邏輯的運算。(3)儲存：處理後

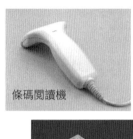
條碼閱讀機

鍵盤

數據機

掃描器

光碟機

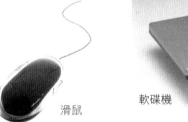
滑鼠

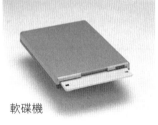
軟碟機

圖 9.1.1-2　電腦資訊處理常用的輸入設備

的資料則存放於記憶體，可分為主記憶體和輔助記憶體；主記憶體是用來暫存處理中的資料，而輔助記憶體則是長時間儲存資料的裝置，如磁碟片、硬碟、光碟片等。(4)輸出：將處理的結果傳送至輸出裝置，可直接顯示於螢幕，或是經由印表機、磁碟機、喇叭、繪圖機、投影機等週邊設備輸出（圖 9.1.1-3）。(5)控制：接受程式軟體的指揮，負責協調與控制各流程之間的工作配合與資料傳送。資訊處理的流程，是在電腦硬體架構的五大單元中進行，分別為輸入單元、算術邏輯單元、記憶單元、輸出單元和控制單元。微電腦的「中央處理器」（CPU）又稱為「微處理器」，包含了算術邏輯單元和控制單元，可說是電腦的核心部分或指揮中心。

（三）資訊系統

　　在組織中，為了有效運用及產生資訊，人們結合了軟、硬體和資訊網路等建立起來的系統，稱為資訊系統。此系統能針對組織或個人的目的，將資料透過特

螢幕

喇叭

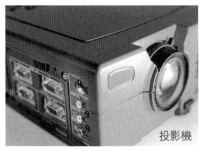
投影機

印表機

圖 9.1.1-3　電腦資訊處理常用的輸出設備

定的處理程序，轉為對組織有幫助的資訊。資訊系統是資訊科技最直接的實現方式。嚴格來說，資訊系統不必然會用到電腦，但是在資訊科技時代，大部分的資訊系統已是電腦資訊系統。完整的電腦資訊系統應包含五大構成要素：

　　1.人員：為資訊人員和使用者；資訊人員是指負責該系統的系統分析師與程式設計師，使用者則可以是需要生活資訊的一般民眾、需要決策資訊的管理者、需要娛樂資訊的消費者等。

　　2.硬體：包含了資訊處理中所有的設備、零組件及儲存媒體（圖 9.1.1-4），如輸入（鍵盤、滑鼠、條碼閱讀機、掃描器等）、處理（CPU、迷你電腦、主機等）、輸出（螢幕、印表機等）及儲存（硬碟、光碟、磁碟等）。

　　3.軟體：一個或一套可用來控制電腦硬體操作的程式，並且有各種說明文件伴隨而來。有兩種基本的軟體型式，分別為系統軟體和應用軟體。系統軟體也稱為作業系統，是一套控制程式，用來指揮電腦系統或週邊運作的流程及指令，如 Unix、Linux、Mac OS、Windows、MS-DOS 等。而應用軟體是為了執行特定工

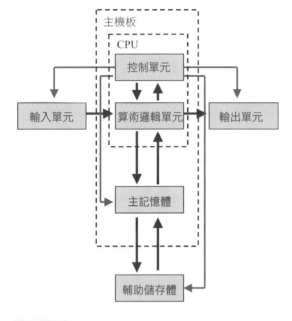

圖 9.1.1-4　電腦資訊系統硬體的架構

作所設計的程式，有一般套裝軟體 Word、Excel、PowerPoint 等，或專為組織所編寫的專用系統，如校務資訊系統、會計資訊系統等。

4. **資料庫**：用於主要存放大量處理過和組織過的相關資料檔案之所在，就像一個電子資料櫃，存放著許多有用的資訊。

5. **通訊網路系統**：是資訊流通的管道，由傳送端、接收端、通訊裝置、傳輸媒介和通訊軟體所組成。傳送和接收端有發送和接收資料的電腦或終端機。通訊裝置則是將資料送到通訊網路時，負責轉換的設備，如數據機、網路卡、集線器、橋接器、多工器等。傳輸媒介可分為有線與無線，有線媒介有雙絞電纜、同軸電纜、光纖電纜，而無線媒介則有紅外線、無線電、微波、衛星傳輸。通訊軟體則包括了通訊協定和網路控制軟體。

9.1.2 資訊科技的演進史

自從電腦於一九四六年問世以來，資訊科技於是隨著電腦的不斷演進而快速起飛。電腦最初是為了軍事用途而發明，當時的 ENIAC 電腦，使用真空管作為主要元件，體積相當龐大，有 50 呎長、30 呎寬，共用了 18,000 個真空管，重達 30 噸（圖 9.1.2-1）。第一代電腦使用二進碼的機器語言，其線路龐雜、耗電量大、散熱不易、可靠性差、操作不易，且價格昂貴。

後來，由於電晶體的發明，美國貝爾實驗室於一九五四年成功開發以電晶體為主的

圖 9.1.2-1　以真空管為零件的第一代電腦（ENIAC）

電腦，不但體積縮小、重量減輕、散熱較佳、處理速度快、耗電量小，且穩定性高。第二代電腦使用組合語言及其他高階程式語言，由於其優異特性，應用範圍從軍事用途擴大到政府機關的行政用途。早期電腦的主要功能，大多在於儲存大量的資料和進行繁雜的數學運算。

一九六四年，IBM 使用積體電路的矽晶片取代電晶體，製造出第三代電腦。此時電腦變得迷你、處理速度更快、價位較低，而且作業系統包含了分工程式和分時系統功能。於是，將電腦由特殊用途轉變為通用的機器，電腦因此開始進入商業用途。早期的晶片可容納數十個至數百個數位電路邏輯閘，也就是所謂小型（SSI）和中型積體電路（MSI）；到後來則發展為可容納上千個數位電路邏輯閘的大型積體電路（LSI），以及目前可容納至少上萬個數位電路邏輯閘的超大型積體電路（VLSI）。

一九七一年，Intel 公司研發出單晶片微處理器 Intel 4004，使電腦的體積巨幅縮小，因而個人電腦得以推出。4004 為四位元處理器，內含 2,250 個電晶體，每秒 60,000 運算的速度；與其他唯讀記憶體、移位暫存器與隨機存取記憶體，結合成 MCS-4 微電腦系統。此後，各種電路密度更高、功能更強的微處理器開始快速發展，對電子業產生巨大影響。一九七四年，8080 微處理器成為全球首部個人電腦 MITS Altair 8800 的 CPU，其使用的 BASIC 電腦語言即是由微軟的創辦人比爾‧蓋茲（Bill Gates）所寫。一九七七年，Apple II 問世；之後，IBM PC 也於一九八一年推出，個人電腦的戰國時代於是如火如荼地展開。隨著微處理器的快速成長（圖 9.1.2-2），技術不斷推陳出新，由大型積體電路一路進展到超大型積體電路；電腦體積更小，速度也加快，價格低廉，遂由公用延伸到個人化的用途，逐漸成為現代人生活的一部分。

八○年代末期，多媒體個人電腦的出現使得電腦的應用跨進了一大步，各種資料型態（如文字、數字、圖形、影像、聲音、視訊等）無所不包。旋即，多媒體電腦應用於企業中互動式的桌面視訊會議，成為交談式電腦紀元。到了九○年代初期，交談式電腦演變為企業間網際網路。之後，由於通訊技術的發展，將網際網路帶進了全世界。電腦

圖9.1.2-2　單晶片微處理器促成今日個人電腦的普及

圖 9.1.2-3 網際網路製造了一個前所未有的複雜的全球關係網

終於打破了網路的局限以及人類的疆界，全世界的電腦自此可邀遊於虛擬的網路世界裡，將電腦的應用發揮得淋漓盡致（圖 9.1.2-3）。此時，電腦的角色開始有了戲劇性的轉變，由提升人類社會的生產力之角色，到透過網路連結和多媒體的表現方式，成為大眾傳播的一個重要通道。十年後的今天，數以億計的電腦、通訊器材、資料庫，以網路相接，龐大與多樣的資訊無遠弗屆地傳播。同時，由於電腦和通訊網路的不斷演進，也延伸帶動了各式各樣電子資訊產品的蓬勃發展。

　　從電腦進入積體電路時代以來，短短三十年，個人電腦從早期的 Z-80，Intel 8080，8086，80286，80386，80486，Pentium，Pentium MMX，Pentium II，Pentium III，到現在的 Pentium IV，已經包含了超過千萬個電晶體。電腦的趨勢是體積更小、速度更快、價格更便宜，然而到底可持續多久？一九六五年時，Intel 公司的創辦人之一摩爾（Gordon Moore）曾預言晶片的容量、速度、性能，每十八個月會提高一倍，且價格會下降。過去四十年來，此說法與實際情況吻合，因而，成了推動半導體發展的「摩爾定律」（圖 9.1.2-4）。另外，發明乙太網路

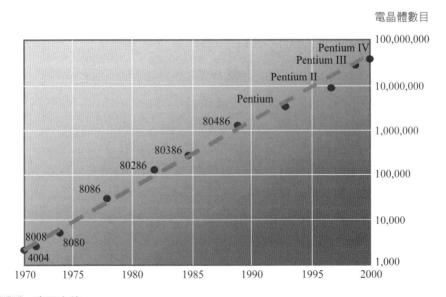

圖 9.1.2-4 摩爾定律

自然科學與生活科技概論

的麥卡夫（Bob Metcalfe）也提出「麥卡夫定律」，強調網路成本依網路規模線性增加，而網路價值卻以指數增加；也就是網路規模會持續的擴張，而將產生加速進步的效果。過去十年來，這兩大定律成為網路資訊時代的前進動力。

9.1.3 資訊科技的生活應用

近年來，由於微電子工業技術的突飛猛進，資訊科技不再限於高科技、高成本的應用領域如軍事、氣象、航太等，其應用遍及生活各層面。無論是個人、家庭、學校、社會、國家，無不深受資訊的數位化所影響，民生生活各方面無不拜資訊科技之賜而日新月異。

（一）民生生活

資訊科技與我們的生活息息相關、密不可分，而且正在改變人類的生活方式。許多家電產品，如微電腦洗衣機、冰箱、冷氣、電視、電鍋等，均具有電腦控制的智慧型功能。將這些家電用品經由通訊網路連結，成為資訊化家電（IA），能提供用戶更多智慧型功能與服務，包括如遠端訂貨、料理、監控、安全辨識、家庭娛樂、健康診斷等等。此外，到銀行繳費或轉帳、買票（圖 9.1.3-1）、納稅、餐廳訂位、租屋購屋、訂旅館、股票下單、宅配購物等，也均可利用網路服務，以節省時間。在這個數位貨幣的時代，購買物品以刷卡付帳，電費、水費、電話費等以郵局或銀行轉帳代繳。現今的 IC「智慧卡」裝設有微處理器晶片（圖 9.1.3-2），結合了身分證、金融卡、信用卡、電子錢包、健保卡、電話卡等功能，真正達到「一卡在手，行遍天下」的理想。

圖 9.1.3-1　機票訂位人員只要在電腦上按幾個鍵，便可預定飛往世界各地的機票

圖 9.1.3-2　IC 智慧卡涵蓋了多種功能

目前網路電話可應用如 Windows 的 Skype 等點對點即時通訊軟體，打國際電話只要透過網路，甚至不需費用；而且不論電腦與電話的通訊，或是電腦對電腦的通訊，都有和國際電話一樣的通話品質，還能搭配 PC Camera 使用影像電話通訊。當前行動電話已是大眾最喜愛的個人通訊方式，此時 2G 系統的 GSM 手機正朝 3G 系統發展。GSM 受限於系統傳輸速率僅 9.6 Kbps，無法在短時間內提供

大量的資料傳輸服務；而國內正推出的 3G 行動通訊系統包含了更大的頻寬，讓手機在行走時能提供 384 Kbps 的速率，甚至固定使用的理論頻寬可達 2Mbps，足以提供消費者使用行動多媒體服務的需求。基於此行動通訊的大躍進，消費者透過 3G 手機可隨時取得各種即時資訊（圖 9.1.3-3），例如交通路況、即時新聞、影音娛樂影片、股市資訊、線上查詢等；它還能提供收發 MMS 多媒體簡訊、下載遊戲、影像電話、視訊會議、行動定位、互動遠距教學或醫療的服務。

圖 9.1.3-3 透過 3G 手機可隨時取得各種即時資訊

電子導航隨著全球定位系統（GPS）的普及與無線通訊之發達，如今已大幅落實於民生生活中。無論是飛機、輪船、汽車等，都能藉由 GPS 隨時知道目前所處的位置。這項結合衛星系統與通訊技術的科技，除了能提供精確定位外，對於速度、時間、方向及距離亦能準確的提供訊息，所以應用相當廣泛，特別是智慧型運輸系統（圖 9.1.3-4）。目前車用 GPS 為許多高級車種的配備之一（圖 9.1.3-5），藉由它可以隨時取得所在位置附近的路況，並能建議駛往目的地的最佳路徑；當車子受到異常入侵時，車上的 GPS 會藉由 GSM 行動電話系統與客服中心聯繫，而以衛星定位立即掌握車輛確實位置。此外，在公車上裝設 GPS，民眾只要上網查詢，就能知道公車到站的時刻，以節省候車時間。

（二）休閒娛樂

透過電腦網際網路，可以上網聊天、購物、閱讀文章和新聞、收聽廣播和音樂、玩線上遊戲，還能收發電子郵件。許多高畫質、高音質的數位消費性電子產品，如數位相機、數位攝影機、液晶電視、電漿電視、數位多功能影音光碟（DVD）錄放影機、遊戲機、MP3 播放器等，隨時都在方便與豐富人們的生活。

資訊蒐集

資訊傳輸

資訊處理

藉助與車輛定位系統連接的自動
求救系統,可在車輛拋錨與交通
事故時,得到迅速的救難服務

自動公路導航可提高行
車安全、增進舒適度,
並擴大路網容量

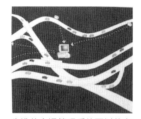

先進的交通管理系統可以使交
通路網的車流分布均勻,並減
少興建道路工程的需求

最佳行車路線導航系統可以在任何時間、地
點提供可靠的旅行及交通的資訊,讓人們更
能控制時間,規劃適當的行程

圖 9.1.3-4　智慧型運輸系統是應用先進的資訊科技,以整合人、車、路的交通管理系統

此外,多樣且品質日益提升的數位影音播
放系統,已讓家庭電視、汽車音響等裝置
娛樂效果大幅提升;未來,透過隨選視訊
系統,還可在家中的任何時間,以雙向數
位電視自由選擇想看的節目,而無需受到
時間限制。

圖 9.1.3-5　NAVI 智慧衛星導航

　　隨著 PC、網路與家庭數位裝置的普
及,目前 PC 從商用走向家用的趨勢極為
明顯。數位家庭時代的來臨,整合性家庭
影音娛樂,已為時勢所趨。透過寬頻網路及行動通訊架構,將 PC 與數位消費性
電子產品相互連結,能支援更多的娛樂和多媒體功能,從 3D 遊戲、數位相片、
MP3 音樂播放、數位影像編輯,到接收電視節目等各式數位影音內容,使 PC 成
為數位家庭多媒體娛樂平台。可將各種數位多媒體的內容存放於多媒體影音 PC,
藉由 PC 來管理、控制,讓使用者不論何時何地,皆能以其他可攜式數位產品,

如 Tablet PC、PDA,或手機等,來擷取 PC 上的數位媒體內容,真正享受行動多媒體的便利與樂趣。

　　「虛擬實境」(Virtual Reality, VR)是經由電腦繪圖或影像合成等技術,所模擬建構 3D 數位模型的虛擬世界。利用虛擬實境技術建立的使用者介面,可讓使用者置身於電腦所欲呈現的三度空間資料庫中。使用者能透過頭戴頭盔顯示器、手握 3D 滑鼠、穿上資料手套,或其他三度空間輸入裝置與虛擬世界產生即時性的互動,而有身歷其境的感受,沉浸於虛擬實境系統的環境中(圖 9.1.3-6)。虛擬實境提供了一個適合人類與電腦溝通且具有多重感知能力的介面,透過此介面,強化了電腦解決問題的能力。虛擬實境的應用很廣,如軍事上的模擬與訓練、地震和火災的防災演習、飛行訓練和汽車駕駛模擬、醫療手術模擬、建築的設計與規劃等。目前虛擬實境最大的應用還是在娛樂方面,如電玩賽車、電腦遊戲、互動式電影等等。隨著 Internet 的發展,虛擬實境的應用也正朝網路化邁進。同時,我們可預期不久 3D 場景將成為電腦與使用者傳達資訊、溝通之主要介面。

圖 9.1.3-6　虛擬實境能與虛擬世界產生即時性的互動

(三)教育文化

　　在現今的資訊社會,由於政府對資訊科技融入教育的重視,已使得資訊科技在教育上的運用相當普及。首先,在校務行政資訊系統上,將學生資料、課程安排、圖書管理、輔導資料等做有系統的整合,對學校行政效率的提升助益匪淺。其次是電腦輔助教學,利用多媒體技術,使教學媒體的內容生動且多樣化,更能刺激學生思考和激發想像力,而且,學生的作業亦可以電腦製作的方式繳交。另外,許多的學習軟體以超越傳統書籍的方式呈現,能增進學習效果與樂趣,還可以協助學習者自我學習。

　　隨著網際網路的普及,傳統圖書館朝向數位化,使得圖書館的資訊資源不再只是有形的館藏資源,網路資訊資源更是圖書館豐沛的資源。圖書館自動化的項

目包括有流通、編目、採購、期刊管理、書目查詢等業務。至於讀者服務方面，則尚需借助外部的資訊系統，如電子雜誌、電子書、線上資料庫、光碟資料庫等。透過圖書館的數位服務，以及網路論壇、成果發表等，已使得學術交流和研究更為便利。

網路對教育學習模式產生相當大的轉變，網際網路提供了一個知識分享的平台，學生可在任何時間地點透過上網搜尋資料，經由電子郵件、BBS 或聊天室與教師和同學交流等，從被動學習者的角色轉變為積極主動的學習者。此外，藉由遠距教學中虛擬教室的適性學習系統，還能實現終身學習的目標。現今的遠距教學不再只是透過平面媒體或廣播電視系統之單向傳播，而是結合文字、影音多媒體、超媒體、網際網路，強調即時互動的雙向視訊之新型態（圖 9.1.3-7）；它提供了不受時空限制的教育與學習，不但能符合學習者自主學習的需求，同時還可透過傳播科技的便捷性獲得最新、多元的資訊，以掌握社會變遷的脈動。

利用資訊網路可以加速文化與藝術資訊的蒐集與傳播，而藉由數位工具的輔

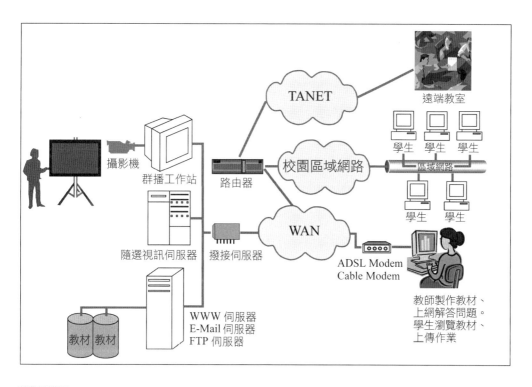

圖 9.1.3-7　非同步式遠距教學系統架構設計

圖 9.1.3-8　利用電腦輔助設計進行創作

助，藝術創作也更加多元化（圖 9.1.3-8）。許多先進國家利用資訊科技進行傳統文化的保存與提供，將文史資料與藝術作品數位化，以便全球民眾充分取用，有助於文化的提升與融合。此種多元性及包容性隨著國際間、種族間及社會團體間的資訊交流，已成為人們的基本共識。

（四）醫療保健

　　由於資訊科技的發展與成熟，使得資料、影像，與聲音等資訊得以整合並應用在醫療保健業。在醫事管理上，各大小醫療機構從預約掛號、電子病歷、住院、出院、給藥等均採用電腦化作業；另外，在醫院及診所的經營方面，包括人事、會計、出納、採購等，目前也幾乎全面電腦化。資訊科技的運用，可改善醫院內部流程，大幅提升行政及醫療效率，並能降低成本和減少可能的人為疏失。在改善醫療過程部分，包括電腦斷層掃描、核磁共振影像（MRI）等，都是運用電腦來輔助醫師作正確的診斷（圖 9.1.3-9）。其次，還可利用人工智慧的專家診斷系統，即時提供醫護人員臨床診斷或醫療上的建議。在醫療訊息方面，目前有很多的醫療從業人員從上網獲得專業上的醫學新知及透過網路進行醫學合作研究（圖 9.1.3-10），也有民眾利用上網查詢醫療資訊而更認識自身的保健問題和進行醫療用品的訂購，許多醫院還會在網站上提供醫療諮詢服務。透過網際網路，能達成醫院之間資源的共享與傳遞，且有助於醫療網的建立，可減少健保支出及降低社會成本。

　　應用資訊科技建置醫學影像儲存系統（PACS），是目前國內外醫療機構

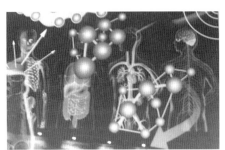

圖 9.1.3-9　利用電腦模擬設計新藥物成分

圖 9.1.3-10　透過網路進行醫學合作研究

發展的主要願景之一。PACS 主要功能在於影像層級的管理，使其更具效率與效能。由於電子病歷中，包含了文字檔案（病歷摘要、診斷與檢查報告等）和圖形影像檔案（X 光片、MRI 報告等），兩者之儲存方式不同，透過 PACS 可將兩者結合，並提供醫師快速且正確的查詢。利用 PACS 不僅能將各醫院的數位影像資訊作有系統的整合，還能使院際間醫療資源共享，並實現遠距醫療的目標。

　　遠距醫療是藉由資訊科技，將病患的醫療臨床資料及專家的診斷與意見進行遠距傳輸，使醫師不必親臨現場，便能進行遠距會診與醫療（圖 9.1.3-11）。它除了能提供偏遠和離島地區民眾全面的醫療照護，還能利用視訊會議與遠距教學方式，提供醫師及護理人員教育訓練的機會。遠距醫療整合了網路通訊、數位化醫學影像、數位化病歷、醫院資訊系統等管理資訊應用系統，其概念幾乎擷取了近代所有尖端資訊科技之大成。遠距醫療快速傳輸的特點，能夠爭取診療時效，對偏遠地區的急症病人來說是莫大的福音。此外，利用遠距醫療網路系統，在偏遠地區的小型醫院或診所的醫師，可即時且互動式地得到大型醫學中心專家的專

必要時轉診

遠距會診

鄰近醫院

遠距會診

各急救責任醫院即時醫療資源回報

責任醫學中心

緊急醫療資源管理系統

救護車動態管理系統

戶內緊急求援系統

全球衛星定位系統

住家事故現場

圖 9.1.3-11　遠距醫療與區域緊急救護網整合示意圖

業顧問與諮詢，病人無需耗費時間和金錢轉診到大型醫院，如此能提升醫療服務水準，亦可節省許多龐大的醫療成本。

（五）工作職場

　　在資訊科技的推波助瀾下，促使產業結構轉型，從以往強調成本與勞力的競爭基礎，轉移到數位經濟所強調的品質、效率、服務與價值的競爭基礎。現在透過網路銀行，不需離開工作崗位，就能繳交各項費用、支付員工薪資，以及辦理簡易融資貸款。各行業經由電腦系統協助處理文件、客戶資料、會計報表、商品資料、庫存狀況、進出貨等，節省了大量人力並提高準確性和速度。電子化政府也透過多項資訊服務設施，對機關、企業及民眾，提供自動化線上服務。

　　許多企業利用網際網路來展示商品、蒐集市場情報、做市場調查，或是提供線上服務等，期望能提升競爭力，重塑企業形象。而今，電子商務更是受到大多數企業的重視，已成為目前各國企業最重要的競爭力來源。企業運用電子商務來簡化作業流程、銷售商品、提供消費者服務和連接至供應商，正符合了數位經濟時代所強調的特質，於是加速了電子商務的蓬勃。

圖 9.1.3-12　企業藉由視訊會議系統，可讓遠距相隔的兩方進行面對面討論與溝通

　　企業藉由視訊會議系統，讓遠距相隔的兩方，進行面對面討論、溝通，還可同時進行文件檢視、編輯及資料共享與傳遞（圖 9.1.3-12），迅速完成計畫，省去差旅的時間與費用。隨著視訊會議系統的普及，現代許多上班族，如作家、工程師、律師、程式設計師等，甚至可以在家工作。如此一來，還能省下塞車的時間，並降低交通的流量。

9.1.4　資訊科技產業範疇

　　一九九〇年代前，資訊科技以資訊和半導體產業為主角，後因通訊產業的乘勢加入，使得「半導體－資訊－通訊」此一連鎖結構，為資訊科技帶來極大的衝擊。如今資訊科技產業已由電腦軟、硬體擴大至電子相關高科技產業，如電腦、通訊、消費電子等領域。

（一）軟體工業

對於資訊科技的應用而言，軟體的發展是一個重要的關鍵因素。基本上，軟體產業是屬於以人才為主的知識密集產業，主要的獲利來源為發明新的軟體技術或是創新應用軟體技術於企業環境。隨著後 PC 時代的來臨，資訊產業的重心由硬體轉向軟體，未來許多硬體的價值也將來自於嵌入之軟體。軟體產業依其業務之不同，可分為六大區隔：套裝軟體、系統整合、轉鑰系統、網路服務、專業服務，和處理服務。其中，套裝軟體和轉鑰系統屬於產品類，系統整合與專業服務屬於專案類，而網路服務和處理服務屬於服務類（圖 9.1.4-1）。國內的軟體業公司有精業、三商電、大同、緯創、敦陽科技、衛道科技、倚天、友立資訊等。

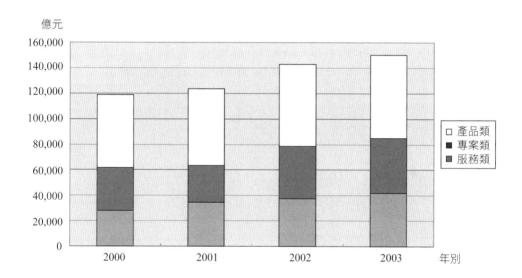

圖 9.1.4-1　我國資訊軟體工業產值成長變化

（二）半導體工業

半導體為現今所有電子工業的基礎，其中的積體電路更是半導體工業的主流。半導體工業是技術與資本密集的產業，許多國家的半導體業者為從設計、製造到行銷都包辦的元件整合型公司（IDM）。而我國半導體工業則為垂直分工的最佳典範，涵蓋了半導體材料業、IC 設計業、光罩業、IC 製造業、IC 封裝業、IC 測試業，及相關支援服務業（圖 9.1.4-2）；各家公司在自己的專長領域表現突出，使台灣半導體產業佔有全球舉足輕重的地位（圖 9.1.4-3）。IC設計業中，舉

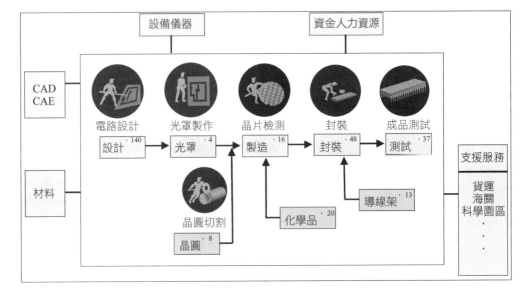

圖 9.1.4-2　我國 IC 產業結構

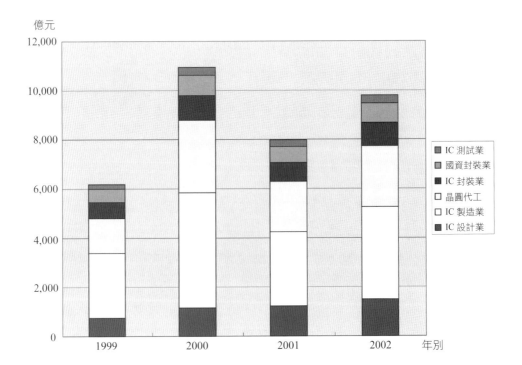

圖 9.1.4-3　我國半導體工業產值成長變化

凡聯發科技、威盛電子、瑞昱電子、凌陽科技已進入全球前二十大 IC 設計公司
（圖 9.1.4-4）。至於國內的 IC 製造業，包含了代工服務、記憶體和其他 IC 生
產；其中，晶圓代工業居於全球領先的地位，有台灣積體電路和聯華電子。記憶
體生產則以動態記憶體（DRAM）為主，如華邦電子、南亞科技、茂德科技等。
而我國 IC 封裝業前三大為日月光電子、矽品科技和華泰電子，IC 測試業則有福
雷電子、南茂科技、京元電子等。

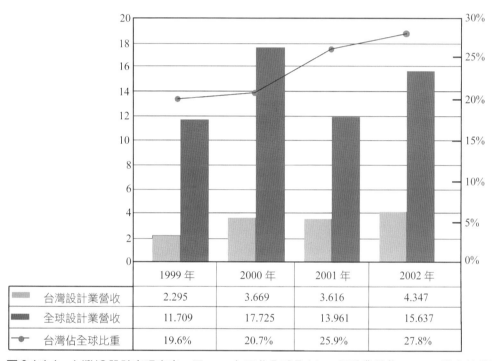

	1999 年	2000 年	2001 年	2002 年
台灣設計業營收	2.295	3.669	3.616	4.347
全球設計業營收	11.709	17.725	13.961	15.637
台灣佔全球比重	19.6%	20.7%	25.9%	27.8%

圖 9.1.4-4 台灣 IC 設計表現突出，至 2002 年已佔全球 Fabless 設計業營收 27.8%，僅次於美國

（三）資訊硬體工業

　　基本上，我國資訊硬體工業是以個人電腦系統為核心，建立起垂直分工的完
整資訊工業，從個人電腦的半導體、零組件、週邊產品、系統組裝、銷售等，都
已建立完整的產業結構。二○○二年台灣資訊硬體產業產值排名全球第四（圖
9.1.4-5），僅次於美國、中國大陸與日本；其中，多項產品之全球市佔率為第
一。不過，台灣的資訊硬體工業偏重於獲利較低的生產製造部分，而此部分又隨
著國民所得提高，而逐漸外移至中國大陸和東南亞地區。目前根據資策會就台
灣資訊硬體工業的主力產品分析，未來此一產業成長空間已逐漸揮別高成長的

百萬美元

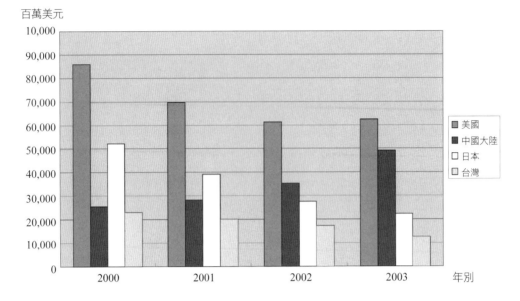

圖 9.1.4-5 　全球主要資訊硬體生產國境內產值成長變化

時代。因此，對於仍然以個人電腦產品為主軸的台灣廠商，已逐漸朝向產品開發、設計、運籌能力及品牌發展。

（四）光電工業

　　光電工業是繼半導體和資訊業之後，另一個迅速竄起的明星產業。光電工業可劃分為六大類，分別為光電元件、光電顯示器、光儲存、光輸出、光輸入、光通訊（圖 9.1.4-6），國內光電業產出以「光電顯示器」和「光儲存」為主。光電顯示器為「兩兆雙星」之一，其中 TFT-LCD 是目前最主力產品，台灣 TFT-LCD 前五大公司為友達光電、奇美電子、中華映像管、廣輝和彩晶；除此，還包括小尺寸的 STN/TN-LCD、LED 顯示幕、電漿顯示器，及爆發力不容忽視的新興顯示器 OLED 等。至於光儲存，光碟機業者主要投入在 DVD 錄放影機、CD-RW 光碟機、結合 CD-RW 寫錄與 DVD-ROM 讀取功能的 Combo 機種，而光碟片廠商已由生產 CD-R 光碟片轉往記錄型 DVD 光碟片之生產。

（五）消費性電子工業

　　傳統消費性電子包含視訊產品、音訊產品、個人電子產品、家電產品和其他

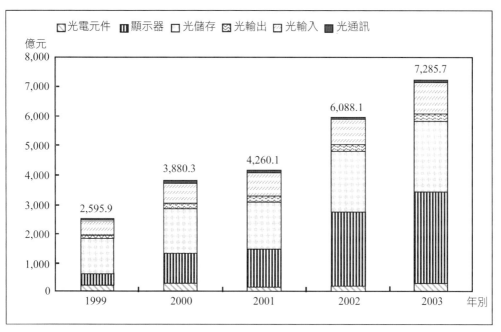

圖 9.1.4-6 我國光電工業產值成長變化

影視音響零組件等。由於數位化浪潮席捲電子業，從電腦、通訊，進入了民生消費電子中。如今消費性電子除了數位化外，還積極與電腦、通訊整合，成為資訊家電（IA）業。目前國內的電腦系統、週邊，及傳統家電紛紛朝向 IA 發展，已推出許多 IA 產品，如網路電視、螢幕視訊電話、智慧型掌上裝置等。由於我國擁有自 IC 設計到終端產品生產的完整產業鏈，加上近年更因消費性軟體開發和產品設計能力的提升，因而被視為可發展成為全球整合資訊家電的生產重鎮。

（六）通訊工業

我國通訊工業領域分為通訊設備（例如，交換設備、傳輸設備、用戶端設備）、通訊服務及相關零組件（圖 9.1.4-7）。從網際網路的蓬勃發展、3G 與新固網業者的開放、寬頻網路的積極拓展與超媒體服務的提供等，在在都說明了二十一世紀是通訊產業展現實力與魅力的世紀。同時隨著用戶之通訊服務需求日趨多元，服務業者所推出的服務內容與質量已逐漸成為眾所矚目的焦點。國內通訊產業以設備之代工為主，目前朝向掌握第三代行動通訊與次世代有／無線寬頻網路終端設備技術發展，並積極往產品創新方向邁進，以落實全球手機王國之願景。

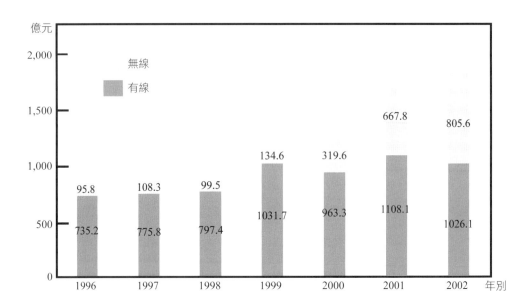

圖 9.1.4-7　我國通訊工業產值成長變化

9.1.5　世界各國資訊科技產業的發展與現況

　　過去二十餘年來，面對經濟全球化與資訊科技革命，各先進國家為確保其高科技工業產品在世界市場之競爭力，以維持經濟發展；不僅政府全力透過科技政策的推動，致力於技術研發與創新，各民間企業也積極增加投資。目前，美國擁有最先進的半導體技術，日本是世界消費性電子的龍頭，歐洲掌握最新的通訊技術，台灣和韓國則正努力由 IT 產業重鎮加速轉型為全球 IA 產業中心，目前雙方在半導體與光電產業上伯仲之間。雖然韓國近年在通訊產業上已經領先台灣，但台灣卻遠比韓國累積更多的 PC 產業實力。

（一）美國

　　美國將資訊與通訊科技視為社會現代化的表徵，在資訊科技產業中始終扮演火車頭的角色。近十餘年來，美國知識經濟蓬勃發展，其主因便在於政府建構有利企業創新及創業之環境，與大幅投資成長率最高的資訊與通訊科技產業（ICT）。美國吸引了全球頂尖科技人才，並蓄積了大量研發成果與能量，藉著國家資訊基礎建設（National Information Infrastructure，簡稱 NII）及電子商務的推動，使 ICT 成為帶領經濟成長的主力。在全球 50 大 IT 企業中，美國就佔了 36

家。美國是半導體的發源地，主導全球的半導體產業，而矽谷為半導體產業的重鎮，目前是全美 IC 設計最集中之處。另外，美國也是全球電腦產業的最大市場，更是新一代電腦的發展地。基本上，美國的 ICT 產業並不從事生產製造，而主要從事附加價值高的開發、設計、品牌與行銷等部分。

（二）日本

日本為全球僅次於美國的第二大 IT 產出國家，有些產品甚至 100%的市場均由日本控制，如電視遊戲機、數位攝影機等。日本始終是一個最佳化產品生產國，並且扮演東亞技術提供者的角色。日本在半導體產業的地位亦僅次於美國，但與美國不同的是，其半導體產品有許多是應用在消費性電子、通訊、汽車等方面，因而消費性電子產品為日本所見長。長期以來，日本是電子產業上關鍵零組件的供應商，反而在電腦系統上競爭力並不強。目前，日本為了加強國際競爭力，正加速產業外移的腳步，特別是在中國大陸的投資。

（三）南韓

南韓廠商的結構與日本相仿，均以大財團為主，本身即擁有上中下游產業。南韓擅長於集中政府與民間大財團資源投入某一特定領域，如半導體產業即是一例。南韓的半導體產業為全球第三大，半導體產出佔南韓 IT 產品出口的一半以上，其中記憶體又佔了超過八成；因而，南韓廠商有能力主導全球的記憶體供銷。二○○○年，南韓 IT 產業中前三大出口產品為半導體、手機、LCD 面板；其手機產業以 CDMA 規格稱霸全球，佔全球市場 60%以上；而在 LCD 面板部分，南韓如今已成為 TFT-LCD 最大供應國。

（四）中國大陸

拜外商和台商之賜，大陸 IT 產業於二○○○年首度超越台灣。目前大陸是全球電腦相關產品的主要生產地，扮演代工製造的角色。中國大陸政府近年來大力推動資訊化建設，由於其內需市場夠大，足可藉由國內市場培養國際級企業。例如大陸的 PC 市場原由美商所主導，近年來由於中國政府的扶植，培養出中國的電腦企業——聯想電腦，如今正在擴大全球版圖。也就是因為市場大，中國政府以內需換取技術，將經濟特區的推動改為新高科技園區的建置，以優渥租稅獎

勵吸引外商投資，同時將人才導入高科技行業，並積極創造有利於高科技發展的資金市場。因此，中國大陸近來在半導體、軟體及通訊方面，亦開始加速發展中。

（五）台灣

我國資訊科技產業的發展，可追溯自一九六○年代頒布「獎勵投資條例」之後，開始吸引許多外商來台尋求組裝代工基地為起點；而台灣IT產業真正起飛，其實是拜個人電腦革命之賜。從一九八一年 IBM 推出個人電腦標準以後，我國以個人電腦的產製為核心，帶動上下游產業的蓬勃發展。在歷經二十餘年的努力後，IT不但成為我國第一大產業，亦提升了傳統產業的競爭力，同時在全球的資訊科技產業分工上佔有舉足輕重的地位。自一九九五年起，台灣資訊硬體產值即已躍登全球第三大生產國，包括筆記型電腦、監視器、主機板、掃描器等多項產品，均取得全球第一龍頭地位，此生產地位於二○○○年由中國大陸取代而退居第四。我國半導體產業以獨樹一格的產業分工，居世界第四大生產國，其中尤以晶圓代工最為突出，不僅為世界第一，更造就世界級的大廠台積電和聯電。除此，國內目前行動電話等無線通訊產業亦快速成長中。我國 IT 產業在與國際大廠長期代工合作下，從單純之製造加工，培養出從設計、製造到後勤支援之全球運籌能力，造成國際大廠為求生存及提高其競爭力而積極主動來台尋求合作，擴大在台營業規模。從成立製造技術研發中心、技術支援中心，進而形成生產運籌中心及營運中心等，使得我國資訊科技產業之國際競爭力更形提升，產業規模益加擴大，並且成為我國經濟成長的主要動力。

九○年代後，由於網際網路的發展，世界各國陸續推動 NII，我國政府亦於一九九四年八月開始推動國內的 NII，以網路建設、資訊技術，及應用服務，規劃 NII 的主要工作範疇，積極建設台灣成為資訊化社會，逐步往科技化國家之林邁進。

二、生物科技新希望

生物科技是二十世紀七○年代崛起的新興科技，其重要性在於能解決二十一世紀人類所面臨的諸多問題，舉凡人口爆炸所衍生的糧食問題、人口高齡化所產

生的醫療問題、地球被過度開發所造成的環境問題，與高度工業發展所引發的能源問題等。經過近三十年的迅速發展，生物科技不但已成為探討生命科學的基本工具，其廣泛的應用潛力更涵蓋醫療、食品、特化、農業、畜牧及環保能源，是二十一世紀全球的明星產業。

9.2.1 生物科技的內涵

所謂生物科技（Biotechnology）是利用生物程序、生物細胞或其代謝物質來製造產品，改進傳統生產程序，以提高人類生活素質的科學技術。生物科技不但能改良現有工業生產程序，更能製取自然界不存在或難以大量生產的物質，是一項應用生物學的突破性技術。

（一）傳統生物科技

依照生物科技的定義，則早在數千年前人類就已知道使用生物技術的方法，以微生物的代謝產物，來釀造醱酵製造醬油、酒類、麵包酵母、酸乳酪等；此外，水果、花卉、農作物的改良育種，和近代醫療用的抗生素、疫苗等，均屬於傳統生物科技。由於傳統生物科技所提高產量的幅度有限，育種之誘變和選擇的過程繁瑣、耗時長，而且無法改變生物的遺傳特性，因此在應用上產生很大的限制。

（二）現代生物科技

自從一九五三年發現 DNA 的雙螺旋結構以後，遺傳學於焉走入分子層次；而隨著人類對遺傳物質作用的機制之了解，七〇年代發明的 DNA 重組技術與細胞融合技術，使生物科技邁入遺傳工程的新領域，開啟了生物科技的新紀元。因此，現代生物科技是結合傳統醱酵學，運用生物化學、微生物學、免疫學、分子遺傳學、化學工程學與電子工程學等科學，在「細胞與分子」層次上進行操作，以改變生物體的遺傳形質，來生產製造有用的產品，主要核心技術包含：遺傳工程、細胞工程、蛋白質和酵素工程，與醱酵工程。

1. **遺傳工程**：屬於分子生物技術，是藉由人工操作，以改變遺傳基因的技術，亦稱為「基因工程」，主要以 DNA 重組技術為主。DNA 重組技術原理是：以 DNA 限制酶切割載體 DNA 和外源 DNA，再將選取的外源目標基因（DNA 的片段），利用 DNA 接合酶接至載體上（通常是細菌的質體、噬菌體或病毒），構

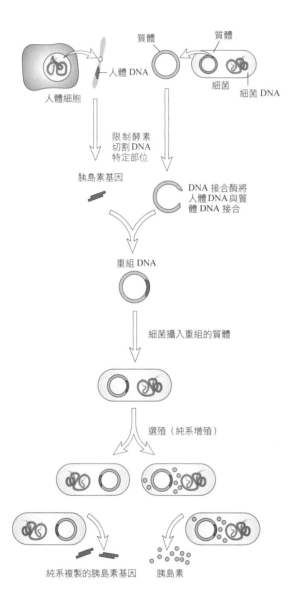

質體

質體

人體 DNA

細菌

細菌 DNA

人體細胞

限制酵素
切割 DNA
特定部位

胰島素基因

DNA 接合酶將
人體 DNA 與質
體 DNA 接合

重組 DNA

細菌攝入重組的質體

選殖（純系增殖）

純系複製的胰島素基因　　胰島素

圖 9.2.1-1　以基因轉殖細菌生產胰島素

成重組 DNA 分子；然後將之放至細菌中，利用 DNA 載體具有複製源可在細菌體內複製的特性，外源基因亦隨著重組 DNA 分子大量複製，並合成蛋白質；例如，將人類的胰島素或生長激素嵌入大腸桿菌的質體，形成重組 DNA 細菌，即基因轉殖細菌（圖 9.2.1-1），可以大量生產胰島素或生長激素。利用此方法，可以大量生產單一基因的複製物，故稱此過程為「基因選殖」。由於 DNA 重組技術的成熟，科學家透過遺傳工程的改造，創造了在自然狀態下無法發生的基因變化。除了基因轉殖細菌外，若將外源基因引入植物或動物細胞，而可表現外源基因的特性，則稱為基因轉殖植物與基因轉殖動物。

　　遺傳工程技術尚有決定鹼基排列的 DNA 定序，以及可在試管中快速大量複製特定 DNA 的聚合酶連鎖反應（Polymerase Chain Reaction, PCR）——基因放大術（圖 9.2.1-2）。DNA 定序的方法是由一些簡單的化學反應加上電泳技術的分析來完成。PCR 技術的原理則是利用耐高溫的 DNA 聚合酶和溫度的變化，在適當的 DNA 模板、引子、去氧核糖核苷酸存在下，反覆的進行 DNA 的合成。PCR 技術的應用範圍極廣，尤其是在檢定微量 DNA 上，如醫學、考古學、親子鑑定、刑事法學的微證物等。

2. **細胞工程**：是在細胞的層次上，研究、開發與利用各類細胞；採用組織與細胞培養技術對生物細胞進行修飾，為人類提供優良品種和保存珍貴物種，主要包含組織與細胞培養、細胞融合和細胞核移植。

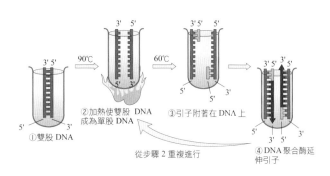

90℃ ②加熱使雙股 DNA 成為單股 DNA

60℃ ③引子附著在 DNA 上

①雙股 DNA

④ DNA 聚合酶延伸引子

從步驟 2 重複進行

圖 9.2.1-2　PCR 的原理

組織與細胞培養是自生物體分離出來的組織或細胞，以特殊的培養基或培養裝置，維持其活性，使細胞能夠繼續分裂生長及分化的技術。組織培養必須在無菌的環境中，最常用於植物，植物細胞由於其全功能性，在適當培養環境中，可以繼續分裂、分化，而長成整個植株（圖 9.2.1-3）。細胞培養是將組織碎片以酵素或物理化學方式處理，使細胞分離呈單細胞狀態，再置於細胞培養基中培養，可大量製造該細胞。利用此法可合成的有用物質，例如微生物和植物細胞的某些二次代謝物（抗生素、生物鹼、色素等）是具有生理療效的藥物，又如動物的抗體則是由一群白血球所分泌製造。由一單細胞在試管中持續分裂增生，未經分化而成為相同之細胞群，稱為細胞株；而由單一細胞株所製造出來的抗體，稱為單

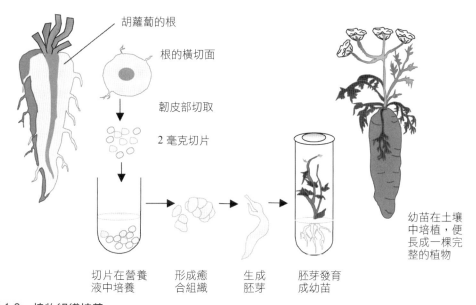

胡蘿蔔的根

根的橫切面

韌皮部切取

2 毫克切片

切片在營養液中培養

形成癒合組織

生成胚芽

胚芽發育成幼苗

幼苗在土壤中培植，便長成一棵完整的植物

圖 9.2.1-3　植物組織培養

株抗體。

　　細胞融合可使在自然界不易或無法交配的物種，利用化學或生物方法，將兩種細胞融合，形成雜種細胞，再經由組織培養技術，培養出新品種。將具有不同特性的植物組織培養，以纖維素酶去除細胞壁，成為原生質體；再以聚乙二醇將兩原生質體融合，形成具有兩者的優良性狀之雜種細胞。例如，將馬鈴薯與番茄的細胞融合，產生了具雙方特色的馬鈴茄（圖9.2.1-4）。在動物細胞上，利用腫瘤細胞可無限增生的特性，將腫瘤細胞與其他具有製造生物活性物質的細胞融合，而達到快速增殖、大量生產的目的，稱為「融合瘤」。例如，將小白鼠製造分泌抗體的一種B淋巴細胞與其骨髓癌細胞進行細胞融合，再經過生長與篩選手續，挑出可分泌所要抗體的融合細胞，即可大量培養生產單株抗體（圖9.2.1-5）。由於抗體本身只與特異的抗原結合，在生物醫學被廣為應用。

　　細胞核移植是一種極端的基因轉殖程序，有賴於細胞顯微技術。首先，以紫外線照射受精卵，破壞原來的細胞核；再以極細的玻璃針，注射入新的細胞核；而後，受精卵發育成遺傳性狀與供核者完全相同的動物。此法對動物雜交育種的無性繁殖具重要意義，例如動物的複製技術。一九九六年，誕生於英國的複製羊——桃莉（圖9.2.1-6），更是利用未受精的卵子取代受精卵，將一隻成年白面母羊（供核者）乳腺細胞的細胞核取出，與另一隻黑面母羊的去核卵細胞，以電擊

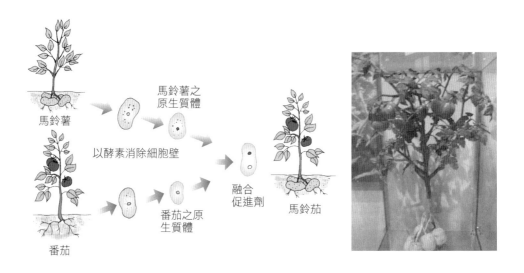

圖 9.2.1-4　將馬鈴薯與番茄細胞融合，產生了馬鈴茄

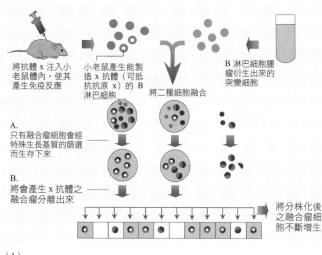

將抗體 x 注入小　小老鼠產生能製　　　　　　B 淋巴細胞腫
老鼠體內，使其　造 x 抗體（可抵　　　　　　瘤衍生出來的
產生免疫反應　　抗抗原 x）的 B　將二種細胞融合　突變細胞
　　　　　　　　淋巴細胞

A.
只有融合瘤細胞會經
特殊生長基質的篩選
而生存下來

B.
將會產生 x 抗體之
融合瘤分離出來

　　　　　　　　　　　　　　　　　　　　將分株化後
　　　　　　　　　　　　　　　　　　　　之融合瘤細
　　　　　　　　　　　　　　　　　　　　胞不斷增生

（1）

（2）

圖 9.2.1-5　（1）單株抗體的製作程序（2）融合瘤

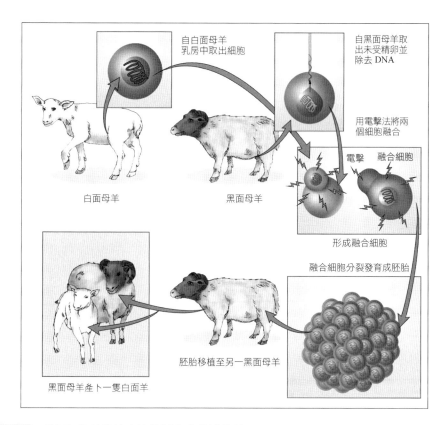

自白面母羊
乳房中取出細胞

自黑面母羊取
出未受精卵並
除去 DNA

用電擊法將兩
個細胞融合

白面母羊　　　　　　　黑面母羊

電擊　　融合細胞

形成融合細胞

融合細胞分裂發育成胚胎

胚胎移植至另一黑面母羊

黑面母羊產下一隻白面羊

圖 9.2.1-6　利用細胞核移植方法複製出來的桃莉羊

方式融合;再將融合細胞放入另一隻母羊(代理孕母)子宮;五個月後,代理孕母產下了桃莉。

3. **蛋白質和酵素工程**:為從分子層次改變蛋白質和酵素的特性。蛋白質不但結構複雜,而且種類與功能繁多,在生物體內扮演著種種重要角色,如氧氣的輸送、營養物質的轉化、生長與分化的調控、生命訊息的傳遞等。蛋白質構造上些微的變化,可對生物體造成極大的影響。近二十餘年來,由於 DNA 重組技術與人工合成 DNA 技術的進步,已使生化學家能夠利用定位突變方法,改變蛋白質分子中任何特定位置的胺基酸,進而探討蛋白質結構與其功能之間的關係;並藉以製造具有新特異性的生技產品,推動蛋白質和酵素的研究。此外,蛋白質工程還包括了解蛋白質的 DNA 編碼序列、蛋白質的分離純化、蛋白質的序列分析、蛋白質結晶和結構力學分析。

酵素(酶)是生物體內具有催化作用的特殊蛋白質,生物體內為了維持體內同時進行眾多的生化反應,必須藉由各種特定的酵素來催化。各種酵素促成特定反應而自身不參與反應進行(圖 9.2.1-7),具有反應效率高、反應條件溫和、產物污染小、耗能低及易於控制等優點。

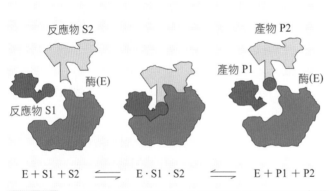

$$E + S1 + S2 \rightleftharpoons E \cdot S1 \cdot S2 \rightleftharpoons E + P1 + P2$$

圖 9.2.1-7 酶能促進特定反應而本身不參與反應進行的示意圖

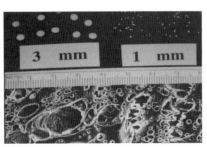

圖 9.2.1-8 固定化酵素是將酵素以物理或化學方法,連結或包埋在穩定而具不溶性的材質裡

酵素工程是將酵素固定化或修飾,以增加其穩定性、專一性,或改變其活性,也利用酵素來催化化學反應,其關鍵技術包括固定化酵素技術以及生物轉化技術。固定化酵素是指「處於固定化狀態的酵素」,利用物理或化學方法將酵素之機動性加以限制(圖 9.2.1-8),以增加酵素之安定性、耐熱性,以及可重複使用的特性,對於生物轉化的用

途提供更佳的操作性及使用效率。生物轉化技術則是利用酵素的催化作用,於特定的生物反應器中,將原料轉化成有價值的產品。應用酵素工程將酵素固定化在薄膜上,還能做成以酵素反應為基礎的檢驗電極,得以快速檢驗大量樣品。因此酵素的固定化是將來製造蛋白質或酵素晶片的第一步,未來將有無窮的應用潛力。

4. **醱酵工程**:人類自古以來即已知道釀酒、製醋、造醬,此為應用微生物醱酵的開端。微生物由原料中攝取養分,經由體內特定的酵素系統,進行生化代謝反應,而製得有價值的產品,如胺基酸、抗生素、生物界面活性劑、生物性農藥,及聚合物等。醱酵工程即是採用現代醱酵設備,利用微生物的生理功能,在特定之操作條件下控制醱酵程序,為人類生產有用的生物產品。此法主要用來取代傳統的醱酵技術,內容包括優良菌種的選育與工程菌的生產繁殖技術;例如,利用工程菌醱酵生產所需產品的技術、用微生物控制或參與工業生產(例如,採礦、解毒、冶金)的技術、以基因工程培育新菌種的技術,及研製由微生物固化製程的生物反應器與新型醱酵裝置等(圖 9.2.1-9)。

圖 9.2.1-9　大量培養疫苗蛋白的醱酵槽

9.2.2　生物科技的應用與發展

生物科技具有廣泛深遠的應用潛力,其應用範圍涵蓋食品工業、特用化學、農漁畜牧、醫療保健、能源環保等產業,除了有助於經濟發展外,更重要的是提升人類生活品質。

(一)醫療保健

生物科技應用的領域中,生技醫療保健產業獨領風騷。生技醫療保健是從分子層次上,探討疾病的診斷、預防、治療與保健,為醫療事業帶來革命性發展。在生技藥物和檢驗試劑方面,以基因工程和醱酵工程技術,利用微生物作為「生物工廠」生產治療用蛋白質藥物,如人類胰島素、干擾素、生長激素等。利用單株抗體攜帶藥物針對腫瘤和傳染性疾病進行治療,單株抗體亦可作為純疫苗和免

疫檢驗試劑（圖 9.2.2-1）。藉由基因工程生產的抗原蛋白，已被廣泛用於生產各種檢測疾病的檢驗試劑及醫療藥品。此外，動物細胞培養可產製大量的病毒疫苗，如小兒麻痺疫苗；亦可用於羊膜穿刺，培養胎兒細胞，以檢查胎兒染色體。抗生素是微生物的二次代謝產物，可利用醱酵工程技術生產；而透過基因工程技術可製造各種能預防傳染疾病的基因疫苗（圖 9.2.2-2），及作為遺傳疾病之基因診斷的 DNA 探針。應用 PCR 的技術可以診斷疾病，還能檢驗孕婦、胎兒的遺傳

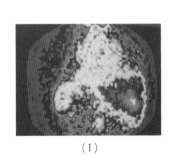

(1)

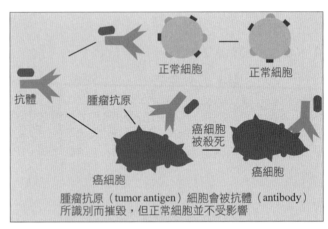

(2)

圖 9.2.2-1 （1）利用單株抗體來檢測癌症病狀，圖中螢光物是單株抗體附著在肝癌細胞表面上，此單株抗體的抗原是肝癌細胞表面的蛋白質（2）將致癌細胞的單株抗體與蛋白毒素結合，可製出免疫毒蛋白藥物來殺死癌細胞

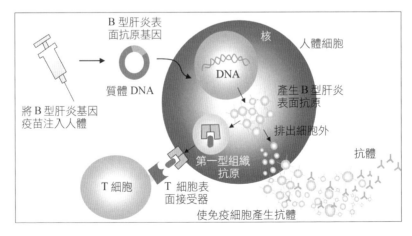

圖 9.2.2-2 目前所研發的第三代 B 型肝炎疫苗，是利用基因疫苗技術，將病毒表面蛋白質基因植入質體 DNA，直接注入人體，引發抗體和細胞性免疫反應

基因等。再者，利用體外受精與離體培養還可孕育試管嬰兒。

　　因 DNA 定序所延伸之生物體基因庫的建立，其中最龐大的人體基因庫已於二〇〇三年定序完成，開啟了「基因體學」與「生物資訊學」時代。由於單核苷酸多樣性（SNP）的研究，探討基因型態與藥效及疾病罹患之關係，已成為個體化醫療的新趨勢。再者，利用人體基因庫與 DNA 重組技術，可進行基因治療。

基因轉殖牲畜的乳腺能分泌昂貴的藥用蛋白質，如人類凝血因子和乳鐵蛋白等（圖9.2.2-3）。此外，應用人體組織培養技術，可重建特定的組織或器官，如皮膚、軟骨、血管、肝臟等。未來，可結合生物科技（基因重組技術、單株抗體、基因治療）與免疫治療的新方法，開發新型的疫苗，以增加現有疫苗的有效性和安全性。

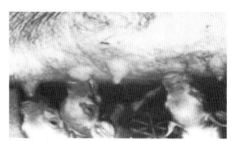

圖 9.2.2-3　經由基因顯微注射技術，產生帶有人類第九凝血因子之基因轉殖豬

還能利用基因轉殖動物或複製動物作為人類器官移植的來源，以治療疾病；甚至，應用複製的技術於人類生育方面，能提供不孕婦女新希望。幹細胞是胚胎期尚未分化的細胞，具有全功能性，可自行再生與分化成各種細胞，未來應用的潛力十分樂觀，可以代替骨髓移植、進行基因治療、以幹細胞複製的細胞來修補受損組織與器官的複製療法，或是利用複製出的年輕細胞取代老化與受損的細胞組織，以達抗衰老的效果。

　　生物科技與電子工業結合可開發生物感測器和生物晶片。生物感測器是使用固定化的生物分子結合傳感器，用來偵測生物體內或體外的環境化學物質之裝置。由於其所具備的高特異性、高靈敏度、高選擇性、與即時輸出的特性，運用極為廣泛。應用於醫療方面的生物感測器，有兩種類型：(1)生物親和性感測器，如利用抗體抗原製成的免疫感測器，可用於診斷疾病；及(2)生物催化型感測器，如血糖測試用的酵素電極。生物晶片是將生物有關的大分子（如DNA、蛋白質、抗體等），以微陣列方式配合化學方法，將其製作於玻璃片、矽晶片或尼龍薄膜之微面積固體材料上，作為生物化學分析的產品，其作用對象可以是 DNA、蛋白質或細胞組織。生物晶片可分為 DNA 晶片、蛋白質晶片、微流體晶片，及實驗室晶片，目前仍屬初期發展階段。由於其分析速度極快、準確度高，應用功能十分強大，範圍涵蓋了基因功能研究、新藥開發、醫療診斷、臨床檢驗、菌種篩

選與環境控制等。許多人認為，生物晶片將成為二十一世紀生技產業新主流。

在生醫材料方面，透過酵素工程製成的甲殼素（幾丁質與幾丁聚醣），為天然的高分子醣類聚合物，生物親和性高，可作為人工皮膚、人工血管、隱形眼鏡和外科手術縫合線等。結合生物資訊學與基因選殖技術所發現的第 21 型膠原蛋白，為構成血管組織的重要部分，亦是生醫材料的重要建材，主要用途包括人工皮膚、食道、氣管、整型、燒燙傷敷料等。

（二）食品工業

從食品加工原料、製程、品管，到廢棄物處理，皆是生物科技應用的領域。藉由基因工程，可改良農產品的品質和產量，例如利用基因改造生產菌，使胺基酸產量提高數十倍；經由基因改造所製造的食品，稱為基因改造食品，如利用基因改造稻米，生產出含維生素 A 的黃金米。再者，為使食品加工製程效率化，並節省能源，酵素工程技術被大量應用於製程中，還能因此改善食品的品質、增進食品的消化性、提高萃取效率，以及延長保存期限。基因工程和醱酵工程技術也用來製造生產大量酵素，供食品加工使用。微生物向來即被用於製造醱酵食品（如乳製品、泡菜、味噌等）、酒類、調味料（如醬油、醋、味精等），在食品醱酵菌種的改良上，採用基因工程技術配合生物反應器，可大量生產、降低成本，例如，以帶有澱粉酶基因的酵母菌用於啤酒的生產。

利用 DNA 探針和 PCR 技術，可快速精確的檢驗食品成分，確保食品安全。透過醱酵工程技術，還能生產食品添加物，如香料、酵素、低熱量甜味劑、脂肪代替物、抗氧化劑或防腐劑等，以取代化學合成法製造。應用醱酵工程技術處理廢棄物，將廢棄物再利用，能達到減廢的效果，降低污染物對環境的破壞，例如，將廢棄物中的纖維物質轉換成生物性燃料（圖 9.2.2-4）。生物科技亦用於生產不造成過敏的食品，如有些人喝牛奶會引起腹瀉，利用生物反應器加入分解乳糖的酵素，則經過此反應器的牛奶，便不會引起腹瀉。

由於社會逐漸走向高齡化，強調自然健康與機能保健的飲食觀念，以及預

圖 9.2.2-4　生物混合汽油：汽車駕駛人正注入汽油和酒精混合的燃料，其中的酒精是由甘蔗或玉米原料醱酵製成

防重於治療的趨勢日受重視，此種潮流使得機能性食品成為二十一世紀食品中的主流。機能性食品的種類繁多，主要是採用酵素工程和醱酵工程技術生產，如利用生物反應器可大量生產果寡糖。果寡糖能促進人體腸內有益菌株活性化，而抑制害菌繁殖，所以在糕點、牛奶、飲料中常添加果寡糖（圖 9.2.2-5）。又如經由固定化酵素可生產幾丁質，幾丁質是天然生體高分子，生物活性高，大量存在於蝦蟹殼與真菌類細胞壁中，食用後可增強免疫力、降低膽固醇、改善消化機能等，用途極為廣泛。除了作為機能

圖9.2.2-5　果寡糖是利用固定化酵素的方式製造

性食品外，幾丁質還應用在農業、化妝品、生醫材料、廢水處理等。此外，中草藥作為機能性食品，能強化免疫力；利用生物科技於中草藥的研發，已成功的例子如靈芝、人蔘、冬蟲夏草、銀杏等。

（三）特用化學

　　特用化學品是具有特殊功能的高附加價值化學產品。目前大部分特用化學品，是由石化工業取得的原料，經由特定化學程序生產，常需在高溫高壓中進行反應，具危險性與高污染性。以生物科技生產，則無此缺點，所生產的特用化學品涵蓋：酵素、色素、香料與調味料、生物界面活性劑、甜味劑、農藥、胺基酸與有機酸、生體高分子，及醫療藥物與抗生素等（圖 9.2.2-6）。在當前環保意識高漲及石油日趨短缺的情況下，利用生物科技生產特用化學品是未來必然的

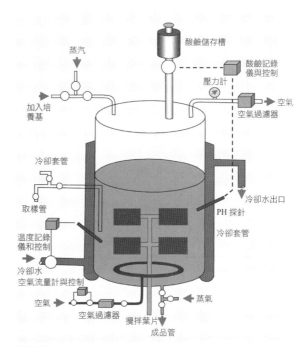

圖 9.2.2-6　醱酵槽的運作：現代工業醱酵槽是不鏽鋼或玻璃材質的巨大筒狀物，用來繁殖微生物、製造抗生素和蛋白質藥物等有益物質

趨勢。

　　酵素是先進國家重要的特用化學品，可應用於工業、檢驗、醫藥各方面。工業上藉由酵素的催化作用加速反應的進行，工業用的酵素即稱為工業酵素，如蛋白酵素、脂肪酵素、澱粉加工酵素，及纖維酵素等。多數的工業酵素是以微生物製造而來，以基因工程和酵素工程技術大量製備各式各樣酵素，提供工業製程所需，廣泛應用於清潔劑、食品飲料、化妝品、紡織、皮革加工、動物飼料、造紙等產業。

　　色素用於食品添加、化妝保養與染料，主要來自植物二次代謝物，可經由植物組織或細胞培養生產，如利用胡蘿蔔細胞生產天然紅色素；亦可藉由微生物生產特殊的色素，如利用紅麴菌生產紅麴色素、利用基因改造的工程菌合成靛藍染料等。

　　香料與調味料主要來自植物的精油萃取和植物的二次代謝物，可利用醱酵工程、基因工程、酵素工程，或植物細胞培養技術製得。

　　生物界面活性劑同時含有親水性基和親油性基，能在不同極性的相界面形成，聚集於界面產生微泡，以降低表面張力，改變界面性質，可作為洗潔劑、乳化劑和分散劑。其主要是利用基因工程和生化技術，以微生物或碳水化合物為原料。由於具有滲透濕潤作用、低毒性和良好的生物可分解性，可取代以石油裂解為原料的化學界面活性劑，而將之應用於農業、食品、造紙、化妝品、製藥，和石化工業等。

(1)

(2)

圖 9.2.2-7　（1）蘇力菌裡有蛋白質的結晶，具有毒殺蔬菜害蟲小菜蛾幼蟲的特性，且對人體無害，可取代化學除蟲劑。（2）右側培養皿中的小菜蛾幼蟲受蘇力菌感染，故蔬菜不受啃食；左側培養皿中的小菜蛾幼蟲未受感染，蔬菜因而受到啃食

　　甜味劑多以澱粉為原料，如麥芽糖、葡萄糖、果糖、寡糖等，是利用酵素工程技術，以生物反應器大量生產，所使用的酵素也牽涉到 DNA 重組技術。許多低熱量高甜味的代糖產品，則是以胺基酸為原料合成的，如阿斯巴甜。

　　生物性農藥是應用生物科技開發以微生物或具有生物抑制能力的微生物之代謝產物為原料，所生產之防制或去除害蟲、雜草、病害的農用藥劑，如生物性殺蟲劑、殺蟎劑和殺草劑（圖 9.2.2-7）。因其

源自天然生體,故無毒性、對環境衝擊低。

　　胺基酸、維生素、酒精、核苷酸與有機酸(乳酸、檸檬酸、葡萄糖酸等)為生物的代謝產物,主要是利用微生物,以醱酵工程和酵素工程技術生產,廣泛應用於食品工業。

　　生體高分子包羅萬象,如膠原蛋白、多醣類(如幾丁質、幾丁聚醣、透明質酸)、聚麩胺酸及纖維素物質等,多以醱酵工程和酵素工程技術生產(圖9.2.2-8)。由於其具有極佳的生物相容性,可用於生醫材料、化妝品、機能性食品、廢水處理等。另外,利用工程細菌(或植物)生產的天然高分子,經由醱酵工程技術,製作多種性能各異的高分子聚合物,加工後具有生物可分解性、生物相容性和熱塑性,可作為生物塑料,減輕對石化原料的依賴,並能降低對環境的威脅。

圖 9.2.2-8　蝦殼中含有幾丁質,可經由固定化酵素製得

(四)農林漁牧

　　二十一世紀全球將面臨嚴重的糧食匱乏問題,未來解決糧食問題,端賴生物科技在農業生技方面的研發應用。在農業方面,利用體細胞或組織培養技術,大量繁殖優良作物品種的種苗,以提升農業的產能與質量(圖9.2.2-9)。利用基因轉殖技術於植物,可增加農作物中胺基酸與蛋白質等營養成份的含量,使農作物更適合人類利用,而提升作物的經濟價值,例如增加豌豆的甜度、馬

圖 9.2.2-9　利用組織培養的蘭花

鈴薯的澱粉含量、棉花纖維的韌性等。透過基因工程技術,開發抗昆蟲、抗病毒、抗真菌,以及抗殺蟲劑等各類基因轉殖植物(圖9.2.2-10),以加強植物疾病的防治;亦可利用基因轉殖於提高作物抗寒和抗旱能力。除此,藉由定位突變技術,改變植物中某種酵素活性,可提高光合作用的效率,以增加生物質量。利

（1）　　　　　　　　　　　　　　　　（2）

圖 9.2.2-10　基因轉殖植物：（1）木瓜易因感染植物病毒而減產，應用基因轉殖將病毒的一段基因植入木瓜細胞中，使木瓜本身也能製造病毒蛋白質，此種蛋白質具有類疫苗的作用。圖左為一般台農二號木瓜輪點病毒之品系，圖右為可抗病毒之轉殖鞘蛋白基因之台農二號木瓜（2）利用組織培養基因轉殖水稻，可用來產生外源蛋白質

圖 9.2.2-11　白蘭菜是白菜與甘藍菜融合而來

用基因轉殖技術，將根瘤菌固氮基因轉殖到非豆科植物，可產生固氮作用，以減少含氮肥料的使用，能避免化學肥料對土壤的破壞，並提高農業的生產。除此，利用細胞融合技術，可改良作物（圖 9.2.2-11），結合不同植物的優良特性，例如油菜和甘藍融合的千寶菜，具有甘藍的甜味及油菜的脆嫩。

在漁業方面，採用基因轉殖技術，將外來基因植入魚蝦貝類胚胎中，讓基因轉殖生物帶有外來基因並可以表現，如促進生長、抗凍、抗病、抗寄生蟲、肉質改良，及耐鹽度，藉以改良水產養殖生物。經由染色體操作技術，可使魚貝類成為無性的三倍體；三倍體水產生物不具生殖器官，生長速度快，且體型較大，肉質鮮美。此外，對成長率與性別有關的水產生物，則可利用雜交、人工篩選性別或荷爾蒙處理性轉換技術，以單性養殖方式，獲得最大經濟效益。在水產生物的疾病診斷及預防治療上，可利用 PCR 技術以檢測，以及基因疫苗來預防傳染疾病。目前各種魚類細胞株的建立，已成為研究魚類細胞生理、魚病治療及抗病性研究之重要工具。

在畜牧方面，藉由胚胎移植技術與人工體外受精，畜產動物繁殖率不但大為提高，還能改良牲畜品種。利用遺傳工程技術，注射由大腸桿菌生產的牛生長激素，可增加牛乳產量；而注射豬生長激素，則豬隻成長快、肉質美。以無性繁殖的動物複製技術，可用以保存優良品種的牲畜。再者，透過 DNA 重組技術研發的疫苗，能有效保護接種動物抵抗病原之侵害與攻擊。採用 DNA 探針與 PCR 技術，可以在牲畜疾病早期，偵測到病原，防止疾病蔓延擴散。除此，利用基因轉殖技術，培育出具有特定性狀的基因轉殖動物，可提高畜牧動物的經濟價值（圖9.2.2-12）。

（五）能源環保

為了減緩地球環境污染、降低對石化能源的依賴和能源短缺的危機，以達環境與經濟的永續發展，生物科技應用於能源環保方面，包括再生性能源的開發、環境監測、生物復育與污染物處理、清潔生產與污染預防，以及環境保護技術等。

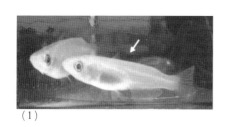
(1)

(2)

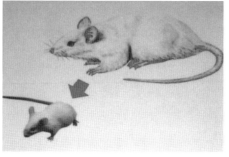
(3)

圖 9.2.2-12　基因轉殖的動物：（1）使用顯微注射的方式，將外來的綠螢光基因植入野生種的青鱂魚之 TK-1 螢光基因魚（2）生產乳鐵蛋白的基因轉殖牛（3）基因轉殖鼠（右上方）

圖 9.2.2-13　利用污水產生能源：在廢水處理廠內，先在右圖的廢水池培養微生物，以清除污染物；再利用左圖的「生物反應爐」，由細菌分解微生物，可以產生有用的「沼氣」燃料

對於再生性能源，運用微生物分解廢棄物，以生產多用途的生質能源，藉此開發生物性燃料，還可利用澱粉或纖維素等農業廢棄物，透過醱酵工程技術，製得乙醇（酒精）、丁醇等，以取代汽油。再者，利用微生物醱酵處理污水與廢棄物（圖 9.2.2-13），可取得與天然氣成分相同的甲烷，以製造發電或家庭用的燃料。

環境監測的主要目的是提供污染意外之即時預警，及分析污染來源與影響程度，並提供復育成果之評估；可藉由生物科技具有高精確度、高靈敏度，與即時偵測等優點，如 DNA 探針、生物晶片、生物感測器，和指標生物之利用。透過 DNA 探針與生物晶片辨認微生物 DNA，可分析污染來源。生物感測器則可應用於分析河川和廢水混濁度相關的生化需氧量（BOD）、農藥之檢測、重金屬及氣體之分析等。而指標生物可用於物理與化學指標較難掌握之複雜環境的評估，如毒性評估與生態系統影響評估等。

由於微生物的存在，能將動植物的殘骸進行分解，化為小分子進入自然界的物質循環中，使得大自然具有自我淨化的能力。隨著工業發展，工廠的廢水與廢棄物和化學性農藥和肥料等，均會殺死自然界有益的微生物，使得河川、土壤喪失了自淨功能。因此，將廢水與廢棄物集中於處理場，添加大量培養的具有分解污染物能力之微生物或基因改造菌，可把有毒污染物分解轉化為無害物質，此即所謂生物處理法。

生物復育則是利用微生物或微生物程序，轉換及分解污染場址的污染物，以達到整治的目標，所使用的技術有：生物促進法、生物添加法，和污染物生物處理法。生物促進法是藉由改善污染場址環境，來刺激並活化微生物，如供給營養鹽、氧氣或添加可生物分解的界面活性劑。生物添加法則針對受污染場址，直接添加具有分解能力的微生物或基因改造菌，以加速污染物之分解並縮短整治所需

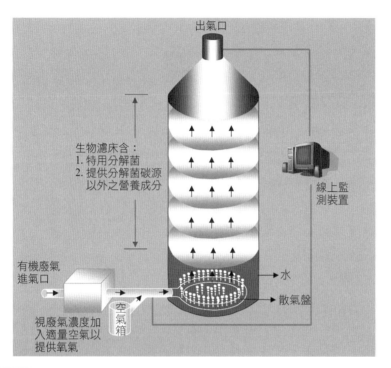

生物濾床含：
1. 特用分解菌
2. 提供分解菌碳源以外之營養成分

出氣口

線上監測裝置

有機廢氣進氣口

空氣箱

視廢氣濃度加入適量空氣以提供氧氣

水

散氣盤

圖 9.2.2-14 此種「生物濾床」設備可針對廢氣之成份，遴選特用菌種，讓菌種在適宜的環境下充分生長，以有效分解有機廢氣，達到淨化目的

時間。至於污染物生物處理法，是將污染物經生物通氣或土壤洗滌後送至生物反應器、生物濾床（圖 9.2.2-14），或生物洗滌塔去除污染物，或以地耕法或堆肥化法處理；污染物包括有：廢氣（SOx、NOx、惡臭、有害物質等）、廢水（地下污水、產業廢水、地面污水），與固體廢棄物（污泥、糞尿、重金屬、原油、難分解性有害物質）。

　　在清潔生產與污染預防方面，藉由新的生物生產製程技術，以減少廢棄物產生與資源之有效利用（圖 9.2.2-15），如利用分子遺傳技術篩選特定菌種，將製程所產生的廢棄物轉化為能源或是有用的副產品。

　　在環境保護型技術方面，則主要包括低

圖 9.2.2-15 開採原油時，無法有效地將附著在油礦岩層的原油完全萃取出來，若將特殊的細菌注入礦岩層，藉由細菌快速的生長和繁殖，即可自油井取出附著在岩層上的原油

環境負荷技術，以及生態系統保護與控制技術；前者如微生物農藥及肥料、生物可分解性塑料的開發等，後者如人工光合作用、二氧化碳之生物固定與利用、溫室效應氣體生物處理等解決地球溫暖化的問題。

9.2.3　生物科技的特色

由於分子生物學的帶動，生物科技已成為當今應用生物學中最受重視的領域，而生物科技相關產業也成為世界各國政府競相鼓勵的明日之星。生物科技之所以受世界各國高度重視，是因為其具備了許多優於其他科技產業的特色，歸納起來有以下幾點：

（一）在基礎研究方面，生物科技為研究生命科學的基本工具，且結合了物理、化學、生物，以及醫學和工程學等科學與技術，是跨領域的整合科技，基礎研究需求甚殷。

（二）在技術層面上，生物科技屬於尖端科技，知識與技術密集，專業技術與人才需求度高。

（三）在原料能源方面，生物科技所使用的原料，通常可藉著生物系統再生，來源不虞匱乏，對環境污染極低，而且能源需求度亦低。

（四）在產業開發方面，生技產業的創新成本高、研發時程長、市場潛力大、風險高、獲利高、產品附加價值高，且產業關聯性大。再者，遺傳工程具有改變生物遺傳特性的能力，對人體與環境可能造成重大影響。因此，生技產業的產品與產程必須接受政府嚴格的管制與監督，故相關法規和專利規範執行嚴謹。

（五）在經濟發展方面，生物科技廣泛應用於醫療、食品、特化、農業、環保等領域，可帶動週邊產業，增進經濟成長。

（六）在民生福祉方面，生物科技解決諸多醫療疾病問題，能增進人民健康，並改善環境、能源與糧食問題，提高人民生命品質。

9.2.4　世界各國生物科技產業的發展與現況

被稱為「希望工程」的生物科技，由於具備諸多優異的特性，世界各先進國家無不將生物科技列為國家發展之重點科技，積極健全產業發展環境，使得生物科技產業在繼資訊科技之後，成為二十一世紀最具發展潛力之新興產業。在全球的生技產業中，主要以美國、歐盟，和日本為代表，已逐漸發展至成熟階段，其

他地區則仍處於萌芽期。全球生技產業結構目前仍以生醫領域為主，而未來幾年農業領域將迅速發展。根據 Ernst & Young 在二○○二年全球生技產業技術報告中指出，全球目前已上市的生技公司有 662 家，未上市公司約有 3,600 家。根據工研院經資中心（ITIS）估計，全球生技市場產值二○○一年為 658 億美元，預計二○○五年將達 1,036 億美元，到二○一○年可達 1,471 億美元（圖 9.2.4-1）。進入二十一世紀之後，由於人類基因圖譜解碼的衝擊，引起生命科技發展的加速；生物科技於是進入後基因體時代，全球掀起了生物技術研發與投資生技產業的熱潮，尤其是基因體衍生的產業快速竄起，如生物晶片業、生物資訊業。

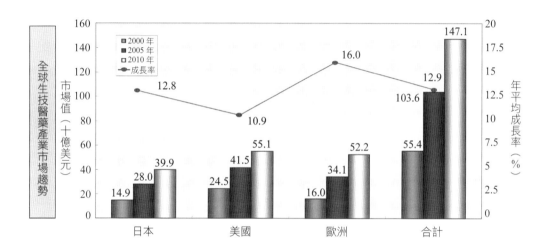

全球生技醫藥產業市場趨勢

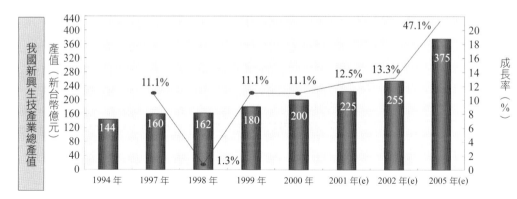

我國新興生技產業總產值

圖 9.2.4-1　全球生技產業市場趨勢

（一）美國

美國為當今全球生物科技產業龍頭，其崛起是學研界與創投界共創的佳績，可謂全球發展生技產業最成功的例子，其主要優勢為基因工程與細胞免疫。美國的生技產業之所以領先各國，在於美國政府及許多生技公司注重研發工作；投入大筆經費於產品研發，並進行研發策略聯盟。在生技產品中，以醫藥品和檢驗試劑為主；生技農業亦居全球領先地位，如基因轉殖植物與基因食品產量為世界第一。美國生技產品的平均成長率12%，二〇〇〇年生技產品銷售額為158.5億美元；預估至二〇〇八年，將達362億美元，產品包括生技醫療（人類疾病治療藥物和檢驗試劑）、生技農業、特用化學品，及非醫用檢驗試劑。

（二）歐盟

歐盟總體的生技產業比美國落後十年，但成長卻十分快速，以黑馬之姿緊追美國之後，其產業結構仍以醫藥和檢驗試劑為主。歐盟的生技產業模式承襲美國，但管制系統不如美國嚴苛；因此，生技產品上市時間明顯縮短，主要以英國、德國和法國居於領先地位。由於歐洲生技公司經由國際性策略聯盟和併購使企業成長，與歐盟國家政府積極營造合適的生技投資創業環境，而推動歐洲生技市場蓬勃發展。英國主要研發基因體及醫藥品，德國以醫療相關儀器為主，法國則致力於疫苗與細胞組織移植。

（三）日本

日本的生技產業為亞洲之冠，與歐美國家相較，在生物科技的研發方面明顯落後。日本主要的策略是將人員送至美國訓練、與歐美生物科技公司策略聯盟，或併購這些地區的公司。由於日本具有優勢的醱酵工業基礎，因此，在生技食品和特用化學的獨特發展，與生技醫藥品並駕齊驅。近年來，日本政府投入生技研發的經費快速增加，研發標的為幹細胞與組織工程、SNPs 解析與基因體研究、生物資訊學技術、環境生技等。在政府與產、學、研緊密結合之下，日本的生技水準有逐漸迎頭趕上歐美的趨勢，在許多關鍵技術的專利上漸受矚目。

（四）中國大陸

中國大陸本身市場潛力大，八〇年代以後，整體生技產業有逐漸蓬勃發展之

跡象。雖然資源豐富，但經濟實力有限，因而中國大陸著重於科技的應用。在政府大力支持下，一九八六年開始實施的「八六三計畫」，是中國大陸生物科技發展過程中的重要轉折點，其中屬於生技方面的研發主題為「優質、高產、抗病的動植物新品種」、「基因工程藥物、疫苗和基因治療」及「蛋白質工程」，專題項目則有「水稻基因圖譜的研究」。至二〇〇一年，「八六三計畫」推動十五年來，中國大陸在生技領域有許多傲人的成就，其中在基因組研究、基因工程藥物與疫苗、組織工程技術、基因治療、蛋白質工程技術、生技農業，以及幹細胞研究等已達世界級水準。中國大陸現階段重點則朝向生物資訊技術，結合功能基因體與蛋白質體研究，建立國家生物資訊蒐集、管理、分析，和服務體系。

（五）台灣

我國政府早在一九八二年頒定「科學技術發展方案」，明定生物科技為八大重點科技產業之一，並配合成立「生物技術開發中心」（圖 9.2.4-2），但對此一產業始終沒有明確的發展架構。直到一九九五年，行政院在「亞太製造中心計畫」中，將生物技術與製藥列為重點，通過「加強生技產業推動方案」，期使台灣發展成為亞太地區生物技術之研發、製造與營運中

圖 9.2.4-2　為我國生物科技催生的財團法人「生物技術開發中心」

心，方使我國生技產業的發展有了明確的方向。為提升生技產業，政府經由法令規範、投資獎勵、強化研發、人才培育、技術移轉，以及保障智慧財產權等策略規劃帶動生技產業。為了集中力量，行政院仿效資訊電子產業成功的模式，成立包括經濟部、國科會、農委會、衛生署、教育部，與中研院的跨部會指導小組來推動生技產業。除此，政府還規劃了北、中、南生技園區以發揮聚落效應，目前台北南港、新竹與台南科學園區已先後設置完成，希望藉由資源共享之群聚效應，強化產業發展之基礎結構。

二〇〇二年，於行政院「挑戰二〇〇八：國家發展重點計畫」中，在生物科技發展計畫之下，規劃了農業生物技術、製藥與生物技術，及基因體學三項國家型科技計畫，並推動「兩兆雙星」計畫。政府於二〇〇一年全國生技產業總投資

額達 215 億元，打算未來五年每年平均成長 25%，將帶動 1,500 億元的投資，以扶植國內的生技產業，預計十年內成立 500 家以上生技公司。近五年來（至 2002 年底）新成立的生技公司約有 165 家，多為高學歷團隊，著重技術研發，公司類別以生技醫藥品、檢驗試劑、農業生技、健康食品／中草藥、生物晶片，與生技服務業為主（圖 9.2.4-3）。而且，近年來政府還積極推動產業升級，除了積極推動 cGMP 制度外，也推動 GCP 和 GLP 制度。

目前我國生技產業的主要優勢有：利用基因體學與蛋白質學研發中草藥，作為輔助治療；利用植物組織培養與植株栽培，以改良蔬果花卉。水產養殖、畜產繁殖，與食品生物技術亦是台灣專長的生技領域。再者，我國有國際水準的 cGMP 藥廠，可做代工業務。在醫療器材方面，台灣具有製造業方面的精密技術。還有，我國在針葉植物與花卉（如蘭花）的細胞培養上居領導地位，並且是全球最大的味精生產國，也是世界重要綠藻生產國家之一。此外，靈芝、紅麴、冬蟲夏草、巴西洋菇是近年來亞洲地區銷售量極佳的機能性食品，而這些真菌的液體醱酵培養技術是台灣生技產業的專長。

根據行政院生物技術產業策略（SRB）會議的建議，台灣未來生技產業的發展方向，將以醫療保健產品（醫藥、疫苗、生物資訊與基因體、中草藥及醫藥器材）、生物晶片、農業生技產品，以及水產生技產品為主。目前我國正積極加強研發，整合上、中、下游產業，並將研究成果予以商業化生產。同時，協助廠商進行技術移轉，短期先以亞太地區為目標市場，再逐步擴大至全球市場。

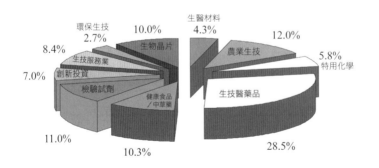

圖 9.2.4-3　我國生技產業的結構（1997.1~2002.2 新成立生技公司類別）

三、奈米科技新世界

奈米科技是新世紀高科技產業的明日之星，為集大成的發展科技，改變了以往人們對物理原理與化學性質的認知，顛覆了物質原有的特性。奈米的應用，將激發與創造二十一世紀的產業革命，是尖端材料、電子資訊、生物醫學、化學化工、機械製造、資源環保等跨領域的大躍進。奈米科技對人類生活的衝擊與影響，甚至將遠超過半導體和資訊科技，成為改變人類生活文明的關鍵，並為全世界先進國家取得未來競爭優勢的國家級研發重點。

9.3.1 奈米科技是啥米

奈米科技為奈米尺寸下的科學技術，誕生於二十世紀八〇年代末期，為正逐漸崛起的新興科技。奈米為長度的單位，英文名稱是 nanometer。nano 這個字根與任何計量或計時單位合用時，即為十億分之一該單位的意思。所以，1 奈米就是十億分之一公尺（$1nm=1×10^{-9}m$），相當於十個氫原子串聯的長度（圖9.3.1-1），約為分子或 DNA 的大小，或是人類頭髮直徑的五萬分之一。奈米尺寸的大小為 1~100 奈米，即介於分子與次微米之間。奈米科技是透過在奈米尺寸下，操控原子或分子，以檢測、創造與製作具奈米結構的材料、元件及系統。因

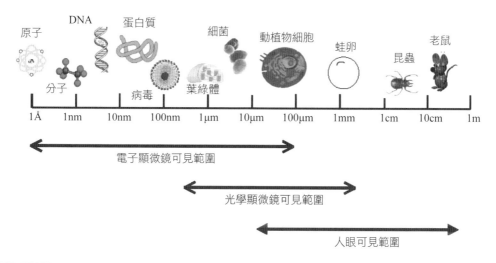

圖 9.3.1-1　各種尺度大小比較

此，在製程的觀念上，奈米科技屬於「由小做大」，有別於傳統「由大縮小」的製程。奈米科技正在創造新一波的產業技術革命，為新材料的創出，提供新的方法，將全面地影響二十一世紀人類的生活方式。

人類近代的發展史上，歷經過三次工業革命，每一次都引起產業結構的劇變及人類生活與文明水準的大幅提升。十八世紀中葉的工業革命，是自瓦特改良蒸汽機後，以大規模的機器製造生產取代手工，大幅降低生產成本與提高勞動效率和產量，因而促進紡織、採煤、冶金、交通運輸等工業發展，將人類由農業社會帶入工業社會。十九世紀末期的工業革命，是以內燃機和發電機取代了蒸汽機，使能源通訊電磁化；發電機、電動機和電燈等的發明，開啟人類在電力上的使用；在通訊傳輸上則有電報、電話、電視等傳播工具，是電氣化的時代，石化、電力、汽車與飛機為最大的產業。二十世紀中期的工業革命，是由於電晶體與積體電路的發明，開啟了以矽晶半導體為主體的資訊化時代。展望二十一世紀，在人口急遽成長、自然資源日益短缺、環保意識抬頭，以及社會大眾追求輕、薄、短、小，和精確快速的科技產品之下，第四次工業革命已蓄勢待發，奈米科技於是成為眾所矚目的接棒者。奈米科技打破各科技領域的界限，重新整合材料、電子、光電、生物、醫學、機電、化工，與資源環保等領域，改造生產模式，開發高效率且多功能的產品，將可大幅提升產業的附加價值與振興民生經濟。

9.3.2 自然界的奈米現象

圖 9.3.2-1　出淤泥而不染的蓮花

奈米現象長久以來即存在於自然界中，這些典範帶給奈米科技及其應用很大的啟示。最有名的例子就是所謂的「蓮花效應」（Lotus Effect）。蓮花之所以出淤泥而不染，水珠在蓮葉上不會散開之奧祕，就在於蓮葉表面上精巧的奈米結構（圖 9.3.2-1）。蓮葉表面具有突起的表皮細胞（5~15 微米），其上覆蓋著具低表面張力的奈米蠟質結晶層；因此，不僅疏水還不易沾附污泥和飛塵，達到自潔功能（圖 9.3.2-2）。另外，像蜜蜂、鴿子、鮭魚等具有辨識方向能力的動物，是因為其體內存有磁性的奈米粒子，宛如

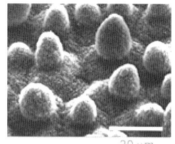

圖 9.3.2-2 （左）蓮葉的「自潔效應」（右）表面的奈米結構加強了蓮葉的疏水能力

生物磁羅盤，具有導航作用。鵝和鴨在水中，其翅膀不會透水，亦是因為羽毛上面的奈米結構。蝴蝶的鱗片蝶翼和孔雀的羽毛，是因為特殊的光子晶體奈米構造，產生了所謂「彩虹效應」（圖 9.3.2-3）。蛇類頭部的奈米構造紅外線感應器官，使之能在漆黑中偵測到獵物。海豚奈米結構的皮膚，有自潔的功能（圖 9.3.2-4）。事實上，人類的生命肇始於奈米，人體每個細胞宛如奈米元件製造廠，負責執行體內各種重要功能，細胞內外有許多奈米元件及結構，如 DNA、酵素分子、細胞膜、核糖體、脂蛋白……等。大自然的神奇之處即在於：自然界的生物透過由小做大，以原子或分子為構件，自組裝堆疊成各種奈米結構，展現其獨特的性質或功能。此種方式為奈米科技未來發展的主流，人類正積極師法自然，科技終將回歸自然法則，似是早已注定。

圖 9.3.2-3 蝴蝶的鱗片蝶翼具有光子晶體的奈米結構

圖 9.3.2-4 海豚奈米結構的皮膚具自潔功能

9.3.3 奈米材料

圖 9.3.3-1 奈米科技概念的先驅
費曼是一位頂尖的理論物理學家

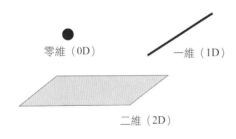

零維（0D）　　一維（1D）

二維（2D）

圖 9.3.3-2 奈米材料幾何結構的分類

一九五九年，知名的諾貝爾獎得主理查・費曼（Richard Phillips Feynman, 1919~1988）在美國物理年會上，以「底部還有很大空間」（There's Plenty of Room at the Bottom）為題演講，並預言：「若能操縱對物體在微小尺寸的排列，就可以發現大量非比尋常的物質特性。」其所指的，正是二十一世紀最熱門的奈米材料（圖 9.3.3-1）。奈米材料有別於一般傳統材料之處，在於奈米材料是專指奈米尺度的材料；在三個維度中，至少有一個維度的長度是奈米級（圖 9.3.3-2）。依維度可分類為零維材料的奈米粒子、原子團簇、量子點等，長、寬、高三維均為奈米尺寸；一維材料的奈米絲、奈米棒、奈米管和量子線等，長、寬、高三維中，有二維是奈米大小；二維材料的奈米薄膜、超晶格層，和量子井等，長、寬、高三維中，有一維是奈米級。

（一）奈米化現象

在奈米結構尺寸下，物質的物理、化學或生物性質，與巨觀尺度的情況截然不同，常有新的特性與現象產生，此時，古典科學理論與技術已不適用。通常奈米粒子具有高延展性、高強度、高塑性、高催化性、高擴散率、低熔點、燒結溫度低，不同於巨觀時的熱導、電導、磁性、光學，以及機械等性質，因而引發了新的應用契機。例如，深受人喜愛的黃金在被製成金奈米粒子時，其黃金色澤消失，而呈紅色，這正是光學性質因奈米尺寸所產生的變化。又如陶瓷的特性易

碎，應用上受到極大的限制，但是奈米 TiO_2 陶瓷，在室溫下可彎曲，且具延展性；硬度低的石墨（C），常用來製作鉛筆筆芯，然而同為碳元素的奈米碳管，強度是鋼的百倍，成為顯微探針的絕佳材料；銀（Ag）的導電性最佳，然而銀奈米粒子為非導體；化學惰性的金屬鉑（Pt），而鉑奈米粒子卻成為活性極佳的催化劑等。這些都是奈米材料因結構尺寸的關係，而造成質變的奈米化現象。利用奈米材料的各種優異特性，能開發具有低污染、壽命長、省能源、可再生、靈敏度高、多功能與智慧化等的高品質產品（表 9.3.3-1）。

（二）奈米化效應

　　材料奈米化時，因本身具有表面效應、小尺寸效應、量子尺寸效應、巨觀量子穿隧效應、庫命堵塞與量子穿隧效應，電子、光子、聲子自身與彼此之交互作用發生，因而展現了許多不尋常的介觀特性。所謂介觀，是指介於巨觀和微觀尺度之間，巨觀的大小是肉眼可視的尺度，而微觀指的是原子或分子尺寸（單位為埃，$1\text{Å}=1 \times 10^{-10}$m）以內的範圍。介觀的奈米世界，是一個神奇、多樣、美麗夢幻、令人驚異，和嘆為觀止的世界。

　　1. 表面效應：物質的表面原子，因所接觸的外在環境不同，其性質必然異於

表 9.3.3-1　奈米材料之應用領域

性能	用途
力學性能	高強度、高硬度塗膜、陶瓷增韌性、超塑性、耐磨耗
光學性能	光學纖維、光反射折射、吸收電波隱形、發光材料
化學物理特性	研磨抛光、助燃劑、阻燃劑、油墨、潤滑劑
磁性	磁流體、磁記錄、永磁材料、磁儲存、智慧型藥物
電學特性	導電材料、電極、壓敏電阻、靜電遮蔽、超導體
化學催化	化學反應催化劑
熱學性能	耐熱材料、導熱材料、隔熱材料、低溫燒結材料
感測性能	偵測濕度、溫度、氣體等感應材料
能源	電池材料、鋰電池、燃料電池儲氫材料
環保	空氣清淨消毒、污水處理、廢棄物處理
醫學	細胞分離染色、消毒殺菌、藥物載體、醫療診斷

內部原子。當物質在巨觀尺寸時，表面原子數占所有組成原子數之比例極微，因而其特性由內部原子掌控。在物質奈米化時，表面原子所佔比例大增，其表面效應自然無法忽略。每個表面原子皆具有表面位能，若處於表面的原子數增加，則總體表面位能提高。由於奈米粒子的比表面積（表面積／體積）大、表面原子之配位數不足，以及具有高的表面位能，使表面原子具有高活性，易與其他物質起反應。同時，由於表面原子數增多，熔化所需增加的內能減少，因而使熔點急遽下降。例如，金屬奈米粒子在空氣中會迅速燃燒；無機的奈米粒子易吸附氣體，並與之進行反應。因此，利用表面活性，金屬奈米粒子可望成為新一代的高效催化劑、儲氣材料及低熔點材料。另一方面，由於奈米微粒表面原子之特殊結構易引起表面電子自旋現象和電子能譜的變化，故亦具有新的電學特性。

2. **小尺寸效應**：由於顆粒尺寸變小，所引起的性質轉變，稱為「小尺寸效應」。當微粒尺寸與光波波長、電子的物質波波長相當或更小時，導致電子的波動性顯著，粒子的晶體週期性邊界條件將被破壞，非晶態奈米粒子表面的原子密度降低，造成特殊的光、聲、電、磁、熱、力學等性質。

(1)特殊光學性質：粒徑減小時，由於光吸收或微波吸收度顯著增加和吸收峰電漿共振頻移，因而粒徑愈小色益黑，並產生對紅外線的吸收和發射或對紫外線的遮蔽作用。所以，藉由改變粒徑大小，可控制材料的遮蔽效果。此外，奈米化的金屬，對光的反射率很低，易消光。利用這些特性，可作為高效率的光熱和光電轉換元件，將太陽能轉換為熱能和電能，亦可應用於電磁波屏蔽、紅外線隱身技術，和隱形飛機等。

(2)特殊聲學性質：表面原子在傳感作用上，可增加敏感度，由於粒徑減小，孔隙亦縮小，使訊號的傳遞較迅速而不受干擾，其訊號與雜音比提高，聲子譜因而改變。

(3)特殊電學性質：由於奈米金屬粒子之間距隨粒徑減小而縮小，其中的自由電子平均自由徑變小，使其導電性下降。而奈米半導體的介電常數，在臨界尺寸時有極大值，大於或小於臨界尺寸時，介電常數均會下降。

(4)奈米磁學性質：小尺寸效應使得磁有序態轉變成磁無序態，超導相轉變為正常相，因而產生新的磁性。當粒徑減小時，其磁化率隨溫度降低而逐漸減少。利用此高矯頑力特性，像是「鐵-鈷-鎳合金」這樣強磁性材料的奈米微粒，其訊號雜音比極高，可供做為磁記錄磁粉，應用於磁帶、磁卡、磁片、磁性鑰匙。若

粒徑過小時，其矯頑力反降至零，呈現出超順磁性，可以製成磁性液體。

(5)特殊熱學性質：奈米微粒的熔點遠低於塊材，且在燒結中由於高能量的界面驅動原子運動，使其易於低溫燒結，以達材料緻密化的目的，此特性為粉末冶金工業提供了新技術。另外，奈米微粒於低溫時，其熱阻趨近於零，熱導性極佳，可作為低溫導熱材料。還有，使用超細銀粉製成導電漿料，可以進行低溫燒結，此時基片無需使用耐高溫的陶瓷材料，甚至採用塑膠即可。

(6)特殊力學性質：總體來說，材料的尺寸愈小，硬度愈高。但粒徑縮小至一臨界值時，硬度會降低。另外，由於奈米材料具有大的介面，介面原子之排列相當混亂，原子在外力變形的條件下有更多的途徑擴散，因此，表現出極佳的韌性與延展性。

3. **量子尺寸效應**：量子化是微觀世界中普遍存在的現象。對金屬奈米粒子而言，由於所含原子數有限，各原子受到鄰近原子的影響較小，因而形成量化的電子能階分布，以及半導體奈米粒子的價帶和導帶之間的能隙變寬的現象，均稱為「量子尺寸效應」。能階的間距隨粒徑減小而增大，當能階間距大於熱能、磁能、靜磁能、靜電能、光子能量或超導態的凝聚能時，將導致奈米粒子在光、電、磁、熱、聲，及超導電性與巨觀時的特性顯著不同。例如光譜線往短波長方向頻移、導電的金屬變為絕緣體等。

4. **巨觀量子穿隧效應**：微觀粒子具有貫穿能障的能力，稱為「穿隧效應」。一些巨觀物理量，例如微顆粒的磁化強度、量子相干器件中的磁通量等，也會顯示出穿隧效應，稱為巨觀量子穿隧效應。此效應限定了磁帶、磁碟進行訊息儲存的時間極限。量子尺寸效應與巨觀量子穿隧效應將會是未來微電子元件的基礎，此二效應確立了現存微電子元件進一步微型化的極限。

5. **庫侖堵塞與量子穿隧效應**：當材料大小趨向奈米尺寸，由於電荷量子化，電子間的庫侖排斥力顯現，造成如金屬和半導體材料之充放電過程不連續，稱為「庫侖堵塞效應」。換言之，電流隨電壓的上升不再呈直線上升，而為階梯式上升。另外，金屬和半導體奈米粒子內的電子具有貫穿能障至另一量子點的行為，稱為「量子穿隧效應」。此效應被積極應用於掃描式穿隧電子顯微鏡及單電子電晶體上。

（三）奈米材料的種類

奈米材料主要可分為奈米陶瓷、奈米金屬、奈米碳管、奈米電子材料、奈米高分子五類。

1. 奈米陶瓷：奈米陶瓷材料大多以粉體形式呈現，因陶瓷粉體的奈米化量產成功，且奈米陶瓷具有獨特的光、電、磁、機械和化學性質，造成產、學、研界的熱烈投入，已廣泛應用於民生化工、電子元件等領域。例如，奈米陶瓷製品的硬度、耐磨性、韌性、抗冷熱疲勞等性能均顯著提高，可製成陶瓷滾動軸承、陶瓷刀具、人工關節等。還能利用奈米粉體如TiO_2、ZnO等的高導電特性，作為導電纖維，以抗靜電、防電磁波和輻射；或利用其高活性當作光觸媒，以抗菌、防臭、防污。此外，對紫外線吸收度良好的TiO_2奈米粉體的樹脂膜和Fe_2O_3奈米粉體的聚固醇樹脂膜，可用作半導體元件的紫外線過濾器。陶瓷粉體因具光致發光的特性，可作為電漿顯示器、場發射顯示器，及白光發光二極體的重要材料。鋰離子二次電池中，陰極奈米陶瓷材料，可做大容量充放電。

2. 奈米金屬：在二十世紀八〇年代，即已開始發展奈米金屬材料。奈米金屬粒子由於表面效應，造成熔點下降、擴散活化能降低，及化學反應提升。因此奈米金屬超微粒活性很高，遇到空氣常迅速自燃，可作為高效能催化劑，提高化工廠的生產效率，亦可加入炸藥或火箭中作為助燃劑。奈米金可作為選擇性氫反應之催化劑，可以催化不同類型的加氫反應，對一氧化碳和臭氧等氣體亦具有高氧化活性，可作為防毒面具和空氣清靜濾網。再者，奈米金屬微粒因單一磁區效應，具高矯頑力、訊號雜音比大的特性，已廣泛應用於製造高性能的高密度磁帶與磁片。利用奈米金屬及合金粉末的超順磁特性，可製成磁流體，其優越性能已積極應用於精密儀器真空封裝和機械軸承潤滑劑。

另外，奈米金屬由於對光的特殊吸收作用，可發展為吸波材料，用於軍用隱形塗料，製造隱形飛機和隱形軍艦，亦可與高分子材料合成為複合材料，用於電磁波屏蔽和抗靜電材料。奈米金屬粉末燒結後，具有極高的緻密度、強度和剛性，目前應用於機械材料、運動器材，及成型模具上。還有，高熔點金屬（如鎢）在製成奈米顆粒後，其熔點下降，因而可以利用粉末製作多孔性金屬材。奈米金屬合金常具有高韌性、高強度、高彈性、高耐蝕性、高耐疲勞性，正逐步開發為生物醫療器材、避震器材，和高速輸送機器材等。部分奈米金屬微粒尺寸當遠小於光波長時，在可見光區會有共振現象產生，其共振頻率與粒徑大小、形

狀、材料，和鄰近物質有關。因此，可利用特定抗體與奈米金屬微粒鍵結，藉由抗體與抗原結合後，金屬微粒顏色改變的特性，製作生物標記材料、生物感測器，及免疫分析探針等元件。

3. **奈米碳管**：碳的結晶構造有二維的石墨型、三維的鑽石型，以及中空立體球的碳六十型（碳簇）。一九九一年，日本 NEC 的研究員<u>飯島澄男</u>發現了排列成中空管狀的奈米碳管，此為第四類碳原子結構，是奈米科技研究中最受矚目的材料。奈米碳管分為單壁管和多壁管，是由一層或多層同軸的石墨層捲曲而成的中空管（圖 9.3.3-3）。石墨層的間距為 0.34 奈米，直徑則依技術不同約 1~30 奈米，長度可達毫米級。奈米碳管前後末端有作為封蓋的半球形碳簇，故亦是碳簇成員之一。奈米碳管是目前自然界已知最細的管子，其上的電子可以自由移動而具有導電性，隨著直徑及螺旋性的不同，奈米碳管可以變化出絕緣體、半導體或導體的特性。同時，因為其結晶的特性，具有極大的晶格振動自由徑，可使熱藉由晶格振動有效傳遞，故導熱性極佳。另一方面，由於結構中強度極高的碳-碳鍵結，使奈米碳管呈現出化學性質相當穩定、質輕且機械強度高的特性，其比強度（強度／密度）是不鏽鋼的上百倍。同時，奈米碳管又具有極佳的韌性，與其他材料合成可發展出強度更好的複合材料。由於奈米碳管種種優異的熱電、機械和化學性質，使其成為研究與應用層面極廣的優良材料。例如應用於：⑴電子和光電元件的製造，目前像奈米二極體、單電子電晶體、奈米整流器等，未來將可進一步創造低消耗功率、高速度，及高密度的 IC；另外，奈米碳管的高電流負載容量及高的場發射效率，使其應用在低電壓場發射顯示器上極具潛力（圖9.3.3-4）。⑵充當儲能元件，奈米碳管中空部分

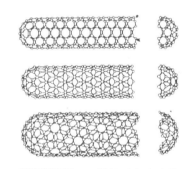

圖 9.3.3-3　三種類型奈米碳管的結構

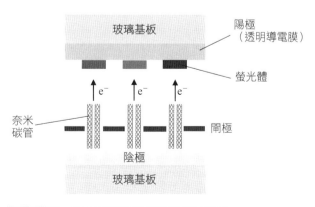

圖 9.3.3-4　奈米碳管場發射顯示器示意圖

可儲存氫氣應用於燃料電池，或儲存鋰離子應用於二次電池。(3)成為複合材料，奈米碳管與高分子、陶瓷或金屬材料合成，發展多功能型先進複合材料，應用於提升飛機、汽車或建築物的強度與彈性。(4)作為奈米工具，兩奈米碳管貼附於玻璃桿的電極上，藉由施加電壓控制開或關，而成為世界上最小的奈米鑷子；或作為奈米探針，應用於掃描式電子顯微鏡可提高解析度、或原子力顯微鏡以識別鑑定 DNA 鏈段上的化學標示物分子。(5)成為感測元件，半導體奈米碳管暴露於氣態有機物中，其電阻值改變極大，可利用此特性製作超靈敏感測元件。

4. 奈米電子材料：目前「矽」是製造積體電路晶片的材料，在未來奈米科技裡，可能會被三種材料所取代，分別是超導材料、砷化鎵和半導體超晶格材料。利用超導材料製成的約瑟夫遜元件，其原理類似半導體二極體的運作方式，速度卻提高 10 到 100 倍，而所耗功率只有矽元件的千分之一。其次，以砷化鎵製造的電子元件，不但速度比矽元件快 5 到 6 倍，而且具有發光、吸光特性，因此目前在電子技術應用上頗受矚目。最後，半導體超晶格也將實用化，進而製造出高性能的超晶格半導體元件

5. 奈米高分子：奈米塑膠和奈米高分子複合材料，是廣泛應用於民生工業的奈米材料。奈米塑膠是一種高強度、高硬度、不老化的材料，硬度是碳鋼的 4 至 6 倍，而重量只有鋼的四分之一，為理想的工程材料。可用於造船、建築、航太、機械、汽車等領域，大量取代原有的鋼、鋁、銅等金屬材料。奈米塑膠由於結構緻密、透氣率低，部分塑膠還具有阻燃與自動熄滅的特性，適合開發為防火材料。奈米塑膠在各種高性能管材、汽車和機械零件、電子和電器等領域的應用前景看好。奈米高分子複合材料結合了高分子及添加物的雙重優點，使高分子的應用更往前邁進。例如，添加奈米陶瓷粉體的高分子複合材料具有抗菌、除臭、抗紫外線等效果，可應用於纖維材料；添加少量奈米級無機層材（如黏土）的奈米高分子複合材料，具高強度、高剛性、高耐熱性、低吸濕性、高阻氣性、透明度維持，能多次回收使用，可應用於包裝材料、防火材料、電子元件構裝材料。

（四）奈米材料的製備技術

奈米材料的製備以奈米微粒為主，大致可分為物理和化學兩種製備方法。

1. 物理製備方法有：真空冷凝法、物理粉碎法、機械球磨法、熱分解法等

(1)真空冷凝法：以真空蒸發、加熱、高頻感應使反應物氣化或形成等離子

體，然後急速冷卻。其優點是材料純度高、結晶性佳、可控制粒度。

(2)物理粉碎法：透過機械粉碎、電火花爆炸等方法得到奈米粒子。其特點是操作簡單、成本低，但產品純度低、粒度不均勻。

(3)機械球磨法：利用高能球磨法研磨，控制適當條件以製得奈米元素、合金或複合材料微粒。此法操作簡易，但成品純度低、粒度不均。

(4)熱分解法：利用加熱到高溫的方式將複合物分解以製備奈米複合材料。如在真空狀態下，以約 300℃ 的高溫熱分解複合物 $Si_8O_{12}H_6 \cdot (CoCCo_4)_2$ 可得到包含有 Co_2C 奈米微粒的非晶體矽複合材料。

2. 化學製備方法有：氣相沉積法、沉澱法、水熱合成法、溶膠凝膠法、微乳液法、電弧電漿法等

(1)氣相沉積法：在真空環境中，材料被加熱至氣相狀態後，直接或是經由化學反應成新材質而沉積。其特點是材料純度高、粒度分佈窄。

(2)沉澱法：將沉澱劑加至與奈米材料含相同陽離子的鹽溶液中，進行沉澱反應，再將沉澱物熱處理。其特點是純度低、粒徑大，適合用於製備氧化物。

(3)水熱合成法：在高溫高壓下密閉的水溶液中合成，再經過濾及熱處理。其特點是粒徑小、粒度分佈窄、結晶性高、分散性佳，為製備奈米微粒的良好方法。

(4)溶膠凝膠法：金屬化合物先製成均勻溶膠，水解反應產生縮合後，聚合為凝膠；凝膠乾燥後，再經低溫熱處理。此法的優點為反應物種類多、微粒均勻、製程易控制、開發產物種類選擇性大。

(5)微乳液法：兩種互不相溶的溶劑在表面活性劑的作用下形成乳液，材料在微泡中經成核、生長、聚結、團聚為固相，再經熱處理。此法可控制微粒之大小、結構與形態，且微粒之物、化性較穩定。

(6)電弧電漿法：在真空或惰性氣體中，以電極電位差產生氣體傳導電流，因熱能而使電極或其他材料離子化，然後沉積。此法對製造奈米碳管而言，極為重要。

（五）奈米材料的量測

奈米科技的發展，主要歸功於奈米量測與操控技術的開發，使人類得以窺探並控制奈米結構。奈米世界的發現，有賴於顯微技術的進步。光學顯微鏡由於受

到可見光波長的限制，放大倍率約一千倍，解析度僅有 0.2 微米左右。電子顯微鏡則擺脫此限制，利用電子的物質波，大幅提高顯微鏡的解析度至奈米級。常用的電子顯微鏡有穿透式電子顯微鏡（transmission electron microscope，簡稱 TEM）和掃描式電子顯微鏡（scanning electron microscope，簡稱 SEM）。

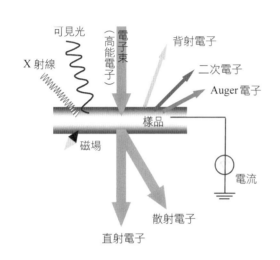

圖 9.3.3-5 電子束入射樣品後產生的各種訊號

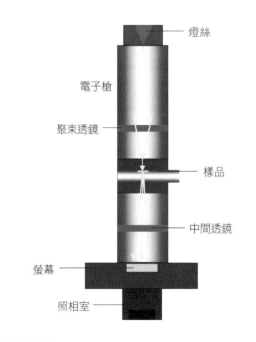

圖 9.3.3-6 TEM 的構造簡圖

1. 穿透式電子顯微鏡（TEM）：一九三八年第一部商業化 TEM 即已問世，但是真正技術上的突破是在一九五〇年代中期之後。至一九八〇年代，由於真空技術的成熟與電子束電壓的提升，使得 TEM 可以輕易觀察到原子的世界。TEM 是利用極高壓（10 萬至 40 萬伏特）的電子束穿透樣品時，產生彈性散射或繞射（圖 9.3.3-5），再經電磁透鏡放大、聚焦，最後形成影像（圖 9.3.3-6）。TEM 可分析材料中的晶體結構、化學組成與鍵結等，由於具備超高倍率及超短波長，成為分析奈米材料的利器。但其缺點是樣品必須極薄，以利電子束的穿透。

2. 掃描式電子顯微鏡（SEM）：為了改良 TEM 樣品的製作繁複、儀器操作困難、樣品的真實感低等缺點，SEM 於焉誕生，正式的 SEM 成為商品問世是在一九六五年。SEM 是利用在高壓作用下，電子束經電磁透鏡聚焦於樣品表面掃描。當

電子束撞擊樣品表面時，會產生背射電子和材料中被激發出的二次電子，這些訊號與材料的性質有關。訊號經探測器接收後放大，送至顯示螢幕呈像（圖9.3.3-7）。SEM對於研究材料的表面結構是極有效的工具，廣泛應用於各學門，是觀察奈米材料的主要工具之一。

電子顯微鏡雖有高解析度，卻只限於真空系統中使用。而掃描式探針顯微儀除了具有更高的解析度外，還突破了真空的限制，是繼光學顯微鏡、電子顯微鏡之後的第三代顯微鏡，成為促進奈米科技發展的一大動力。掃描式探針顯微儀是在二十世紀八〇年代所發展的一種材料表面特性檢測儀器的總稱，其操作方式是利用微探針，對材料表面原子之形貌（topography）或特性（電、磁或光等）進行探測，包括有：掃描式穿隧顯微鏡（scanning tunneling microscope，簡稱 STM，電流）、原子力顯微鏡（atomic force microscope，簡稱 AFM，凡得瓦力）、掃描式近場光學顯微鏡（scanning near-field optical microscope，簡稱 SNOM，光強度）、磁力顯微鏡（magnetic force microscope，簡稱 MFM，磁力）。掃描式探針顯微技術可用來進行奈米結構與元件的量測與製作，發展為原子級材料之搬移與堆疊，其應用範圍相當廣泛，如半導體、光電、材料、生醫工程等領域，且正

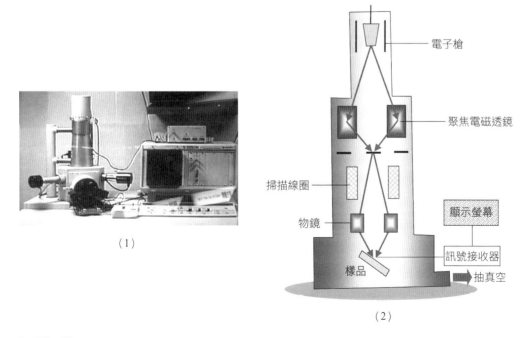

（1）

（2）

圖 9.3.3-7　（1）掃描式電子顯微鏡（2）SEM 的構造簡圖

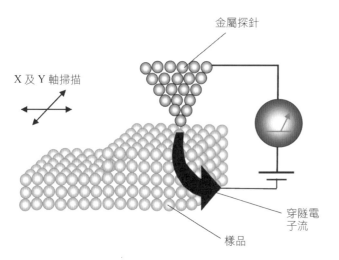

圖 9.3.3-8　STM 的原理與構造

金屬探針

X 及 Y 軸掃描

穿隧電子流

樣品

圖 9.3.3-9　以 STM 在鎳的表面排列出的 IBM 字樣，開啟
人類操縱原子的新紀元

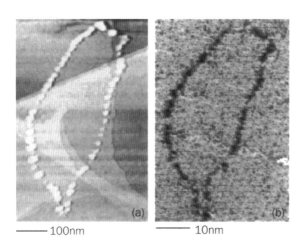

（a）　——100nm　　（b）　——10nm

圖 9.3.3-10　以原子操縱術製成的台灣外型圖（左圖是在
金表面上所完成，大小為 7000Å×7000Å；右圖則是在
矽表面形成的，700Å×700Å）

不斷擴大應用中。

1.掃描式穿隧顯微鏡
（STM）：利用金屬探
針在被觀察樣品表面上來
回偵測與蒐集穿隧電子流
（圖9.3.3-8）。由於樣品
表面高度的不同，造成穿
隧電子流的變化。探針在
樣品上來回掃描，並記錄
電流變化，可得到高解析
度的表面形貌照片（二維
圖像），甚至可清晰地看
到原子的排列。一九九〇
年四月，美國 IBM 公司
阿爾梅德研究中心的研究
者借助 STM 一次移動一
個原子，用 35 個氙原子
在鎳（Ni）的表面上排列
出「IBM」三個字母（圖
9.3.3-9）。此原子操縱術
是促成奈米科技的雛型，
而 STM 是奈米技術中無
可比擬之主要工具（圖
9.3.3-10）。

2. 原 子 力 顯 微 鏡
（AFM）：由於 STM 的
應用，受到樣品必須能導
電的限制，於一九八五年
改良發展出不受樣品導電
性，以及周遭環境限制的

AFM。AFM 的工作原理是利用高敏感懸臂上的探針與樣品表面原子之間所產生的微弱凡得瓦力（圖 9.3.3-11），造成懸臂的彎曲。再以一低功率雷射打在懸臂上，藉由感光二極體量測雷射光的反射訊號，經電腦處理後，可呈現出樣品表面原子的三維

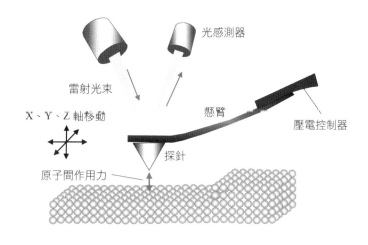

圖 9.3.3-11　AFM 的構造簡圖

影像。AFM 可分析各種奈米微粒、薄膜，以及元件的表面型態，以控制晶片微影與蝕刻製程。另外，AFM 也大量使用於對生物樣品的觀察，如生物細胞、蛋白質、胺基酸、DNA、病毒等，對生命體重要結構的解析影響重大。

　　3. 掃描式近場光學顯微鏡（SNOM）：是於一九八六年從 STM 發展而來，SNOM 是以光纖製成的探針，利用可精密定位與掃描探測的壓電陶瓷，配合原子力顯微鏡的高度回饋控制系統，進行三維空間近場掃描。再由光纖探針接收或發射光學訊號，以獲得三維近場光學影像。SNOM 目前應用於分析半導體雷射元件，還可應用在生物分子與蛋白質之螢光近場顯微分析。

　　4. 磁力顯微鏡（MFM）：一九八七年 AFM 進一步發展改良為 MFM，是將探針的針尖蒸鍍一層鐵或鎳的磁性薄膜，利用磁性探針來觀察磁性樣品的表面變化。藉由探針與樣品之間的磁力分佈，可取得磁性樣品表面磁性的分佈影像。

9.3.4　奈米科技的應用與發展

　　奈米科技的應用潛力，涵蓋了民生化工、能源環保、光電資訊、金屬機電、生技醫療等各領域，影響的範圍既深且廣，在本世紀創造無限商機，提升人類科技文明。

（一）民生化工

　　在民生化工方面，以觸媒的應用為主。奈米金屬觸媒的高活性，可大幅提升

化工反應中的生成物轉化率及選擇率，提高產量並減少廢棄物生成，能有效降低環境污染，可帶來高能源效率的化學工廠，其他應用如汽機車觸媒轉化器、防毒面具、燃料電池等。奈米光觸媒是 TiO_2（二氧化鈦）經紫外線照射（圖9.3.4-1），表面電子跳脫，產生電子與電洞；在與空氣中的水和氧反應後，生成具有強大氧化與還原能力的O_2^-及氫氧自由基，能分解微小的有機物質（細菌、臭味、病毒、塵蟎），轉化為二氧化碳和水。因而使光觸媒具有「抗菌」、「防霉」、「自淨」、「清淨空氣」、「淨水」、「防霧」等功能，廣泛應用於日常生活與醫療場所，如空氣清淨機、環保健康扇、冰箱、洗衣機、照明燈具、抗菌口罩、美白牙齒、食品添加與包裝、化妝保養品、布料、鞋墊、玻璃防霧、淨水

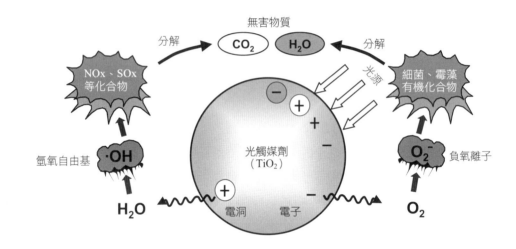

圖 9.3.4-1　奈米 TiO_2 光觸媒的催化作用

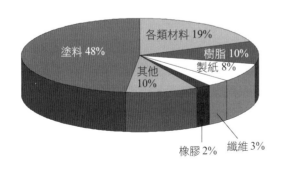

圖 9.3.4-2　二氧化鈦之用途

處理、建材防污等。利用光觸媒超疏水特性，污垢不易附著，可製成自潔性產品，如自潔玻璃、易潔陶瓷、防污抗菌的衛浴設備和瓷磚、光觸媒塗料和薄膜等。TiO_2 多孔薄膜，尚能製作太陽能電池，大幅提升光電轉換率，可提供更潔淨的能源（圖 9.3.4-2）。

奈米材料與紡織材料複合的奈米纖維，可賦予纖維紡織品各種功能與機能性，如紫外線遮蔽、抗菌防臭、抗電磁波、負離子-遠紅外線，與導電纖維等。再者，奈米粉體不易散射及反射光線，可大幅提高光穿透性，因而奈米顏料可提升平面顯示器的色域及明度，透明的奈米顏料還可應用於高畫質的噴墨彩色列印。無機奈米塗料可產生阻氣作用，減緩金屬氧化與腐蝕速度，為汽車之優良防蝕塗料；奈米隱形塗料能吸收紅外線或雷達電磁波，可用於國防的隱形飛機和軍艦戰機；紙張布料加入奈米塗料還能防水防油。此外，應用奈米技術開發的新型油漆，不但耐刷洗、耐酸鹼、耐日曬，而且無毒、無害、無異味。

利用奈米技術可生產能回收利用之無污染橡塑膠，而且橡塑膠加入奈米微粒，可取代結構金屬元件在汽車工業的應用。奈米黏土複合材料用於橡塑膠中能提升機械強度，且耐熱耐燃，成為優良防燃材料，亦可應用於環保輪胎，是未來的汽車材料。另外，奈米陶瓷加至塑膠中，不僅有補強作用，還具有高阻氣性、低吸濕性，可用於寶特瓶、塑膠膜、3C電子資訊產品、汽車零組件、運動器材。塑膠包裝材料塗覆透明奈米塗料除可防止老化外，還能吸收紫外線，提升傳統包裝的功能性。除此，半導體奈米陶瓷的高化學活性，對外界環境變化靈敏，可用於各式警報器與偵測器。奈米碳管製成的「奈米電池」，可省能源與潔淨空氣。

（二）光電資訊

目前國內半導體技術已由 130 奈米走向 90 奈米，更進一步邁往 65 奈米製程。奈米結構的微處理元件，可在低耗功率下，提高電腦之效率達百萬倍，且體積小、質量輕、省能源的積體奈米感測器系統，具有蒐集、處理、傳輸大量資訊的功能。奈米電子產品具有輕、薄、短、小、速率快、靈敏度高、智慧化等優異特性，可廣泛應用於資訊、消費性電子、通訊產業。利用奈米碳管製造的奈米電子元件，如奈米二極體、單電子電晶體（圖 9.3.4-3）、奈米整流器、奈米 IC，及以量子點製成的自旋電子元件和記憶體，進一步可創造奈米晶片與量子電腦。而且，記錄媒體以量子點形式，光碟片的容量可提高千倍以上。此外，可運用量子點或量子井技術製成光電元件，如量子點雷射、光電晶體、發光二極體、紅外線偵測器。利用光子晶體，還能製成可儲存光的半導體雷射和導波管、各種機能性的光共振器、光濾波器及光積體電路。奈米碳管製成的場發射顯示器，則集合了視角廣、亮度高、超薄型等眾多特點。甚至，具高傳輸頻率及高效能之奈米光纖

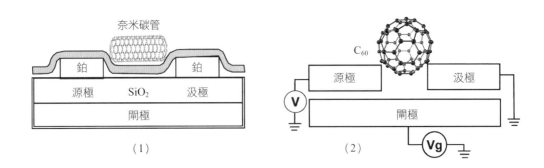

圖 9.3.4-3　單電子電晶體應用例：（1）以奈米碳管（2）以碳六十為中心島

通訊系統可增加提供至少 10 倍以上之頻寬，將能應用於商業、教育、娛樂及國防。

458

（三）金屬機電

　　奈米金屬製成的磁流體，應用於機械軸承潤滑劑，可提高潤滑性能 10 倍以上。奈米金屬材料的高強度、高剛性、高彈性、耐疲勞性，與耐腐蝕性，廣泛應用於機械零件材料、生醫器材、避震器材、彈簧材料、運動器材、高速輸送機器材等。將各式機械元件或電子元件縮小至奈米尺寸的技術稱為「微機電系統」（Micro-Electro-Mechanical System, MEMS），是綜合電子、機械、材料、化工、生技等領域的科技，為奈米科技的極致，應用遍及工業生產、光電通訊、生醫保健、航太與國防等產業。微機電系統主要是利用目前積體電路的製程技術和微加工技術，製作成各式各樣的機械結構，以達器械微小化的目的；其精密度高、無噪音、耗材極少、產量高，並能提高系統性能。例如，以細胞化學反應能量的ATP 為能源的分子馬達，進一步可組裝成奈米感測器、奈米驅動器，和奈米機器人等。德國工程師研製了一架黃蜂大小的偵察用直昇機，日本豐田公司則組裝一部米粒大小的汽車。未來的奈米機器人可以用於軍事，如蚊子或灰塵般，竊取機密情報、監視敵情；亦可用於醫療，隨著血液進入人體，剷除腫瘤、清除血栓；還能進入一般機器內部，檢修和排除故障，而毋需拆卸待修的機器。

（四）生技醫學

　　奈米生技於分子層次和系統能力上，創造及操控生物與生化材料；而奈米醫

學則在分子層次上掌控、修復及建構生物體。奈米生技醫學的應用範圍極廣（圖9.3.4-4），例如，開發奈米生技藥物，以改善藥物傳輸系統及藥物與基因的交互作用，宛如「奈米生物導彈」直接射向病變細胞，大幅增強藥物療效，達到定位治療的目的。舉例而言，將抗腫瘤超微細奈米藥物連接於奈米磁性微粒上，或以奈米級高分子聚合物為載體，可定位射向癌細胞；亦可利用「奈米膠囊」來對抗愛滋病毒。作為醫療工具的奈米感測器，可用於防疫、環境檢測、污染控制與食品安全，如美國所研發的「奈米鼻子」能用以探測有毒氣體。用於疾病診斷與癌症篩檢的奈米生物晶片和分子雷達，能快速且精準的儘早發現疾病。而運用奈米金微粒的紅色呈色，可作為驗孕試劑及尿蛋白試紙。再者，以奈米技術製作生物相容性高的生醫材料，能防止移植後的排斥效應，如人工皮膚、人工心臟瓣膜、人工關節，以及實現人工器官移植等。利用奈米技術可設計用來對抗疾病及修護組織的奈米醫用機器人，此種機器人可在血液中循環，偵測體內各部位，並進行特殊治療與診斷，例如清除心臟與動脈中沉積脂肪、吞噬病毒、主動攻擊癌細胞，及攜帶 DNA 分子進入細胞，以進行基因治療等。

　　奈米技術在食品加工過程中亦能提高產品的品質。例如，奶粉中添加奈米鐵和奈米鈣，更利於人體吸收。奈米化微量元素用於食品添加，將成為營養保健食品的廣大市場。在酒類發酵過程添加奈米金，可將醛類與甲醇轉化為帶有香氣的酯類，降低酒的辛辣感，使酒質更加香醇且不易喝醉。其他尚有各種療效之奈米中藥，以及應用於延長保存期限之食品飲料的包裝上。

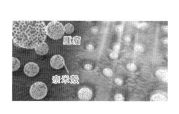
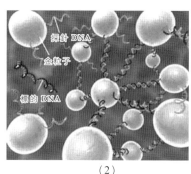
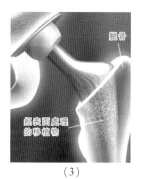

(1)　　　　　　　　　　(2)　　　　　　　　　　(3)

圖 9.3.4-4　　奈米生技在醫學的應用：（1）奈米生物導彈：與腫瘤產生結合的金質奈米殼，經由紅外線照射後加熱變形，會釋放出摧毀腫瘤的藥物；（2）利用奈米金微粒的顏色變化於DNA檢測；（3）將人造移植物表面作奈米尺度的修正，可增進其耐用度及生物相容性

以奈米金屬製成的化妝品能滲透至皮膚內層，發揮護膚、療膚的效果；利用奈米級微脂粒高效率傳輸複合營養成分，可將維生素 A、B5、E、H 等特殊養分，迅速而有效率地傳輸至肌膚深層，達到更為有效的滋養與活化肌膚功效，已上市的產品還有防曬護膚化妝保養品、抗菌化妝品等。

9.3.5 世界各國奈米科技產業的發展與現況

美國、日本、西歐、蘇俄等國，早在七〇年代末期即已開始著手研究奈米科技。綜觀全球奈米科技的研發，除了部分奈米材料及其應用外，奈米相關產品大多仍處於實驗室階段。有鑑於二十一世紀將是以奈米科技為主導之新產業時代，世界各國政府競相出面整合產、官、學、研，積極部署並規劃未來奈米科技的發展，唯恐自外於此波奈米科技競賽。

（一）美國

前總統柯林頓於西元二〇〇〇年宣布成立美國「國家級奈米領航計畫」（National Nanotechnology Initiative, NNI），全力推動奈米科技研發；於二〇〇〇年投入 2.7 億美元，二〇〇三年倍增為 7.1 億元。目前美國在奈米科技研究中，以奈米材料合成、化學品、生物醫學等方面處於全球領先地位，並以其壓倒性優勢的「資訊」和「生物科技」與「奈米科技」融合。

（二）日本

日本於西元二〇〇〇年成立「奈米技術發展戰略推進會議」組織，以材料技術、資訊產業、生物科技、環境科技為四大發展主軸。於二〇〇二年投入 360 億日圓，目前在奈米零件與設備和強化奈米結構方面，坐擁全球優勢。

（三）歐盟

歐盟決定於二〇〇二至二〇〇六年這五年內投入 13 億歐元，支持歐盟各國在奈米技術、智慧型材料及新製程方面的研究，建立奈米技術平台，推動奈米技術在歐盟成員國的應用，期望在十年內，以奈米科技帶動歐洲科技的起飛。歐盟之優勢，側重於超微細機電儀器及休閒產業的應用。

（四）南韓

南韓於西元二〇〇〇年與美國合作開發出奈米碳管電晶體，二〇〇一年宣布成立「十年奈米研發計畫」，預計十年投入 1.3 兆韓元於奈米科技研發。該年挹注 52 億韓元建置四座奈米研究中心，以培育人力，並期望於二〇一〇年前發展成為全球十大奈米技術先進國家之一。

（五）中國大陸

中國大陸亦相當積極投入奈米科技之研發，自「攀登計畫」、「八六三計畫」、「火炬計畫」到「九七三計畫」，均將奈米科技列為重點計畫項目，並投入大量研究經費與人力。除二〇〇〇年於中國科學院成立「中國科學納米技術中心」外，更積極研擬「中國國家納米科技發展綱要」五年發展戰略。目前相關研究主要是奈米碳管和富勒烯為代表的奈米碳，以材料的生產技術及應用領域的拓展為主流。

（六）台灣

二〇〇一年政府將奈米科技列為未來五項新興高科技產業發展策略性焦點項目之一，並執行奈米國家型科技計畫五年。二〇〇二年一月，工研院成立「奈米科技研發中心」（圖 9.3.5-1），預計未來六年內斥資230 億元，致力研發奈米材料、奈米電子、奈米機械和奈米生技四大領域，促進新興產業投資與傳統產業轉型。三年短期計畫中先

圖9.3.5-1　我國工研院的奈米科技研發中心

發展奈米材料，包括特殊高分子材料、碳構造等；五年中期發展著重在奈米儀器與電子元件，如分子分析設備、半導體與通訊零組件等；五年以上長期計畫則以奈米生技為主，包含組織工程、感測器等。相關產值可望於二〇〇八年達台幣 3,000 億元，主要是化纖、造紙、橡塑膠及鋼鐵等傳統產業，將有 800 家廠商投入，擁有智慧財產權達 25%；預估二〇一二年產值可達一兆元台幣，佔全球市場3%，主要為電子、生技、材料、化工、鋼鐵、橡塑膠及人造纖維等高科技和傳統產業，投入廠商將達 1,500 家以上，擁有智慧財產權達 60%。

二〇〇一年全球奈米科技相關產值約 260 億美元。目前已上市的奈米科技產品不勝枚舉，主要應用於：磁紀錄媒體、電池隔離膜、基礎材料、金屬產品、纖維產品、家電產品、運動器材、橡塑膠產品、化妝品醫療領域；例如，在建材方面的自潔玻璃、衛浴設備、塗料、隔熱材、抗菌陶瓷等。預計未來五年內將有可撓式顯示器、單電子電晶體、新型記憶體、燃料電池、高效率太陽能電池、先進電池、生物晶片、智慧型生物感測器、奈米碳管纖維、新藥劑、生物農藥、高硬度切削工具等奈米產品問世。十五年內則會出現奈米電腦、奈米機械人、生醫用奈米系統、無污染材料、微機電感測器等進一步加深奈米科技應用層面。依據美國國家科學基金會的估計，到二〇一五年，全世界奈米科技相關產品產值將高達一兆美元。奈米材料衍生產值為 3,400 億美元，半導體工業將有 3,000 億美元商機，生技醫療達 1,800 億美元，化工（觸媒為主）方面有 1,000 億美元，航太為700 億美元，量測工具則有 220 億美元。

　　強調自然資源的利用、能源使用高效率，與環保使命的奈米科技，不同於以往的科技發展，它正推動著一場新的綠色工業革命。奈米科技所產生之新材料、新特性，及衍生之新裝置、新應用，將造成的影響是全面的，遍及各行各業，對科學、產業、社會、文化、經濟、國防等面向，帶來前所未有的衝擊。誠如諾貝爾得主 Richard Smalley 所言：「奈米科技對人類健康與生活福祉之貢獻，不亞於二十世紀的微電子產品、醫學影像、電腦輔助工程、人造高分子材料等之總合貢獻。」未來可預期的，將是結合奈米科技與生物科技，發展以物質設計、原子操縱、程序製程為主軸的生物物質時代，也標示著人類征服物質的新紀元即將到來。

參考文獻

1. Feigl, H.（1953）"The scientific outlook: Naturalism and Humanism ", *Readings in the philosophy of science.* H. Feigl and M. Brodbeck eds., New York: Appleton-Century-Crofts.

2. 洪文東著（1999）。科學的創造發明與發現。台北市：臺灣書店。

3. Eirik Newth 著，李毓昭譯（2001）。世界種子：改變人類歷史的科學故事。台中市：晨星出版社。

4. Anousheh Karvar 著，馮恭己譯（1997）。科學簡史。台北市：三民書局。

5. 法蘭克・阿胥著，潘麗芬、劉淑鳳、王佑文合譯（2000）。科學大發現。台北市：幼獅文化。

6. Malone 著，王啟川、李佳芬、姜仁章、徐文平、黃明星、鄭淑華編譯（1997）。化學。台北市：高立出版社。

7. 新世紀科學百科全書（1993）。台北市：貓頭鷹出版社。

8. 科學大百科 VCD（1999）。台北市：光復書局。

9. 自然科學大百科（1992）。台北市：綠地球國際有限公司。

10. Sylvia S. Mader 著，黃皓陽編譯（1999）。生物學。台北市：藝軒圖書公司。

11. 劉又彰等合著（2000）。新編生物學。台北市：永大出版社。

12. 姚富洲編著（2000）。生命科學。台北市：合記出版社。

13. 劉廣發著（2003）。現代生命科學概論。台北市：五南出版社。

14. 新世紀地球學習百科（1998）。台北市：貓頭鷹出版社。

15. 陳文山著（1997）。岩石入門。台北市：遠流出版公司。

16. Carl Sagan 著，石育民、周東川、林懷卿譯（1982）。人類與宇宙。台北市：環華出版事業公司。

17. Carl Sagan 著，沈君山審訂（1982）。太陽系的探索。台北市：環華出版事業公司。

18. G. Tyler Miller, Jr. 著，段國仁、蘇睿智、張子祥譯（2000）。環境科學。台北市：國立編譯館。

19. 盧昭彰著（2002）。環境、人、生活。台北縣：高立圖書有限公司。

20.洪正中、吳天基、杜政榮編著（2000）。環境生態學。台北縣：國立空中大學。

21.Leonard M. Jessup & Joseph S. Valacich 著，孟慶凱譯（2000）。資訊系統導論。台北市：博碩文化。

22.袁建中、康才華、李展謀、張建清編著（2003）。二十一世紀資訊科技前瞻專題。台北縣：國立空中大學。

23.Michael Dertouzos 著，羅耀宗譯（1997）。資訊新未來。台北市：時報文化出版社。

24.林震安等著（2000）。科技未來。台北縣：淡江大學發行。

25.許華青著（1997）。資訊科技與生活。台北市：臺灣書店。

26.丁錫鏞主編（2003）。台灣的數位科技與數位產業發展政策。台北市：嵐德出版公司。

27.丁金江著（2001）。資訊、電子與通訊。台北市：科資中心。

28.鍾竺均、陳偉著（2003）。生物技術概論。台北縣：新文京開發出版股份有限公司。

29.相田浩等著，蘇遠志等譯（2002）。生物技術概論。台中市：富林出版社。

30.呂宗昕著（2003）。奈米科技與光觸媒。台北市：商周出版社。

31.馬遠榮著（2002）。奈米科技。台北市：商周出版社。

32.廖達珊、胡苓芝、潘彥宏、孫蘭芳合著（2004）。奈米科技交響曲：生物篇。台北市：臺灣大學出版中心。

33.黃光照、李重賢、李美英、劉怡君合著（2004）。奈米科技交響曲：物理篇。台北市：臺灣大學出版中心。

34.張立德編著（2002）。奈米材料。台北市：五南出版社。

35.工業技術研究院奈米科技研發中心 http://www.ntrc.itri.org.tw/index.html

36.延陵化學元素志 http://www.ngensis.com/elements.htm

37.成功大學天文學實驗室 http://www.phy.ncku.edu.tw/strolab/index.htm

38.行政院國家永續發展委員會 http://ivy2.epa.gov.tw/nsdn/

39.生物技術簡介 http://juang.bst.ntu.edu.tw/JRH/biotech.htm

40.科技年鑑生技網 http://biotech.nsc.gov.tw/

41.微奈米技術 http://elearning.stut.edu.tw/m_facture/Nanotech/

42.科技年鑑奈米網 http://nano.nsc.gov.tw/

圖 片 來 源

1-1	國立科學工藝博物館
1.1.2-3	國立科學工藝博物館
1.3.1-1	國立科學工藝博物館
1.4.2-1	國立科學工藝博物館
1.4.2-2	國立自然科學博物館
1.4.2-3	國立自然科學博物館
1.4.2-4	國立自然科學博物館
1.4.2-5	國立自然科學博物館
1.4.2-6	國立自然科學博物館
1.4.2-7	國立自然科學博物館
1.4.2-8	國立自然科學博物館
1.4.9-1	國立自然科學博物館
1.4.9-4	http://www.library.utoronto.ca/engineering-computer-science/news_bulletin/images/h ubble.jpg
2.1.2-1	http://amateur.lamost.org/ space/explore.htm
2.2.1-3	科學大百科 VCD，1999。台北市：光復書局
2.2.1-5	重繪自龍騰出版社高中生物（上）p.45 圖 2-3
2.2.1-7	重繪自三民書局高中物質科學化學篇（上）p.58 圖 3-4
2.2.1-8	重繪自南一書局高中物質科學化學（上）p.10 圖 1-9
2.2.2-2	http://www.0800298988.com.tw/
2.3.1-4	延陵化學元素志 http://www.ngensis.com/elements.htm
2.3.1-5	延陵化學元素志 http://www.ngensis.com/elements.htm
2.3.1-6	新世紀科學百科全書，1993。台北市：貓頭鷹出版社，p.34
2.3.1-7	延陵化學元素志 http://www.ngensis.com/elements.htm
2.3.1-8	延陵化學元素志 http://www.ngensis.com/elements.htm
2.3.1-9	延陵化學元素志 http://www.ngensis.com/elements.htm
2.3.1-10	延陵化學元素志 http://www.ngensis.com/elements.htm
2.3.1-11	延陵化學元素志 http://www.ngensis.com/elements.htm
2.3.1-19	科學大百科 VCD，1999。台北市：光復書局
2.3.1-20	延陵化學元素志 http://www.ngensis.com/elements.htm
2.3.1-21	科學大百科 VCD，1999。台北市：光復書局
2.3.1-23	重繪自龍騰出版社高中物質科學化學篇（下）p.135 圖 10-22

2.3.1-24	延陵化學元素志 http://www.ngensis.com/elements.htm
2.3.3-3	科學大百科 VCD，1999。台北市：光復書局
2.6.2-1	重繪自 G. Tyler Miller, Jr. 著／段國仁、蘇睿智、張子祥譯，2000。環境科學。台北市：國立編譯館，p.801 圖 18-3
2.6.2-4	國立科學工藝博物館
2.6.2-6	重繪自 G. Tyler Miller, Jr. 著／段國仁、蘇睿智、張子祥譯，2000。環境科學。台北市：國立編譯館，p.830 圖 18-25
3.1.1-1	重繪自龍騰出版社高中物質科學物理篇（下）p.126 圖 11-5
3.1.2-10	科學大百科 VCD，1999。台北市：光復書局
3.1.2-11	國立科學工藝博物館
3.1.3-2	國立科學工藝博物館
3.2.2-1	http://www.hcemc.com/Chinese/he01.htm
3.2.2-2	重繪自龍騰出版社高中基礎物理 p.69 圖 3-7（b）
3.2.3-1	重繪自龍騰出版社高中基礎物理 p.77 圖 3-18
3.2.3-3	重繪龍騰出版社高中生活科技（下）p.140 圖 3-45
3.2.3-5	龍騰出版社高中生活科技（下）p.142 圖 3-46
3.3.2-1	重繪自南一書局高中物理（上）p.146 圖 18-2
3.3.2-2	重繪自翰林出版社高中基礎物理（全）p.122 圖 6-11
3.3.2-3	重繪自龍騰出版社高中物理（上）p.38 圖 2-2
3.3.3-1	國立科學工藝博物館
3.3.3-3	國立科學工藝博物館
3.3.3-4	國立自然科學博物館
3.3.4-1	重繪自南一書局高中物理（上）p.149 圖 18-5
3.4.4-1	國立科學工藝博物館
3.4.5-2	電池資訊網 http://www.nsc.gov.tw/dept/acro/version01/battery/database/basictheory/compound.ht m
3.4.5-3	重繪自南一書局高中基礎化學 p.112 圖 4-13
3.4.5-5	重繪自南一書局高中基礎化學 p.114 圖 4-16
3.5.1-1	國立科學工藝博物館
3.5.1-2	重繪自南一書局高中基礎物理 p.192 圖 6-26
3.5.2-3	新世紀科學百科全書，1993。台北市：貓頭鷹出版社，p.154
3.5.3-4	國立自然科學博物館
3.5.3-6	重繪自龍騰出版社高中物理（上）p.101 圖 3-19
3.5.3-7	重繪自龍騰出版社高中物理（上）p.152 圖 4-14(b)(c)
3.5.4-1	重繪自南一書局高中物理（下）p.4 圖 21-3
3.5.4-2	國立自然科學博物館

自然科學與生活科技 概論

3.5.4-4	重繪自南一書局高中基礎物理 p.205 圖 6-49
3.6.2-1	國立科學工藝博物館
3.6.2-3	重繪自南一書局高中物理（下）p.41 圖 22-9、p.42 圖 22-10
3.6.2-5	重繪自南一書局高中物理（下）p.43 圖 22-12
3.6.2-6	國立科學工藝博物館
3.6.2-7	重繪自南一書局高中物理（下）p.47 圖 22-16、22-17
3.6.2-8	重繪自南一書局高中物理（下）p.47 圖 22-18
3.6.2-9	重繪自南一書局高中物理（下）p.48 圖 22-19
3.6.2-10	重繪自南一書局高中物理（下）p.51 圖 22-22
3.6.2-11	重繪自南一書局高中物理（下）p.53 圖 22-24
3.6.2-12	重繪自南一書局高中物理（下）p.53 圖 22-25
3.6.2-13	重繪自南一書局高中物理（下）p.55 圖 22-27
3.6.2-14	重繪自南一書局高中物理（下）p.57 圖 22-29
3.6.2-15	重繪自南一書局高中物理（下）p.58 圖 22-30
3.6.2-16	重繪自南一書局高中物理（下）p.59 圖 22-32
4.1.1-2	重繪自南一書局高中基礎物理 p.118 圖 4-11
4.2.1-3	國立科學工藝博物館
4.4.2-2	重繪自翰林出版社高中物理（下）p.88 圖 7-30
4.4.2-4	國立科學工藝博物館
4.4.2-5	http://www.taiwanfly.com/stu-zone.htm
4.4.3-4	國立自然科學博物館
4.5.5-10	國立自然科學博物館
4.5.7-3	目擊者叢書科學博物館「光」，1998。台北市：英文漢聲出版有限公司，p.48
4.5.7-7	http://www.moldex3d.com/ch/products/stressviewer/index.htm
4.6.2-1	重繪自南一書局高中物理（上）p.94 圖 16-49
4.6.2-2	重繪自翰林出版社高中基礎物理 p.109 圖 5-17、5-18、5-19
4.6.3-1(2)	重繪自南一書局高中物理（上）p.96 圖 16-53
4.6.3-3	重繪自龍騰出版社高中基礎地球科學 p.156 圖 10-16
4.6.3-5	重繪自龍騰出版社高中基礎地球科學 p.157 圖 10-18
4.6.3-6	重繪自南一書局高中物理（上）p.100 圖 16-57
5.1.2-1	重繪自龍騰出版社高中生物（上）p.10 圖 1-10
5.2.1-1	國立科學工藝博物館
5.2.1-2	國立科學工藝博物館
5.2.1-4	重繪自龍騰出版社高中生物（上）p.57 圖 2-20
5.2.2-3	重繪自南一書局高中生物（下）p.123 圖 12-5

5.3.1-1	重繪自 G. Tyler Miller, Jr. 著／段國仁、蘇睿智、張子祥譯，2000。環境科學。台北市：國立編譯館，p.206 圖 5-34
5.3.2-3	重繪自南一書局高中生物（下）p.201 圖 14-3
5.3.2-4	國立自然科學博物館
5.4.1-2	重繪自龍騰出版社高中生命科學（下）p.99 圖 7-13
5.4.1-3	重繪自龍騰出版社高中生命科學（下）p.101 圖 7-15
5.4.2-2	重繪自龍騰出版社高中生物（下）p.183 圖 13-2
5.4.4-1	重繪自龍騰出版社高中生命科學（下）p.60 圖 6-13
5.5	國立科學工藝博物館
5.5.1-1	重繪自龍騰出版社高中生命科學（下）p.131 圖 8-6
5.5.1-5	重繪自南一書局高中生物（下）p.154 圖 13-3
5.5.3-1	重繪自龍騰出版社高中生命科學（下）p.129 圖 8-5
5.5.4-1	重繪自龍騰出版社高中生物（下）p.146 圖 12-12
5.5.4-2	重繪自龍騰出版社高中生命科學（下）p.134 圖 8-8
5.5.4-3	重繪自龍騰出版社高中生物（下）p.154 圖 12-19
6.1.2-1(1)	恐龍大發現（上），2002。台北市：格林國際圖書，p.10
6.1.2-2	國立自然科學博物館
6.1.2-3	Carl Sagan 著／石育民、周東川、林懷卿譯，1982。人類與宇宙。台北市：環華出版事業公司，p.82
6.1.2-4	國立自然科學博物館
6.1.2-5	國立科學工藝博物館
6.2.1-1	國立自然科學博物館
6.2.5-2	國立自然科學博物館
6.2.6-2	重繪自龍騰出版社高中基礎地球科學 p.19 圖 2-6
6.2.6-3	重繪自龍騰出版社高中基礎地球科學 p.19
6.2.7-2	重繪自龍騰出版社高中基礎地球科學 p.22 圖 2-9
6.3.1-3	重繪自 http://scman.cwb.gov.tw/eqv3/knoweldge/eq_100/100/021.HTM
6.4.1-1	經濟部礦物局礦物小百科 http://www.mine.gov.tw/
6.4.1-2	經濟部礦物局礦物小百科 http://www.mine.gov.tw/
6.4.1-3	經濟部礦物局礦物小百科 http://www.mine.gov.tw/
6.4.1-4	經濟部礦物局礦物小百科 http://www.mine.gov.tw/
6.4.1-5	國立自然科學博物館
6.4.1-7	經濟部礦物局礦物小百科 http://www.mine.gov.tw/
6.4.2-1	經濟部礦物局礦物小百科 http://www.mine.gov.tw/
6.4.2-2	經濟部礦物局礦物小百科 http://www.mine.gov.tw/
6.4.2-3(3)(4)	經濟部礦物局礦物小百科 http://www.mine.gov.tw/

自然科學與生活科技概論

6.4.2-4	http://ftp.cmgsh.tp.edu.tw/arthman/picture92/a33.htm
6.4.2-6	經濟部礦物局礦物小百科 http://www.mine.gov.tw/
6.4.2-7	經濟部礦物局礦物小百科 http://www.mine.gov.tw/
6.4.2-8	經濟部礦物局礦物小百科 http://www.mine.gov.tw/
6.4.3-1	國立科學工藝博物館
6.4.3-2	http://www.earth.ce.ntu.edu.tw/%E5%B1%B1%E5%B4%A9%E6%95%99%E5%AE%A4/geology/chapter2.htm
6.5.3-4	重繪自 http://bohr.physics.hku.hk/ature/CD/regular_c/lectures/chap06.html
6.6.3-1	重繪自龍騰出版社高中物質科學地球科學（下）p.51 圖 4-3
6.6.3-2	重繪自南一書局高中基礎地球科學（下）p.127 圖 8-19
6.6.3-4	新世紀地球學習百科，1993。台北市：貓頭鷹出版社，p.148
6.6.4-12	重繪自龍騰出版社高中物質科學地球科學（下）p.133 圖 7-4
6.6.4-13	http://community-2.webtv.net/jimstormspoter/TORNADOSAFTY/
7.1.2-1	重繪自龍騰出版社高中地球科學（下）p.137 圖 6-9
7.2.1-1	太空圖說，1995。香港：讀者文摘，p.75
7.2.1-2	Robbins et. al., 1995, Discovering Astronomy 3rd. John Wiley & Sons Inc., p.467
7.2.2-1	重繪自 http://bohr.physics.hku.hk/ature/CD/regular_c/lectures/chap19.html
7.2.3-2	美國太空總署（NASA）
7.2.3-3	Michael A. Seeds, 1999, Foundations of Astronomy. Wedsworth Publishing Company, p.359
7.2.3-4	http://www.bu.edu/blazars/research.html
7.4.2-2	重繪自龍騰出版社高中地球科學（下）p.99 圖 4-5
7.4.2-5	http://crab.lamost.org/
7.4.3-3	http://www.physics.hku.hk/stro/exhibit2003/pictures/4-Supernova-accret.jpg
7.4.3-5	國立自然科學博物館
7.4.3-6	國立自然科學博物館
7.4.4-1	http://www.seds.org/messier/m/m045.html
7.4.5-1	國立自然科學博物館
7.4.5-8	重繪自 http://bohr.physics.hku.hk/ature/CD/regular_c/lectures/chap02.html
7.5.2-1	自然科學大百科「天文科學」，1992。台北市：綠地球國際有限公司，p.26
7.5.2-13	www.aoqz76.dsl.pipex.com/ DigitalArt.htm
8.1.3-1	重繪自南一書局高中基礎生物 p.11 圖 1-6
8.1.3-4	重繪自南一書局高中基礎生物 p.13 圖 1-8

8.1.4-3	http://www.wow.org.tw/show/f-eco.htm
8.1.4-4	重繪自南一書局高中基礎生物 p.47 圖 3-6
8.1.4-5	重繪自龍騰出版社高中基礎生物 p.61 圖 3-6
8.3.1-4	重繪自南一書局高中基礎生物 p.144 圖 6-14
8.3.1-6	重繪自 G. Tyler Miller, Jr. 著／段國仁、蘇睿智、張子祥譯，2000。環境科學。台北市：國立編譯館，p.384 圖 9-10
8.3.1-7	重繪自 http://www.antitb.org.hk/zh/booklet5-3.html
8.4.2-1	重繪自南一書局高中基礎生物 p.142 圖 6-12
8.4.3-2	國立科學工藝博物館
8.4.5-2	國立自然科學博物館
8.4.6-1	國立自然科學博物館
8.5.1-1	國立自然科學博物館
8.5.5-1	http://www.solar-i.com/S&Y/green.html
8.5.5-2	http://build.kcg.gov.tw/greenfp921007/c2.html
9.1.2-1	國立科學工藝博物館
9.1.3-1	國立科學工藝博物館
9.1.3-2	http://www.sciam.com.tw/circus/circusshow.asp? FDocNo=131&CL=9
9.1.3-4	國立科學工藝博物館
9.1.3-5	http://kimo.u-car.com.tw/ucar-hot/subject-sentra-6.asp
9.1.3-8	http://stud-in.fh-swf.de/girlsday.2003/gallery.php/cad.html
9.1.3-9	國立科學工藝博物館
9.1.3-10	國立科學工藝博物館
9.1.3-12	http://www.barco.com/tradeshows/images/presentation/boardroom2.jpg
9.1.4-1	資料來源：工研院經資中心
9.1.4-2	資料來源：工研院經資中心
9.1.4-3	資料來源：工研院經資中心
9.1.4-5	資料來源：工研院經資中心
9.1.4-6	資料來源：工研院經資中心
9.1.4-7	資料來源：工研院經資中心
9.2.1-1	重繪自龍騰出版社高中生物（下） p.161 圖 12-28
9.2.1-2	重繪自龍騰出版社高中生物（下） p.162 圖 12-29
9.2.1-3	重繪自龍騰出版社高中生命科學（下） p.142 圖 8-17(A)
9.2.1-4	重繪自南一書局高中生物（下） p.185
9.2.1-6	重繪自龍騰出版社高中生命科學（下） p.149 圖 8-23
9.2.1-8	國立科學工藝博物館
9.2.1-9	國立科學工藝博物館

9.2.2-1	國立科學工藝博物館
9.2.2-3	國立科學工藝博物館
9.2.2-4	國立科學工藝博物館
9.2.2-6	國立科學工藝博物館
9.2.2-7	國立科學工藝博物館
9.2.2-10	國立科學工藝博物館
9.2.2-11	國立科學工藝博物館
9.2.2-12	國立科學工藝博物館
9.2.2-13	國立科學工藝博物館
9.2.2-14	國立科學工藝博物館
9.2.4-1	2002 生技產業白皮書
9.2.4-2	國立科學工藝博物館
9.3.2-2(1)	http://nano.nchc.gov.tw/dictionary/lotus_effect.php
(2)	http://www.fy.chalmers.se/projects/biocompatiblematerials/project_survey/exploratory/lotus/index.xml
9.3.3-1	Photo by Floyd Clark/courtesy of Caltech Archives
9.3.3-3	http://elearning.stut.edu.tw/m_facture/Nanotech/Web/ch8.htm
9.3.3-4	重繪自呂宗昕著，2003。奈米科技與光觸媒。台北市：商周出版社，p.69
9.3.3-5	重繪自呂宗昕著，2003。奈米科技與光觸媒。台北市：商周出版社，p.148
9.3.3-6	重繪自呂宗昕著，2003。奈米科技與光觸媒。台北市：商周出版社，p.150
9.3.3-7(1)	國立自然科學博物館
9.3.3-7(2)	重繪自呂宗昕著，2003。奈米科技與光觸媒。台北市：商周出版社，p.152
9.3.3-8	重繪自呂宗昕著，2003。奈米科技與光觸媒。台北市：商周出版社，p.155
9.3.3-9	http://www.almaden.ibm.com/vis/stm/images/stm10.jpg
9.3.3-10	中央研究院奈米科學實驗室。http://www.phys.sinica.edu.tw/ano/power-point1.files/frame.htm
9.3.3-11	重繪自呂宗昕著，2003。奈米科技與光觸媒。台北市：商周出版社，p.156
9.3.4-4	http://www.nchu.edu.tw/aterial/nano/nanoinformation38.htm
9.3.5-1	http://www.itri.org.tw/chi/news_events/feature/2002/fe-0910201.jsp

索　引

3G 行動通訊　404

DNA　42-44, 201, 204, 205, 221, 223, 224, 225, 226, 227, 228, 230, 231, 233, 235, 236, 237, 239, 240, 280, 375, 419, 420, 424, 426, 427, 428, 433, 434, 441, 443, 450, 455, 459

DNA 定序　420, 427

DNA 重組技術　419-420, 424, 427, 430, 433

IA　62-64, 219, 400, 403, 415, 416

IC 封裝　411, 413

IC 設計　411, 413, 415, 417

IC 製造　411, 413

NII　416, 418, 460

PACS　408-409

PCR　420, 426, 428, 432, 433

RNA　42, 44, 201, 221, 226, 227, 228, 230, 231, 233, 240

X 光　409

γ射線　166, 372

一次電池　124

乙太　27, 37, 162, 402

乙烷　88

丁烷　88

九大行星　329, 333

九章算術　17

二名法　33

二次電池　125-126, 448, 450

二行程引擎　109

二極體　121, 136, 137, 138, 139, 140, 144, 168, 448-450, 455, 457

二疊紀　245, 253

人文　2, 11, 12, 13

人文關懷　11, 13

人造雨　287

人造衛星　46, 247, 322

人類基因組　235-236

力線　30

力學　16, 19, 25, 26, 27, 30, 35, 40, 319, 424, 446, 447

力學波　148

力學能　85-86, 131, 133

三角視差法　36, 308

三原色　185-186

三聯體　44

三疊紀　245, 253

凡得瓦力　70, 72, 453, 455

凡得格拉夫　116

凡得格拉夫起電機　116

土星　25, 36, 333, 337, 338, 342

土星環　25, 338

土壤污染　369, 371

大氣圈　249, 281, 336, 350

大氣壓力　58, 288

大氣環流　291-292

大理岩　267-268, 274

大陸地殼　249-250, 258

大陸漂移　47, 245, 252

大爆炸　46, 165, 298-299

小尺寸效應　445-446

小行星　36, 199, 329, 331, 336, 339, 340

工業革命　9-10, 28, 87, 376, 387, 396, 442, 462

工業酵素　430

干涉　27, 37, 152, 155, 156, 162, 166, 170, 181, 182, 193, 194, 311

不可再生能源　86

不規則星系　301-303

中子　41, 50, 51, 60, 66, 78, 79, 81, 83, 84, 298, 318, 321

中子星　318, 320, 321

中心法則　44, 230

中心粒　201, 205

中央處理器　397-398

中生代　209, 244, 245, 252

中和　78, 113

中洋脊　47, 250-252, 254, 257, 258

中氣層　282

互利共生　355

互補原理　41

五行　19-20

介子　81, 84

介質　86, 104, 105, 148, 152, 155, 170, 171, 173, 176, 177, 180, 183, 256, 305, 385, 386

介觀　445

元件整合型公司　411

元素　14-15, 32, 33, 50, 53, 58, 59, 60, 61, 62, 63, 64, 66, 67, 68, 69, 70, 71, 73, 77, 78, 80, 89, 136, 137, 242, 248, 259, 269, 276, 298, 308, 313, 318, 350, 351, 445, 451, 459

內能　94, 102, 168, 446

內質網　201

內燃機　10, 103, 107, 108, 109, 442

內營力　255, 269

分子　29, 32, 33, 39, 43, 44, 46, 51, 53, 54, 55, 56, 57, 58, 59, 64, 67, 68, 70, 72, 73, 76, 88, 94, 95, 98, 99, 100, 101, 104, 128, 148, 152, 157, 165, 172, 173, 184, 196, 199, 200, 201, 203, 221, 224, 225, 226, 228,

235, 240, 282, 283, 288, 300, 315, 340, 374, 375, 395, 419, 420, 424, 425, 427, 434, 435, 441, 443, 445, 450, 455, 458, 459, 461

分子化合物　70, 72, 73, 78

分子生物學　44, 224, 436

分子式　67, 73

分子雲　315

分子遺傳學　43, 221, 419

分光雙星　319

分貝　151, 159, 160, 371

分析化學　31

分裂生殖　207

分解者　345-346

分離板塊邊界　251

分餾法　75

化石　36-37, 210, 242, 243, 244, 253, 260, 263, 264, 274, 275, 276, 359

化石燃料　85-87, 89, 350, 360, 361, 376, 377, 379

化合　62-63, 67, 68, 77

化合物　50, 58, 61, 63, 64, 67, 69, 70, 71, 73, 77, 78, 88, 136, 269, 338, 346, 350, 362, 363, 385, 430, 451

化學　5, 9, 10, 21, 31, 32, 33, 36, 38, 42, 43, 44, 50, 52, 59, 60, 61, 66, 69, 71, 73, 76, 77, 85, 89, 94, 99, 106, 110, 119, 123, 124, 145, 166-168, 197, 199, 200, 210, 220, 227, 232, 235, 258, 260, 264, 270, 271, 272, 274, 314, 344, 345, 350, 354, 360, 362, 363, 365, 366, 368, 369, 370, 371, 374, 378, 385, 386, 419, 420, 421, 422, 424, 427, 428, 429, 430, 432, 434, 436, 441, 444, 445, 448, 449, 450, 451, 452, 456, 457, 458, 460

化學工業　33, 106

化學式　73

化學性沉積岩　264

化學風化　260

化學能　85, 92, 107, 119, 123, 124, 125,
　　126, 203, 346, 348

化學發光　168

化學演化　199

化學鍵　69-70, 76

化學變化　32, 74, 76, 77, 85, 86

厄司特　8, 29, 127

反射　19, 21, 27, 52, 89, 105, 150-156, 161,
　　162, 167, 170, 173, 174, 175, 176, 180,
　　183, 186, 189, 191, 192, 193, 272, 277,
　　282, 334, 375, 446, 455, 457

反射式望遠鏡　27, 191

反射定律　173-174

反射星雲　314-315

反氣旋　290

反粒子　81, 84

天文　14-18, 21, 25, 36, 46, 162, 184, 190,
　　191, 298, 303, 312, 313, 320, 329, 331, 338

天文學　5, 14, 16, 17, 18, 19, 22, 23, 24, 25,
　　26, 27, 35, 36, 45, 46, 156, 163, 170,
　　298-301, 304, 305, 309, 311, 312, 313, 315,
　　321, 329, 338

天王星　36, 333, 338, 342

天球　22, 312, 323, 324, 329

天然氣　64, 74, 87, 88, 89, 358-359, 361,
　　434

天然聚合物　72

天擇進化論　34

天體　22-24, 35, 46, 199, 298-299, 301, 304,
　　305, 306, 310, 314, 321, 322, 329, 331,
　　332, 334, 340, 341

天體力學　35, 338

天體物理學　36, 45

太空望遠鏡　46, 299, 322

太空實驗室　46

太陽　17, 22, 23, 26, 40, 45, 56, 57, 67, 80,
　　86, 89, 92, 98, 105, 165-167, 171, 172, 173,
　　180, 181, 183, 184, 193, 199, 241, 242,
　　249, 260, 276, 277, 278, 279, 291, 292,
　　297, 301, 302, 308, 310, 311, 312, 313,
　　314, 316, 317, 329-342, 345, 346, 348,
　　374, 375

太陽系　35-36, 45, 199, 242, 280, 297, 304,
　　308, 312, 329, 330, 331, 332, 333, 336,
　　337, 338, 339, 340, 341, 342

太陽能　86, 89, 90, 346, 350, 358, 384, 446,
　　456, 462

尤里　44, 199

巴斯德　8-9, 34, 198

引擎　93, 101, 103, 107, 109, 361, 371, 395

方解石　183, 263, 264, 268, 270, 272, 273,
　　274

日心地動說　22-23

日光燈　56, 166-168

日全蝕　40, 278, 332-333

日珥　332

日偏蝕　278

日冕　332-333

日晷　171

日蝕　14, 172, 278, 279

月全蝕　279

月相　277

月偏蝕　279

月蝕　15, 17, 172, 247, 278, 279, 329

木星　23, 35, 170, 331, 333, 336, 337, 339,
　　342

比重　21, 51, 52, 82, 272, 294

比熱　52, 94, 97, 98, 282

比魯尼　21

水力發電　90

水的循環　283

水星　21, 333, 338, 341, 342

水庫　90, 365, 367, 369, 380

水圈　249, 344, 350, 365

水晶　110, 187-189, 271, 272, 273

水煤氣　88

水資源污染　365-366, 368, 371

水蒸氣　44, 76, 98, 199, 335-336, 364

水銀電池　124-125

水熱合成法　451

水質指標　368

水質優養化　366-367, 369

火力發電　87, 361, 378

火山　89, 148, 242, 243, 251, 255, 257, 258, 259, 266, 268, 335-336, 350, 352, 360, 361

火山岩　265

火成岩　263, 265, 266, 267, 269, 273, 274

火星　35, 109, 333, 335, 336, 339, 342

火藥　3, 9, 20, 22, 270

片利共生　355

片岩　267-268

片麻岩　266-268, 274

牛頓　8-9, 12, 25, 26, 27, 30, 35, 39, 51, 94, 100, 162, 180, 288, 338, 341

牛頓力學　27, 36

牛頓環　27

丙烷　88

主序星　312, 314, 316, 331, 342

主序帶　314, 316, 317

代數　17, 21, 24, 25, 238

仙女座星雲　45

充電　123-126

冬至　277

出芽生殖　207

凸面鏡　19, 161, 175, 176

加尼美得　336

半金屬　66

半保留複製　226

半衰期　66

半影　172, 278, 279, 332

半導體　10, 66, 111, 120, 121, 136, 137, 138, 139, 142, 143, 145, 194, 402, 410, 411, 413, 414, 416, 417, 418, 441, 442, 446, 447, 448, 449, 450, 453, 455, 457, 461, 462

卡文迪西　31, 43

卡西尼環縫　338

卡利斯托　336

卡諾　28, 103

卡諾循環　28, 103

去氧核糖核酸　221

可更新資源　358

可見光　46, 86, 163-169, 172, 304-306, 309, 321, 332, 372, 448, 452

古氏不連續面　248

古生代　47, 209, 244, 245, 252, 253

古典力學　25

古典物理學　25-27, 30, 39

司乃耳　27, 176-177

司南　127

史特拉斯曼　78

史密斯　36, 46

四元素說　31, 50

四行程引擎　109

囚錮鋒　294-295

外氣層　282

自然科學與生活科技概論

外燃機　107-108

外營力　255, 260

尼侖伯格　44, 227

布朗　35, 100

布朗運動　39, 100

布萊克　31, 94, 102

布豐　33

平流層　281-282, 374

平面鏡　19, 161, 175

平移斷層　256

弗柏斯　336

本星系群　303

本影　172, 278, 279, 332

正電　50-51, 61, 80, 110, 111, 112, 113, 136, 137, 372

正電子　81, 84

正電荷　62, 81, 113, 117, 118, 120

正斷層　251, 256, 257

永動機　102

永續發展　13, 386-393, 433

玄武岩　257-258, 265, 266, 267, 273

瓦特　9-10, 28, 123, 442

生化需氧量　368, 434

生命現象　6, 196, 206

生物反應器　425, 428, 429, 430, 435

生物多樣性　354, 359, 380, 383, 384, 385, 389, 394

生物性沉積岩　264

生物性農藥　425, 430

生物放大效應　368

生物物質時代　462

生物科技　13, 395, 418, 419, 425, 427, 428, 429, 430, 431, 433, 434, 436, 437, 438, 439, 460, 462

生物圈　249

生物處理法　434-435

生物復育　433-434

生物晶片　427-428, 434, 437, 440, 459, 462

生物發生律　35

生物量金字塔　350

生物塑料　431

生物感測器　427, 434, 449, 462

生物學　33-35, 37, 42, 43, 44, 47, 198, 204, 211, 215, 221, 224, 419, 436

生物濾床　435

生物轉化技術　424-425

生產者　345-346, 348, 351

生痕化石　275

生殖　196, 198, 200, 204, 206, 207, 212, 215, 217, 218, 230, 232, 237, 353, 373, 386, 432

生源說　198

生態平衡　355, 357, 371, 375, 389, 392

生態位　353, 355

生態系統　343-348, 350, 353, 354, 355, 357, 359, 366, 368, 375, 381, 384, 385, 386, 387, 389, 391, 434, 436

生態金字塔　348

生態圈　344, 387, 388

生質能　86, 91

生質能源　434

生鐵　69

生體高分子　429, 431

用進廢退說　33, 210

甲烷　44, 70, 87, 88, 126, 199, 257, 280, 336, 338, 339, 361, 365, 434

甲殼素　428

甲醛　361-365

白努利　100

白堊紀　245-246

白矮星　311-312, 314, 317, 320, 321, 342

皮克林　313

皮亞齊　35

目視雙星　319

石灰岩　31, 260, 263, 264, 268, 274, 275, 280

石油　10, 33, 72, 75, 87, 88, 89, 358-359, 361, 367, 429, 430

石炭紀　245

石英　70, 263-266, 268, 270, 271, 272, 273, 274

石英岩　267-268

石蕊試紙　31

示性式　73

立體電影　184

交流電　116, 133, 134, 139

交混回響　154

伊奧　336

休火山　259

休伊什　46, 321

伏打　29, 118, 119

伏打電池　29, 118, 119, 123

伏特　116, 118, 119, 121, 135, 139, 452

伏特計　119, 132

光子　82, 84, 161, 163, 192, 443, 445, 447, 457

光化學煙霧　361-362, 365

光年　301, 303, 304, 305, 307, 308, 309, 310, 314, 322

光波動說　27, 161-163

光的直進　19, 161-162, 171, 172

光阻　145

光度　36, 45, 169, 304-305, 308, 309, 310, 313, 314, 318, 319, 321

光能　85, 92, 168-169, 203, 279, 310, 348

光圈　189-190

光圈值　189

光密介質　177, 180

光球層　332-333

光疏介質　177, 180

光通量　169-170

光速　37, 39, 78, 105, 135, 162-163, 170, 171, 397

光微粒說　27, 161-163

光源　162, 167, 169, 171, 173, 175, 181, 193, 304-305

光電　10, 136, 413-414, 416, 442, 446, 449, 453, 455, 456, 457, 458

光電工業　414

光電效應　39, 163

光電顯示器　414

光線　21, 27, 38, 161, 167, 171, 172, 173, 174, 175, 176, 177, 178, 179, 180, 183, 187, 188, 189, 190, 191, 193, 272, 308, 457

光學　19, 21, 24, 25, 26, 27, 41, 161-162, 184, 190, 271, 444, 446, 455

光學儀器　151, 179, 180, 184, 185, 189, 274

光學雙星　319

光學顯微鏡　191, 451, 453

光澤　61, 63, 268, 271, 272, 273, 274

光儲存　414

光譜　27, 36, 40, 162, 180, 181, 193, 299, 304, 305, 306, 309, 312, 313, 314, 319, 320, 447

光譜分析　36, 312-313

光譜儀　36

光觸媒　448, 456

光纖　180, 194, 400, 455, 457

全反射　175, 180, 181

全球定位系統　404

自然科學與生活科技概論

全像　194

全蝕　172

共射極組態　141

共振　20, 149-150, 152, 156, 157, 165, 446, 448, 457

共鳴　157, 160

共價化合物　64, 70

共價鍵　70-71, 137

再生性資源　358, 379, 387

再生能源　86, 90, 392

冰箱　103, 105, 107, 374, 403, 456

列文　42

印刷術　3, 20

吉布斯　29

吉伯特　29, 110, 127

同分異構物　72-73

同位素　41, 60, 61, 80

同素異形體　53, 67, 68

向心力　27

合成聚合物　72

合金　61, 68, 69, 74, 122, 125, 126, 446, 448, 451

回音　150, 153, 154

回聲定位　149-150

地中海型貧血症　234, 237

地心天動說　16

地形雨　286

地函　248-251, 254, 257, 259, 266, 274

地函　335-336

地核　248-249, 335

地球　15, 22, 37, 47, 51, 97, 111, 128, 156, 171, 198, 199, 200, 209, 212, 241-291, 297, 308, 309, 312, 324, 329, 331, 332, 333, 334, 335, 336, 340, 341, 342, 343, 344, 350, 357, 358, 359, 372, 373-393,

419, 433, 436

地殼　67-68, 87, 113, 242, 244, 246, 248, 249, 250, 251, 255, 256, 257, 259, 260, 263, 264, 265, 266, 267, 269, 273, 335, 351

地磁　127-128, 249, 254

地熱　86-89, 259, 358

地質作用　36, 255

地質學　5, 36, 37, 47, 211, 243, 254

地震　18, 148, 157, 251, 252, 254, 255, 256, 257, 406

地震波　157, 246, 248, 255, 256

地震帶　257

地轉風　289

多基因遺傳　219, 235

多媒體電腦　401

多氯聯苯　369-370, 385, 386

夸克　41, 81, 82, 83, 84

宇宙　6, 12, 15, 16, 17, 21, 22, 23, 24, 35, 36, 39, 41, 45, 46, 49, 57, 67, 82, 84, 92, 101, 102, 103, 147, 161, 163, 164, 165, 199, 241, 249, 282, 297-301, 303, 304, 314, 317, 318, 319, 320, 324, 329, 335, 388

宇宙飛船　46

宇宙射線　56, 81, 280

安山岩　258, 265, 266, 274

安培　29, 120, 121, 127, 132

安培右手定則　127, 130

安培定律　29, 128

托勒密　16, 21, 22, 35, 161, 312

早衰症　238

有性生殖　35, 206-207

有絲分裂　204-207, 221

有機化合物　33, 71, 72, 73, 184

有機化學　5, 33, 367

有機合成　33

有 機 物　33, 87, 91, 199-200, 209, 242, 345-346, 363, 364, 365, 366, 370, 450, 456

有機體　35, 71, 196, 238, 239, 344, 347

次音波　148-149

次級演替　357

死火山　259

污染　80, 88, 89, 90, 125, 126, 127, 149, 153, 282, 359-363, 365, 366, 367, 368, 369, 370, 371, 372, 377, 378, 379, 384, 386, 391, 392, 424, 428, 429, 433, 434, 435, 445, 457, 459, 462

米勒　44, 199

米粒組織　332

米歇爾　42

老化　188, 238, 239, 240, 314, 427, 450, 457

老化基因　238

自由基　238-240, 456

自由落體　23, 40

自由電子　56, 104, 111, 119, 120, 136, 137, 282, 298, 446

自行　88, 167, 209, 312, 314, 345, 346, 427

自然科學　1-2, 4, 5, 6, 11, 15, 16, 19, 20, 21, 22, 24, 25, 27, 390

自發輻射　192

自燃　52, 68, 448

色素　75, 203, 240, 421, 429, 430

色球層　332-333

色散　27

色散現象　27, 180-181, 193

色層分析法　75

艾弗里　42, 223

行星　17-18, 22, 23, 24, 26, 35, 36, 40, 199, 242, 249, 280, 297, 311, 329, 331, 333, 334, 335, 336, 337, 338, 339, 341, 342

行星式原子模型　40, 50

行星狀星雲　317, 342

西佛　304-306

西佛星系　304-305

串聯　119-120, 122, 132, 441

位能　76, 85, 94, 138, 446

佛萊明　8, 33, 204

佛雷爾胞　291-292

伽伐尼　29, 118

伽利略　4, 22, 23, 24, 25, 26, 27, 28, 30, 94, 162, 170, 323, 336

伽勒　36, 338

低氣壓　288, 290, 295

低溫現象　28, 100

克卜勒　23-24, 27, 35, 341

克卜勒行星運動　24

克里克　44, 224, 230

克勞修斯　28, 100, 102, 103

冷光　167-168

冷次定律　132

冷氣團　283, 294, 296

冷媒　91, 107, 374

冷雲　284, 287

冷鋒　294-295

冷機　101, 103, 107

助燃性　52, 67

卵細胞　35, 207, 422

吸熱　77, 94, 104, 106, 107

均變說　36-37

尿素　33, 71

希巴卡斯　309

希波克拉底　14

志留紀　244

快門　189-190

抗生素　8, 33, 380, 419, 421, 425, 426, 429

折射　21-22, 24, 27, 52, 152, 155, 161, 162,

自然科學與生活科技概論

164, 170, 176, 177, 178, 180, 181, 183, 189, 190, 279

折射式望遠鏡　190

折射定律　27, 162, 176

折射率　177, 180, 181, 183, 272, 274

抑癌基因　235

李比希　33

李佛瑞　36, 338

李時珍　19

杜菲　110

沙塵暴　382

沙漠化　381-383

沈括　20

沉積　145, 248, 260, 262, 263, 264, 269, 274, 275, 347, 350, 370, 451, 459

沉積岩　263-264, 267, 269, 275

汽化　58, 76, 98, 107

汽油　86, 88, 109, 434

沃爾夫　34

災變說　36-37

狄拉克　41, 81

狄拉克方程　41

角閃石　266, 273, 274

角膜　187, 189

貝克勒　38, 66

貝塞爾　36

貝爾　30, 35, 46, 138, 151, 400

並聯　119, 122, 132

乳糖操縱子　44, 230

亞佛加厥　32

亞佛加厥定律　32

亞里斯多德　4, 15, 18, 23, 31, 50, 198, 247

亞當斯　36

侖琴　38

侏儸紀　245, 253

兩兆雙星　414, 439

協和號　153

受激態　192

受激輻射　192

固定化酵素　424, 429

固態　52-54, 57, 59, 63, 71, 74, 248

奈米化　444-446, 448, 459

奈米化效應　445

奈米材料　444-445, 447, 448, 450, 451, 452, 453, 457, 460, 461, 462

奈米金屬　446, 448, 449, 455, 458, 459

奈米科技　395, 441, 442, 443, 449, 450, 451, 453, 454, 455, 458, 460, 461, 462

奈米高分子複合材料　450

奈米現象　442

奈米陶瓷　448, 450, 457

奈米塑膠　450

奈米碳管　445, 448, 449, 450, 451, 457, 461, 462

奈米鼻子　459

奈米機器人　458

奈米纖維　457

孟德爾　42, 212-219

季風　105, 286, 289, 292

定比定律　32, 50

定位突變　424, 431

定律　5-6, 24, 27, 28, 32, 35, 43, 50, 99, 100, 101, 102, 103, 104, 121, 177, 214, 215, 311, 341, 403

官能基　72-73

居維葉　37

居禮夫人　38, 66

岩石　71, 171, 184, 199, 242, 248, 249, 254, 257, 260, 261, 263, 265, 266, 267, 269, 273, 274, 275, 331, 333, 335, 336, 338,

339, 340, 343, 350, 351, 352, 367

岩石圈　249-250, 344, 350

岩石循環　269

岩漿　248, 251, 254, 255, 257, 258, 259, 265, 266, 267, 269

岩漿庫　259

底片　189

往復式蒸汽機　28

性狀轉化　223

性染色體　217-218

性聯遺傳　42, 217

拉瓦錫　32

拉馬克　33, 210-211

拉普拉斯　35

拉塞福　31, 40, 41, 50, 66

放射性　38, 41, 59, 62, 63, 64, 66, 78, 89, 166, 224, 242, 248, 273, 276, 363, 367, 370, 371

放射線　38, 43

放電　29, 44, 65, 113, 114, 116, 123, 124, 125, 126, 168, 199, 447-448

放熱　77, 94, 106, 107

明視距離　187

果寡糖　429

林奈　33

板岩　267-268

板塊　209, 250, 251, 252, 257, 258, 259, 260, 263

板塊構造　47, 250, 252

泥岩　264, 267, 268

泥盆紀　244

沼氣　91, 242, 280

波以耳　31, 99

波以耳定律　31, 55, 99

波耳　40-41

波耳原子模型　40

波形　158-160

波函數　41

波長　86, 150, 156, 158, 159, 163, 164, 165, 166, 168, 172, 173, 181, 182, 192, 193, 279, 312, 372, 446, 447, 448, 452

波恩　41

波茲曼　29, 100

波動力學　41

法拉　116

法拉第　30, 116, 117, 119, 128, 135

法線　173-174, 176, 177

法蘭西斯・培根　3, 24

沸點　52, 58, 61, 64, 70-72, 75, 88, 91, 96

沸騰　58

泡沫狀構造　303

泛音　157-160

物理　5, 15, 19, 20, 22, 25, 26, 27, 31, 32, 38, 39, 40, 41, 46, 51, 52, 53, 59, 60, 70, 74, 76, 77, 81, 83, 95, 101, 102, 103, 123, 148, 150, 220, 232, 260, 270, 271, 273, 308, 314, 333, 344, 345, 365, 368, 375, 385, 421, 424, 434, 436, 441, 444, 447, 450, 451

物理風化　260

物理學　8, 12, 20, 21, 25, 26, 27, 28, 29, 30, 36, 37, 38, 39, 40, 41, 43, 44, 46, 50, 59, 66, 79, 81, 82, 83, 94, 100, 102, 104, 116, 117, 118, 120, 121, 127, 128, 156, 162, 163, 170, 181, 185, 200, 252, 298

物理雙星　319

物理變化　76, 260

物種不變論　33-34

物質　5-6, 9, 11, 12, 13, 15, 20, 32, 39, 40, 41, 49-59, 69, 75, 76, 77, 81-84, 85, 86, 89, 94, 97, 98, 101, 104, 128, 129, 152, 168,

自然科學與生活科技概論

192, 199, 201, 221, 224, 231, 235, 259, 263, 298, 300, 301, 308, 320, 321, 330, 331, 332, 338, 344, 345, 346, 350, 354, 355, 357, 363, 365, 366, 367, 369, 374, 385, 386, 419, 428, 431, 441, 444, 445, 446, 449, 462

物質不滅定律　32, 359

物質波　40, 446, 452

直流電　116, 123, 130, 133, 139

知識經濟　11, 389, 396, 416

矽晶　137, 144, 145, 401, 427, 442

空洞　303

空氣污染　89, 360-365, 369, 371, 376, 377, 378, 379

空氣污染指標　362

空氣淨化機　114

芳香族烴　72

花拉子密　21

花崗岩　65, 258, 263, 265, 266, 268, 273, 274, 363

虎克　25-27, 34, 94, 100, 200

虎克定律　26

初級演替　357

表型　213-215, 218

表面效應　445-446, 448

金星　23, 167, 333-335, 342

金斯　37

金屬　59-64, 66, 68, 69, 70, 71, 77, 78, 87, 95, 97, 99, 101, 104, 106, 111, 112, 113, 115, 116, 118, 121, 122, 125, 126, 128, 136, 143, 145, 166-167, 171, 183, 248, 270, 272, 331, 333, 336, 339, 358, 359, 361, 365, 366, 367, 368, 369, 370, 371, 379, 434, 435, 445, 446, 447, 448, 449, 450, 451, 454, 455, 457, 458, 462

長石　263-264, 266, 270, 272, 273

長城　298, 303

長壽基因　238

門得列夫　32, 59

阿爾哈曾　21, 161

阿維森納　21

附著力　54-55, 75

孢子繁殖　207

侵蝕　260-264, 268, 269, 274, 351, 365, 379, 381, 382, 383

保育　343, 381, 383, 384, 385, 388, 392

保溫瓶　106

保險絲　122

剋生作用　354

哈哈鏡　176

哈柏　45, 299, 301, 309, 322

哈柏定律　45, 299

哈茲尼　21

哈恩　78

哈根斯　36

哈雷　27, 312

哈雷彗星　340

哈維　24

哈德里胞　291

威爾金斯　43-44

威爾遜　46, 298

恆星　17-18, 21, 22, 23, 36, 45, 46, 57, 80, 297-299, 301, 302, 303, 304, 306, 307, 308, 309, 310, 311, 312, 313, 314, 315, 316, 317, 318, 319, 320, 321, 322, 323, 328, 329, 331

指南針　3, 20, 127, 129

春分　277, 324

星系　35, 45, 297-308, 320, 321, 322, 327

星座　15, 308, 323, 325, 326, 327, 328, 329,

340

星等 309-310

星雲 35-36, 314-316, 322, 328, 330, 331

星團 36, 315, 322, 323

星際有機分子 46

星際物質 302, 314

星爆活動 307

染色質 201, 205, 206

染色體 42, 201, 205, 206, 207, 212, 215, 216, 217, 218, 219, 221, 231, 232, 233, 235, 238, 239, 240, 426, 432

查兌克 41, 50

查理 99

查理定律 32, 56, 99

氟氯碳化合物 365, 374

流明 169-170

流星 282, 340

流星雨 340

流星體 329, 331, 340

流紋岩 266

流體 27, 55, 94, 105, 110, 427, 448, 458

活火山 259

活性 62-64, 67, 69, 77, 78, 124, 205, 226, 235, 421-422, 424, 425, 429, 430, 431, 434, 445, 446, 448, 451, 455, 457

活躍星系 304-306

相干性 193-194

相對性原理 23, 39

砂岩 264, 268, 273

科氏力 288-292, 296

科技 1-3, 6, 9, 10, 11, 12, 13, 17, 20, 22, 44, 93, 145, 153, 269, 372-373, 391, 392, 395, 396, 403, 404, 407, 410, 411, 413, 416, 417, 418, 436, 437, 439, 441, 442, 443, 455, 458, 460, 461, 462

科赫 34

科赫原則 34

科學 1-9, 11, 12, 13, 14-47, 81, 84, 102, 119, 137, 162, 165, 185, 198, 199, 210, 220, 221, 230, 236, 239, 299, 300, 301, 304, 336, 340, 384, 395, 397, 419, 420, 436, 439, 441, 444, 461, 462

科學革命 5, 11, 22, 24, 25, 37

秒差距 299, 309, 310

秋分 276

穿透式電子顯微鏡 452

突觸 219-220

突變 42-43, 217, 231, 232, 233, 235

紅外線 46, 86, 95, 105, 163, 165, 169, 304, 372, 400, 443, 446, 457

紅巨星 302, 308, 317, 342

紅色行星 336

紅位移 36, 45, 46, 299, 304

胚胎 34-35, 210, 386, 427, 432, 433

胚種論 199

胞嘧啶 221

苯分子 9

苯環 33, 72

虹 56, 65, 167, 181, 183, 443

虹膜 187

負電 29, 50, 51, 64, 84, 110, 111, 113, 117, 118, 120, 137

迪摩斯 336

重力 39-40, 51, 82, 83, 85, 298, 300, 301, 314, 315, 316, 318, 320, 321, 322, 330, 331, 335, 342

重力常數 31

重力透鏡效應 300

重子 82

重量 21, 27, 51, 55, 84, 126, 219, 288, 401,

自然科學與生活科技概論

降水　283, 286, 291, 296, 378

韋格納　47, 252

音色　158-159

音品　157-158

音速　152-153, 155, 170

音量　151, 157, 158, 159, 160, 371

音調　156-160

音爆　153

頁岩　264, 267, 268, 275

風力　86, 90, 91, 133, 261, 291, 296, 358, 382, 383

風化　259-261, 263, 264, 268, 269, 273, 274, 350-351, 382

食物鏈　347, 350, 351, 352, 367, 368, 369, 370, 385

洒吞　42, 215-216

倍比定律　32, 50

候風地動儀　18

冥王星　36, 333, 338, 339, 341, 342

凌日　333

原子　15, 31, 38, 39, 40, 41, 50, 51, 52, 53, 59, 60, 61, 64, 66, 70, 71, 76, 77, 78, 81, 98, 99, 100, 110, 120, 136, 137, 166, 192, 193, 298, 372, 397, 441, 443, 444, 445, 446, 447, 449, 452, 453, 454, 455, 462

原子力顯微鏡　450, 453, 454, 455

原子－分子論　32-33

原子序　59-60, 62, 63, 64, 66

原子核　41, 50, 56, 60, 61, 66, 76, 78, 79, 80, 81, 83, 84, 86, 89, 110, 298

原子量　32-33, 59, 60, 61

原子價　33

原子彈　12, 39, 40, 41, 79, 80

原子論　15, 19, 32

原油　75, 88, 435

原恆星　315-316

原核　200-201, 203, 204, 209, 231

原理　4-6, 8, 9, 12, 16, 19, 23, 24, 25, 27, 28, 29, 30, 31, 37, 76, 78, 101, 103, 104, 122, 123, 133, 192, 211, 419-420

原電池　124

原癌基因　235

唐氏症　233, 235

哥白尼　16, 22, 23, 24, 35

夏至　276

夏龍　339

宰爾嘎里　21

射極　140-141

庫侖　29, 116, 117, 120, 445, 447

庫侖定律　29, 116, 117

弱電統一　83

徐光啟　17

振動　27, 53, 54, 57, 58, 86, 104, 120, 135, 136, 148-149, 151, 152, 156, 157, 158, 159, 160, 163, 182, 183, 256, 449

振幅　151, 155, 159, 181

核苷酸　42, 44, 201, 221, 224, 225, 226, 227, 233, 239, 420, 431

核力　78, 81, 82, 86

核子反應爐　41, 59, 151

核子武器　40

核仁　201, 205, 206

核分裂　78-80, 86, 89, 205

核能　39, 78, 79, 85, 86, 89, 92

核能電廠　79, 372

核衰變　66

核磁共振　101, 157, 408

核酸　42, 67, 72, 196, 200, 221, 240, 351

核質　201

核燃料　79-80

核糖核酸　221

核糖體　201, 228, 443

核融合　57, 78, 80, 86, 89, 194, 311, 314, 316, 317, 321, 330, 332, 342

核變化　76, 78

桑德奇　46

柴油　88, 361

柴油引擎　109

格里夫茲　42, 221

氣相沉積　145, 451

氣旋　290, 292, 295, 296, 338

氣團　293-294, 307

氣態　52-53, 55, 57, 59, 63, 74, 107, 331-332, 336, 361, 378, 450

氣壓梯度　288-290

氣體分子動力論　99-100

氣體反應體積定律　32

氧化　31-32, 61, 62, 63, 64, 72, 77, 122, 123, 124, 125, 126, 197, 239, 271

氧化銀電池　124-125

氧化燃燒學說　32

氧氣　31-32, 65, 126, 209, 226, 233, 244, 280, 370, 380, 424, 434

氦閃　317

泰利斯　14, 50, 110

泰坦　25, 338

消費性電子　125, 127, 404-405, 414, 415, 416, 417, 457

消費者　345-346, 348, 399, 404, 410

海王星　36, 333, 338, 339, 342

海市蜃樓　177

海更斯　25, 27, 162

海更斯原理　26

海底擴張說　47

海洋地殼　249-250, 254, 274

海洋能　86, 90, 91

海洋溫差發電　91

海森堡　40-41

特用化學　425, 429, 430, 438

特里頓　339

特殊星系　304

狹義相對論　39

留聲機　30

病毒　196, 220, 232, 235, 237, 364, 367, 419, 426, 431, 455, 456, 459

病原菌　34

病態大樓症候群　364

真空管　136-138, 400

真核　200-201, 204, 231, 236, 239

矩陣力學　40-41

祖冲之　17

神創論　34

神經元　219-220, 230

紡錘體　201, 205, 206

純物質　58-59, 73, 74, 77

紐康門　28

缺燃素氣體　31-32

脂肪族烴　72

胸腺嘧啶　221

脈動變星　319

脈衝星　46, 310, 321

能斯特　104

能量　25, 37, 39, 49, 52, 53, 56, 57, 58, 76, 78, 79, 80, 82, 84-92, 93, 94, 95, 98, 101, 102, 103, 124, 125, 126, 148, 151, 157, 159, 163, 166, 167, 168, 192, 193, 197, 201, 255, 301, 311, 312, 316, 317, 318, 320, 321, 331, 332, 343, 344, 345-348, 350, 357, 358, 359, 447, 458

自然科學與生活科技概論

能量守恆定律　28, 92, 102

能量金字塔　350

能源　10, 80, 84, 85, 86, 87, 89, 90, 91, 106, 125, 127, 348, 359, 377, 379, 392, 393, 419, 425, 428, 433, 434, 435, 436, 442, 445, 455, 456, 457, 458, 462

臭氧層　209, 282, 365, 374, 375, 388

記憶效應　126

記憶體　125, 398, 401, 413, 417, 457, 462

起重機　130

逆斷層　256-257

退伍軍人症　364

酒精　91, 95, 97, 431, 434

針孔成像　172

閃長岩　266

閃焰耀斑　332-333

閃電　29, 56, 110, 113, 170, 199, 280, 336, 350, 361

馬可尼　30, 136

馬克士威　27, 29, 30, 100, 128, 135, 163

馬克士威方程　30

馬森布洛克　29, 115

馬達　10, 86, 131, 458

馬爾薩斯　212

馬赫數　153

馬緯度無風帶　291

高分子　33, 72, 428, 431, 448, 450, 459, 461, 462

高分子鋰電池　126

高氣壓　288, 290

高爾基體　201

高嶺土　264, 274

胺基酸　44, 199, 203, 221, 226, 227, 228, 230, 233, 424-425, 428, 429, 430, 431, 455

乾電池　124

假說　4, 35, 128, 210, 217

偏振　170, 182, 183, 184

偏振片　183-184

偏振光　182-184

偏蝕　172

偏壓　138-143

勒比雄　47

勒克朗舍　124

勒克斯　170

動物電　29, 118

動能　53, 55, 58, 76, 85, 94, 100, 154, 396

區域變質　267

曼哈頓計畫　40

國家級奈米領航計畫　460

國家資訊基礎建設　416

基本力　82

基本粒子　41, 81, 82, 83, 298

基本電荷　117

基因　42, 195, 200, 212, 213, 214, 215, 216, 217, 218, 219, 220, 221, 226, 228, 230, 231, 233, 235, 236, 237, 238, 239, 240, 354, 384, 419, 420, 426, 427, 428, 430, 432, 434, 438, 459

基因工程　44, 419, 425, 426, 428, 430, 431, 438, 439

基因改造食品　428

基因治療　44, 236-237, 240, 427, 439, 459

基因表現　226, 231, 236

基因型　213, 427

基因疫苗　426, 432

基因突變　231, 233, 238, 367

基因重組　44, 217, 427

基因組　235-236, 353, 439

基因連鎖　42, 216-217

基因圖譜　235-236, 437, 439

基因調控　44, 230

基因轉殖　44, 237, 420, 422, 427, 431, 432, 433, 438

基因體　235, 427, 437, 438, 439, 440

基音　157-160

基極　140

基團　33, 203

基質　203

密近雙星　319-320

密度　21, 31, 51, 52, 61, 62, 76, 91, 99, 105, 113, 124, 125, 126, 148, 150, 151, 152, 194, 247, 249, 251, 288, 292, 301-303, 307, 308, 312, 314, 315, 321, 322, 330, 331, 333, 334, 335, 337, 353, 401, 446, 448, 449, 458

密碼子　44, 227-228, 233

帶電體　111-112, 116, 117

康德　35

張仲景　19

張衡　18

強作用力　82-84

彗星　17, 45, 57, 199, 245, 329, 331, 340

探測器　46, 150, 154, 453

接合酶　226, 419

接觸電　118

接觸變質　267

掃描式近場光學顯微鏡　453, 455

掃描式穿隧顯微鏡　453-454

掃描式探針顯微儀　453

掃描式電子顯微鏡　450, 452

族群　209, 212, 246, 352-355, 390, 392

望遠鏡　5, 23, 25, 26, 27, 36, 46, 162-163, 179, 180, 182, 190, 191, 308-311, 323, 338

條痕　271-272, 274

氫氣　31, 44, 64, 67, 78, 87, 88, 91, 126, 314, 331, 336, 450

氫彈　80, 333

液化石油氣　88

液泡　203

液晶螢幕　184

液態　52-53, 55, 57, 59, 61, 63, 64, 67, 74, 88, 91, 101, 107, 241-242, 249, 335-336

清潔生產　390, 392, 433, 435

混合冷卻　285

混合物　58, 73, 74, 75, 76, 88

深成岩　265

球狀星團　302, 308, 322, 323

理論　3-10, 15, 16, 17, 18, 19, 24, 25, 27, 28, 29, 30, 32, 33, 35, 36, 39, 40, 41, 45, 50, 81, 82, 83, 100, 101, 104, 127, 128, 161-163, 198, 199, 215, 217, 238, 239, 255, 298-299, 306, 330, 444

現代物理學　37, 39

畢達哥拉斯　14

疏密波　148

疏散星團　308, 322, 328

硫循環　352

硫黃　68

第谷　23

粒子加速器　59, 81

粒線體　201, 239

統一場論　40

統計力學　29

細胞　26, 34, 35, 42, 68, 166, 187, 196, 197, 198, 200-207, 209, 215, 216, 217, 219, 221, 223, 226, 230, 231, 232, 236, 237, 238, 239, 240, 243, 244, 372, 419, 420, 421, 422, 424, 426, 427, 430, 431, 432, 438, 442, 443, 455, 458, 459

細胞工程　419, 421

自然科學與生活科技概論

細胞核　35, 42, 201, 204, 205, 220, 221,
　　228, 235, 422

細胞核移植　421-422

細胞株　421, 432

細胞病理學　35

細胞培養　237, 421, 426, 430, 440

細胞週期　204

細胞膜　201, 203, 204, 240, 443

細胞質　197, 201, 203, 205, 206, 228

細胞壁　201, 203, 204, 422, 429

細胞學說　35, 200

細胞融合　419, 421, 422, 432

細菌　34, 42, 87, 196, 198, 199, 201, 207,
　　209, 223, 224, 236, 346-347, 350, 351,
　　364, 366, 367, 419, 420, 431, 456

細菌病因說　34

組織培養　421-422, 427, 431, 440

莫氏不連續面　248

莫甘　42, 217

莫利　37

莫諾　44, 230

蛋白質　42-44, 67, 72, 166, 196, 200, 201,
　　203, 205, 221, 224, 226, 227, 228, 230,
　　231, 233, 235, 236, 240, 351-352, 375,
　　419, 420, 424, 425, 427, 431, 439, 440, 455

被子植物　209, 245, 246

規範玻色子　82-84

許旺　35

許萊登　35

軟體　245, 398-400, 404, 406, 411, 415, 418

通訊　10, 30, 127, 136, 137, 164-165, 180,
　　194, 282, 332, 396, 397, 400, 401, 402,
　　404, 405, 409, 410, 414, 415, 416, 417,
　　418, 442, 457, 458, 461

通訊設備　415

通訊網路　400, 402, 403

連通管原理　22

連鎖反應　41, 79, 192

連續電池　127

造山運動　209, 244, 245, 246, 255, 257,
　　259, 260, 267, 269

造父變星　308, 317, 319

造岩礦物　273

造紙術　3, 20

透明　162, 164, 171, 176, 177, 178, 183,
　　271, 272, 273, 274, 298, 332, 392, 431,
　　450, 457

透鏡星系　302

郭守敬　18

都卜勒效應　156, 299

野生物種滅絕　384

陰極射線　38-39

陰影　162, 171, 172, 278, 279, 301

雪　98, 106, 107, 268, 286, 287

鳥糞嘌呤　221

鹵素　64, 71

麥卡夫　403

麥卡夫定律　403

麥克生　37, 170

傑生　162

凱庫勒　9, 33

凱爾文　199

單性生殖　207

單核苷酸多樣性　236, 427

單株抗體　421-422, 425, 427

單基因遺傳　218, 233, 235

單電子電晶體　447, 449, 457, 462

場效電晶體　139, 142

場發射顯示器　448-449, 457

場論　27, 30

自然科學與生活科技概論

寒武紀　243-244

寒流　294

富可　162, 170

富蘭克林　8, 29, 43, 110

幾丁質　428-429, 431

幾何　4, 14, 15, 16, 17, 25, 161, 212

幾何光學　20, 25, 27, 161

彭齊亞斯　46, 298

復冰現象　58

復育　381, 385, 434

惰性氣體　59, 64, 451

揮發性有機化合物　361

散光　176, 179, 187

散射　40, 50, 89, 165, 170, 171, 172, 173, 183, 184, 315, 452, 457

普利斯特力　31-32

普朗克　12, 39, 40, 104, 163

晶形　53, 67, 272-273

晶圓　144-145

晶圓代工　413, 418

智慧卡　403

棕矮星　316

棒旋星系　302

氮氣　338-339, 350, 351

氮循環　350

游離　66-67, 70, 113, 166

游離輻射　66, 372-373

減色混合　186

減數分裂　204-207, 215, 216, 217, 218, 232, 239

渦輪　79, 89, 91, 92, 108

湯川秀樹　81

湯木生　39, 50

測不準原理　41

渾天儀　18

焚風　286, 292, 293

焦耳　28-29, 78, 79, 94, 97, 100, 102, 118, 122

焦耳定律　29

焦距　178, 187, 188, 189, 190, 191

焦點　23, 175, 178, 179, 193, 341, 415, 461

無性生殖　198, 206, 207

無絲分裂　204

無線通訊　30, 127, 404, 418

無線電　30, 128, 136, 184, 332, 372, 373, 400

無線電波　45-46, 136, 137, 163-164, 184, 282, 304-306, 321, 372

無機物　33, 200, 263, 269, 345

琥珀　14, 110, 114, 275

發光體　167

發明　3, 5, 7, 8, 9, 10, 14, 16, 18, 20, 21, 22, 25, 26, 27, 28, 29, 30, 31, 94, 109, 110, 115, 116, 118, 119, 123, 124, 127, 136, 137, 138, 153, 162, 184, 400, 442

發射星雲　314-315

發動機　107

發現　3-5, 7, 8, 9, 11, 14, 15, 16, 18, 20, 22, 23, 24, 25, 26, 27, 28, 29, 30, 31, 32, 33, 34, 35, 36, 37, 38, 39, 40, 41, 42, 44, 45, 46, 50, 59, 61, 66, 78, 81, 82, 94, 99, 100, 103, 110, 118, 119, 121, 127, 128, 136, 162-163, 171, 172, 176, 180, 181, 185, 198, 200, 204, 213, 215, 217, 223, 227, 230, 236, 238, 239, 243, 249, 252, 254, 264, 275, 298-302, 304, 305, 312, 315, 321, 322, 329, 336, 338, 341, 347, 419, 428, 444, 449, 451, 459

發散透鏡　179

發電機　10, 30, 79, 86, 89, 90, 91, 92, 122,

127, 133, 135, 442

發酵　34, 198, 459

硬度　52-53, 62, 63, 70, 71, 72, 264, 271, 272, 273, 274, 445, 447, 448, 450, 462

稀有氣體　64

等位線　118

結核病菌　34

結晶法　75

結構式　73

絕對星等　309-310, 319

絕對溫度　56, 96, 99

絕對零度　96, 100, 101, 104

絕緣體　71, 104, 106, 112, 113, 116, 120, 136, 274, 447, 449

紫外線　46, 67, 86, 163, 166, 168, 169, 232, 280, 281, 282, 304, 372, 374, 375, 422, 446, 448, 450, 456, 457

給呂克　114

給呂薩克　32

萃取法　75

華氏　96

華生　43-44, 224

華佗　19

華萊士　212

萊頓瓶　29, 110, 115, 116

菲可　35

菲左　162, 170

虛像　175-176, 179, 191

虛擬實境　406

裂片生殖　207

視星等　310, 319

視訊會議　401, 404, 409, 410

視運動　36, 324-325

視網膜　187-189

視覺　21, 161-162, 173, 187, 319

視覺暫留　187

費米　41, 79, 81

費馬　171

費曼　444

貴金屬　69, 270

超巨星　311-312, 314, 317, 318, 342

超流體　28, 101

超音波　148-151, 154, 157

超音速　153

超距力　117, 129

超新星　17, 315, 318, 320, 321, 330

超導體　28, 101

週期表　32-33, 59, 60, 61, 62, 63, 64, 66, 136

進化　13, 33, 34, 42, 151, 209, 210, 211, 212, 226, 236, 242, 246, 384

量子　10, 12, 39, 40, 41, 163, 395, 444, 447, 457

量子力學　40-41, 43

量子尺寸效應　445, 447

量子穿隧效應　445, 447

鈍氣　64

開爾文　28

間期　204-206

隆美耳　170

集極　140

雲母　263-264, 266, 268, 270, 272, 273, 274

雲的形成　283, 286

黃道十二宮　329

黑洞　304-308, 318, 320, 321, 322

黑暗物質　45, 300-301, 308

黑暗能量　300-301

黑曜岩　266

黑體輻射　37, 39, 163

傳導　20, 69, 104, 106, 107, 110, 123, 136,

140, 201, 235, 451

傾析法　76

塞爾維特　24

奧巴林　199

奧陶紀　244

奧圖　109

幹細胞　237, 427, 438, 439

微中子　81, 83, 84, 300, 318

微生物　9, 34, 42, 198, 221, 236, 351-352,
　　367, 368, 370, 419, 421, 425, 426, 428,
　　430, 431, 434, 436

微乳液法　451

微波　136, 157, 163, 164, 165, 372, 400, 446

微波背景輻射　46, 298

微粒體　201

微處理器　398, 401, 403

微電子　145, 403, 447, 462

微電子技術　10, 144

微影蝕刻　145

微機電系統　458

微積分　27, 30

感應　113, 132, 133, 134, 143, 180, 196,
　　198, 443, 450

感應起電　111-112

感應電動勢　132

愛丁頓　45

愛因斯坦　11-12, 30, 38, 39, 40, 45, 78, 83,
　　100, 163, 171, 321

愛迪生　9, 30

搬運　260-264

新生代　209, 244, 246

新星　17, 316, 320

新陳代謝　196-197, 205, 238, 239

暗星雲　314-315

暖氣團　283, 286, 294, 296

暖雲　284, 287

暖鋒　294-295

會聚透鏡　178

極區胞　291-292

楊格　27, 162, 181, 185

楊斯基　45

溶酶體　201, 240

溶液　39, 70, 71, 74, 77, 78, 124, 125, 126,
　　145, 451

溶膠凝膠法　451

源極　142-143

溼度　152, 283, 293, 294, 296, 345, 383

溫伯格　83

溫室效應　335, 365, 375, 376, 377, 380, 436

溫度計　26, 28, 94, 95, 96, 99, 102

溫差　90-91, 103, 104, 333, 335

溫標　96

煤　10, 62, 79, 85, 87, 88, 89, 108, 245, 264,
　　358-359, 361, 442

煤涬　87

煤氣　87

煤焦　87

煉金術　21, 31

照度　170

照相術　36, 312

照相機　125, 179-180, 187, 189

碎屑性沉積岩　263

萬有引力　8-9, 26, 27, 40

萬有引力定律　26-27, 311, 341

置換　77-78, 237

群落　344, 352, 354, 355, 356, 357

腺嘌呤　221

葉綠餅　203

葉綠體　203

解析幾何　25

解理　272-274

解螺旋酶　226

資料庫　231, 386, 400, 402, 406, 407

資訊　6, 10, 11, 44, 47, 127, 136, 145, 163, 185, 194, 221, 231, 254, 392, 396, 397, 398, 399, 400, 402, 403, 404, 406, 407, 408, 409, 410, 411, 413, 414, 415, 416, 417, 418, 427, 428, 437, 438, 439, 440, 441, 442, 455, 457, 460

資訊化家電　403

資訊系統　396, 398, 399, 400, 406, 407, 409

資訊科技　389, 395, 396, 397, 399, 400, 403, 406, 408, 409, 410, 411, 416, 418, 436, 441

資訊時代　11, 397, 403

資訊處理　396-399

資訊硬體　413, 418

資源耗竭　13, 358-359, 388

賈可布　44, 230

道耳吞　32, 50

達文西　18, 22

達爾文　34, 42, 210-212

過濾法　74

鉛酸電池　125

閘極　142-143

隕石　242, 245, 280, 333, 335, 336, 340, 341

雷文霍克　34, 198

雷利　37, 256

雷迪　198

雷射　136, 167, 192, 193, 194, 455, 457

雷射光　114, 185, 193, 194, 455

雷射印表機　114, 194

電力　10, 30, 79, 86, 90, 123, 125, 127, 128, 129, 133, 135, 377, 442

電力線　117-118

電子　10, 12, 38, 39, 40, 50, 51, 56, 61, 62, 63, 64, 66, 67, 69, 70, 76, 81, 83, 84, 101, 110, 111, 116, 117, 119, 120, 122, 123, 125, 126, 136, 137, 138, 140, 142, 143, 144, 192, 298, 400-415, 415, 417, 419, 427, 439, 441, 442, 445, 446, 447, 448, 449, 450, 452, 453, 454, 456, 457, 458, 461

電子化政府　410

電子商務　410, 416

電子組態　59, 64

電子顯微鏡　447, 452, 453

電化學當量定律　30

電功率　123

電池　29, 78, 85, 90, 118, 119, 122, 123, 124, 125, 126, 127, 456-457, 462

電位　118-119

電位差　118-121, 123, 451

電位能　118

電弧電漿法　451

電波天文學　45-46, 304, 321

電波星系　304-306

電波望遠鏡　45, 305

電阻　95, 101, 113, 120, 121, 122, 123, 132, 142, 144, 450

電流　29, 31, 85, 101, 110, 118, 119, 120, 121, 122, 123, 124, 126, 127, 128, 130, 131, 132, 133, 135, 136, 138, 139, 140, 141, 142, 143, 249, 447, 449, 451, 453, 454

電流的熱效應　122

電流計　120, 132

電容　116, 143, 144

電容器　115-116

電氣時代　10, 30

電能　85-86, 92, 101, 102, 119, 122, 123, 124, 125, 127, 131, 133, 168, 446

電動　127, 165

電動力學　29, 128

電動機　130-133, 442

電荷　29, 51, 66, 71, 82, 83, 84, 86, 110, 111, 112, 113, 114, 115, 116, 117, 118, 120, 135, 447

電荷守恆定律　29

電場　56-57, 86, 113, 116, 117, 118, 120, 135, 136, 138, 142, 143, 168, 183

電報機　30

電晶體　10, 121, 136, 137, 138, 139, 140, 141, 142, 144, 145, 268, 400-402, 442, 461

電量　50, 111, 116, 117, 120, 400-401

電感　110, 144, 462

電極　123, 425, 427, 450, 451

電源　119, 122, 127, 130, 377

電腦　10, 114, 116, 126, 372, 395, 396, 397, 398, 399, 400, 401, 402, 403, 404, 406, 408, 410, 413, 414, 415, 417, 418, 455, 457, 462

電腦硬體　398-399

電解　77, 119

電解定律　30, 119

電解液　123-126

電解質　70-71

電磁力　82-84

電磁波　27-28, 30, 56, 57, 86, 105, 127, 128, 135, 136, 163-167, 170, 171, 182, 372-373, 446, 448, 457

電磁振盪　136

電磁能　86, 135

電磁感應　30, 128, 132, 133, 134, 135

電磁學　9-10, 29, 30, 116, 118, 120, 127, 128

電磁輻射　67, 161, 163, 304, 306, 308, 372

電磁鐵　130-132

電樞　131, 133

電漿顯示器　414, 448

電學　29, 115, 117, 119, 121, 446

電激發光　168

電燈　9-10, 30, 92, 122, 442

電壓　113, 116, 119, 122, 123, 124, 125, 126, 133, 134, 135, 138, 139, 143, 447, 449, 450, 452

電鍍　119, 366

電離層　56, 282, 332

雹　286-288

實像　175, 178, 179, 190, 191

實驗式　73

實驗科學　3, 5, 22, 30, 31

實體化石　275

對流　104-106, 242, 248, 250, 251, 254, 281, 282, 287, 288, 294, 296, 332, 336, 374

對流雨　286

對流層　281, 331-332, 374

對偶基因　213-216, 218, 219

慣性　19, 23, 40, 51

慣性原理　23

摻雜　136, 168

槓桿　16, 19, 148

演化　36, 45, 46, 195, 207, 209, 210, 211, 212, 217, 232, 236, 242, 244, 245, 246, 255, 276, 298, 300, 301, 304, 307, 308, 314, 316, 317, 318, 320, 323, 335, 342, 358, 384

演化論　33

演繹　3-4, 7, 15, 24, 26

滯留鋒　287, 294

漫射　174

磁力線　129-130, 133, 249, 332

磁力顯微鏡　453, 455

磁化　20, 68, 127, 129, 130, 442, 446, 447

磁性　52, 69, 74, 86, 101, 127, 128, 129,
　130, 254, 273, 442, 444, 446, 447, 455, 459

磁指南器　20, 127

磁浮　101

磁能　86, 333, 447

磁域　129

磁場　9, 57, 83, 86, 101, 128, 129, 130, 131,
　132, 134, 135, 183, 249, 254, 321, 331,
　332, 335, 336

磁學　29, 446

磁鐵　74, 127, 128, 129, 130, 131, 132, 133,
　249, 270

碳化　67, 87

碳循環　350

碳鋅電池　124

福克斯　199

種名　33

端粒　238-239

端粒酶　239

精細胞　35, 207

綠建築　392-394

網狀化合物　70, 73

網路電話　404

網際網路　401, 404, 406, 407, 408, 410, 415,
　418

維恩　37

維勒　33, 71

維薩里　24

聚合酶　226, 420

聚合酶連鎖反應　420

聚合板塊邊界　251, 257

聚合物　72-73, 425, 428, 431, 459

聚星　318-319

蓄電池　125

蓋倫　16, 21, 24

蓋爾曼　82

蒸汽引擎　10

蒸汽機　9-10, 28, 101, 103, 108, 442

蒸發　58, 75, 91, 98, 106, 107, 283, 286,
　296, 350, 361, 450

蒸發霧　285

蒸餾法　75

蝕刻　145, 455

蝕雙星　311, 319

蝕變星　319

裸子植物　209, 245, 246

赫希　43, 224

赫茲　27, 30, 128, 136, 148, 163

赫茨普龍　45, 313

赫斯　47, 254

赫登　36

赫歐爾　36, 45, 338

赫羅圖　45, 313-314, 316, 317, 323

輕子　83-84

遠距教學　404, 407, 409

遠距醫療　409

酵素　201, 203, 221, 226, 228, 230, 231,
　233, 234, 239, 240, 421, 424, 425, 427,
　428, 429, 430, 431, 443

酵素工程　419, 424, 425, 428, 429, 430, 431

酸雨　365, 369, 370, 378, 379

酸鹼指示劑　31

銀河系　36, 45, 199, 297, 301, 303, 307,
　308, 314, 315, 322, 330, 341

銅綠　69

颱風　98, 287-288, 295, 296

嘧啶　200, 221

劉徽　17

增溫層　282

層理　262-263

廢熱　92, 103, 106, 348, 365, 367

廣義相對論　39-40, 45, 321

彈力　85

影印機　114

德布羅意　40

德爾布呂克　42

德福雷斯特　137

德謨克里特斯　15, 50

摩根　47

摩爾　402

摩爾定律　402

摩擦起電　29, 110

摩擦起電機　110, 114, 115

摩擦發光　168

數量金字塔　350

數學　4-5, 14, 15, 16, 17, 18, 21, 23, 24, 25, 26, 27, 35, 41, 100, 102, 121, 135, 171, 176, 213, 401

模型　4, 16, 21, 40, 44, 46, 82, 224, 230, 300, 324, 406

樂音　157, 159, 160

樂器　157-160

歐姆　29, 120, 121

歐姆式導體　121

歐姆定律　29, 119, 121

歐特　45, 340

歐羅巴　336

潛望鏡　175

潛熱　98, 107, 282, 296

潮汐　90-91, 279, 306, 335, 358

熱力學　10, 28, 94, 100, 101, 102, 103, 104

熱功當量　97

熱平衡　95-96, 102, 104

熱交換器　106

熱污染　367

熱拉爾　33

熱的傳遞　104

熱泵熱水器　106

熱容量　97-98

熱島效應　365

熱效率　28, 103, 108

熱核反應　80

熱能　57, 79, 85, 88, 89, 91, 92, 94, 95, 97, 98, 100, 102, 103, 104, 106, 107, 108, 122, 127, 446-447, 451

熱帶雨林　379-381

熱帶氣旋　295

熱現象　28, 93, 94, 95, 101

熱處理　114, 145, 451

熱量　29, 52, 76, 77, 87, 94, 97, 102, 103, 106, 123, 138, 238, 320, 428, 430

熱質說　28, 94

熱學　28, 94, 101, 103, 447

熱導體　104

熱機　28, 101, 103

熱膨脹　99, 288, 315-316, 342

熱點　257

盤尼西林　33

穀神星　36, 339

膠子　83-84

膠原蛋白　428, 431

蓮花效應　442

蔡斯　43, 224

衛星　22-23, 25, 36, 138, 309, 329, 331, 333, 334, 335, 336, 338, 339, 400, 404

複合音　158

複置換　77-78

複製技術　422, 433

自然科學與生活科技 **概論**

496

質子　41, 50, 51, 60, 61, 66, 78, 81, 83, 84, 298, 318

質能互換　39

質量　21, 27, 31, 39, 49, 50, 51, 78, 79, 80, 85, 235, 247, 298, 300, 301, 302, 304, 311, 316, 317, 320, 321, 335, 336, 337, 338, 342

質量守恆　39, 50, 76

質量數　60

輝石　266, 273, 274

輝長岩　266

鋒面　286-287, 293, 294, 296

鋒面雨　286-287

鋰離子電池　125-127

震央　255

震源　255-256

震源深度　256-257

墨經　19-20, 161, 172

熵　28, 103, 104

蝎虎座 BL 天體　304-306

凝結　58, 98, 107, 199, 242, 280, 283, 285, 287, 288, 296, 336

噪音　153, 157, 159, 160, 371-372, 458

噪音污染　371-372

器官移植　44, 427, 459

噬菌體　43, 224, 419

導電　52, 57, 63, 66, 69, 70, 71, 111, 113, 120, 122, 136, 137, 445-449, 454, 457

導熱　52, 57, 69, 104, 447, 449

導線　9, 85, 111, 113, 122, 128, 130, 131, 136, 143

導體　61, 63, 68, 69, 70, 101, 104, 111, 113, 116, 119, 120, 121, 122, 132, 136, 445, 449

整流　131, 133, 139, 449, 457

橫波　135, 171, 182, 256

橄欖石　266, 271, 273, 274

橄欖岩　248, 266

橢圓星系　301-303, 305

橡膠　68, 72, 89, 111, 365, 371, 380

機能性食品　429, 431, 440

機械功　103

機械波　148, 171

機械時代　10

機械能　85, 92, 102, 108

澱粉　72, 124, 428, 430, 431, 434

激光　192

熾熱發光　167

燈泡　65, 67, 93, 118, 122, 167

燃料電池　126-127, 450, 456, 462

燃素說　31-32

燃燒學說　32

積體電路　10, 136, 144, 145, 401-402, 411, 413, 442, 450, 457, 458

螢光　38, 166, 168, 185, 273, 455

融合瘤　422

諧音　159-160

諾貝爾　30, 34, 38, 39, 40, 42, 43, 44, 46, 83, 101, 462

諾貝爾獎　30, 38, 444

賴爾　37, 211

輻射　65-66, 86, 89, 92, 95, 104, 105, 106, 163, 165, 166, 167, 169, 199, 220, 232, 235, 239, 249, 280, 281, 282, 297-298, 304, 305, 306, 309, 312, 321, 331, 332, 340, 346, 372, 375, 448

輻射污染　372

輻射冷卻　285, 289, 292

輻射霧　285

遺傳　33-34, 42, 43, 44, 198, 200, 201, 207, 211, 212, 213, 215, 216, 217, 218, 219, 220, 221, 224, 225, 226, 227, 228, 230,

231, 232, 233, 235, 236, 237, 238, 353-354, 384, 419, 422, 426, 435, 436

遺傳工程　419-420, 433, 436

遺傳因子　13, 42, 216

遺傳法則　212-213, 219

遺傳密碼　43-44, 220, 226, 233

遺傳學　42, 213, 215, 216, 217, 419

錯動板塊邊界　251-252, 257

隨選視訊　405

霍亂桿菌　34

霍爾丹　199

霓　56, 65, 167, 181

靜電　29, 71, 110, 111, 112, 113, 114, 115, 116, 119, 447-448

靜電力　29, 71, 114, 116, 117

靜電場　117

靜電集塵器　114

靜電感應　111-113

頻率　40, 56, 120, 148-151, 155, 156, 157, 158, 159, 163, 165, 167, 181, 372, 448, 457

鮑林　43

鮑威爾　81

龍捲風　288, 295, 296

壓力　31, 51, 53, 55, 56, 57, 58, 76, 88, 95, 99, 100, 107, 109, 148, 159, 209, 220, 240, 248, 256, 268, 282, 283, 288, 314, 316, 318, 321, 331, 374

壓縮機　107

戴奧辛　72, 369-370, 385, 386

檢流計　120, 130, 132

營養級　346

營養器官繁殖　207

營養鹽　367, 369, 434

環境污染　13, 87, 240, 359, 373, 388, 433, 436, 456

環境倫理　387-389

環境荷爾蒙　385-386

環境監測　194, 433-434

癌症　166, 220, 235, 236, 237, 238, 239, 240, 367, 386, 459

瞳孔　187, 189

磷光　168, 273

磷循環　351

縱波　148, 182, 256

聲波　27, 148-149, 151, 153, 155, 156, 157, 158, 159, 162, 171, 256

聲波屏障　153

聲波雷達　150

聲音　20, 27, 86, 93, 113, 147-148, 151, 152, 153, 154, 155, 156, 157, 158, 159, 160, 371, 396, 401, 408

聲納　150, 154

聲能　151, 153, 159

聲能　86

臨界角　180

臨界質量　79

薄膜繞射　27

薛丁格　41, 43

薛丁格方程　41

褶皺　252, 259, 260

避雷針　8, 29, 110, 113

還原　32, 77, 78, 87, 123, 346, 351, 456

邁爾　28

隱生元　243

隱性　213-214, 218, 219

黏土礦物　264, 273, 274

點突變　233

擺錘等時性　23, 25

擺鐘　25-26

斷口　273

自然科學與生活科技概論

斷層　256, 259, 260, 408

斷層錯動　255

歸納　3-4, 7, 15, 24, 42, 58, 206, 314, 436

簡儀　18

繞射　27, 43, 44, 152, 155, 156, 162, 166, 170, 181, 182, 224, 452

薩拉姆　83

藍綠菌　201, 209, 243, 280

轉形斷層　252, 257

轉錄作用　228

轉譯作用　228

醫學影像儲存系統　408

鎳氫電池　125-126

鎳鎘電池　125-126

離子佈植　145

離子鍵　71

離心法　76

雙折射　183, 274

雙星　36, 311, 318, 319, 322

雙狹縫實驗　27, 162

雙極接面電晶體　139

顏色　27, 45, 55, 64, 180-181, 185, 186, 187, 193, 217, 264, 266, 268, 271, 273, 274, 308, 311, 312, 314, 338, 342, 449

魏斯曼　211

爆發變星　319-320

穩定電流　120

羅素　45, 313

羅傑‧培根　161

醱酵　91, 419, 425, 428, 434, 438, 440

醱酵工程　419, 425, 426, 428, 429, 430, 431, 434

鏡片度數　188

鏡頭　189, 191

類木行星　331, 333

類地行星　331, 333

類金屬　66

類星體　46, 304-306

礦物　71, 87, 166, 184, 203, 242, 260, 263, 264, 266, 267, 268, 269, 270, 271, 272, 273, 274, 275, 276, 358-359, 370

礫岩　264, 266

蘇非　21

觸媒　455-456, 462

屬名　33

攝氏　96, 321, 332, 333

露點　283, 285

巔峰群落　357

疊置定律　263

疊層石　243

聽覺　148-149, 151, 160, 372

纖維素　72, 203, 422, 431, 434

變性氣團　294

變星　317, 319, 320,

變異　33-34, 42, 207, 209, 211, 212, 220, 226, 231, 232, 233, 235, 236, 237, 239, 240, 354

變質岩　263, 267, 268, 269, 273, 274

變質砂岩　268

變壓器　86, 133, 134, 135

顯生元　244

顯示器　168, 406, 414, 457, 462

顯性　213-215, 218, 219

顯微鏡　5, 26, 27, 34, 35, 100, 162, 179, 182, 184, 191, 200, 215, 221, 452-453

驗電器　112-113

蠶豆症　234

鹼土金族　63

鹼性　52, 61, 62, 63, 124, 125, 221

鹼性電池　124

鹼金族　62-63

國家圖書館出版品預行編目資料

自然科學與生活科技概論／周秋香著.--初版.--
臺北市：心理, 2005（民 94）
面；　公分.--（自然科學教育；9）

ISBN 978-957-702-782-5（平裝）

1.科學—教學法　2.中等教育—教學法

524.36　　　　　　　　　　　　　94005394

自然科學教育 9　**自然科學與生活科技概論**

作　　　者：周秋香
執 行 編 輯：陳文玲
總 編 輯：林敬堯
出 版 者：心理出版社股份有限公司
社　　　址：台北市和平東路一段 180 號 7 樓
總　　　機：(02) 23671490　　傳　　真：(02) 23671457
郵　　　撥：19293172　心理出版社股份有限公司
電子信箱：psychoco@ms15.hinet.net
網　　　址：www.psy.com.tw
駐美代表：Lisa Wu　　tel: 973 546-5845　　fax: 973 546-7651
登 記 證：局版北市業字第 1372 號
電腦排版：辰皓國際出版製作有限公司
印 刷 者：辰皓國際出版製作有限公司
初版一刷：2005 年 4 月
初版二刷：2006 年 9 月

讀者意見回函卡

No. _____   填寫日期：　年　月　日

感謝您購買本公司出版品。為提升我們的服務品質，請惠填以下資料寄回本社【或傳真(02)2367-1457】提供我們出書、修訂及辦活動之參考。您將不定期收到本公司最新出版及活動訊息。謝謝您！

姓名：_____   性別：1□男　2□女

職業：1□教師 2□學生 3□上班族 4□家庭主婦 5□自由業 6□其他____

學歷：1□博士 2□碩士 3□大學 4□專科 5□高中 6□國中 7□國中以下

服務單位：_____   部門：_____   職稱：_____

服務地址：_____   電話：_____   傳真：_____

住家地址：_____   電話：_____   傳真：_____

電子郵件地址：_____

書名：_____

一、您認為本書的優點：（可複選）

　❶□內容 ❷□文筆 ❸□校對 ❹□編排 ❺□封面 ❻□其他____

二、您認為本書需再加強的地方：（可複選）

　❶□內容 ❷□文筆 ❸□校對 ❹□編排 ❺□封面 ❻□其他____

三、您購買本書的消息來源：（請單選）

　❶□本公司 ❷□逛書局⇨_____書局 ❸□老師或親友介紹

　❹□書展⇨____書展 ❺□心理心雜誌 ❻□書評 ❼其他_____

四、您希望我們舉辦何種活動：（可複選）

　❶□作者演講 ❷□研習會 ❸□研討會 ❹□書展 ❺□其他____

五、您購買本書的原因：（可複選）

　❶□對主題感興趣 ❷□上課教材⇨課程名稱_____

　❸□舉辦活動　❹□其他_____　　（請翻頁繼續）

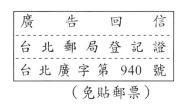

廣	告	回	信
台 北 郵 局 登 記 證			
台 北 廣 字 第 940 號			

（免貼郵票）

 心理出版社 股份有限公司

台北市 106 和平東路一段 180 號 7 樓

TEL: (02) 2367-1490

FAX: (02) 2367-1457

EMAIL:psychoco@ms15.hinet.net

沿線對折訂好後寄回

六、您希望我們多出版何種類型的書籍

❶□心理 ❷□輔導 ❸□教育 ❹□社工 ❺□測驗 ❻□其他

七、如果您是老師，是否有撰寫教科書的計劃：□有□無

書名／課程：＿＿＿＿＿＿＿＿＿＿＿＿＿＿＿＿＿＿＿＿＿

八、您教授／修習的課程：

上學期：＿＿＿＿＿＿＿＿＿＿＿＿＿＿＿＿＿＿＿＿＿

下學期：＿＿＿＿＿＿＿＿＿＿＿＿＿＿＿＿＿＿＿＿＿

進修班：＿＿＿＿＿＿＿＿＿＿＿＿＿＿＿＿＿＿＿＿＿

暑　假：＿＿＿＿＿＿＿＿＿＿＿＿＿＿＿＿＿＿＿＿＿

寒　假：＿＿＿＿＿＿＿＿＿＿＿＿＿＿＿＿＿＿＿＿＿

學分班：＿＿＿＿＿＿＿＿＿＿＿＿＿＿＿＿＿＿＿＿＿

九、您的其他意見

＿＿＿＿＿＿＿＿＿＿＿＿＿＿＿＿＿＿＿＿＿＿＿＿＿

謝謝您的指教！　　　　　　　　　　　　43009